FACULTÉ DE DROIT DE PARIS

L'ADULTÈRE A ROME

AVANT ET SOUS LA LOI JULIA

DE

L'AUTORITÉ GOUVERNEMENTALE

COMPÉTENTE

POUR PASSER LES TRAITÉS INTERNATIONAUX

THÈSE POUR LE DOCTORAT

Présentée et soutenue le Mercredi 26 Avril 1882

PAR

Joseph CHAILLEY

AVOCAT A LA COUR D'APPEL

PRÉSIDENT : M. RENAULT, Professeur.

SUFFRAGANTS :
{ MM. COLMET DE SANTERRE } Professeurs.
{ GÉRARDIN }
{ ESMEIN } Agrégés.
{ MICHEL (Henry) }

AUXERRE

IMPRIMERIE DE GEORGES ROUILLÉ

1882

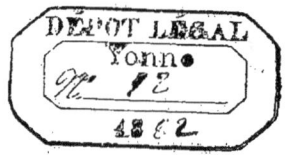

9883

THÈSE POUR LE DOCTORAT

A LA MÉMOIRE DE MA SŒUR

MORTE LE 16 JUIN 1877

FACULTÉ DE DROIT DE PARIS

L'ADULTÈRE A ROME

AVANT ET SOUS LA LOI JULIA

DE

L'AUTORITÉ GOUVERNEMENTALE

COMPÉTENTE

POUR PASSER LES TRAITÉS INTERNATIONAUX

THÈSE POUR LE DOCTORAT

Présentée et soutenue le Mercredi 26 Avril 1882

PAR

Joseph CHAILLEY

AVOCAT A LA COUR D'APPEL

PRÉSIDENT : M. RENAULT, Professeur.

SUFFRAGANTS :
MM. COLMET DE SANTERRE	Professeurs.
GÉRARDIN	
ESMEIN	Agrégés.
MICHEL (Henry)	

AUXERRE

IMPRIMERIE DE GEORGES ROUILLÉ

1882

L'ADULTÈRE A ROME

AVANT ET SOUS LA LOI JULIA

INTRODUCTION

§ 1. — L'adultère est une infraction aux lois matrimoniales. C'est le commerce, temporaire ou permanent, de deux individus, de sexe différent, dont l'un au moins est engagé dans les liens du mariage.

C'est un véritable délit dont la réparation peut être demandée par celui dont le conjoint a méprisé ses engagements.

L'époux qui intente une accusation d'adultère se plaint d'une offense personnelle, de la violation d'un serment mutuel. Il allègue l'existence d'un contrat synallagmatique, et, se basant sur l'inexécution de ses obligations par la partie adverse, réclame, suivant les législations, soit une punition corporelle, espèce particulière de dommages-intérêts, soit une condamnation pécuniaire, soit la résolution du contrat, soit même le cumul de ces différentes peines.

Si le plaignant est un mari, il pourra, parfois, alléguer un autre grief : l'introduction dans sa famille d'enfants dont il n'est pas le père, et qu'une législation imprévoyante ou trop stricte ne lui permettra pas toujours de désavouer.

Dans tous les cas, lui seul devra avoir le droit de poursuivre la répression du délit et la réparation du dommage. Lui seul doit être juge de la nécessité et de l'opportunité des poursuites.

Voilà ce qui est logique et rationnel.

§ 2. — Cependant, la morale ou la religion, les mœurs ou les convenances peuvent modifier ces résultats.

On pourrait concevoir une société où l'adultère ne serait même pas un délit privé. Sans aller aussi loin que les philosophes cyniques dont parle Cicéron (1), si on suppose, — ce qui existe de nos jours en certains pays, dans les communautés du Far-West américain, par exemple, — que le mariage n'est plus la source unique et obligatoire de la famille, qu'il n'est même ni reconnu ni sanctionné, le commerce d'un homme et d'une femme quelconques ne saurait, à aucun titre, être coupable. C'est « l'union libre » qui régit les membres de la communauté ; cette union est légalement rompue par la seule volonté de l'une des parties, et l'union nouvelle qu'elle contracterait ensuite serait légitime. D'autre part, l'héritage est supprimé, et les enfants sont enfants de la com-

---

(1) « Adulterare re turpe est ; sed dicitur non obscene : liberis dare operam honestum est, nomine obscenum. Plura que in eam sententiam ab iisdem contra verecundiam disputantur. » (Cic. de off. I, 35, 128).

J'ai dû, au cours de cette étude, m'appuyer sur de nombreuses citations latines. Dans un sujet aussi scabreux, où jamais les auteurs n'ont reculé devant la propriété de l'expression, je transcrirai souvent le texte même, sans le traduire.

munauté entière. Les griefs qu'allèguent, dans notre société, les époux outragés, ne peuvent plus exister.

Au contraire, dans une société qui repose sur la famille, comme unité, tout acte est criminel qui tendrait à en altérer ou en discréditer l'institution. Et la communauté se trouve, par là même, investie du droit de surveillance. Si la famille se recrute exclusivement par le mariage, toute infraction à la loi matrimoniale se trouve transformée en un délit contre la société, et celle-ci peut poursuivre les délinquants. Bien plus, si la monogamie est une loi de l'Etat, les enfants issus d'un commerce adultèrin se trouvent n'être membres d'aucune famille, et la société pourra être autorisée à demander compte, en leur nom et au sien, d'une procréation qui leur est une cause d'infériorité. Enfin, si l'organisation est plus stricte encore, si le pacte qui lie les membres de la communauté est plus étroit, on peut comprendre que les coupables du délit d'adultère soient accusés par un représentant, attitré ou non, de la communauté et que l'époux offensé soit dépouillé, sinon de son droit de poursuite, du moins de son droit d'abstention et de pardon.

§ 3. — Les diverses sociétés se sont successivement préoccupées de cette grave question. Toutes ont suivi les mêmes errements, s'inquiétant plutôt de réprimer l'adultère que de le prévenir. Le seul remède qu'on ait connu de tout temps est le divorce. Je n'ai pas à rechercher les causes de son insuffisance, pas plus qu'à faire l'étude des mesures qu'il conviendrait d'adopter.

Les époques primitives ne connaissent pas cette plaie ; et celles qui en souffrent, périodes de plein développement des nations, s'adressent pour les combattre à des lois impuissantes. Les mœurs sont là, et les lois ne peuvent rien contre elles. Il faudrait un bouleversement de l'éducation morale.

En attendant, le mal continue à sévir, et les intéressés à se plaindre, sans trouver dans la foule ni écho ni appui. Rendus solidaires d'une honte qui ne leur appartient pas, souvent moqués et raillés, ils en arrivent aujourd'hui à comprendre l'inutilité des tentatives de répression légale.

De nos jours, les publicistes ont traité ce problème sous toutes ses faces. Bien peu ont envisagé comme sérieux le recours à la loi. Nos auteurs et moralistes du xviiᵉ siècle ont volontiers raillé cet *accident*. Aujourd'hui, les maîtres du théâtre contemporain, qui ont fait de l'adultère leur étude préférée, nous montrent les époux outragés s'isolant au sein de la société et n'échappant au ridicule que par l'orgueil et le respect de soi-même (1), la violence (2) ou l'indifférence (3).

Chacun est ainsi le « médecin de son honneur ».

§ 4. — Rome a, plus que toute autre nation, connu et pratiqué l'adultère. A aucune époque, dans aucun pays, les mœurs ne furent plus relâchées que sous les empereurs romains. On peut affirmer que les turpitudes du xviiiᵉ siècle n'étaient que d'innocents badinages auprès de cette effroyable dissolution.

Je voudrais étudier à ce point de vue, très brièvement d'ailleurs, les mœurs et la législation romaines.

---

(1) *Les Effrontés*, par Emile Augier ; *La Fiammina*, par Mario Uchard.

(2) *Diane de Lys*, par Alexandre Dumas ; *Henriette Maréchal*, par MM. de Goncourt.

(3) *L'Ami des Femmes*, par A. Dumas ; *Les Pattes de Mouche*, par V. Sardou.

Je diviserai cette étude en deux parties, qui correspondent à deux périodes de l'Histoire : la République et les Empereurs. C'est faire l'histoire de l'adultère dans la Famille et dans la Société ; l'examen de la répression volontaire et privée et de la répression forcée et publique.

Mais je me bornerai à l'exposé de la législation sous Auguste et ses successeurs, sans la suivre dans ses modifications jusqu'au Bas-Empire.

PREMIÈRE PARTIE

LA RÉPUBLIQUE

CHAPITRE PREMIER

GÉNÉRALITÉS

§ 1er. — La langue latine possède, en cette matière, comme en toute autre, une précision et une richesse que la nôtre ignore, comme nos mœurs ont longtemps ignoré certains vices qui furent de bonne heure connus et fréquents à Rome.

Les textes, dans la matière que je traite, présentent continuellement les deux mots : *Adulterium* et *Stuprum*.

Généralement très respectueux du sens et très jaloux de la propriété des termes, les auteurs latins emploient ces deux mots presque indifféremment. Ou plutôt, ils donnent au second un sens très large, qui embrasse tous ceux du premier. Mais, dans une langue exacte, dans celle des jurisconsultes, chacun d'eux a sa signification particulière et vise un ordre distinct de faits.

Adulterium, en grec μοιχεία, a bien le sens de notre mot français : adultère.

Les auteurs latins n'étaient pas d'accord sur l'étymologie qu'il faut lui attribuer.

Adulterium viendrait, dans une opinion, de *alienus* et

de *torus,* et signifierait « *alieni tori violatio,* » violation du lit, du mariage d'autrui.

Une seconde opinion, plus philosophique, je crois, que philologique, le fait venir de ηδυλιζω, ηδυλισμος, en latin, *adulcre,* forme ancienne de *adulari,* flatter, flatteur.

Festus donne une autre étymologie : « *Adulter et adultera dicuntur, quia et ille ad alteram et hæ ad alterum se conferunt.* » La lettre *a,* dans la formation du mot, se serait changé en *u,* ce qui n'est pas rare.

Enfin Quintilien l'explique ainsi : « Proprie adulterium in nupta committitur propter *partum ex altero* conceptum, composito nomine, hoc est : « *adultus ab altero.* »

Quoi qu'il en soit, le sens du mot est certain.

Stuprum a trois significations : L'une, très spéciale, traduction en latin du mot grec φθορα, action de corrompre, signifie, à proprement parler : « *Turpis concubitus cum virgine vel vidua,* » comme *adulterium* s'entend des relations avec une femme mariée.

C'est ainsi que l'entend Papinien : « *Lex stuprum et adulterium promiscue et.... abusive appellat; sed proprie adulterium in nupta committitur ;.... stuprum vero in virginem viduam ve committitur, quod graeci* φθοραν, *id est corruptionem appellant* (1). »

C'est aussi en ce sens que Cicéron l'a employé dans un chapitre des Tusculanes où il traite de l'amour : « Stupra dico, et corruptelas, et adulteria, incesta denique quorum omnium accusabilis est turpitudo (2). »

Et Tacite, plus clairement encore : « *Jam primum uxor ejus verberibus adfecta et filiæ stupro violatæ sunt* (3).

(1) L. 6, § 1, ad Leg. Jul. de adult.
(2) IV, 35, 75.
(3) Annales, XIV, 31.

Une autre signification est : toute corruption honteuse d'une femme ou d'un enfant. C'est le sens technique ; c'est celui que lui donne Cicéron : « *Qui non solum aspectu sed etiam incesto flagitio et stupro polluit ceremonias* (1). »

C'est également le sens que lui donne un texte du Digeste : « Stuprum committit qui liberam mulierem consuetudinis causa non matrimonii continet, excepta videlicet concubina (2). »

Et Tacite, toujours précis : « *Quibus adeo indomitis exarserat, ut more regio pubem ingenuam stupris pollueret* (3).

Enfin les anciens auteurs disent stuprum pour *dedecus, probrum, turpitudo.* C'est le sens le plus large et qui englobe celui d'adulterium. Alcmène, injustement accusée d'adultère par Amphytrion, s'écrie :

« Durare nequeo in ædibus ; ita me probri,
Stupri, dedecoris a viro argutam meo ! (4). »

§ 2. — Il faut se garder de croire que l'adultère et le stuprum, aient été, à Rome, des délits généraux, si je puis ainsi parler, et punissables quels qu'en soient l'auteur, la victime ou le complice. Les Romains, en le poursuivant de peines sévères, n'agissaient point dans un esprit de moralisation ou de moralité. L'adultère ou le stuprum ne leur semblait condamnable que si la famille en souffrait (5).

---

(1) Pro Domo, XL, 105.

(2) L. 34, pr. h. t., D.

(3) Annales, VI, 1. — Suétone (*Vie de Jules César,* 49) emploie improprement *contubernium* pour stuprum : « Pudicitiæ ejus famam nihil quidem præterea contubernium Nicomedis læsit. »

(4) Plaute, Amphy., vers 728.

(5) Cependant Valère-Maxime cite le cas d'individus condamnés

Je n'ai pas ici à exposer l'organisation de la famille romaine. Elle était une unité dans la société. Le chef de chacune sentait qu'il devait à lui-même et à la République de perpétuer et de maintenir intacte cette unité qui était confiée à sa vigilance. Elle n'était pas seulement l'ensemble des membres vivants ; elle embrassait la collection de tous ceux qui en avaient jadis fait partie, et qui, honorés par leurs descendants à l'égal des dieux, veillaient sur cette race issue d'eux et s'indignaient de ses fautes. La religion devenait ainsi étroite. A côté des dieux de l'Olympe et de cette divinité que les philosophes appelaient la Bonne Déesse, il y en avait d'autres, plus humbles, les dieux du foyer, les ancêtres, dieux de chaque famille et d'autant plus honorés à cause de cette spécialité. Tout ce qui importe à la famille leur importe. « La religion de ces premiers âges était exclusivement domestique. La morale l'était aussi. La religion ne disait pas à l'homme, en lui montrant un autre homme : voilà ton frère. Elle lui disait : voilà un étranger.

« Elle rend le mariage obligatoire ; le célibat est un crime aux yeux d'une religion qui fait de la continuité de la famille le plus saint de devoirs.

« A ses yeux, la faute la plus grave qui puisse être commise, est l'adultère. Il introduit un étranger dans la famille, la religion, le tombeau des ancêtres (1).

---

pour avoir simplement péché contre la morale, sans que la famille en eût souffert, ou même la société ; car les accusés n'avaient pas eu à pervertir leurs complices : « Quod cum ingenuo adolescentulo stupri commercium habuisset, publicis vinculis oneravit. A quo appellati tribuni, cum de stupro nihil negaret, sed sponsionem se facere paratum diceret, quod adolescens ille *palam atque aperte corporis quæstum factitasset*, intercessionem suam interponere noluerunt. (VI, 1, § 10).

(1) Fustel de Coulanges, la *Cité antique*, pages 104, 106, 109.

§ 3. — Dans ces conditions, la criminalité devient très étroite. Il faudra la réunion de plusieurs conditions pour que l'adultère ou le stuprum soient frappés. Il faut que la famille soit en droit d'intervenir.

Aussi tous les délits contre les mœurs ne sont point incriminés.

Et, d'abord, l'inceste ne l'est point. Il est même, à l'origine, glorieux d'épouser sa sœur. L'inceste, produit de civilisations raffinées, ne devient un crime que chez les peuples jaloux de mœurs pudiques ou éclairés par des connaissances physiologiques certaines. Il ne pouvait en être un dans l'ancienne société romaine qui, soigneuse seulement du culte de la famille, s'opposait à l'introduction frauduleuse de membres étrangers, mais ne devait pas s'émouvoir d'un commerce dont le seul résultat pouvait être la procréation d'enfants nés d'un sang glorieux ou honoré.

Ensuite l'homme, même marié, ne peut être adultère que s'il entretient des relations coupables avec une femme mariée. Les textes font plus que l'impliquer. Dans la loi que j'ai citée plus haut, Papinien dit formellement : « Adulterium *in nupta* committitur. » D'autres textes sont aussi affirmatifs (1). Et cela est logique. Qu'importe, en effet, que le père de famille ait des relations avec une femme quelconque, puisque les enfants qui pourraient naître de ce commerce n'entreront pas dans la famille et

---

(1) Je sais bien que cet argument de texte n'est pas très probant. « *In nupta* » est opposé à « *in virgine* » et différencie le stuprum de l'adultère. Mais l'ensemble des textes ne laisse pas de doute. V. notamment l. 34, § 1, ad. Leg. Jul. *Adulter* ne signifie, dans les textes classiques, qu'une seule chose : complice d'une femme mariée adultère.

ne prendront pas une place illégitime au foyer et à l'autel des ancêtres (1).

§ 4. — Aussi l'adultère n'est poursuivi, comme crime principal, que chez la femme.

Et il faut encore que cette femme soit d'une condition déterminée.

La société antique a connu des distinctions dans les personnes, et la langue latine des nuances dans les expressions qui n'ont point passé dans notre société ou notre langue. Etudier ces distinctions, chercher le sens de ces expressions, c'est déterminer le champ de nos investigations, et le domaine de l'adultère et du stuprum.

Les textes, en ce qui concerne la qualité des femmes, présentent constamment les mots : *uxor, materfamilias, concubina.*

Le mot *materfamilias*, qu'on aurait tort de traduire par « mère de famille (2) » désigne « la femme qui vit honnêtement. Car ce sont les mœurs qui la distinguent des autres femmes. Peu importe qu'elle soit mariée ou veuve, ingénue ou affranchie. Car ce n'est ni le *justum matrimonium*, ni la naissance, mais la conduite honnête qui fait la matremfamilias (3). » « Lorsqu'on parle d'une materfamilias, dit un autre texte, il faut l'entendre d'une femme *notæ auctoritatis* (4) ».

Et Plaute nous montre ce mot materfamilias accolé au

(1) Telle dut vraisemblablement être la réglementation primitive. Et les textes que je citerai plus loin semblent bien indiquer qu'au temps de Plaute, à peine, les choses avaient changé.

(2) Le mot *paterfamilias* a de même un sens tout particulier.

(3) L. 46, pr., D, de Verb. sign. cf. l. 10, § 1, ad Leg. Jul.

(4) L. 3, D, in fine, de liberis exhibendis.

nom de Junon, la déesse aux mœurs sévères (1), comme un hommage et une louange (2).

Per supremi regis regnum Juro et matremfamilias Junonem (3).

dit Alcmène, accusée par Amphytrion.

La materfamilias était assurément l'épouse honnête qui était engagée dans les liens des *justæ nuptiæ*. C'était également, si sa conduite ne la faisait pas déchoir, l'*uxor injusta*.

Mais la loi romaine admettait d'autres unions, notamment le concubinat.

Le concubinat était l'union permanente d'un homme et d'une femme, union reconnue et sanctionnée par le droit.

Un homme s'unit avec une femme. La prend-il comme épouse ou comme concubine? C'est une question de fait.

« Concubina ab uxore solo dilectu separatur (4). »

Mais le concubinat ne se présume point, et si la femme est ingénue et de vie honnête, s'il n'y a point de témoins qui constatent le concubinat, il y a, suivant les cas, ou *nuptiæ justæ* ou *stuprum* (5).

C'est ce que confirme un texte du même titre : « Et puto eas solas in concubinatu haberi posse sine metu criminis in quas stuprum non committitur (6). »

---

(1) C. Ovide. Pontiques III, v. 125 s.
  « Quæ præstat virtute sua, ne prisca vetustas
  Laude pudicitiæ sæcula nostra premat,
  Quæ Veneris formam, *mores Junonis habendo*,
  Sola est cœlesti digna reperta toro. »
(2) De même notre vieille langue a connu les invocations : Monseigneur Saint-Denis ! Notre Dame, mère de Dieu !
(3) Plaute, Amphytrion, vers 667.
(4) Paul, Sentences, II, 20.
(5) L. 3, pr. de Concubinis, D.
(6) L. 1, § 1, D, ibid.

De la combinaison de ces deux lois, il résulte que le commerce, même permanent, d'une femme *ingénue* et de vie honnête, en dehors de *justæ nuptiæ,* sera le plus souvent, peut-être même toujours, un stuprum. Le concubinat n'est pas présumé, peut-être même pas toléré entre ceux que leur position, également élevée, devrait conduire au mariage. Il l'est, au contraire, entre affranchis des deux sexes, soit qu'ils s'unissent entre eux, soit qu'un affranchi d'un ou d'autre sexe s'unisse avec une personne ingénue.

Mais, pour être reconnu par la loi, le concubinat est loin d'être traité favorablement. Et, notamment, quant au point qui nous occupe, le concubinat est une cause de déchéance : « Et si qua se in concubinatu alterius quam patroni tradidisset, matrisfamiliæ honestatem non habuisse dico (1). »

Le concubinat est donc une union d'un genre inférieur. Et il exclut, pour chacun de ceux qui y sont engagés, la coexistence d'un mariage *justum* ou *injustum.* « Eo tempore quo quis uxorem habet, concubinam habere non potest (2). »

Concubina est ainsi, à n'en pas douter, et maint texte le confirme, le nom réservé à cette épouse inférieure en rang, en dignité, en qualité à l'uxor justa, mais qui est une épouse néanmoins et une épouse unique.

Cependant, on le trouve parfois dans les textes avec un autre sens. Pline le Jeune, l'emploie au pluriel (3) :

« Concubinæ cum ulutatu et clamore concurrunt. »

Ce serait un langage certainement inexact, si l'on n'ad-

---

(1) L. 41, § 1, D, de ritu nupt.
(2) Paul, Sentences, II, 20.
(3) Lettres III, 14.

mettait pas que le sens du mot a changé. Dans cette phrase, concubinæ ne signifie plus que maîtresse ou concubine, comme l'emploie la Bible.

Or, maîtresse se disait jadis *amica*. C'est ainsi que l'emploie Térence :

« Hem ! tibi ne hæc diutius
Licere speras facere me, vivo patre,
Amicam ut habeas prope jam in uxoris loco (1) ».

Paul, dans son commentaire de la loi Julia de Adulteriis, s'exprime ainsi :

« Libro memoralium Massurius scribit, pellicem apud antiquos eam habitam, quæ, cùm uxor non esset, cum aliquo tamen vivebat. Quam nunc vero nomine *amicam*, paulo honestiore *concubinam* appellari. »

D'autre part, Plaute fait dire à un esclave :

« Hæc dies summa hodie' st, mea *amica* sit ne libera
An sempiternam servitutem servat (2). »

Ailleurs (3) il emploie concubinam avec le sens de maîtresse.

« Qui seni illi concubinam dare dotatam noluit. »

Dans une autre pièce (4), il emploie avec un sens encore plus précis ce mot de concubina :

« Scitam, hercle, opinor satis concubinam hanc. »

Et Cicéron qui écrivait certainement une langue exacte, employait concubina avec le sens de maîtresse, dans le passage suivant :

« Quid, quod usu memoriæ patrum venit, ut paterfamilias qui ex Hispania Romam venisset, quum uxorem

(1) Heautontimoroumenos, I, scène 1, vers 52.
(2) Persa, vers 34.
(3) Stichus, vers 547.
(4) Mercator, vers 748.

prægnantem in provincia reliquisset Romæ que alteram
duxisset, neque nuntium priori remisisset, mortuusque
esset intestato, et ex utraque filius natus esset : mediocris
ne res in controvorsiam adducta est ? Quum quaereretur
de duobus civium capitibus et de puero qui ex posteriore
natus erat et de ejus matre ; quæ, si judicaretur certis
quibusdam verbis non novis nuptiis fieri cum superiore
divortium, in *concubina locum* duceretur (1) ».

De tous ces textes que faut-il conclure? sinon que, à
l'origine, le sens de ces mots n'était pas très fixé. *Concubina* était synonyme de *Amica* et Amica lui-même l'était
de *Pellex*.

Aulu-Gelle (2) dit à ce sujet :

« Pellicem autem appellamus, probrosamque habitam
eam quœ juncta consuetaque esset cum eo, in cujus
manu mancipioque alia matrimonii causa foret, hac
antiquissima lege ostenditur, quam Numœ regis fuisse
accepimus : « Pellex asam Junonis ne tagito. Si tagit,
Junoni crinibus demissis arnum feminam cœdito. »

Puis le mot *pellex* garde un sens trop dur, et pour
une chose qui n'a pas changé, on change le mot; on
adopte *amica*. Amica lui-même paraît trop dur, on prend
celui de *concubina*, qui, dit Paul, relève un peu celle à
qui on l'applique.

A cette époque de la République où les luttes des castes
s'opposent au mariage entre plébéiens et patriciens, on
voit s'établir d'une manière fixe l'institution du concubinat, et le mot concubina prend ainsi un autre sens.
Dans l'échelle sociale, la dignité des femmes va croissant
avec les mots : *pellex, amica, concubina, uxor*. Cette ter-

(1) Orator, I, 40.
(2) Nuits attiques, IV, 3, 3.

minologie dut être longtemps en usage. Puis les mœurs s'altèrent et, avec elles, le langage. Alors l'incertitude primitive reparaît. *Pellex* signifiera, comme *meretrix*, celle « *quæ questum corpore facit* » et *amica* et *concubina* redeviennent synonymes avec un sens large.

Les mots ont aussi leur destinée (1).

CHAPITRE II

LES MŒURS

§ 1. — « Si nous pouvions nous perpétuer sans épouses, ô Romains, nous nous passerions de cet ennui. Mais puisque la nature a voulu qu'il fût également impossible d'être heureux avec les femmes et d'exister sans elles, il faut sacrifier le bonheur de notre vie à la conservation de l'Etat. »

Voilà le discours qu'Aulu-Gelle met dans la bouche du censeur Metellus (2).

Que faut-il penser de ces paroles ? Sont-elles l'expres-

---

(1) Je voudrais pouvoir citer un article paru en 1822 dans le *Journal des Débats*, dû à la plume de Hoffmann, l'auteur des Rendez-vous bourgeois, et qui signale des changements identiques dans notre langue sur les mots .... fille, demoiselle, jeune personne, jeune fille ....., et d'autres, ayant le même sens, qui ont précédé ou suivi. Je me contente d'y renvoyer. Il a été écrit à propos d'une édition de Régnier.

(2) I, 6 (op. cit.) Cf. Aristophane, Lysistrata, vᵉ acte, double chœur : le chœur des vieillards : « Il n'y a pas moyen de vivre avec ces coquines ni sans ces coquines. »

sion d'un sentiment sérieux ou n'y doit-on voir qu'une de ces boutades communes aux satiriques et aux censeurs?

La littérature latine est pleine de duretés ou de railleries contre les femmes. Aristophane avait dit : « Les hommes prétendent que nous sommes actives pour le mal, et ils disent vrai (1). »

Plaute, et bien d'autres après lui, reprennent ce thème en cent endroits.

« Je sais bien qu'on nous reproche d'être ennuyeuses, dit Eunomie, on dit même que nous sommes bavardes, on a raison (2). »

« Que les femmes remettent à jaser ensemble chez elles, afin de ne pas faire enrager encore les maris ici, comme à la maison (3). »

D'autres accusations plus graves sont formulées. Je les cite plus loin.

Ces accusations prennent un autre accent sous l'Empire. Mais à l'époque où vivait Plaute (2ᵉ guerre Punique), il semble qu'elles ne soient que l'occasion de faire de l'esprit aux dépens des femmes. C'est un droit que tous les poètes comiques se sont donné, un travers, si l'on veut, que toutes les époques ont connu (4).

§ 2. — Avant et jusqu'au temps de Plaute, les mœurs des femmes romaines ne donnèrent lieu qu'à peu d'attaques. Dans une société organisée comme l'était celle de Rome, société aristocratique et guerrière, où tout citoyen

---

(1) Lysystrata, V, 2.

(2) Aulularia, vers 84, s.

(3) Pseudolus, vers 34, s.

(4) Cf. dans Molière. A la fin du xviiᵉ siècle, les mœurs étaient encore très décentes. Cependant que d'attaques contre les femmes. Il est vrai qu'on n'y montre pas, comme de nos jours, la femme vicieuse. On en parle, on ne la fait pas agir.

était assujetti aux charges de la vie publique, militaire et civile, où la vie était tout entière sur la place publique, au milieu d'une population encore restreinte, les mauvaises mœurs, j'entends celles qui corrompent la famille, s'implantent difficilement. Il faut l'extension de la conquête, la richesse, l'oisiveté, la suppression des castes, la corruption voulue et cherchée pour abaisser le niveau moral de la population. Dans une nation jeune, les sentiments sont jeunes aussi. Je ne prétends point que la vertu y fleurisse exclusivement, mais la simplicité domine. Les vices y sont ingénus, si je puis ainsi parler. Ils sont le résultat de l'instinct plus que de la perversité ; il n'y a point de recherche ni de raffinement. La vertu peut n'être déjà plus intacte, alors que la pudeur n'existe pas encore.

Aussi ne faut-il pas se faire illusion sur la valeur morale de la société romaine à cette époque, et parce que les livres sont pleins d'une franchise brutale, croire à la licence générale. Les mœurs s'en vont quand apparaissent les sous-entendus et les finesses du langage. Les vers outrageusement libres de Plaute me font penser à notre langue du xvie siècle, où les mœurs, au moins celles du peuple et de la province, s'étaient maintenues.

« Matronæ tacitæ spectent, tacitæ rideant ! »

dit le prologue du Pseudolus. Les femmes assistaient donc à ces spectacles grossiers et à bien d'autres encore (1).

Mais de ce que les spectacles sont impudiques, il n'en

(1) Spectandi confusissimum ac solutissimum morem correxit ordinavitque... Feminis ne gladiatores quidem, quos promiscue solemne olim erat, nisi ex superiore loco, spectare concessit... Athletarum vero spectaculo muliebre sexus omne adeo summovit ut... edixerit mulieres ante horam quintam venire in theatrum non placere (Suetonius Octavianus, 44.)

faut rien conclure contre les mœurs. Les mœurs de la famille sont chastes. Ce qui fait défaut, c'est la décence, la politesse.

Ces femmes, si peu embarassées du libre langage du théâtre, me rappellent nos femmes du xvi⁰ et du xvii⁰ siècle. Des mots, aujourd'hui bannis de la langue leur semblaient très commodes et très convenables. La société douteuse ne les effrayait pas, et plus d'une allait s'asseoir près de Ninon de l'Enclos.

C'étaient également les habitudes romaines :

« Ubi istas videas summo genere natas,
Summateis matronas...
                    Ita nostro ordini
Palam blandiuntur (1). »

dit une courtisanne à sa fille.

Mais jamais, malgré toute la tolérance des Romains, on n'insinue le moindre soupçon sérieux sur les mœurs des femmes mariées. Plaute, si irrévérencieux, ne se permet pas de railleries sur ce sujet. La foi conjugale ne reçoit chez lui aucune atteinte.

Une seule fois, il a mis à la scène une jeune fille de condition honnête, une *virgo*, et il l'a fait de façon très décente. Toute la sympathie du spectateur et son entière approbation sont acquises à cette pauvre victime d'un père débauché.

« Saturion. — Ea causa ad hoc exemplum te exornavi ego,
Vœnibis tu hodie, virgo.
                    — Amabo, mi pater,
Quamquam libenter escis alienis studes,
Tuin' ventris causa filiam vendis tuam?
... Tua istæc potestas est, pater, verumtamen
Quamquam res nostræ sunt, pater, pauperculæ,

---

(1) Cistellaria, vers 25 à 35.

Modice et modeste melius 't vitam vivere :
Nam si ad paupertatem admigrant infamiæ,
Gravior paupertas fit, fides sublestior.
... Pater, hominum immortalis est infamia;
Etiam tum vivit, quum esse credas mortuam (1). »

§ 3. — Les railleries, les sarcasmes, les injures, il les réserve pour une autre classe, pour les courtisanes.

C'est qu'en effet, Rome, à l'imitation de la Grèce, respectait encore le foyer conjugal. L'adultère ne fleurira à ciel ouvert que sous l'Empire. Les jeunes gens impatients, les maris lassés de leur femme, les vieillards tenaces trouvaient des amours ou des consolations faciles chez les courtisanes. C'était une sorte de monopole.

« Ecastor, faxim si itidem plectantur mariti,
Si quis clam uxorem duxerit scortum suam,
... Plures viri vidui sint, quam nunc mulieres (2). »

Ces plaintes de la vieille Syra semblent bien indiquer que les seules rivales connues des matrones romaines étaient encore à cette époque les femmes de commerce facile.

Ces courtisanes, c'étaient le plus souvent des affranchies. L'origine de notre mot libertin, libertinage atteste le sens que prit peu à peu le mot latin *libertinus, libertina*. Le plus souvent, les affranchies s'étaient faites courtisanes, pendant leur esclavage, sur l'ordre de leurs maîtres, qui en tiraient profit, et, plus tard, après l'affranchissement, les avaient pour clientes :

« Habeo eccillam meam clientam, meretricem
Adolescentulam (3). »

dit un très honnête vieillard de Plaute, Pèriplectomène.

---

(1) Persa, vers 326, s.
(2) Mercator, vers 805, s.
(3) Plaute, Miles Gloriosus, vers 787.

Hispala Feccennia, la célèbre courtisane qui découvrit la conspiration des Bacchanales, était cliente d'une maison puissante.

Dans l'Eunuque, de Térence, Thaïs, la courtisane, cherche à obtenir (1) et obtient (2) que le père de son amant la reçoive dans sa clientèle.

Cependant les courtisanes sont aussi des femmes libres.

« — Ecquam tu potes reperire forma lepida mulierem,
Quoi facetiarum cor corpus que sit plenum et doli.
— Ingenuam ve an libertam ?
                              — Aequi istuc facio (3). »

§ 4. — Ces courtisanes, on les accable de tous côtés, dans les écrits du temps.

Elles ne sont plus ces femmes élégantes et distinguées, que la Grèce a adorées et divinisées, les Laïs et les Phryné. Tout au plus, cite-t-on la fameuse Precia, maîtresse de Lucullus (4), à qui l'aristocratie romaine rend hommage. Et encore, cet hommage s'adresse à Lucullus, riche, hospitalier et consul.

La courtisane romaine est un bétail qu'on paie et dont on n'exige aucun sentiment. Tout ce qui est vil, tout ce qui est bas, on le lui attribue.

« Piaculum 'st non misereri nos hominum rei male gerentum ;
..... Meretricem esse similem sentis condecet,   [dari (5). »
Quemquem hominem adtigerit profecto aut malum aut damnum

dit la courtisane Astophie.

Ce sentiment est si fort, « qu'ayant à peindre dans la jeune courtisane Philénie (Asinaria) une amante tendre

---

(1) Eunuque, I, 2, vers 67, s.
(2) Ibid. V, 8. vers 9.
(3) Plaute, Mil. Glor., vers 780, s.
(4) Plutarque, Vie de Lucullus.
(5) Plaute, le Brutal, vers 196, s.

et sincère, de peur qu'elle ne devienne intéressante et qu'elle ne semble faire indirectement, par sa conduite, l'apologie des femmes de sa condition, Plaute la met aussitôt dans des situations ridicules... Et Cléerète est là pour représenter, devant ceux qui doivent être avertis, l'esprit et les maximes de cette classe dans laquelle Philénie est une exception. »

Qui se gênerait avec une courtisane ? Qui songerait à avoir des égards, de la retenue, de la bienséance ? Dans le *Militaire Fanfaron*, Périplectomène, qui les fréquente, homme de bon ton, se vante d'être une exception parmi leurs ordinaires compagnons :

« Neque ego ad mensam publica vi clamo, neque lege crepo,
Neque ego unquam alienum scortum subigito in convivio
Neque praeripio pulpamentum (1). »

Et dans l'Heautontimoroumenos, un des personnages dit à l'autre :

« Vidin'ego te manum in sinum huic meretrici.
Inserere ? (2) »

Tout les sépare des autres femmes ; le costume, le langage, les mœurs.

Elles portent un habit différent :

« ... Ut ad te eam jam deducas domum
Utique eam huc ornatam adducas matronarum modo :
Capite comto, crines vittas que habeat, adsimulet que se
Tuam esse uxorem (3). »

Et partout se reproduit cette opposition. Une courtisane jeune et encore relativement ingénue prétend-elle faire

(1) Plaute, Mil. Glor., vers 651, s.
(2) Heautont. III, 3, 2.
(3) Mil. Glor. III, 1, v. 193, s.

quelque chose d'honnête ou de décent! Elle ne le peut pas : ses pareilles le lui rappellent :

« Non matronarum partium est, sed meretricium
Viris alienis, mi vir, sublandier (1). »

« Matronæ magis conductibile est istuc, mea Silenium,
Unum amare, et cum eo ætatem exigere quo nubta 'st semel (2).

« Matronæ, non meretricium unum inservire amantem (3). »

§ 5. — Il faut, je crois, conclure de cette revue sommaire des textes de cette époque, que les mœurs romaines étaient encore relativement pures ; que les femmes, engagées dans le mariage, avaient encore, en grande majorité, le respect de leur serment, et que l'adultère, j'entends l'adultère de la femme, puisque c'est le seul qui fût alors reconnu, n'existait qu'à l'état d'exception.

Sûrement, l'adultère de la femme, s'il eût été fréquent, eût été une cause de divorce, et, à cette époque, le divorce était, sans doute, chose rare, puisque les historiens ont noté celui d'un certain Spurius Carvilius Ruga, qui, paraît-il, y recourut le premier.

« Memoriæ traditum est, quingentis fere annis post Romam conditam, nullas rei uxoriæ neque actiones neque cautiones in urbe romana aut in Latio fuisse : quia profecto nihil desiderabantur, nullis etiam matrimoniis divertentibus.

« Spurius Carvilius Ruga, primus Romæ, de amicorum sententia, divortium cum uxore fecit, quod sterilis esset, jurasset que apud censores, uxorem se liberum quærendorum causa habere.

---

(1) Plaute, Casina, 476.
(2) Cistellaria, v. 80.
(3) Mostellaria, v. 190.

« Atque is Carvilius traditur... jurisjurandi religionem animo atque amori prævertisse; quod jurare a censoribus coactus erat (1), uxorem se liberum quærendorum gratia habiturum (2). »

Mais, pour être rare, l'adultère existait. Du côté des hommes, c'est certain. Plaute même le donne pour fréquent.

« Hic senex, si quid, clam uxorem, suo animo fecit volup,
Neque novum neque mirum fecit ; nec secus quam alii voluit.
Nec quisquam 'st tam ingenio duro, nec tam firmo pectore
Quin, ubi quidquam obcasionis est, sibi faciat bene (3). »

Et, ailleurs, un esclave dit, en parlant de son maître :

« Herus meus ita magnus mœchus mulierum est, ut neminem
Fuisse adæque neque futurum credam.
...Qui, nisi adulterio, studiosus rei nullæ aliæ est improbus (4). »

Mais il est entendu que l'adultère de l'homme ne compte pas.

Du côté de la femme, on peut supposer au moins que le cas s'était présenté. Dans le *Mercator*, de Plaute, la vieille Syra semble dire que la loi seule retient les femmes. Cependant, elle ne les retient pas tellement que, parfois, le scandale n'éclate :

« Uxor viro si clam domo egressa 'st foras,
Viro fit causa, exigitur matrimonio (5). »

Dans une comédie d'Afranius, *Epistola*, une femme,

---

(1) Il serait intéressant de savoir ce qu'était au juste ce serment, s'il était général, pourquoi on le prêtait, à quoi il engageait.

(2) Aulu Gelle, Nuits attiques, IV, 3 et XVII, 21.

(3) Plaute, Asinaria, 919, s.

(4) Mil. Glor., vers 774 à 800.

(5) Acte IV, 5, vers 7.

semble bien dire qu'elle obéit à cette loi d'un seul homme seulement parce que c'est la loi :

« Nam proba et pudica quod sum, consulo et parco mihi
Quoniam comparatum est uno ut simus contenta viro. »

Et, d'autre part, Caton, le censeur, qui vivait à la même époque, suppose bien que l'adultère était dès lors reconnu, puisqu'il rappelle les droits du mari sur la femme surprise.

§ 6. — La vérité est qu'on s'était déjà départi de la simplicité des mœurs primitives et de la vertu, qui en est l'accompagnement.

Plaute met dans la bouche d'Alcmène, accusée par Amphytrion, des paroles mélancoliques qu'il semble prendre pour son compte.

« Il est une dot, dit-elle, que je me flatte d'avoir apportée, non pas celle qu'on entend ordinairement par ce mot, mais la chasteté, la modestie, la sage tempérance, la crainte des Dieux, l'amour de mes parents, une humeur conciliante à l'égard de ma famille, la soumission à mon époux, une âme généreuse et bienveillante, selon le mérite de chacun (1). »

Cette énumération d'Alcmène semble être le résumé des qualités qu'on peut exiger d'une matrone romaine. J'ajoute : et de toute autre femme. Et Plaute, qui constate combien cet ensemble est rare, s'écrie, par la bouche de Sosie : « Par ma foi, si elle ne ment pas, c'est une femme parfaite ! »

On s'explique comment ces qualités ont disparu dans la société romaine. Les femmes y occupaient et y ont occupé de tout temps une situation inférieure.

_____

(1) Amphytrion, v. 685. s.

« In multis juris nostri articulis deterior est conditio feminarum quam masculorum », dit un texte du Digeste (1).

Et ailleurs, le jurisconsulte fait l'application de cette théorie :

« Consulari feminæ utique consularem virum præferendum nemo ambigit. Sed vir præfectorius an consulari feminæ præferatur, videndum. Putem præferri, quia major *dignitas* in sexu virili (2). »

Le texte parle de la dignité du sexe mâle. Le mot généralement employé était plus relevé :

« Video te, mulier, more multarum utier
Ut vim contendas ad *majestatem* viri (3). »

Caton disait de même au peuple :

« Si in sua quisque nostrum matrefamilias, Quirites, jus et *majestatem* viri retineri instituisset, etc... »

De là, résultait le devoir d'obéissance passive. « Holà ! ma femme, c'est assez, modère-toi, s'écrie Stalinon, mari indigne et déchu. Tu prodigues trop les cris. Gardes-en un peu pour les querelles de demain. »

Et, voulant prendre un ton plus grave et regagner un peu du prestige perdu : « Mais, dis-moi, continue-t-il, as-tu enfin dompté ta passion, pour condescendre à la volonté de ton mari, au lieu de le contrarier ? (4) »

Ce sont là des mœurs qui peuvent convenir à une société naissante, rude et grossière. Mais que la grossièreté disparaisse, que la rudesse se polisse, alors, les premiers besoins satisfaits font place à des besoins nou-

---

(1) L. 9, D, de statu hominis.
(2) L. 1, pr. de Sénat, D.
(3) Attius, Tereo.
(4) Casina, vers 143, s.

veaux. Et la politesse, l'urbanité, la douceur deviennent une nécessité de la vie commune. La femme n'aura pas assez de la satisfaction des besoins matériels; elle demandera encore à son mari de l'affection, du respect, une sorte de partage d'autorité.

Jamais les auteurs comiques ne nous donnent le spectacle de deux époux qui s'aiment et se respectent.

Dans les Ménechmes, une femme vient se plaindre de son mari à son père. Celui-ci donne, en principe, raison à son gendre et gronde sa fille. Et, comme elle s'en étonne: « S'il est en faute, lui dit-il, je lui ferai bien d'autres reproches. Mais il ne te laisse manquer de rien, ni de bijoux, ni de vêtements; il te donne des suivantes, un office garni, tout ce qu'il te faut. Tu dois, ma fille, être raisonnable (1).

« Quelle materfamilias, dit un autre, se plaindra : n'occupent-elles pas toutes le devant de la maison (2)? »

Et, en effet, ce sont là des éléments de bonheur très considérables, qu'on aurait tort de négliger, et qui doivent suffire à toute femme raisonnable.

Aussi, ces besoins satisfaits, un bon citoyen romain estime sa femme heureuse. Nulle part la littérature latine ne nous montre une femme à qui rien, dans l'ordre matériel, n'est refusé, et qui, cependant, se juge et soit jugée malheureuse. Cette créature des temps modernes, la femme incomprise, qui a peuplé notre société et notre littérature, n'a jamais figuré dans les tableaux des auteurs anciens.

§ 7. — Il est arrivé que les femmes, ne pouvant légiti-

---

(1) Ménechmes, vers 712. Cf. Casina, de Plaute, acte II, scène II, ou Myrrhine dit à Cléostrata, femme de Stalinon, qu'elle a tort de se plaindre puisqu'elle ne manque de rien.

(2) Cornelius Nepos, Præfatio.

mement obtenir ce qui leur était devenu nécessaire, se le sont procuré par des voies illégitimes. Elles ont à la fois perdu cette vertu antique, cette retenue, cette chasteté dont s'ennorgueillissait Alcmène, et échappé à l'autorité maritale.

Et l'évolution s'est faite inconsciemment. C'est la richesse qui en a été l'agent. Du jour ou la pauvreté primitive à été remplacée par l'aisance et l'opulence, les femmes leur ont demandé les jouissances qui n'avaient pas été accordées à la vertu. Et peu à peu les hommes ont suivi cette pente. On s'est habitué à choisir une femme, non pour sa vertu, mais pour sa richesse. La femme a trouvé dans sa dot un instrument de puissance, le mari une cause d'abaissement.

Il faut que l'introduction de cet usage de la dot ait été bien remarqué et les effets bien extraordinaires ; car, pendant des siècles, la littérature latine en a gardé trace, opposant toujours la femme qui a reçu une dot à celle qui, jadis, n'apportait à son mari que sa pauvreté et son honnêteté.

« J'ai fait part, dit Mégadore, à plusieurs de mes amis de mon projet de mariage. Ils disent tous du bien de la fille d'Euclion ; ils m'approuvent fort. C'est, disent-ils, une idée très sage. En effet, si tous les riches en usaient comme moi et prenaient sans dot les filles des citoyens pauvres, il y aurait dans l'Etat plus d'accord ; nous exciterions moins de haine et les *femmes seraient plus contenues par la crainte du châtiment*, et nous mettraient moins en dépense.... S'il en était ainsi, elles s'efforceraient de remplacer la dot par de bonnes qualités ; elles vaudraient mieux.... Une femme ne viendrait pas nous dire : « Ma dot à plus que doublé tes biens ; il faut que tu me donnes de la pourpre et des bijoux, des femmes, des mules, des cochers, des laquais pour me suivre, des valets pour mes commissions, des chars pour mes courses.

Euclion (à part). Comme il connait bien les habitudes de nos fières matrones !

Mégadore... Et je ne dis pas encore tous les ennuis, toutes les folles dépenses qui accompagnent les grandes dots. Une femme qui n'apporte rien est soumise à son mari ; mais une épouse richement dotée, c'est un fléau, une désolation (1). »

Dans le *Miles Gloriosus*, Périplectomène expose, en des termes identiques, les raisons excellentes qu'il a de ne pas se marier. Et ailleurs :

« Ma fortune, dit-il, me permettait, grâce aux dieux, je ne le cache pas, d'épouser une femme richement dotée, de grande famille ; mais je n'ai pas voulu introduire chez moi une criarde (*oblatralicem*)... Car pour ce qui est d'une bonne épouse, s'il y en a jamais eu, ou pourrai-je la déterrer ? (2) »

Ce ne sont pas seulement ces ennuis qu'entraîne la richesse de la femme. L'autorité maritale s'en ressent singulièrement :

« Dotibus deliniti ultro etiam uxoribus *ancillantur* (3). »

« Je devine, dit un vieillard dans les Menechmes, à peu près ce que ce peut être. Il se sera élevé quelque débat entre elle et son mari. Elles n'en font pas d'autres, ces femmes qui ont apporté une dot (4). »

« Voilà ce que je veux, dit Demenète. — Tu veux, répond Liban, mais je crois inutilement. Sauréa, l'esclave

(1) Aulularia, v. 431.
(2) Mil. Glor., vers 685 et acte III, scène I, vers 84, s.
(3) Fragment d'une Comédie de Turpilius.
(4) Vers 679, s.

dotal de ta femme, est plus maître des affaires que toi. — Oui ! en *recevant l'argent de la dot, j'ai vendu ma puissance* (1). »

Les femmes prennent argument de leur dot pour abaisser leur mari. Elles s'étonnent de la moindre contradiction, s'irritent de la moindre résistance.

« Et voilà, s'écrie l'une d'elles, voilà l'homme à qui j'ai apporté dix talents de dot (2). »

Bien plus tard, le mal augmentant toujours, Martial dira :

« Uxorem quare locupletem ducere nolim
    Quaeritis: Uxori *nubere* nolo meæ
Inferior matrona suo sit, Prisce, marito:
    Non aliter fuerint femina vir que pares (3). »

Et les mœurs s'en ressentent :

« Nec dotata regit virum
Conjux, nec nitido fidit adulterum (4). »

La bonne renommée n'est plus la condition nécessaire d'un mariage :

« C'est toi, dit une jeune fille à son père, c'est toi qui me réduit à la nécessité de faire mal. Songes-y, quand tu voudras me marier, le bruit de cette affaire dégoûtera les maris. — Tais-toi, sotte, répond le père... Ne vois-tu pas quelles sont les mœurs d'aujourd'hui? Avec quelle ré-

---

(1) Aulularia, vers 72, s.
Un auteur dramatique contemporain a dit d'un mari dans la même position :

« Courbé sous une dot comme sous une honte,
...Étranger sous son toit, parasite à sa table... »
                    (*Mon fils*, par Emile Guyard.)

(2) Mercator. vers 697. Plaute.
(3) Epig. VIII, 12.
(4) Horace, Odes III, 24, vers 19-20.

putation tant de filles trouvent ici à se marier ? Pourvu que la dot y soit, le vice n'est plus vice (1). »

Ainsi lentement les mœurs glissaient à l'oubli des devoirs, à la connaissance, à la pratique de l'adultère. Les femmes riches n'étaient plus les héritières des antiques matrones qui restaient chez elles et filaient de la laine. Et l'on peut ne pas considérer comme une exception cette Sempronia, femme et fille de grands citoyens, que Salluste nous montre versée dans les littératures grecque et latine, adonnée à la danse, habile à chanter au son de la cithare, « toutes choses, ajoute-t-il, qui sont des instruments de luxure (2). »

Et le luxe devenait un besoin. Il allait prendre peu à peu une place plus considérable que les besoins essentiels et matériels. Pour en obtenir la satisfaction, les femmes, les plus hautes en naissance et en dignité, s'abaisseront à toutes les infamies.

Le peuple sera tourmenté, lui aussi, par cette soif de plaisir. Et comment la satisfera-t-il ? Rarement il a la richesse d'origine, et rarement la richesse acquise. Comment deviendrait-il riche dans une société où, de bonne heure, le commerce était interdit par les mœurs ? Où le trafic au détail, même exercé honnêtement, est une profession infamante, tandis que l'usure et les faux témoignages vendus sont la source admise et ordinaire de gros bénéfices pour les plus riches citoyens ? Où les femmes spécialement, ne peuvent se livrer au commerce (3) sous peine d'être assimilées aux courtisanes.

---

(1) Plaute, Persa, vers 378, s.

(2) Catilina XXV.

(3) Code théod. XV, 13. Cf. Paul, Sent. II, 26, 11. « Cum his quæ publice mercibus vel tabernis exercendis procurant adulterium fieri non placuit. »

CHAPITRE III

L'ADULTÈRE

§ 1. — La répression de l'adultère, je l'ai déjà dit, n'était pas comprise à Rome comme chez nous. Semblable à Sparte, qui punissait le délit découvert et non le délit commis, Rome ne punissait dans l'adultère que ses suites détestables. Ce n'est plus le crime contre les mœurs, mais le crime contre la famille qu'on entendait atteindre et réprimer.

J'ai déjà établi, qu'au moins à mon jugement, l'adultère du mari n'était pas un délit. Cela, parce qu'il n'avait pas de conséquences fâcheuses pour la famille.

Mais cette distinction, qui ne sera jamais entièrement supprimée, dut de bonne heure perdre de son importance. Je n'en ai pas de preuve certaine. Mais c'est une conséquence logique du développement d'une nation et d'une susceptibilité morale plus affinée.

Il en dut être comme de l'inceste, qui, à l'origine, loin d'être puni, était presque en honneur. Et cependant Valère-Maxime nous apprend que Clodius fut poursuivi de ce chef, et qu'il n'échappa au châtiment que par la corruption de ses juges : « Ut evidenter incesti crimine nocens reus absolveretur, noctes matronarum et adolescentium nobilium magna summa emptæ, mercedis loco, judicibus erogatæ sunt (1) ».

Il faut dire d'ailleurs que l'adultère du mari, pour fréquent qu'il pût être, ne devait pas être très criminel aux

---

(1) IX, 1, § 7.

yeux de la société romaine. Tout au plus, la femme du coupable eût-elle pu se plaindre que son mari allât porter ailleurs un hommage qui n'était dû qu'à elle. Mais les résultats, en pratique, ne peuvent être aussi dangereux que ceux qu'entraîne la faute de la femme. Le plus souvent, je l'ai signalé, l'homme ne s'adresse ni à une femme mariée, ni à une jeune fille. Ce n'est pas l'habitude. Dans le Mercator, de Plaute, Syra, la vieille esclave, parle des hommes qui sont toujours chez les courtisanes.

Dans une autre pièce, le Charançon, un des personnages entre chez un *leno* pour y voir sa maîtresse. Et son interlocuteur lui dit, d'accord avec la morale courante :

« Nemo hinc prohibet nec vetat
Quin quod palam 'st venale, si argentum 'st, emas.
Nemo ire quemquem publica prohibet via,
Dum ne per fundum septum facias semitam (1). »

C'est ce qui explique, avec d'autres circonstances, encore la prodigieuse émotion que souleva l'attentat d'Appius Claudius Cæcus sur la fille de Virginius.

§ 2. — Cependant un homme pouvait se rendre coupable d'adultère avec une femme mariée. Et alors le crime était double.

J'ai cité un texte de Plaute qui mentionne un individu comme « le plus grand coureur de femmes mariées, comme d'un homme n'ayant de goût qu'à l'adultère ».

Il se pouvait aussi qu'il eut des relations avec une femme veuve. Était-ce aussi un crime ? Au double point de vue de l'intérêt de la famille et de la morale, on en pourrait douter. Qu'importait à la famille qu'une femme veuve se rendit coupable d'adultère ? Les enfants qu'elle peut concevoir ne seront certainement pas attribués au

---

(1) Plaute, Charançon, vers 33.

défunt mari. Et la morale, qui peut se prétendre offensée au même titre que par la faute d'une femme mariée, n'eut jamais à Rome de défenseurs assez ardents pour porter si loin sa curiosité et ses prohibitions (1).

Les textes ne s'en expliquent pas formellement. Le passage du Charançon que je citais plus haut se termine ainsi :

« Nemo ire quemquem publica prohibet via,
Dum ne per fundum septum facias semitam,
Dum tete abstineas nupta, *vidua*, virgine,
Juventute et pueris liberis ».

Ce qui semble contenir une énumération complète des crimes contre la morale. Il serait donc aussi criminel d'avoir des relations avec une veuve qu'avec une femme mariée.

D'autre part, dans le Miles Gloriosus, Pyrgopolynice, surpris chez une femme prétendue mariée et menacé du châtiment des adultères, dit pour s'excuser : « Mais je l'ai crue veuve (2). »

Preuve que les relations avec une veuve n'étaient point un adultère et n'en entraînaient point les peines.

C'était, et les textes du Digeste le disent, un stuprum ; l'énumération citée plus haut : « Nupta, vidua, virgine, juventute et pueris liberis » comprendrait l'ensemble des délits d'adultère et de stuprum ; la dernière partie, depuis le mot vidua ne visant d'ailleurs que le stuprum. Et le stuprum était vraisemblablement puni de peines moins sévères.

§ 3. — Quelles étaient les peines de l'adultère ? Elles

(1) Sauf les réserves que j'ai faites plus haut, note de la page 12.
(2) Vers 1404.

étaient d'un ordre très varié ! J'inclinerais à croire que rien n'était fixé par la loi.

Presque tous les textes excluent l'idée d'une peine prononcée par un tribunal. Il ne semble s'agir que d'une vengeance immédiate, d'une punition infligée ou prononcée, séance tenante, par le mari ou par d'autres.

Valère Maxime indique une grande variété de peines, qui semblent pouvoir être appliquées par les plaignants à leur gré :

« Sed ut eos quoque, qui in vindicanda pudicitia, *dolore suo pro publica lege usi sunt*, strictim percurram :

1° Sempronius Musca C. Gallium deprehensum in adulterio *flagellis cecidit*.

2° Memnius Octavium similiter deprehensum *nervis contudit*.

3. Carbo Accienus a Vibieno, item Pontius a P. Cernio deprehensi *castrati sunt*.

4° Cn. etiam Furium Crocchum qui deprehenderat familia *stuprandum objecit* (1) ».

C'étaient encore des peines analogues au temps d'Horace, peu de temps avant la loi Julia :

« ... Utque illis multo corrupta dolore voluptas
Atque hæc rara, cadat dura inter sæpe pericla.
Hic se praecipitem tecto dedit ; ille flagellis
Ad mortem cæsus ; fugiens hic decidit acrem
Prædonum in turbam ; dedit hic pro corpore nummos ;
Hunc permæxerunt calones ; quin etiam illud
Accidit ut cuidam testes caudam que salacem
Demeterent ferro. « Jure » omnes. Galba negabat.
... Distincta tunica fugiendum est ac pede nudo
Ne nummi pereant aut pyga aut denique *fama* (2).

---

(1) VI, ı, §§ 11, 12, 13.
(1) Horace, Epit. I, 2 vers 38, 41, 132.

Aulu Gelle indique plus clairement une de ces punitions :

« M. Varro, in litteris atque vita fide homo multa et gravis, in libro quem inscripsit, *Pius aut de Pace*, C. Sallustium scriptorem seriæ illius et sensæ orationis,... in adulterio deprehensum ab Annio Milone loris bene cœsum dicit, et cum pecuniam dedisset, dimissum (1). »

Plaute entre dans plus de détails encore. Dans le *Militaire fanfaron*, Pyrgopolynice est surpris par Périplectomène, qui se donne pour le mari :

« Ducite istum; si non sequitur, rapite sublimen foras;
Facite inter terram et cœlum ut siet; discindite.
... Vide ut istic tibi sit acutus, Cario, culter probe.
... Imo etiam prius verberetur fustibus.
... Ubi lubet, distendite hominem divorsum et dispendite (2).»

Et ainsi traité, roué de coups, dépouillé de son argent,

---

(1) Nuits attiques, XVIII, 18.

(2) Vers 1386, s.
Après tant de maux, Pyrgopolynice s'écrie :
« Juro per Dianam et Martem me nociturum nemini,
Quod ego hoc hodie vapulo, sed mihi id æque factum arbitror,
Et si intestatus non abeo, bene agitur pro noxia.
— Quid, si id non faxis !
            — Ut vivam semper intestabilis. »
— De ces deux mots *intestabilis* et *intestatus*, M. Esmein, l'auteur d'un travail savant et définitif sur l'*Adultère à Rome*, a voulu tirer la conclusion que l'on appelait sans doute des témoins qui venaient constater l'adultère et porteraient témoignage devant le tribunal. Il s'appuie sur une disposition de la loi Julia, souvenir, selon lui, de dispositions légales anciennes, qui permet, sous certaines conditions, d'enchaîner et de garder le complice d'adultère, pendant vingt heures continues au plus, pour permettre d'appeler des témoins du fait.
Il se peut que cette supposition ne soit pas inexacte. Un mot que j'ai noté plus haut dans une citation d'Horace, le mot *fama*,

Pyrgopolinice, dans la bouche duquel Plaute met la morale de la pièce, s'écrie :

« C'est justice ; s'il en arrivait autant aux autres séducteurs de femmes mariées, il y aurait ici moins de séducteurs. »

---

permettrait de le croire, en admettant qu'il ait entendu dire que la perte de la bonne renommée résulterait pour le complice d'une décision judiciaire et non du verdict de l'opinion publique.

Cependant, à l'époque de Plaute, où chacun peut se faire telle justice qu'il lui plait, et où le tribunal, s'il y en avait un, était certainement le tribunal des proches parents, je ne conçois pas l'utilité de témoins, sauf en ce qui concerne la punition de la femme.

Le sens de ces deux mots « intestatus et intestabilis » m'avait d'abord semblé strictement limité par les allusions obcènes qu'ils renferment, sens mieux encore déterminé ici, si on les rapproche du mot « dispendite, » lequel, prononcé long à dessein, prend un sens particulier.

Je me suis cependant rallié à l'opinion de M. Esmein, à cause de l'emploi fréquent que fait Plaute de ces deux mots. Il est impossible que, constamment associés, ils n'aient pas une signification légale dont l'opposition avec le sens vulgaire amusait les spectateurs très au courant des habitudes judiciaires.

Cette signification apparait dans ces deux vers :

« Semper curato ne sis intestabilis ;
Quod amas, amato testibus præsentibus. »

Ici l'allusion obcène l'emporte encore. Mais plus loin, dans la même pièce, le sens qu'indique M. Esmein se dégage clairement.

« Proh ! deum atque hominum fidem
Hoccine pacto indemnatum atque intestatum me abripis ! »

(CURCULIO, 30 s.)

Dans les premiers, *intestabilis* veut dire « qui ne peut plus être témoin, infâme, ce qui correspond aux vers d'Horace précités.

Dans les derniers, l'hypothèse est très nette. Et j'inclinerais en effet à croire que là ou on laissait le coupable momentanément impuni (indemnatum), il y avait lieu à appeler des témoins pour constater et attester plus tard le délit reproché.

§ 4. — Parfois, cependant, apparaît une juridiction.

Mais les textes que nous avons ne mentionnent pas le cas d'adultère proprement dit.

Nous voyons (1) un tribun poursuivre un jeune homme *de stupro*. — Ailleurs, c'est un triumvir qui poursuit un citoyen pour le même motif.

Et il semble que, dans ces affaires, où la morale est engagée, les lois ordinaires s'arrêtent ; il y a comme un redoublement de rigueur.

Ainsi, dans le premier texte cité, le tribun, auteur de la poursuite, est pris à partie par le père de l'accusé. Il se retranche derrière sa qualité de tribun et invoque le secours de ses collègues. Mais, dit Valère Maxime : « Totum collegium tribunorum negavit se intercedere, quo minus pudicitiæ quæstio perageretur (2). »

Et, dans le second : « A quo appellati tribuni, cùm de stupro nihil negaret, sed sponsionem se facere paratum diceret, quod adolescens ille palam atque aperto corpore quæstum factitasset, intercessionem suam interponere noluerunt. »

Quelle était cette juridiction devant laquelle on appelait le coupable? Vraisemblablement, à l'origine, ce fut le peuple ; bientôt après, le censeur (3).

— Cette juridiction, en ce qui concerne les femmes, était double.

Elles semblent avoir été soumises à un juge ordinaire et au tribunal de leurs proches.

(1) Valère Maxime, VI, I, § 7 et 10.
(2) Je ne m'arrête pas à relever les singularités que présentent ces textes. Elles proviennent, selon moi, de ce qu'ils visent le stuprum et non l'adultère.
(3) Cf. Aulu Gelle. X, 23.

Quel était ce juge? Le rapprochement des deux textes d'Aulu Gelle permet de croire que c'était le censeur.

« Marcus Cato non solum existimatas, sed mulctatas quoque a *judice* mulieres refert, non minus si vinum in se quam si probrum et adulterium admississent. »

Et ailleurs : « Vir, inquit, cum divortium facit, muliere judex *pro censore* est. Imperium, quod videtur, habet (1). »

Qu'il y eut un jugement, c'est ce qui résulte de deux autres textes :

« Si quid perverse tetrèque factum est a muliere, mulctatur ; si vinum bibit, si cum alio viro probri quid fecit, condemnatur.

« In adulterio uxorem tuam si deprehendisses, *sine judicio* impune necares. » (Cato, *de dote*).

— A côté de cette juridiction, était celle des proches.

« L'institution du tribunal domestique suppléa (chez les Romains), à la magistrature établie chez les Grecs :

« Le mari assemblait les parents de la femme, et la jugeait devant eux.

« Ce tribunal maintenait les mœurs dans la République (2). »

Quelles étaient les peines de ce tribunal? « Elles devaient être arbitraires et l'étaient, en effet. Car, tout ce qui regarde les mœurs, tout ce qui regarde les règles de la modestie ne peut être compris sous un code de lois (3). »

Vraisemblablement, parmi ces peines ne devait pas figurer la mort. Il semble qu'elle ne soit permise qu'au

(1) Aulu Gelle, X, 23.
(2) Montesquieu, X, 7.
(3) Montesquieu, X, 7.

cas de flagrant délit (Cato, *de dote*). Cependant Valère Maxime n'en fait pas une condition nécessaire.

Vraisemblablement aussi, le mari pouvait se contenter de renvoyer sa femme. Le texte de Caton indiquerait, et il va de soi qu'alors il était seul juge, sans le consentement des parents. Ce châtiment semble le plus usité.

Le mari envoyait une *denuntiatio*. Dans *Casina*, deux femmes mariées causent ensemble : « Garde-toi, dit Myrrhine à Cléostrata, épouse de Stalinon, garde-toi de le contrarier ; laisse-le aimer, laisse-le faire ce qui lui plaira, puisque tu ne manques de rien dans ton ménage (1).

— Es-tu dans ton bon sens? Tu plaides contre ta propre cause.

— Imprudente, évite toujours cette parole de ton mari.

— Laquelle ?

— Sors de chez moi ! (I foras).

Et Cléostrata, effrayée seulement du son de ces paroles, s'écrie : « Chut, tais-toi. »

C'est, sous une autre forme, les mots du Digeste : « Res tuas tibi habeto. »

§ 5. — Sur ce point, comme sur bien d'autres, les femmes se trouvaient par rapport aux hommes dans une condition très inférieure.

Caton l'avait déjà noté. « Illa te, si adulterares, digito non auderet contingere, neque jus est. »

Quant au divorce, la loi leur permettait de le demander, comme elle permettait au mari de répudier sa femme (2).

---

(1) C'était déjà le morale d'un père à sa fille, dans les Ménechmes. J'ai cité plus haut ce passage.
(2) Cicéron, Topica, IV, 20.

Alcmène, accusée, s'écrie :

« Je ne puis rester dans cette maison. Quoi ! me voir accusée d'infidélité, d'adultère, d'infamie par mon mari... Non, assurément, je ne me laisserai pas calomnier, outrager de la sorte. *Je vais le quitter,* ou il me fera réparation (1). »

Et plus loin :

« Ma vertu réfutait tes injures. Maintenant tu ne me reproches plus de me déshonorer par ma conduite ; moi, je ne veux plus m'exposer à entendre des discours qui me déshonorent. Adieu ! Reprends tes biens, rends-moi les miens. (Tibi habeas res tuas, reddas meas) (2). »

Alcmène se vante. Elle n'eût pas pu divorcer pour si peu de chose. L'infidélité du mari n'était même pas suffisante.

« Par Castor, les femmes vivent sous de bien dures lois, dit Syra, dans le Mercator.

« Pauvres malheureuses, comme on les sacrifie aux hommes. Car, qu'un mari entretienne une courtisane, si sa femme vient à l'apprendre, l'*impunité lui est assurée.* Qu'une femme sorte de la maison et aille seulement en ville, le mari lui fait son procès, elle est répudiée. Par Castor, si l'on punissait les maris, il y aurait plus de maris sans femme qu'il n'y a maintenant de femmes sans mari ! (3). »

---

(1) Amphytrion, vers 728.
(2) Ibid., vers 761.
(3) C'est ce couplet que Beaumarchais a traduit ainsi :
    « Qu'un mari sa foi trahisse,
    Il s'en vante et chacun rit ;
    Que sa femme ait un caprice,
    S'il l'accuse, on la punit.
    De cette absurde injustice
    Faut-il dire le pourquoi ?
    Les maris ont fait la loi.

Probablement, il fallait au moins le flagrant délit, et qui sait, peut-être une exigence semblable à celle de la loi française : quelque circonstance qui rendît l'offense particulièrement grave, comme l'entretien de la concubine dans la maison commune.

Mais je n'ai nulle part trouvé de preuve à l'appui de ce que j'avance.

DEUXIÈME PARTIE

LES EMPEREURS

CHAPITRE Ier

LES MŒURS

« A mesure que le luxe s'établit dans une République, l'esprit se tourne vers l'intérêt particulier. A des gens à qui il ne faut rien que le nécessaire, il ne reste à désirer que la gloire de la patrie et la sienne propre. Mais une âme corrompue par le luxe a d'autres désirs : bientôt elle devient ennemie des lois qui la gênent... Sitôt que les Romains furent corrompus, leurs désirs devinrent immenses... Quand, par une impétuosité générale, tout le monde se portait à la volupté, que devenait la vertu ? (1). »

Ce mouvement général est précipité non pas vers la volupté seulement, mais vers le désordre, et la licence effrénée est en effet la caractéristique de cette deuxième époque. Il y a des temps, il y a des sociétés, où gênés par des lois étroites ou surannées, les hommes les font éclater de toutes parts. On assiste alors à un immense débordement, qui dure ce que durent les choses anormales et

---

(1) Montesquieu, VII, 3,

qu'endiguent bientôt d'autres lois nouvelles plus con-
formes aux mœurs. Ici, rien de tel. Toute loi, qu'elle
qu'elle fût, eût été inutile. Il y avait une furéur de plaisir, un dégoût d'autorité que rien n'eût pu calmer ou
guérir. Les lois le tenteront en vain. Elles seront bientôt
brisées par l'irrésistible courant.

§ 1. — Et cependant, quand on considère ce qu'était
devenue l'organisation de la famille, on peut s'étonner à
bon droit de cette exaspération des délits contre la famille
et les mœurs. Un des grands arguments des partisans du
divorce, est qu'il permet d'éviter les manquements à la
foi conjugale, en autorisant la dissolution de l'association. Cela n'est vrai que dans une société où les mœurs
sont restées pures. Mais si elles sont perverties ou dispa-
rues, la facilité du divorce, même excessive, ne suffit
plus. La faute est un piment dont une société blasée ne
veut pas se priver.

Il faut aujourd'hui un effort pour admettre les tolé-
rances de la loi romaine en matière de divorce. J'ai cité
un passage de Cicéron qui discutait (1) si le divorce pouvait avoir lieu tacitement par le seul fait qu'un des époux
contractait une nouvelle union. Il semble que de son
temps la négative fût adoptée. C'eût été, en effet, un abus
intolérable. C'était l'acheminement à la polygamie, que la
loi interdisait.

Mais pour avoir besoin d'une manifestation de volonté,
le divorce n'en était pas plus difficile à réaliser. Il faut
lire ce que disent là-dessus les auteurs contemporains.

Tacite (2) cite une femme, illustre par sa naissance,
épouse d'un homme considérable, Domitius Silus, qui

---

(1) Orator, I, 40.
(2) Annales, XV, 59.

rompt son mariage pour épouser C. Pison, lequel y consent « bien qu'elle n'eût d'autre mérite que celui de sa beauté. »

« Quelle épouse, dit Sénèque (1), rougit à présent d'une séparation, lorsque les femmes de haut lieu et de grand nom comptent leurs années non par les Consulats, mais par leurs mariages. Elles divorcent pour se marier, elles se marient pour divorcer. »

Juvénal est plus virulent encore :

« Imperat ergo viro ; sed mox hæc regna relinquit,
Permutatque domos et flammea conterit : inde
Advolat, et spreti repetit vestigia lecti.
Ornatas paulo ante fores, pendentia linquet
Vela domus, et adhuc virides in limine ramos.
Sic crescit numerus, sic fiunt octo mariti,
Quinque per autumnos. »
... « Abditus interea latet et secretus adulter (2). »

Et ailleurs (3) :

« Fugientem sæpe puellam
Amplexu rapui : tabulas quoque ruperat, et jam signabat. »

Et Martial appuie, donnant au divorce des motifs plus misérables encore.

« Julia lex populis ex quo, Faustine, renata est,
Atque intrare domos jussa pudicitia est :
Aut minus, aut certe non plus tricesima lux est
Et nubit decimo jam Thelesina viro.
Quæ nubit toties, non nubit ; *adultera lege est.*
Offendor mœcha simpliciore minus (4). »

Et ailleurs (5) :

Mense novo Jani veterem, Proculeia, maritum
Deseris, atque jubes *res sibi habere suas.*

---

(1) De Beneficiis, III, 16.
(2) Satire, VI, 225, s.
(3) Satire, IX, 74, s.
(4) Epig., VI, 7.
(5) Ibid., X, 41.

Quid, rogo, quid factum est ? Subiti quæ causa doloris ?
Nil mihi respondes ? Dicam ego. Prætor erat.
Constatura fuit Megalensis purpura centum
Millibus, ut nimium munera parca dares :
Et populare sacrum bis millia dena tulisset.
Discidium non est hoc, Proculeia, lucrum est.

Et ce ne sont pas les seuls. Suétone en cite d'autres exemples : « Alium et quæstura removit, quod uxorem *pridie sortidione* ductam postridie repudiasset (1).

Il semble même que le divorce fût devenu tellement fréquent que l'on prenait soin de faire jurer à l'un et à l'autre époux de ne jamais divorcer.

C'est, du moins, ce qui résulterait de ce passage de Suétone :

« Equiti romano *juris jurandi gratiam fecit,* ut uxorem in stupro generi compertam dimitteret, quam se nunquam repudiaturum ante juraverat (2). »

§ 2. — Que devenait, au milieu d'un tel désordre, l'autorité maritale. Il semble bien qu'elle fût disparue.

J'ai cité plus haut une épigramme de Martial, où il prétendait ne pas se laisser épouser par sa femme. En voici la contre-partie :

« Custodes das, Polla, viro ; non accipis ipsa.
Hoc est uxorem *ducere,* Polla, virum (3). »

Bien plus, on connaissait dès lors un nouveau délit contre les mœurs. Les maris s'étaient fait les complaisants de leurs femmes. De rare et monstrueux, c'était devenu si fréquent que les lois l'avaient visé et tentaient en vain de le réprimer par des peines sévères.

(1) Tibère, 35.
(2) Ibid.
(3) Epig., X, 69.

« Mæchum Gallia non habet, nisi unum.

Turpe est hoc magis, uxor est duorum (1). »

Cela semble passé dans les habitudes.

Ausone (2) attaquait inutilement un jurisconsulte qui avait épousé une femme adultère. Celui qu'il attaquait et ses amis devaient rire de la candeur du poète. Le temps était passé où l'on s'étonnait de ces choses.

Les actes contre nature étaient devenus à ce point fréquents que les lois s'en étaient émues.

On s'attaquait aux plus illustres, aux plus jeunes. Le vice avait besoin de raffinements.

« Qui puero stuprum abducto ab eo, vel corrupto comite, persuaserint... perfecto flagitio puniuntur capite, imperfecto, in insulam deportantur ; corrupti comites summo supplicio adficiuntur (3). »

Et ce passage de Valère Maxime indique que la loi ne vivait pas des hypothèses chimériques :

« Pontius Aufidianus, eques romanus, qui, postquam comperit filiæ suæ virginitatem a pædagogo proditam Fannio Saturnino, non contentus sceleratum servum affecisse supplicio, etiam ipsam puellam necavit (4). »

Les hommes les plus estimés s'adonnaient à de semblables pratiques : témoin cet Aurelius, à qui Catulle écrivait :

« Commendo tibi me ac meos amores,
Aureli.
Verum a te metuo tuoque pene
Infesto pueris *bonis malisque* (5). »

---

(1) Martial, VI, 90.
(2) Epig. 89.
(3) L. 1, § ult. D, de extraord. criminibus.
(4) VI, 1, § 3.
(5) XV, 9 et 10.

Dans une société où il se vante que les femmes étaient si avides de lire ses œuvres, Martial a pu adresser à sa femme l'immonde épigramme :

« Deprensum in puero... (1) »

§ 3. — Tous les vices de la terre affluaient à Rome et toutes les classes de la société étaient corrompues.

Rome était la Babylone de l'époque. Témoin l'épigramme in Cœliam :

« Das Parthis, das Germanis, das, Cœlia, Dacis,
  Nec Cilicum spernis Cappadocumque toros (2). »

Les femmes les plus illustres de Rome étaient adonnées à la prostitution. Ovide nous les montre achetant à beaux deniers comptant l'amour des jeunes gens et ne craignant pas de réclamer en justice le prix qu'elles avaient indûment payé.

« Sunt qui mendaci specie grassantur amoris,
  Perque aditus tales lucra pudenda petunt.
... Forsitan ex horum numero *cultissimus* ille
  Fur sit, et uratur vestis amore tuæ.
... Redde meum, clamant spoliatæ sæpe puellæ,
  Redde meum, toto voce boante foro (3). »

Le même Ovide nous montre le public entier, matrones, jeunes filles, enfants, aussi bien que les pères et les maris

---

(1) XI, 43.
(2) Martial, VII, 30.
(3) Art d'aimer, III, 441-450.
C'était un perfectionnement de ce qui se pratiquait au temps de Plaute :

« .....Quin ego hominum mores
  Ita nunc adolescenteis morati sunt : quin ei
  Ut simitu adveniunt ad scorta congerones,
  Consulta sunt consilia, quando intro advenerunt;
  Unus eorum aliquis osculum amicæ usque obgerit,
  Dum illi agunt quod agunt. Sunt ceteri cleptæ.
                                    (*Le Brutal*, 81, s.)

s'amusant au théâtre de l'adresse des femmes à tromper leur mari, spectacle exact des mœurs du jour :

« Quid si scripsissem mimos obscæna jocantes,
    Qui semper juncti crimen amoris habent?
In quibus *assidue cultus procedit* adulter,
    Verbaque dat stulto callida nupta marito.
... Nubilis hæc virgo, matronaque, virque, puerque
    Spectat et a magna parte senatus adest (1) ».

Il fallut réagir contre les mœurs épouvantables des femmes les plus illustres. « Eodem anno (772) gravibus senatus decretis libido feminarum cœrcita, cautum que *ne quœstum corpore faceret cui avus, aut pater, aut maritus, eques Romanus fuisset (2)* ».

§ 4. — Sans doute il y avait des exceptions, et la vertu trouvait encore des admirateurs et des panégyristes. Mais leur zèle et leur volonté n'avaient pas souvent à s'exercer, si j'en juge par le soin qu'ont les historiens de rassembler les plus minces exemples à l'honneur des mœurs de leur temps.

Cet hommage rendu à la vertu rentrait surtout dans les idées et les intentions politiques des empereurs. Voulant, pour diverses raisons, reconstituer la famille et la société, ils encourageaient le mariage par des moyens variés ; et tout ce qui pouvait contribuer à ce but était mis en œuvre. Le peuple lui-même goûtait l'honnêteté, comme on fait les choses extraordinaires, et souffrait volontiers qu'on en fît l'éloge.

Tacite, rapporte qu'Agrippine, femme de Germanicus, était plus populaire que Livie, parce qu'elle avait plus d'enfants (3).

---

(1) Tristes, II, 497-514.
(2) Tacite, Annales, II, 85.
(3) Annales, II, 43.

Germanicus, à son lit de mort, exhorte ses amis. « Montrez, leur dit-il, montrez au peuple la petite fille d'Auguste, mon épouse, faites leur voir mes six enfants (2) ».

Valère-Maxime parle d'un certain Sempronius Sophus qui avait répudié sa femme, parce qu'elle était allée, sans le lui dire, aux jeux du Cirque (1).

Et Tacite raconte que lors du choix d'une vestale, Fonteius Agrippa et Domitius Pollion ayant offert leurs filles, celle de Pollion fut préférée parce que sa mère avait persévéré dans la même union. Car Agrippa avait entaché la famille par son divorce (2).

Mais j'imagine que ce devaient être des exceptions. Les mœurs romaines étaient dans un état d'affaissement que peut à peine dépeindre l'histoire et que trahissent les lois de l'époque. Le *Jus liberorum*, le *Jus patrum* attestent suffisamment le déclin de l'organisation familiale. Les mariages, même contractés, l'étaient dans des conditions déplorables. Témoin ce passage de Suétone : « Quumque etiam immaturitate sponsarum et matrimoniorum crebra mutatione vim legis eludi sentiret, tempus sponsas habendi coactavit et divortiis modum imposuit (3) ».

§ 5. — Cette mesure que cite Suétone faisait partie d'une législation complète qu'Auguste édicta dans un but de moralisation. Elle tendait tout entière à la reconstitution de la famille.

De ce groupe était la fameuse loi *Julia de Adulteris coercendis*. Elle était fort étendue et tendait à régler légalement nombre de points où l'arbitraire avait été jusqu'alors la seule réglementation.

---

(1) VI, 3, § 11.

(2) Annales, II, 86.

(3) Octavianus, 34.

Cette loi était désirée, on peut le dire, par tous les bons citoyens, par ceux du moins qui croient à l'influence des lois sur les mœurs. Les panégyristes officiels se répandent en éloges, en célébrant outre mesure les résultats.

Le temps devait montrer ce que valaient et la loi et les éloges qu'on en faisait. Les mœurs étaient déjà trop bas pour être relevées. Il eût fallu à l'empereur plus que de l'énergie et de la perspicacité, il eût fallu de la vertu. C'était peu de voir le mal et de le vouloir guérir. Il eût dû prêcher d'exemple. Malheureusement, lui-même enfreignait les lois qu'il donnait aux autres.

Suétone nous le montre épousant, malgré les lois, Claudia, fille à peine nubile, de Fulvie et de P. Clodius, et la répudiant, vierge encore, pour épouser Scribonia, avec qui il divorce bientôt en faveur de Livie que, dit Suétone, il chérit uniquement (§ 72), sauf, bien entendu, le chapitre de l'adultère :

« Adulteria quidem exercuisse ne amici quidem negant, excusantes sane non libidine sed ratione commissa, quo facilius consilia adversariorum per cujusque mulieres exquireret ».

Bien mieux :

« Circa libidines hæsit; postea quoque, ut ferunt, ad stuprandas virgines promptior quæ sibi undique etiam ab uxore conquirerentur (1) ».

Et Ovide :

« Hæc tu spectasti, spectanda que sæpe dedisti ;
... Luminibusque tuis totus quibus utitur orbis,
    Scenica vidisti lætus adulteria (2) ».

---

(1) Octavianus, § 79.
(2) Tristes, II, 514.

Que signifient dès lors les louanges d'Horace ?

« Quum tot sustineas et tanta negotia solus
Res Italas armis tuleris, moribus ornes,
Legibus emendes ».

Lui-même, le blasé, sera forcé de reconnaître l'inutilité des efforts tentés :

« Quid valent leges sine moribus ? »

dit-il mélancoliquement.

L'adultère continuera sa marche ascendante.

— Le fléau parut assez redoutable pour que tous les jurisconsultes romains s'en fussent occupés, les uns au cours de leurs ouvrages généraux, les autres dans des ouvrages spéciaux. Paul, Papinien firent des traités « de Adulteriis » ; Ulpien semble en avoir fait deux.

Vains efforts. Rien ne put entraver le mal. La loi, les jurisconsultes, les empereurs tout fut impuissant. La société romaine était grangrenée. Il faudra l'infusion d'un sang plus jeune, la venue de races neuves pour tuer le mal dans sa racine.

CHAPITRE II

LA LOI JULIA DE ADULTERIIS (1)

SECTION PREMIÈRE

Les Délits qu'elle prévoit.

§ 1. — La loi Julia avait un but unique : la restauration des mœurs. Pour atteindre ce but elle usait de moyens

(1) Au Digeste, livre 48, titre 5. Ad legem Juliam de adulteriis cœrcendis. Au code, livre 9, titre 9, l'intitulé est plus exact : Ad legem Juliam de adulteriis et stupro.

divers, vengeant non-seulement l'honneur de l'époux
outragé, mais la société tout entière. Dès lors, elle devait
forcément poursuivre diverses catégories d'individus qui
n'eussent point été inquiétés, si l'on eût considéré l'adultère comme un simple délit privé.

« Lex Julia de adulteriis (1), non solum temeratores
alienarum nuptiarum gladio punit, sed et eos qui cum
masculis nefandam libidinem exercere audent. Sed
eadem lege Julia etiam stupri flagitium punitur cum
quis sine vi, vel virginem, vel viduam honeste viventem
stupraverit ».

Cette énumération, en somme, comprend les délits :

1° D'adultère,

2° De stuprum,

tels que les ai définis.

— Quant à l'inceste, il ne rentrait ni dans l'un ni dans
l'autre cas.

« In incesto, ut Papinianus respondit et ut rescriptum,
servorum tormenta cessant, quia et *lex Julia cessat de
adulteriis* (2) ».

Mais parfois l'inceste est réprimé. Les romains distin-
guèrent deux sortes d'inceste : l'inceste de droit des gens
et l'inceste de droit civil.

L'inceste de droit civil est celui qui résulte de la violation d'une prohibition de mariage édictée spécialement
par le droit civil pour des raisons tenant à l'organisation
de la société, mais dont on concevrait ou l'inexistence ou
l'abrogation sans que les bonnes mœurs fussent mises en
péril.

Cet inceste semble n'être pas puni (3).

_____

(1) Institutes, de publicis judiciis.
(2) L. 4, D, de quæst.
(3) L. 38, § 2, h. t.

L'inceste du droit des gens consisterait alors dans le commerce prohibé de deux personnes dont la loi, d'accord avec les mœurs universelles, défend l'union. « Commet un inceste de droit des gens celui qui épouse une femme de l'ordre des ascendants ou descendants (1) ».

L'union entre alliés était également une cause d'inceste de droit des gens. « Si à l'adultère se joint en même temps un inceste, comme il arrive dans les relations d'un homme avec sa belle-fille, sa bru, sa marâtre, la femme sera également punie, car même *sans accusation d'adultère, cela arriverait* (2) ».

Mais la distinction entre l'inceste du droit des gens et l'inceste de droit civil est délicate. Très souvent on fera rentrer ce délit dans la catégorie des *stupra*. « *Stuprum in sororis filiam si committetur* », dit un texte (3). Et c'est bien évidemment un inceste que l'on vise à cette époque, puisque l'on ne pouvait encore épouser sa nièce.

— Tenons-nous en à l'un des délits visés par la loi Julia : à l'adultère.

L'adultère était poursuivi avec soin. Non seulement les coupables principaux, la femme et son complice, mais tous ceux qui, par des moyens et dans un but quelconque, en avaient favorisé la perpétration étaient recherchés par la loi.

§ 2. — LA FEMME ADULTÈRE ET SON COMPLICE. — J'ai déjà expliqué que l'adultère du mari n'était pas poursuivi à Rome. J'en ai donné les raisons (4).

---

(1) L. 68, D, de ritu nupt.

(2) L. 38, pr. h. t.

(3) L. 38, § 1, h. t.

(4) Il convient de noter le détail suivant : La femme qui a épousé un homme soupçonné d'adultère avec elle avant son mariage ne

Mais le mari pouvait tomber sous le coup d'une accusation de stuprum.

D'autre part, le délit du mari pourrait servir à la femme non pas d'excuse, mais d'exception et de fin de non-recevoir.

— La femme qui commet un adultère est, au contraire, atteinte par la loi Julia, et très rigoureusement.

La femme que poursuit la loi est la femme mariée. « Que le mariage soit *justus* ou *injustus*, dit Ulpius, le mari pourra poursuivre sa femme. Car la loi Julia tend à protéger tous les mariages : Nec enim soli Atridae uxores suas amant (1).

Et même la femme *quæ vulgaris fuit*, peut être accusée (2).

Il convient de noter sur ce point un détail significatif des mœurs romaines :

Les femmes que punissait la loi Julia étaient, en général, celles qui méritaient le nom de *Matrona*. Le jour où la chasteté fut moindre que la luxure, les femmes n'hésitèrent pas à faire abandon public de leur qualité pour se livrer impunément à leur passion. Elles embrassèrent les professions infâmantes dont les titulaires échappent à toute répression.

La loi vise ce cas : « La femme adultère qui pour éviter

---

peut être accusée, qu'il n'ait été d'abord convaincu d'adultère. Sans quoi beaucoup de maris rompraient un mariage valable, en disant que leur femme a épousé son complice en adultère. (L. 11, § 11, h. t.

(1) L. 13, § 1, h. t. — La loi s'appliquait aussi aux femmes dont la loi *Julia de maritandis ordinibus* défendait l'union à certaines classes de citoyens. Cf. 1. 13, § 1, h. t.

(2) L. 13, § 2. Cf. 1. 22, C. h. t.

la peine de sa faute se fait *lena,* est atteinte par la loi Julia ; de même celle qui se fait comédienne (1).

Suétone (2) nous montre les filles de chevaliers et de sénateurs qui, pour échapper aux lois, se faisaient inscrire sur le rôle des courtisannes ; elles achetaient l'impunité de l'adultère par la prostitution.

Et Tacite cite le cas de Vestilia, d'une famille prétorienne, qui avait usé de cette pratique. Aux termes de la loi Julia, elle n'était pas coupable. Mais une loi postérieure avait prévu ce nouveau délit. Et son mari (3), Titidius Labeo, eut beau alléguer qu'il avait soixante jours pour délibérer, elle fut exilée dans l'île de Scriphon sans autre informé.

— La femme peut être accusée pour adultère commis pendant le mariage ; elle peut l'être pour un adultère commis antérieurement. Mais, sur ce point, la législation a varié.

Ulpien dit bien que la fiancée peut être poursuivie. Car il n'est point permis de violer un mariage ou une espérance de mariage (4).

La fiancée, d'ailleurs, était d'autant plus coupable qu'elle n'était pas irrévocablement engagée par les fiançailles et les pouvait rompre de sa seule volonté, autorisée par son curateur (5).

Mais cette décision d'Ulpien ne semble point d'accord avec la doctrine régnante. Il éprouve le besoin de la mettre à l'abri d'un rescrit de Sévère et d'Antonin.

---

(1) L. 10, h. t. Cf. Paul, Sentences II, 26, 11.
(2) Tibère, 35.
(3) Annales, II, 85.
(4) L. 13, § 3, D, h. t.
(5) L. 16, D, de sponsalibus.

C'est donc qu'au moins antérieurement à ce rescrit, et, dans les dispositions primitives de la loi Julia, l'adultère de la fiancée ne pouvait être puni.

C'est ce qui ressort d'un autre texte : « Si la femme, *deducta in domum mariti*, avant l'âge de douze ans, a commis un adultère, elle ne pourra être accusée *jure mariti ;* mais, après l'âge de douze ans, elle devient *uxor*, et, si elle ne peut être accusée de cet adultère, puisqu'elle a été épousée avant l'âge légal (1), elle le pourra comme fiancée, aux termes du rescrit de Sévère et Antonin (2). »

Et, si c'est une femme avec laquelle le mariage ne pourrait se faire, quand bien même l'homme la considérerait comme son épouse, alors, il ne pourrait pas l'accuser *jure mariti*, mais *jure extranei* (3).

De même, si quelqu'un veut accuser son épouse d'un adultère qu'elle aurait commis avant le mariage ou quand elle n'était que sa concubine, ou avant que son père n'eût consenti à l'union, alors il ne pourra agir *jure mariti* (4).

Quoiqu'il en fût, à l'époque de Justinien, le doute n'était plus possible (5).

Il fallait que ce droit du fiancé fût bien important pour avoir donné lieu au doute que révèle le texte de Papinien, lequel (6) décide, après hésitation, qu'une femme fiancée à l'un et épousée par l'autre ne peut être poursuivie par son premier fiancé.

_____

(1) Quumque etiam immaturitate sponsarum... vim legis cludi sentiret, tempus sponsas habendi coactavit. (Suetone, Auguste, 34).

(2) L. 13, § 8, D, h. t.

(3) L. 13, § 4, h. t.

(4) L. 13, § 6. Cf. § 10, h. t.

(5) L. 7, D, h. t.

(6) L. 11, § 7.

— La femme engagée en concubinat ne pourrait être poursuivie pour adultère. Le texte de la loi ne s'appliquait qu'au seul mariage. Sauf le cas où le plaignant était un patron, pour lequel, dit le jurisconsulte, il était plus honorable de prendre son affranchie comme concubine que comme épouse (1).

Ce qui faisait la criminalité, c'était moins la perpétration du délit que l'intention criminelle. Il fallait non-seulement un outrage aux mœurs, mais un outrage voulu. C'est ce qui ressort d'un texte (2) où une femme, à qui on a fait violence, est mise hors de cause, bien qu'elle l'eût caché à son mari. Cela ressort plus clairement encore d'un autre texte (3), où Papinien, parlant d'une femme qui croit son mari mort et s'est remariée, décide qu'il y a lieu de distinguer : Si elle a feint de croire son mari mort, alors elle est coupable ; sinon, si, par exemple, elle a laissé s'écouler un espace de temps considérable sans que rien, dans sa conduite, révèle le *stuprum*, alors, elle est excusée.

De même, le complice d'une femme adultère ne sera pas condamné s'il a ignoré sa qualité de femme mariée, ou même si, connaissant sa qualité, il l'a crue divorcée ou si elle exerce publiquement une profession infamante (4).

La loi Julia ne visait le délit d'adultère ou de stuprum qu'entre personnes libres.

Pour les esclaves, il y avait d'autres actions. L'adultère ne peut se comprendre entre esclaves. Leur union, qui

---

(1) L. 1, pr. de Conc.
(2) L. 39, D, h. t.
(3) L. 11, § 12, D, h. t.
(4) L. 22, C. L. 43, D, h. t.

était le *contuberium,* n'entraînait avec soi que peu d'obligations, et seulement après l'affranchissement. Mais on peut concevoir le stuprum commis sur un esclave. Et, pour en obtenir réparation, le maître aura, suivant les cas, plusieurs actions : *actio legis aquiliæ, de servo corrupto, injuriarum* (1)

§ 3. — Fauteurs d'adultère. — Outre la femme adultère et son complice, la loi punissait ceux qui avaient préparé ou facilité la faute : les intermédiaires.

« Si quis domum suam, ut stuprum adulterium cum aliena matrefamilias fiat, sciens præbuerit, cujuscumque sit conditionis, quasi adulter punitur (2). »

Et la loi ne distingue pas entre l'ami qui a prêté sa maison gratuitement et l'hôtelier qui a reçu le prix de la location (3) ; entre celui qui a aidé à commettre l'adultère à la campagne ou au bain (4), ni si la complaisance du propriétaire a eu ou non un résultat coupable, ni quelle est la condition de cet entremetteur, ni quelle est son sexe (5), ni quel est son âge (6).

Il y avait une autre espèce d'intermédiaire qui était atteint, c'était le proxénète : « Qui puero stuprum, abducto ab eo vel corrupto comite, persuaverit, aut mulierem puellam ve interpellaverit, quidve impudicitia

---

(1) L. 6, pr. D, h. t. Cf. l. 2, de servo corrupto.

(2) L. 8, pr. D, h. t.

(3) L. 9. pr. ibid.

(4) L. 9, § 1, h. t.

Cette distinction aurait pu s'expliquer, et la mention qu'on en fait s'explique par la nature et l'organisation des bains publics à Rome, par les désordres dont ils ont été le théâtre et les mesures prises à cet égard.

(5) L. 9, pr. l. 10, D, h. t.

(6) L. 37 in fine, D, de minoribus.

gratia fecerit, domum præbuerit, pretium ve quo is persuadeat dederit... (1)

— A côté de de ces intermédiaires, la loi punit toute personne, même le mari, qui a reçu de l'argent pour taire un stuprum (adultère) découvert (2).

Cela, parce qu'il est interdit de transiger en matière d'adultère (3). « On peut transiger en toute matière, même pour les délits donnant lieu à des judicia publica, sauf l'adultère (4). »

Et l'accusateur prévaricateur est aussi coupable que celui qui refuse de dire la vérité.

Celui-là même qui lui aurait donné de l'argent pour acheter son silence, pourrait le répéter, que le silence ait été gardé ou non (5).

Le prêteur doit même intervenir pour ordonner la restitution (6).

Il n'a pas à s'inquiéter si celui qui l'a donné est adultère, mais seulement si cet argent a été donné par crainte de la mort (7).

Garder le silence en pareil cas, c'est commettre le délit de *lenocinium*, et c'est aux peines de ce délit que sera condamné celui par l'aide, le secours, le conseil ou le dol duquel un mari ou une femme surpris en adultère s'est racheté à prix d'argent ou par toute autre convention (8). Ils peuvent même, contrairement à la règle, qui

---

(1) L. 1, § ult. de extraord. crim. Cf. Novelles 144 et 143.
(2) L. 29, § 2, D, h. t.
(3) L. 10, C. h. t.
(4) L. 18, C. de transact. Cf. cependant Novelle 134, ch. 10.
(5) L. 5, D, de condict. ob. turp. caus.
(6) L. 1, pr. de extraord. cognit.
(7) L. 8, pr. D, quod uret. causa.
(8) L. 14, pr. D, h. t.

défend d'avoir plus de deux accusés, être accusés simultanément avec la femme adultère et son complice (1).

Cependant, la loi semble admettre que de tels délits peuvent être commis de bonne foi. « Ces mots de la loi : « Que personne, désormais, ne commette *sciemment* un adultère ou un stuprum », s'appliquent à celui qui l'a conseillé, comme à celui qui l'a commis (2). »

Cette hypothèse devait être rare.

— Enfin, il y avait, à côté de celles-ci, une catégorie spéciale de personnes poursuivies; c'étaient celles qui avaient abusé de leur situation pour influencer, en un sens déterminé, la volonté de ceux qui étaient soumis à leur autorité : par exemple, le tuteur ou le curateur.

On estimait que le tuteur ou le curateur qui avait épousé sa pupille avant l'âge de vingt-six ans, alors que celle-ci ne lui avait pas été fiancée ou destinée par le père entre-vifs ou par testament, avait commis un acte coupable, ouvert lui-même la porte aux mauvaises mœurs, et devait être puni comme fauteur d'adultère (3).

§ 4. — LE MARI.

A côté de ces divers inculpés, la loi romaine, à l'imitation de la loi grecque, poursuivait un autre coupable, c'était le mari, complice ou spectateur indifférent des désordres de sa femme.

Nous verrons plus loin les avantages que la loi lui avait faits, pour lui assurer la vengeance de ses torts. Ces avantages ont leur contre-partie. La loi veut qu'il se venge. Elle lui facilite sa tâche, mais elle la lui impose.

Encore faut-il, pour cela, qu'il n'ait aucun moyen de

---

(1) L. 33 in fine, D, h. t.
(2) L. 12, D. h. t.
(3) L. 7, pr, D, h. t.

persister dans son erreur. S'il a surpris sa femme en
flagrant délit, il doit se venger. S'il ne le fait pas, il est
condamné comme *leno* (1).

Pline le Jeune en donne un exemple intéressant : Sed
maritum, non sine aliqua reprehensione patientiæ, amor
uxoris retardabat ; quam quidem etiam post delatum
adulterium, domi habuerat, *quasi contentus æmulum re-
movisse.* Admonitus ut perageret accusationem, peregit
invitus. Sed illam damnari, etiam invito accusatore,
necesse erat; damnata et Juliæ legis pœnis relicta est (2). »

Je n'ai pas besoin de faire ressortir l'état moral que
suppose une telle législation.

— Ainsi, il fallait le flagrant délit constaté par le mari.
Instruit du fait, il devait répudier sa femme.

Bien plus, il y avait des cas singulièrement douloureux,
où l'adultère se compliquait d'inceste, ou s'abaissait
jusqu'à l'infamie. Le mari devait encore agir, sous peine
de *lenocinium,* et cette fois il lui fallait, ce semble, poursuivre le complice lui-même : « Si quis adulterum non
dimiserit sed retinuerit, forsan filium in noverca, vel
etiam libertum vel servum in uxorem, ex sententia legis
tenetur, quamvis verbis non continetur (3). »

Hors des cas de flagrant délit, le mari pouvait fein-
dre l'ignorance et pardonner ou mépriser la conduite
de sa femme. Il n'était plus forcé d'en tirer vengeance.
Encore fallait-il qu'il gardât le silence pour un motif
avouable : « par négligence, faute ou crédulité (4). »

Cette condition apposée à son droit d'abstention nous

(1) L. 29, pr. D, h. t.
(2) Epist. VI, 31.
(3) L. 33, § 1, D, h. t,
(4) L. 33, § 2 in fine, ibid. Cf. l. 2, § 2, h. t. D.

révèle tout un côté des mœurs romaines que bien d'autres textes confirment. C'est l'abjection de certains maris, nombreux, à ce qu'il semble, qui tolèrent, préparent ou encouragent l'adultère de leur femme et reçoivent un bon prix de leur complaisance.

Ce devait être un cas fréquent. La loi a pris soin de le prévoir, de le nommer et de le punir. C'est le *lenocinium*.

« Celui qui a tiré profit de l'adultère de sa femme est puni, et ce lenocinium est le plus coupable de tous (1). »

« Et par tirer profit, il faut entendre celui qui a reçu quelque chose pour que son épouse fût adultère, soit une, soit plusieurs fois, même celui qui a reçu de l'argent pour que sa femme se fît courtisane (2). »

Ce crime est puni des mêmes peines que l'adultère (3).

Et la minorité n'est pas une excuse (4).

— Souffrir l'adultère, c'est encore peu. Voici une autre pratique que révèle un texte : « Si un mari, pour deshonorer sa femme, a lui-même apposé l'adultère de façon à les surprendre, le mari et la femme sont tous deux poursuivis (5). »

Ce devait être le cas des maris pauvres et éhontés de femmes célèbres pour leur beauté, qui en faisaient commerce, et partageaient avec leurs maris les gains convenus ou extorqués qu'elles en pouvaient tirer.

— Le mari devait, au cas de flagrant délit, répudier immédiatement l'adultère.

Quant à l'action qui résultait pour lui de la loi Julia, nous verrons plus loin quels étaient ses droits et ses devoirs.

_____

(1) L. 29, § 3, D, h. t.
(2) L. 29, § 4.
(3) L. 8, D, h. t.
(4) L. 37, D, h. t.
(5) L. 14, § 1, D, h. t.

5

S'il ne le faisait pas, il se rendait passible des peines prévues. Le juge, saisi de la plainte d'adultère, pouvait statuer également sur le lenocinium de celui-ci. Èt les textes nous citent le cas de Claudius Gorgius condamné par l'empereur Sévère pour n'avoir pas répudié sa femme adultère (1).

—Mais il fallait absolument le délit d'adultère constaté. Une mauvaise conduite habituelle, la fréquentation de gens sans mœurs ne serait pas suffisante. Et le mari pouvait garder sa femme, sans lenocinium, encore que sa conduite ou sa société habituelle l'eût fait condamner (2).

— D'ailleurs, il pouvait, après l'avoir répudiée, la reprendre plus tard. Du moins les textes le disent (3). Peut-être faut-il les entendre avec cette restriction : Si elle n'a pas été condamnée comme adultère. Car alors il tomberait, à un autre titre, sous le coup de la loi Julia.

— A l'inverse, la femme pouvait se rendre coupable et passible des peines du lenocinium.

« L'épouse qui a tiré profit de l'adultère de son mari est, par la loi Julia, condamnée comme adultère (4). »

SECTION II

Qui peut intenter la poursuite.

§ 1. — La loi, bien qu'elle fasse de l'adultère une sorte de délit public, ne laisse pas cependant, à certains égards, de se placer à notre point de vue moderne. J'entends que,

---

(1) L. 2, § 6, D, h. t.
(2) L. 39, § 4, h. t.
(3) L. 13, § 9, D, h. t.
(4) L. 33, § 2, D, h. t. Cf. l. 10, § 1, D, h. t.

se basant sur des considérations d'ordre privé et de famille, elle distingue certaines personnes, plus proches parents, partant plus gravement atteintes par le délit, et leur donne un droit privilégié de poursuite.

Ainsi, en principe, l'adultère est un délit dont toute personne pourra demander la répression. Mais, au moins pendant un certain délai déterminé par la loi, il est des intéressés à qui la loi a confié le rôle, pour ainsi dire, d'accusateur légitime, dont le silence ou l'inaction réduit momentanément les autres à l'impuissance. C'est là un droit spécial, tout naturel dans notre droit moderne, exorbitant dans le système de la loi Julia. Ce droit on l'oppose toujours dans les textes au *jus publicum* (1), au *jus extranei* (2). C'est, quand il est exercé par le mari, le *jus mariti*, par le père, le *jus patris* (3).

Le mari n'a pas seul ce droit spécial. Il semble même qu'il ne vienne qu'en seconde ligne. Du moins il a des droits moins étendus que le père.

Les textes classiques ne parlent que d'eux. « Après *le père et le mari*, il est donné aux étrangers la faculté d'accuser (4). »

Il semble bien que ce droit ait été ensuite étendu à d'autres personnes :

Le père, le mari et l'oncle sont seuls admis à poursuivre : « Quoique l'accusation d'adultère soit parmi les *judicia publica*, dont la poursuite est permise à tous, sans aucune autre interprétation possible de la loi...; cependant, ce droit est réservé d'abord seulement aux personnes les plus

---

(1) L. 40, D, h. t.
(2) L. 13, pr. et § 3, D, h t.
(3) L. 24, § 3, h. t.
(4) L. 4, § 1, D, h. t.

proches et nécessaires, c'est-à-dire (outre le mari qui n'est pas nommé) au père et au beau-père et à l'oncle (1). »

§ 2. — Leur droit, c'est d'abord un droit d'antériorité : « Le mari ou le père, (s'il a sa fille en puissance) peut seul accuser sa fille pendant soixante jours à compter du divorce. Pendant ce temps, aucun autre ne peut agir. Après ce temps, il n'a plus de droit exclusif (2).

Mais ce n'est pas là la caractéristique de leur droit spécial. Ce qui en fait un privilége si important, c'est que, considérés sans doute comme héritiers de l'ancien tribunal des proches parents, ils puisent, en leur seule qualité, le droit de punir les coupables, sans jugement, *in continenti*.

Mais à cet égard, se basant sur des motifs de morale et de psychologie, la loi romaine attribuait des droits différents au père et au mari.

§ 3. — Au père, elle confiait des droits exceptionnellement larges.

Et d'abord, le plus large de tous : il peut tuer sa fille adultère (3).

Le père est chef de famille. C'est de là qu'il tient son droit. Cela implique qu'il a sa fille en puissance. « Mais il suffit qu'il l'ait en puissance au jour où il la tue, non au jour ou il l'a mariée ; car il se peut que depuis elle soit retombée en puissance (4).

Mais si le père n'a pas sa fille en puissance, il n'a pas le droit de la tuer (5).

---

(1) L. 30, C. h. t. Rescrit de Constantin.
(2) L. 14, § 2, D, h. t.
(3) L. 23, pr. D, h. t.
(4) L. 23, § 1, ibid.
(5) L. 20, ibid.

Le fils de famille n'a pas ce droit. Ainsi il arrivera que ni le père ni l'aïeul ne puissent tuer la coupable. Et c'est justice. On ne peut avoir en puissance, quand on est soi-même en puissance (1).

Peu importe, d'ailleurs, l'origine de cette puissance : le lien du sang ou la seule parenté agnatique. Le père adoptif a le même droit que le père naturel (2).

— Sur ce droit de tuer qui est accordé au père, je veux signaler deux textes curieux.

Le premier tient en échec la puissance paternelle : « Le père ne peut tuer son fils adultère avec sa belle-mère, sans jugement. Il doit l'accuser auprès du magistrat (3). » Ce texte fut plus tard généralisé : « Quod si atrocitas facti jus domesticæ emendationis excedat, placet enormis delicti reos dedi judicum notioni (4). »

Il appartient à Ulpien, qui vivait au temps d'Adrien. Sous cet empereur, les idées humanitaires ont prévalu. On enlève au père de famille son droit de vie et de mort sur les membres de la famille. Et justement on rapporte qu'Adrien exila un père de famille pour avoir tué son fils qu'il soupçonnait de relations coupables avec sa belle-mère. Donc le père de famille n'avait pas comme chef le *jus occidendi*. Il ne le tenait pas davantage de la loi Julia, puisque celle-ci ne le lui conférait que sur sa fille. Par une conséquence logique et bien conforme à leur méthode habituelle, les jurisconsultes romains le lui refusaient ici, dans aucun cas où il semblait le plus aisément excusable.

---

(1) L. 21, D. h. t.
(2) L. 22, pr. ibid.
(3) L. 2, D, ad leg. Cornel.
(4) L. unic. C, de emend. prop.

Le second texte dit que le veuvage de la fille enlève au père, quant à l'accusation, son droit principal (1).

Ces mots « *quant à l'accusation* » impliquent qu'il a conservé son *jus occidendi*. Ainsi, la fille a commis un adultère, elle devient veuve ; le père, cela semble logique, a, comme auparavant, son droit de punition. Sa fille étant en puissance (c'est l'hypothèse) y reste, devenue veuve, avec tous ses devoirs. Pourquoi donc le père peut-il perdre son « droit principal » quant à l'accusation, c'est-à-dire, son droit d'antériorité ? Je n'en vois pas la raison.

— Ce droit attribué au père est moins dangereux qu'entre les mains du mari. Il sera plus facilement retenu par les sentiments de pitié et de pardon. Il cédera moins à l'entraînement de sa colère.

D'ailleurs, ce droit est limité par certaines restrictions. « La loi dit : in filia adulterum deprehenderet (2). » Et Ulpien fait remarquer que c'est, en effet, seulement au cas de flagrant délit que le père est ainsi armé. C'est ainsi que l'entendent les jurisconsultes romains et qu'avant eux l'avaient édicté les lois de Solon et de Draçon : « ἐν ἐργῳ. »

De plus, ce meurtre, la loi, qui le permet, ne l'excuse que comme le résultat d'une « fureur subite et indomptable. » Remis à plusieurs jours, il semblerait l'effet d'une vengeance. La loi dit qu'il doit tuer *in continenti* (3).

Enfin, pour dernière condition : le père a le droit de tuer, lorsque le crime est commis chez lui ou chez son

---

(1) L. 22, § 1, D, h. t.
(2) L. 28, pr. D, h. t.
(3) L. 24, § 4, ibid.

gendre. Par « chez lui, » il faut entendre son domicile
tel que le définit la loi Cornelia : « Domum accipere debe-
mus, non proprietatem domus, sed domicilium. Quare
sive in propria domo quis habitaverit, sive in conducto,
vel gratis sive hospitio receptus, hœc lex locum habe-
bit (1). » Cela, parce que le législateur a considéré l'in-
jure comme plus grave, quand le crime est commis dans
la maison du père ou du gendre (2).

Mais le père ne peut tuer les coupables là où il n'ha-
bite pas, quand bien même la maison serait à lui (3).

— Ce n'est pas seulement sa fille, c'est aussi son complice qu'il peut tuer. Mais, ici encore, il ne peut disjoindre
ou reculer la répression. « Il doit tuer l'un et l'autre,
presque d'un seul coup, d'un seul mouvement. Tout au
plus lui accorde-t-on un délai si l'un s'est enfui. Mais il
ne peut tuer l'un aujourd'hui et l'autre demain (4).

Peu importe s'il a tué sa fille d'abord, pourvu qu'il
tue les deux. S'il n'en tue qu'un seul, la loi Cornelia le
frappe. S'il blesse seulement le deuxième coupable, la
loi le punit encore ; mais, un rescrit de Marc-Aurèle et de
Commode l'absout (5).

— La dignité, les fonctions du complice d'adultère sont-
elles un obstacle à ce droit du père, et, notamment,
quand il est magistrat? Les jurisconsultes romains hési-
tent.

Et si la femme est *ignominiosa*, ou épousée *contra leges* ;
ou bien si le père est *leno*, ou noté d'infamie, son droit
subsiste-t-il encore? Nouveau motif de douter. Cependant,

---

(1) L. 5, § 2, D, ad leg. Cornel.
(2) L. 23, § 2, D, h. t.
(3) L. 23, § 3, ibid.
(4) L. 23, § 4, ibid.
(5) L. 32, pr. ibid.

Macer dit qu'il est plus logique (*rectius*) de le maintenir, même en ce cas (1).

— A ces deux priviléges, antériorité de poursuite et jus occidendi, le père en joint un troisième : le droit, s'il ne tue pas sa fille et son complice, de retenir celui-ci chez lui pendant un temps qui ne saurait excéder vingt heures consécutives, jour et nuit (2). Le but de ce délai était de permettre au père de trouver des témoins pour faire attester le délit.

C'est le *principium* de la loi 25 qui contient l'énoncé de ce droit pour le mari. (Le § 1 l'applique au père). Il commence ainsi : « Capito quinto legis Juliæ ita cavetur ut viro adulterum in uxore sua deprehensum quem *aut nolit aut non liceat occidere...* » Dans cette phrase, il ne faut, en ce qui concerne le père, retenir que les mots « *aut nolit.* » Mais ces mots ont eux-mêmes un sens limité par les conditions d'exercice du jus occidendi. Faut-il, dès lors, appliquer strictement la loi et dire que le père qui n'a pas sa fille en puissance, ou la surprend ailleurs qu'à son domicile ou chez son mari, cas où il n'aurait pas le jus occidendi, ne pourrait pas, par cela même, retenir le complice pour faire constater l'adultère? Je n'ai pas trouvé dans les textes de quoi résoudre cette question. La rigueur de la méthode déductive des jurisconsultes romains conduirait à décider qu'il ne le peut pas ; cependant, ce serait bien peu pratique. L'influence des idées pratiques de jurisconsultes, tels que Papinien, dut amener peu à peu à une autre solution.

§ 4. — Au mari on a confié des droits analogues à

---

(1) L. 24, § 3, D, h. t.
(2) L. 26, § 1, ibid. Voir page 37, à la note, l'origine probable de ce droit.

ceux du père. Toutefois, pour les raisons que j'indi-
quais plus haut, on s'est défié de ses violences, et on lui
a dénié le droit de tuer sa femme adultère, sous peine
d'être frappé par la loi Cornelia.

Cependant on peut, aux termes d'un rescrit de Marc-
Aurèle, lui faire remise de la peine de mort. *Humilis*, il
est condamné aux travaux forcés à perpétuité; *Honestus*,
à la déportation dans une île (1).

— Quant au complice d'adultère, la loi refuse, en principe, au mari le droit de tuer. « On n'a pas donné le
droit de tuer tout adultère au mari, dont il faut plutôt
calmer la passion et l'impétuosité; mais seulement au
père qui a souvent pitié de ses enfants (2). »

Le motif est clairement indiqué : on se défie de la violence et de l'inflexibilité du mari. Le père ayant, comme
limite de son droit, l'obligation de tuer sa fille avec le
complice, est souvent arrêté.

Quant au mari, il a, par exception, le droit de tuer le
complice d'adultère, encore qu'il n'ait pas celui de tuer
sa femme.

Mais son droit, comparé à celui du père, est moins
large à plusieurs égards :

1° Il ne peut tuer tout adultère ;

2° Il ne peut exercer son droit que dans sa propre
maison ;

3° Il ne peut tuer que des individus de condition inférieure et méprisable : *leno*, artisan, danseur, chanteur,
condamné par un *judicium publicum et non restitutus in*

---

(1) L. 38, § 8. Même solution l. 1 in fine ad leg. Cornel. et l. 3,
§ 3 ad S. C. Silan.
(2) L. 22, § 4, D. h. t.

integrum, affranchi personnel ou affranchi de son beau-père, de sa mère, de son fils, de sa fille (1).

— La conséquence immédiate de l'exercice de son droit, c'est qu'il doit, sans retard, répudier sa femme, sous peine de lenocinium (2).

Peu importe, d'ailleurs, qu'il soit *sui juris* ou fils de famille. C'est, du moins, l'opinion commune (3),

— Si le mari tue un individu qui ne rentre pas dans les catégories prévues, il se rend passible de la loi *Cornelia de Sicariis* : « Gracchus, que Numerius a, la nuit, surpris et tué, était-il de telle condition que la loi permît de le tuer? alors, Numerius a fait ce qu'il avait le droit de faire, et ne mérite aucune peine, non plus que ses fils, qui ont obéi à leur père. Mais s'il a tué, en dehors des cas prévus par la loi, sous l'influence d'une douleur aveugle, il y a homicide perpétré, et c'est seulement à cause des circonstances de la mort et de sa douleur que sa peine peut être commuée en exil (4). »

— Le mari, en face d'un coupable qu'il ne peut, ou ne veut pas tuer, n'est pas, pour cela, désarmé. Il a le droit, autant et plus que le père, de le détenir chez lui pendant vingt heures consécutives, tant de jour que de nuit, pour faire attester le délit (5).

Quant à lui, la question que je posais plus haut à propos du père, est résolue par les textes : « Il pourra le retenir, même s'il ne l'a pas saisi dans sa maison (6).

---

(1) L. 24, pr. D. h. t.
(2) L. 24, § 1, D, h. t.
(3) L. 24, § 2, ibid,
(4) L. 4, C. h. t.
(5) L. 25, pr. D, h. t.
(6) L. 25, pr. D, h. t.

Mais, une fois relâché, il ne peut le ramener (1), sauf, s'il s'évade, à le reprendre (2). »

— Ce droit fléchissait quand le complice de la femme adultère était le patron du mari. Il ne peut, même au cas de flagrant délit, et fût-il d'une de ces catégories prévues par la loi, il ne peut le tuer. Cependant, le texte révèle, à cet égard, une certaine hésitation (3).

Bien plus, on se demandait si le mari allait pouvoir l'accuser. Et on le lui permet, pourvu qu'il agisse *jure mariti*, c'est-à-dire dans les soixante jours. C'est là une dérogation à la règle générale, qui interdit aux affranchis d'accuser les patrons (4).

§ 5. — Le droit du mari, droit triple comme celui du père, était, malgré sa rigueur, favorablement traité par la loi.

Les textes sont remplis de décisions bienveillantes et favorables au mari qui agit *jure mariti*.

« Si un individu était *apud hostes*, et qu'il accuse sa femme d'avoir commis un adultère pendant ce temps, il devra, *par faveur*, avoir le droit d'agir *jure mariti* (5). »

Le mari peut agir, qu'il soit père de famille ou *sui juris*. Papinien cite un rescrit d'Adrien, qui permet à un fils d'agir malgré son père. Et un autre texte de lui (6) pose cela comme une règle générale. Il convient de remarquer le texte de cette loi : « Filium familias *publico judicio* adulterium in uxorem sine voluntate patris exercere

---

(1) L. 25, § 3, D. h. t.
(2) L. 25, § 4, ibid.
(3) L. 38, § 8, ibid.
(4) L. 8 in fine, D. de accusat.
(5) L. 13, § 7, D. h. t.
(6) L. 37, ibid.

constitutum est. » Ces mots « publico judicio » impliquent qu'il eût pu, avant cette décision bienveillante, agir, même contre la volonté de son père, devant le tribunal privé, s'il existait encore à cette époque.

— Quand le mari est un magistrat en fonctions, il pourrait, en fait, être devancé par le père. Mais cela ne doit pas être. Et Pomponius estime que tant que le mari garde ses fonctions, le père doit être privé du droit d'accuser, pour ne pas l'enlever au mari qui l'a au même titre que lui. Les soixante jours ne courront donc pas pour le père, puisqu'il ne peut accuser (1).

« — Quand le père et le mari poursuivent à la même époque l'adultère, le mari doit être préféré, même si le père dépose plus tôt son accusation, tandis que le mari prépare la sienne (2). » — Sauf le cas où le père accuse le mari d'infamie ou de collusion avec la femme (3).

— A d'autres égards, ce droit, précieux pour le mari, est resserré dans des conditions d'exercice assez strictes.

Une femme qui n'est que concubine ne peut être accusée d'adultère *jure mariti*. Mais, *jure extranei*, elle le peut, si toutefois la femme concubine n'a point, par le fait même du concubinat, perdu la qualité de matrone. Ainsi, la concubine du patron peut être poursuivie (4).

La femme *deducta in domum mariti* avant l'âge de douze ans, si elle a commis un adultère, ne pourra être accusée *jure mariti* (5).

Une fille adulte a été souillée. Celui qui l'épouse plus tard ne peut être un *justus* accusateur et accuser *jure*

---

(1) L. 15, pr. D, h. t.
(2) L. 2, § 8, ibid.
(3) L. 3, ibid.
(4) L. 13, ibid.
(5) L. 13, § 8, ibid.

mariti, s'il n'était, à cette époque, fiancé de la jeune fille (1).

Si une femme mariée *contra leges* a commis un adultère, celui qui se considère comme son mari n'a pas, malgré cette intention et sa bonne foi, le droit de l'accuser *jure mariti* ; il n'a, comme tout le monde, que le *jus extranei* (2).

Cette sévérité provenait sans doute de la rigueur des effets de cette procédure *jure mariti*.

C'est ainsi qu'une femme accusée *jure mariti* ne peut ensuite être valablement épousée que si l'abolition de la procédure a été demandée et obtenue ; tandis que si l'accusation eût été faite *jure extranei*, un simple abandon de poursuites eût suffi pour lui permettre de se marier (3).

— D'ailleurs, ce droit avait sa contre-partie. Pas plus qu'un autre accusateur, le père ou le mari qui succombait dans son accusation, n'évitait le danger des accusations calomnieuses (4).

La calomnie était prévue par les lois romaines. Il en est traité spécialement au Digeste (5). Et une loi *Rhemmia* la punissait : « Calumniatoribus pœna lege Rhemmia irrogatur (6).

La peine était l'infamie (7).

---

(1) L. 7, C. h. t.
(2) L. 13, § 4, D, h. t.
(3) L. 34, § 2 de ritu nuptiarum, D.
(4) L. 14, § 3, l. 30, pr. D, h. t.
(5) « Calumniari est falsa crimina intendere. (L. 1, § 1, D, ad S. C. Turp.) Le sens était, semble-t-il, d'abord moins strict : « Si calvitur et moretur et frustretur. Inde et calumniatores appellati sunt, quia per fraudem et frustrationem alios vexarent. (L. 233, pr. D, de Verb. signif.
(6) L. 1, § 2, D, ad S. C. Turp.
(7) L. 14, D, de publicis jud.

Il faut rapprocher de ce texte de Papinien une autre décision, où il montre la même tendance à l'indulgence, en matière de calomnie : « Et Papinianus temeritatem facilitatis veniam continere, et *inconsultum calorem calumnia vitiis carere* (1). » Ce qui semblerait impliquer que l'élément nécessaire de la *calumnia* était une sorte de perfidie préméditée dans l'accusation.

Le père et le mari, malgré tous leurs priviléges, ne pouvaient échapper aux conséquences redoutables d'une accusation calomnieuse. Et cela se comprend. A certains égards, le mari était, en ce qui concerne la répression, tenu en suspicion par la loi. Et quant au père, les droits exceptionnels qui lui étaient concédés, avaient tous pour motif principal sa douleur et la colère qu'elle apporte avec soi. De là, par exemple, le *jus occidendi*.

La loi fait plus : elle leur donne à tous deux un droit d'antériorité pour accuser ; elle leur accorde soixante jours pour délibérer. Ce délai leur suffit à prendre parti en connaissance de cause, sans avoir à redouter de voir un accusateur étranger prendre l'avance sur eux. Ne profitent-ils point de ce délai ; accusent-ils sur-le-champ, et, par hypothèse, sans juste cause : ils sont coupables. De quoi ? De calomnie, en principe. Mais le texte de Papinien que je citais plus haut, et qui fit sans doute jurisprudence, puisque Marcien (2) se l'approprie, les fera considérer plutôt comme de simples plaideurs téméraires, sans préciser davantage, que comme des calomniateurs.

Accusent-ils au contraire de sang-froid, ayant usé des délais que leur accordait la loi, et leur accusation est-elle

---

(1 et 2) L. 1, § 5, D, ad S. C. Turpill.

jugée (1) calomnieuse, ils seront condamnés comme calomniateurs; et cette décision est toute naturelle. Ils sont
aussi coupables que des accusateurs ordinaires. Non
pas qu'on eût pu réclamer d'eux plus de perspicacité ou
d'indulgence, mais ils eussent dû se défier de leur pro-
pension à croire la femme coupable. Ce n'est plus de
leur part une accusation, c'est une vengeance.

D'autres textes, il est vrai, donnent des décisions diamétralement opposées : « Passé les soixante jours, pendant lesquels le mari peut sans péril de *calumnia* accuser
sa femme adultère, on lui refuse le bénéfice de la *restitutio
in integrum*. Il avait ce droit ; il n'en a pas usé ; s'il veut
l'exercer maintenant, ce qu'il réclame, ce n'est pas autre
chose que la grâce d'un délit, du délit éventuel de calomnie; le préteur ne doit pas, de toute certitude, s'interpo-
ser, la *restitutio in integrum* ne pourra être prononcée (2).

La décision est très nettement formulée. Mais je crois
que ce texte vise exclusivement le mari mineur. La construction grammaticale de la phrase semble bien l'indiquer : « Sed in sexaginta diebus præteritis, in quibus
jure mariti sine calumnia *vir* accusare mulierem adulterii poterit, denegatur *ei* in integrum restitutio ». Le
pronom *ei,* qui doit certainement s'entendre d'un
mineur, se rapporte à *vir*, dont le sens devient dès lors
relatif, et doit être entendu *secundum subjectam materiam*.
D'autant plus que les fragments qui précèdent et qui
suivent s'appliquent tous à un mineur sans que ce mot
lui-même ait antérieurement figuré dans le texte.

---

(1) Le juge même qui devait rendre la sentence avait qualité
pour déclarer, séance tenante, l'accusation calomnieuse. (L. 1,
§ 5, D, ad S. C. Turp.)

(2) L. 37, § 1, D, de minoribus viginti quinque annis.

Voici maintenant un autre texte au siège de la matière (1).
Ulpien permet au mineur d'accuser sa femme adultère et, comme par faveur, quand il agit *jure extranei*.
« Mais, dit-il, si par suite de l'entraînement ou de la
chaleur de la jeunesse, il recourt, sans réfléchir, à l'accusation, on ne pourra pas facilement l'accuser de calumnia ».

Si l'on rapproche ces deux textes, que voit-on ? Ulpien,
jurisconsulte de la grande époque classique, et s'appuyant
(il le dit) sur des dispositions spéciales de la loi Julia, interdit au mineur d'accuser quelqu'un d'adultère. Tout au
plus lui permet-il d'accuser sa femme. Il a, en vertu du
jus mariti, soixante jours pour l'accuser. Agit-il, pendant
ces soixante jours : il échappe, quel que soit le résultat
de son accusation, aux dangers de la calumnia ; agit-il
plus tard, *jure extranei;* là encore il faudra l'admettre à
accuser, et même, si son accusation ne réussit pas, il
faudra se montrer difficile à le poursuivre comme calom-
niateur.

Tryphoninus, à qui appartient le premier texte, vient
plus tard. La *restitutio in integrum* est mieux réglée. Elle
n'est accordée qu'en des cas déterminés. Et alors que dit
le jurisconsulte, au moins dans mon interprétation ?
« Vous avez accordé au mineur le privilége de poursuivre sa femme adultère, jure mariti, pendant soixante
jours, sans courir le danger de la calumnia. C'est un
droit exorbitant. Mais, après ce délai, il ne peut pas s'en
prévaloir, d'autant plus qu'en matière de délits, la *restitutio in integrum* n'est pas admise et que le prêteur
ne peut l'accorder. »

— Le sénatus-consulte Turpillianus ne poursuivait pas

---

(1) L, 14, § 6, D. h. t.

que les *calumniatores* : « Accusatorum temeritas tribus modis detegitur et tribus pœnis subjicitur : aut enim calumniantur, aut prævaricantur, aut tergiversantur (1). »

« Prævaricari est vera crimina abscondere (2). »

Le père et le mari pouvaient, comme toutes personnes, être coupables de ce délit. Nous avons vu plus haut les peines du lenocinium.

« Tergiversari est in universum ab accusatione desistere (3) ».

Le père et le mari qui abandonnaient l'accusation après l'avoir intentée pouvaient-ils être poursuivis ? Oui, dans l'opinion que j'adopte sur la calumnia : « Ceux que l'on ne peut poursuivre comme calomniateurs ne peuvent pas non plus, en vertu des constitutions, tomber sous le coup des peines du sénatus-consulte Turpillianus (4) ».

Et c'est ce que confirme un texte au code : « Abolitionem adulterii criminis postulans, præsidem, in cujus officio accusatio fuerit instituta, adire debes. Ceterum erras, tu, marite, existimans, etiamsi simpliciter, id est sine abolitione, destitisses, senatus-consulto in persona tua futurum locum non fuisse : diversum enim divi principes sæpe sanxerunt (5). »

Pour user de ce droit, le père et le mari ont un délai de soixante jours, à compter de la répudiation. Ces soixante jours sont soixante jours utiles (6).

---

(1) L. 1, pr. ad S. C. Turp.
(2) L. 1, § 1, D, ibid.
(3) Ibid.
(4) L. 15, § 2, D, ibid.
(5) L. 16, C. h. t.
(6) L. 11, § 6, 15, pr., 29, § 5, 30, pr. D, h. t.
C'est ce qui résulte incontestablement des textes cités.
Cependant d'autres textes peuvent faire naître le doute. — Ils

Le délai se calcule de la façon suivante : Tant que l'accusation n'a pas été lancée, les délais courent à la fois contre le père et contre le mari. Dès qu'il y a un commencement de procédure par l'un des deux, les délais cessent de courir contre celui qui n'agit pas.

Ainsi les délais peuvent être presque doublés du côté

---

se trouvent au titre « Qui et quibus manumissi liberi non fiunt ; » et, prévoyant le cas où des esclaves auraient été affranchis pour les soustraire à la torture qu'on était en droit de leur appliquer quand l'accusation se faisait jure mariti ou jure patris, ils déclarent qu'aucun affranchissement ne sera valable s'il est intervenu dans les soixante jours à partir du divorce. (L. 14, § 1, l. 13, l. 12, § 7, § 6, loc. cit.)

Ce délai de soixante jours cadre bien avec celui que la loi Julia de adulteriis donne au mari ou au père pour engager la procédure. (L. 14, § 2, D, h. t.)

On fait remarquer que dans le délai imposé à la faculté d'affranchir, il est impossible de compter les jours *utilement* ; qu'il faut, de toute nécessité, les compter de façon continue ; que les textes cités ne mentionnent pas un autre mode de computation ; que ces soixante jours sont partout considérés comme jours continus, et qu'enfin un texte au même titre, la loi 12, § 6, est formel en ce sens : « Sextus Cæcilius dit avec raison que la loi Julia a enfermé les prohibitions d'affranchir ou d'aliéner les esclaves *dans un délai extrêmement court*. Supposez, dit-il, qu'une femme soit accusée d'adultère dans le délai de soixante jours, et que la procédure ait été si hâtivement menée qu'elle a été terminée avant le soixantième jour. La femme va pouvoir, aux termes de la loi, quoique accusée d'adultère, affranchir un esclave suspect ou réclamé pour la torture. Mais dans ce cas, il faut suppléer la loi et déclarer que les esclaves utiles à l'enquête, comme témoins ou coupables, ne sauraient être affranchis avant la fin de la *cognitio*. »

On ajoute que s'il en était autrement, s'il fallait compter ces jours comme jours utiles, force serait aux *manumissores* de calculer les jours utiles : chose difficile, puisque la loi romaine tenait compte même des obstacles de fait. (L. 11, § 5, D, h. t. :

des accusateurs. Il en est de même du côté des accusés. Tant qu'ils ne sont pas poursuivis, le temps coule au profit de tous deux; mais l'accusation intentée contre l'un d'eux arrête les délais contre l'autre (1).

Les jours de garde ne doivent pas être comptés dans les jours utiles.)

Enfin on fait remarquer qu'au titre « ad Legem Juliam de Adulteriis », on trouve un texte qui présente comme probable le même mode de computation : « Intra dies sexaginta divortii » (l. 14, § 2, D, h. t.); et qu'un autre texte (l. 3, § 1, D, h. t.) : « Sexaginta dies numerantur; in diebus autem sexaginta et ipsa sexagesimus est », est absolument incompréhensible, si on considère les jours comme jours utiles.

En présence de ces deux séries de textes opposés, on conclut à l'existence successive de deux modes de computation. A l'origine, on aurait compté les jours de façon continue; puis, pour favoriser l'accusation, et, par imitation de ce qui se faisait pour les accusateurs *jure extranci*, on aurait compté aussi en jours utiles le délai du *jus mariti*. (L. 4, § 1, D, h. t.)

Je suis, quant à moi, fort embarrassé de prendre parti. Cette controverse me semble insoluble. Les textes qui établissent la computation en jours continus et ceux qui l'établissent en jours utiles sont de la même date et des mêmes auteurs, notamment d'Ulpien, et aucun d'eux ne paraît interpolé.

Le texte qu'Ulpien met sous l'autorité de Sextus Cæcilius me semble fort obscur.

Et l'objection tirée de l'impossibilité où seraient les *manumissores* de compter les jours utiles ne me touche pas. La procédure romaine avait, à l'origine, connu bien d'autres surprises; et nous-mêmes n'avons-nous pas des embuscades de ce genre tendues aux créanciers par la loi des faillites. D'ailleurs le texte qui indique au Digeste que les jours de garde doivent être déduits du calcul des jours utiles est un texte de Papinien, lequel, en fort bon langage, et sans trace d'allusion au passé, d'hésitation ou d'altération, se décide, sur une question spéciale, pour l'opinion indiquée au texte.

(1) L. 4, pr. D, h. t.

§ 6. — Une fois écoulés tous ces délais, à défaut du père ou du mari qui n'agit pas ou se désiste ou abandonne l'accusation (1) s'ouvre le *jus extranei*.

Cependant, les textes prévoient le cas extraordinaire où un étranger aurait accusé d'abord. Le mari pourrait encore agir, s'il n'est pas coupable de négligence. Et si la femme est absoute sur la poursuite de l'étranger, le mari peut reprendre l'accusation, pourvu qu'il donne de bonnes raisons pour n'avoir pas accusé d'abord (2).

Les étrangers ont donc un délai propre pour accuser.

Contre la femme, ce délai est de quatre mois utiles (3). D'autres textes parlent de six mois utiles. Il faut l'entendre en ce sens que les jurisconsultes additionnent les délais accordés au père et au mari et ceux accordés aux étrangers. Le père a deux mois ; les étrangers en ont quatre : cela justifie ce chiffre de six mois (4).

Le point de départ de ces six mois se fixe ainsi :

Pour une femme mariée on compte six mois depuis le jour du divorce ;

Pour une veuve, depuis le jour du délit commis.

Ces délais sont de rigueur. Aucune prolongation ne peut être accordée (5).

Contre le complice le délai est de cinq ans continus (6).

Cette différence des délais impartis contre les deux

---

(1) L. 26, h. t. Cf. 1. 15, § 5, 1. 14, § 9. « Remittentibus enim actiones suas non est regressus dandus; » l. 2 ad S. C. Turpill. « Qui destitit agere amplius et accusare prohibetur.

(2) L. 4, § 2, D, h. t.

(3) L. 4, § 1, ibid.

(4) L. 29, § 5, ibid. Cf. 1. 8, § 10, ad S. C. Turp.

(5) Paul II, 26; 1. 41, D, h. t.

(6) L. 8, § 10, ad S. C. Turpil.; 1. 31, D, h. t.

coupables, s'applique par la différence des pénalités atta-
chées au délit de chacun (1).

— Ce droit d'accusation était général. Mais la pratique
simplifiait les choses.

Et, d'abord, il y avait certaines classes d'individus qui
ne pouvaient se porter accusateurs. Les lois 8, 9 et 10 du
titre de *Accusationibus*, les énumèrent. Ceux-là ne pouvaient agir que pour poursuivre leurs propres injures.

A l'énumération de ces textes il faut ajouter la loi 15,
§ 6, qui défend également cette accusation au mineur de
vingt-cinq ans.

De plus, conformément à la règle générale (l. 16, de
Accusat.) sur les *judicia publica* et les *quæstiones perpetuæ*, il fallait constituer un accusateur légitime, choisi
par le juge, parties entendues, d'après la personne, la
dignité, l'intérêt, l'âge, les mœurs et autres justes causes.

Peut-être cette obligation avait-elle eu pour but de
supprimer l'office de ces *quadruplatores* (2), délateurs

---

(1) Cette explication a été donnée par M. Esmein dans le travail cité plus haut.

(2) C'étaient à Athènes les Sycophantes. Aristophane les appelle « Englotogastres » (les oiseaux, v, 1681).

Voici le portrait qu'en trace Plaute, v. 63, s. *Persa :* « Je ne
veux pas être dénonciateur de profession ; il ne me sied pas
d'aller sans péril arracher aux autres leur bien, et je n'aime pas
ceux qui agissent de la sorte. Je m'explique toutefois : Si quelqu'un se charge de cette mission par un motif d'intérêt public,
plus que pour son profit, je ne me refuse pas à le regarder comme
un bon et honnête citoyen. Mais je voudrais, lorsqu'on a fait condamner un infracteur des lois, qu'on donnât au trésor la moitié
de son salaire.

... Si cette règle se pratiquait, alors disparaîtrait entièrement
cette race qui se sert du rôle des procès comme d'un filet pour
attraper le bien d'autrui. »

de profession, dont le nom vient de ce qu'ils recevaient le quart des biens des condamnés, ou peut-être parce que la punition de certains délits privés (usure, jeu, etc.),était une amende quadruple de la peine.

Que ce fut ou non dans ce but, ils existaient et continuaient leur métier, même sous la loi Julia. Tacite, à propos de la loi Pappia Poppæa, s'exprime ainsi : « Ceterum multitudo periclitantium gliscebat, cùm omnis domus delatorum interpretationibus subverteretur : utque antehac flagitiis, ita tunc legibus laborabatur (1). »

Ils furent notés d'infamie par Marc Aurèle (2).

— Peu à peu, l'usage de l'accusation publique dut se restreindre, ou donner lieu à de graves abus (3).

Constantin, soit pour sanctionner une coutume générale, soit pour parer aux inconvénients de cette pratique, décida, par le rescrit que j'ai cité plus haut, que désormais il n'y aurait plus que cinq personnes qui pourraient accuser. Cela, d'ailleurs, n'enlèvait pas à l'action son caractère d'action publique (4).

---

(1) Tacite, Annales, III, 25.
(2) Julius Capitolinus, in Marco.
(3) « Judicio de moribus, quod antea quidem in antiquis legibus postium erat, non autem frequentabatur *penitus abolito....* » (l. 11, C. de repudiationibus).

Cf. Montesquieu, chapitre XI.

« Comme le tribunal domestique supposait des mœurs, l'accusation publique en supposait aussi, et cela fit que ces deux choses tombèrent avec les mœurs. »
(4) Cf. Cujas, III, 584 et II, 591.

SECTION III

Des differentes juridictions.

— L'époque primitive avait connu l'institution du tribunal domestique. La loi Julia introduisit l'institution du *judicium publicum*, dont la connaissance était réservée à des *quæstiones perpetuæ*. Mais cette innovation n'avait pas abrogé l'institution du tribunal domestique.

Suétone nous montre Tibère renvoyant des femmes au tribunal de leurs proches : « Matronas prostratæ pudicitiæ, quibus publicus accusator deesset, ut propinqui, *more majorum*, de communi sententia cœrcerent, auctor fuit (1). »

C'est ainsi qu'Apuleia Varilia, nièce de la sœur d'Auguste, fut condamnée, comme adultère, sur l'ordre de Tibère, par un tribunal composé de ses proches, a être exilée à deux cent milles (2).

Ailleurs, c'est Plautius, époux de Pomponia Graecina, qui juge sa femme, accusée d'adultère, en présence de ses proches, maîtres de sa vie et de son honneur, et qui la proclame innocente (3).

Mais peu à peu cet usage va disparaissant. La décadence et la disparition des mœurs y conduit plus que le reste. Les *quæstiones perpetuæ*, avec le jury, ont la connaissance de toutes ces affaires.

Pline le jeune (4), nous montre Trajan qui, lors d'un voyage en Dacie, appelle devant lui une femme accusée d'adultère avec un centurion et prononce lui-même la

---

(1) Tibère, 35.
(2) Tacite, Annales, II, 50.
(3) Annales, XIII, 32.
(4) Epist. VI, 31.

condamnation. Mais il ajoute aussitôt, pour montrer que c'est là une exception : « Cesar et nomen centurionis et commemorationem militaris disciplinæ sententiæ adjecit, ne omnes ejusmodi causas revocare ad se videretur. »

Conditions d'accusation.

§ 1. — J'ai indiqué déjà quels étaient les droits spéciaux du père et du mari, et comment ces droits s'exerçaient. J'ai dit qu'à leur défaut, après eux et même contre leur volonté, les étrangers tenaient de la loi un droit d'accusation.

Ce droit leur est refusé tant que dure le mariage : « Tant que le mariage dure, la femme ne peut être accusée et son complice non plus, par un autre que le mari (1). »

Ainsi, une femme adultère se trouve momentanément couverte par le silence de son mari.

Mais il faut se rappeler que le mari est tenu, au moins en cas de flagrant délit, de répudier sa femme. S'il ne le fait pas, il se rend coupable de *lenocinium*. Ainsi donc, ou il a obéi à la loi en divorçant, et alors, une fois les délais expirés qui lui sont propres, s'ouvre le droit public ; ou bien il persiste à garder sa femme, il commet le délit de lenocinium, et c'est lui qui doit être accusé d'abord. C'est ce qu'indique formellement, d'accord avec la logique, la loi 26 à ce titre.

Il y a des cas où le mari n'est pas tenu de renvoyer sa femme. Dans ce cas, il ne saurait être accusé de lenoci-

---

(1) L. 11, § 10, D, h. t.

nium, et son inaction assure la sécurité complète de la femme.

D'autre part, lui-même peut se trouver, dans les cas autres que ceux de flagrant délit, déchu de son droit de poursuite. C'est ainsi que le mari ne peut plus accuser la femme qu'il a gardée avec lui après sa faute (1). Dans ces cas encore, le *jus extranei* ne peut s'exercer.

§ 2. — Les règles sur la poursuite de l'adultère étaient l'application des règles générales sur les judicia publica et les quæstiones perpetuæ, sauf certaines modifications, tantôt plus dures, tantôt plus favorables aux accusés.

On ne pouvait accuser *en même temps* la femme et son complice (2).

Et un autre texte dit explicitement : « Celui qui agit à la fois contre la femme et contre son complice, n'en a pas le droit. C'est un acte nul; il faut recommencer une accusation contre un seul, celui des deux qu'il voudra (3).

Mais, par contre, on ne pouvait se dispenser de les poursuivre tous deux successivement. La vengeance ou la réparation tirée de l'un des coupables devait l'être également de l'autre. C'est ainsi que Pline le jeune, mentionnant l'exil d'un centurion accusé et convaincu d'adultère, ajoute que force fut au mari de poursuivre sa femme : « Supererat crimini quod *nisi duorum esse non poterat*, reliqua pars ultionis (4).

Cependant, si le mari avait fait aux deux coupables une *denuntiatio*, il lui faudrait plus tard, au cas où il

---

(1) L. 11, C, h. t.
(2) L. 39, § 6 et l. 31, D, h. t.
(3) L. 15, § 9, h. t.
(4) VI, 31.

voudrait se désister, demander pour tous deux l'abolition de la procédure (1).

Cette défense d'accuser simultanément les deux coupables était-elle une application des règles générales ? Il semble bien que non. La loi prévoit elle-même le cas où il y a deux accusés, même dans deux affaires différentes : « Itaque prohibentur accusare... alii propter turpem quæstum, ut qui duo judicia adversus duos reos subscripta habent (2). » Et un texte à notre titre : « Maritus etsi duos reos ex *alio crimine* poterit jure viri tertium accusare (3). » Ainsi, le mari va pouvoir accuser trois personnes à la fois, et c'est, au moins pour deux d'entre elles, par application évidente d'une règle générale : « On ne peut accuser plus de deux personnes, sauf pour faire valoir ses propres droits (4). » Et un autre texte au code : « Ton désir s'accorde avec la loi de ne pas permettre une troisième accusation à celui qui a déjà deux accusés, s'il ne poursuit un délit commis contre lui ou les siens (5). »

Ainsi, tous les textes s'accordent à donner au mari, vengeur de ses torts personnels, le droit d'accuser plus de deux personnes. Si donc, ni lui ni les autres ne peuvent accuser en même temps la femme adultère et son complice, c'est, sans doute, une mesure spéciale de faveur et de générosité. Il semble qu'on ne veuille pas lier leur sort indissolublement et qu'il n'ait pas paru nécessaire au législateur de leur infliger le même châtiment. Cela cadre assez avec la différence des délais au

(1) L. 39, § 6, D, h. t. Cf. l. 15, § 10, ad S. C. Turpil.
(2) L. 8, D, de accusat.
(3) L. 6, § 3, D, h. t.
(4) L. 12, § 2, D, de accusat.
(5) L. 16, B, de his qui accusare.

bout desquels ils peuvent invoquer la prescription de leur délit. Là, comme ici, on a peut-être voulu rendre moins dure la condition de la femme et lui permettre d'échapper à une condamnation infamante, dont les suites sont terribles pour elle. C'est une atténuation à la rigueur de la loi. On la menace de la justice, mais en même temps on lui offre une chance d'échapper. C'est bien ce qui semble ressortir d'un texte (1) qui décide que la femme remariée ne pourra jamais se voir opposer le jugement rendu contre son complice et pourra toujours s'abriter derrière celui qui serait rendu en sa faveur.

D'ailleurs, il ne fait pas doute, malgré la forme hésitante de ce texte, que la femme adultère et son complice ne puissent être poursuivis pendant les mêmes délais, isolément et par des accusateurs différents.

§ 3. — En dehors du cas de lenocinium du mari, les coupables ne pouvaient être accusés qu'après la dissolution du mariage.

Le mariage pouvait finir soit par le divorce, soit par la mort du mari, soit par la mort de la femme.

a. Par le divorce.

Une fois fait, le divorce offre la porte aux accusateurs, d'abord aux accusateurs privilégiés, puis aux accusateurs publics.

La femme divorcée peut et doit se remarier. C'est bien dans l'esprit de la législation d'Auguste. Voyons les modifications apportées ici par l'accusation d'adultère.

La femme qui reçoit de son mari une lettre de répudiation pure et simple, sans aucune autre mention l'avertissant du motif ou de poursuites futures, encore qu'elle

---

(1) L. 17, § 6, D, h. t.

soit soupçonnée d'adultère, va, sans doute, se conformer à la règle commune. Ce second mariage change sa condition. Tant qu'elle n'est pas remariée, l'accusateur peut, à volonté, commencer la poursuite par elle ou par son complice (1). Dès qu'elle est remariée, il y a comme une présomption d'innocence en sa faveur : soit que l'on ne veuille pas troubler, sans des motifs d'absolue certitude, la paix de l'union nouvelle, soit que l'on considère comme un témoignage à décharge la confiance du second mari (2).

Si la femme s'est mariée avant la *dénonciation*, elle ne peut pas davantage être accusée la première : « La femme mariée avant que son complice ait été condamné, ne peut être accusée si la denuntiatio, même envoyée à sa maison, n'a pas précédé les noces (3). »

Le second mariage donne ainsi, non pas une fin de non-recevoir, mais un délai ou une excuse. Encore, faut-il pour cela que la femme n'ait pas été avertie qu'on allait la poursuivre : « Celui qui a répudié sa femme peut lui faire une denunciatio pour l'empêcher d'épouser Seius ; cela lui permet, si elle passe outre, de commencer la procédure par elle (4). » Et la même solution est donnée au Code : « Celle qui, mariée, a été adultère, ne peut être accusée si la denuntiatio n'a précédé le second mariage (5). »

Ce mariage doit avoir eu lieu avant l'époque où le complice a été poursuivi : c'est la condition essentielle pour que la femme s'en puisse autoriser. S'il n'avait eu

---

(1) L. 15, § 8, D, h. t.
(2) L. 2, pr. D. h. t.
(3) L. 39, § 3, ibid.
(4) L. 16, D, h. t.
(5) L. 14, C, h. t.

lieu qu'au jour de l'abolition de la procédure contre le complice, elle pourrait être accusée (1).

Si elle est mariée au jour de l'accusation du complice ou de la denunciatio à lui faite, elle ne peut, au cas d'absolution de celui-ci, être poursuivie ni par celui qui l'a accusée sans succès, ni par un autre, même s'il y a eu collusion de l'accusateur avec ce complice. Mais, si le mariage cesse, alors elle peut être accusée. Ce qui la protége, c'est le mariage pendant sa durée (2).

Le complice d'adultère est soumis à des règles identiques.

— *b.* Quand le mariage cesse par la mort :

α. Du mari.

L'action publique s'ouvre immédiatement. Et elle se prescrit par six mois contre la femme, par cinq ans contre le complice (3).

Ces deux délais ont un point de départ commun, c'est le jour du délit (4).

β. De la femme.

Cette mort n'empêche pas la poursuite de l'adultère (5).

Et réciproquement, la mort de l'adultère, ou tout autre événement qui l'a soustrait à la condamnation, n'empêche pas la femme de pouvoir être poursuivie (6).

---

(1) L. 19, § 2, D, h. t.
(2) L. 19, § 3, ibid.
(3) L. 11, § 8; l, 22, § 1, D, h. t.
(4) L. 29, § 5, ibid.
(5) L. 11, § 4, ibid.
(6) L. 19, § 1, ibid. Cf. changements apportés par la loi 28, C, h. t.

SECTION V

Prescriptions et Exceptions.

§ 1. — L'adultère était un délit trop grave et trop sévè-
rement puni pour qu'on pût longtemps laisser planer
sur les inculpés la crainte du châtiment et l'ambiguité
déshonorante d'une accusation mal fondée.

Aussi la loi a-t-elle fixé des délais pour intenter l'accusation. Passé ces délais, les coupables ne peuvent plus
être inquiétés.

« L'adultère, après cinq ans continus, depuis le prétendu délit commis, ne peut plus être accusé. Et cette
fin de non recevoir donnée par la loi aux accusés ne peut
leur être supprimée (1).

« Cette exception et celle du lenocinium du mari sont
maintenues (2).

« Cette exception de cinq ans sera observée, qu'on
poursuive les accusés pour adultère, *stuprum* ou *lenocinium.* Si c'est pour un autre crime prévu par la loi Julia,
(comme d'avoir fourni sa maison) il faudra encore donner
la même solution (3). »

« Ce délai court du jour ou un délit quelconque (se
rapportant à l'affaire) a été commis, jusqu'au jour où
quelqu'un (impliqué dans l'affaire) a été poursuivi (4). »

Mais ce délai n'existe pas en faveur de celui qui a
souillé, par violence, un enfant ou une femme; il peut
toujours être attaqué (5).

---

(1) L. 5, C, h. t.
(2) L. 28, ibid.
(3) L. 29, § 6, D, h. t.
(4) L. 29, § 7, D, h. t.
(5) L. 29, § 9, ibid. Cf. l. 5 in fine, de vi publica : « Qui vacan-

L'accusation, je l'ai dit plus haut, a contre la femme, en joignant les délais propres du jus mariti et du jus extranei, six mois utiles. Ces six mois utiles sont comptés de telle façon que l'accusation ne serait pas éteinte contre le complice par le délai de cinq ans, si ce délai n'avait compris six mois utiles (1).

Il se peut, d'après cela, qu'au bout de cinq ans continus, le complice adultère puisse être encore accusé, même après la mort de la femme. Car on déduira, des cinq années, le temps qui aurait été employé à poursuivre la femme (2).

§ 2. — On ne peut poursuivre le complice sans poursuivre la femme. Mais si la femme est remariée, il faut, pour atteindre la femme, avoir fait d'abord condamner le complice (3).

C'est une garantie donnée à la femme.

Le mari qui a *tergiversé* (id est ab accusatione discedere, l. 1 § 1 ad. S. C. Turp.) peut se voir opposer plus tard une prescription (4), s'il veut plus tard accuser jure mariti (5).

---

tem vel nuptam rapuit ultimo supplicio adficitur : et si pater injuriam suam *precibus exoratus remisit*, tamen extraneus sine quinquennii præscriptione reum postulare poterit : cum raptus crimen legis Juliæ potestatem excedat. »

(1) L. 29, § 5, h. t.

(2) L. 31, D, h. t.

(3) L. 2, pr. D, h. t.

(4) Cf. l. 16, C, h. t. Il y avait le désistement simple et le désistement avec abolition. L'abolition se demande au præses (l. 2 de abolit.) parties présentes. Elle a lieu par suite d'erreur, d'imprudence, de passion dans l'accusation.

Le désistement, même pur et simple, entraîne l'impossibilité ultérieure d'agir (l. 16) en vertu des Constitutions, des Sénatus-consultes et de la loi Petroneia.

(5) L. 2, § 1, D, h. t. Cf. l. 2 ad S. C. Turpil.

Le mari qui poursuit sa femme, étant lui-même coupable de *lenocinium* ou d'adultère, peut être condamné de son côté. Mais ce n'est pas une excuse pour absoudre la femme (1).

On pourrait peut-être induire le contraire d'un autre texte (2), où un jurisconsulte classique. Scévola, s'exprime en ces termes, dans l'hypothèse même qui nous occupe : « Si tamen *ex mente legis* sumet quis, ut nec accusare possit qui lenocinium uxori præbuerit, audiendus est. »

Cela est formellement nié par une loi à notre titre (3). « Le lenocinium du mari le charge lui-même, sans excuser la femme. »

« Celui qui invoque le lenocinium et la complaisance du mari, ne peut y puiser une cause d'excuse à son adultère ; aussi, nne fois accusé, s'il veut accuser le mari de lenociniun, il n'est pas écouté (4). »

C'est, d'ailleurs, l'application de la règle générale : « Celui qui est accusé doit s'innocenter. Et il ne peut accuser avant d'avoir été absous. Et ce qui l'absout, c'est non pas la corrélation des accusations, mais son innocence propre (5). »

Bien plus, un étranger, objectant le lenocinium du mari, ne se relèvera pas, après avoir été accusé, et ne soumettra pas le mari à un châtiment (6).

Il faut cependant admettre que la pensée de Scévola prévalut, en présence de la loi 28. C. qui « abolit toutes

---

(1) L. 13, § 5, D, h. t.
(2) L. 47, D, soluto matrimonio.
(3) L. 2, § 5. D, h. t.
(4) L. 2, § 4, D, h. t.
(5) L. 15, pr. de publ. jud. Cf. l. 13, § 5, h. t.
(6) L. 2, § 7, D, h. t.

fins de non recevoir à l'action d'adultère, sauf celles du délai de cinq ans, du *lenocinium* du mari, et celle qui résulte de la dissolution du mariage avant l'accusation. »

Peut-être faut-il restreindre cette exception aux termes mêmes de Scévola, pour le cas où le mari lui-même « *præbuit lenocinium.* »

Quant à l'autre exception mentionnée dans la loi 28, « celle qui résulte de la dissolution du mariage avant l'accusation, » elle était certainement inconnue de la législation classique, et fut introduite postérieurement.

Une autre fin de non recevoir est celle que l'on tire de la connaissance qu'aurait eue le mari des mœurs de sa femme avant le mariage. « Comment se pourrait-il plaindre d'une conduite que lui-même a précédemment approuvée ! »

« Fannia avait eu autrefois un mari nommé Tinnius, duquel elle se voulait despartir, et luy redemandait son doüaire qui estait grand.... Il feut trouvé que ceste Fannia s'estait mal gouvernée, et que le mari l'ayant bien sceu avant que de l'épouser, l'avait néanmoins prinse toute telle (1). »

§ 3. — La minorité de vingt-cinq ans n'est pas une excuse : « Si un mineur de vingt-cinq ans a commis un adultère, il est tenu par la loi Julia, parce qu'un tel crime commence avec la puberté (2). »

« Cependant les empereurs ont remis à leur sœur Claudia le crime d'inceste *propter ætatem.* Mais ils ont fait rompre l'union illégitime. D'ailleurs le crime d'adultère, commis depuis la puberté, n'est pas excusé par la minorité, et il a été dit plus haut que les femmes sont

---

(1) Plutarque, trad. Amyot.
(2) L. 36, D, h. t,

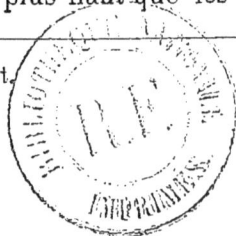

7

excusées de l'inceste pour *erreur de droit*, et ne peuvent au contraire l'être pour l'adultère (1). »

§ 4. — « La loi Julia, chapitre septième, décide qu'on ne peut accuser celui qui est absent pour le service de la République (2).

« Si quelqu'un, accusé d'adultère, occupe une charge publique, il peut faire différer l'accusation par la *cautio judicium sisti* (3).

C'est l'application de la règle générale posée par Adrien : « Magistratus, quo anno cùm imperio sunt, neque propriam, neque eorum quorum tutelam curam ve gerunt, causam in judicio vel agendo vel defendendo sustinento. Simul ac vero magistratus dies exierit, non ipsis tantum adversus reos suos, sed etiam aliis adversus ipsos litem intentare jus fas que est (4). »

La loi 12 pr. de Accusat., énumère ceux qu'il n'est pas permis d'accuser :

1° Le légat de l'Empereur, président de la province, en vertu de la sentence de Sylla et Trion, consuls ;

2° Son légat provincial, pour le crime commis avant son entrée en charge ;

3° Le magistrat du peuple romain ;

4° Celui qui est absent pour le service de la République et qui n'a pas cherché par là à se soustraire à la loi. (Cf. l. 15, § 2. « Car s'il avait fait en sorte d'être absent pour le service de la République, afin d'éviter une condamnation, cela ne servirait à rien) ; »

---

(1) L. 38, § 4, D, h. t.
(2) L. 15, § 2, ibid.
(3) L. 48, D, de judiciis.
(4) Idem, ibid.

5° Celui qui, bien que présent, est in vigilibus aut in urbanis castris (1) ;

6° Ceux qui sont dans une autre province pour un service public (2). D'ailleurs, dans cette province, ils pourraient être accusés de l'adultère qu'ils y auraient commis, sauf s'ils sont, par leur qualité « extra cognitionem præsidis. »

§ 5. — Enfin, une dernière cause d'excuse est la violence, même si la femme ne l'a pas révélée à son mari (3).

Et même, en ce cas, il lui est permis de se remarier (4).

Une règle générale à toutes ces explications, c'est que pour être invoquées efficacement contre les accusateurs, elles doivent être proposées avant qu'aucun d'eux n'ait été admis comme accusateur (5).

SECTION VI

Peines de l'Adultère.

§ 1. — L'adultère était puni de peines sévères. Mais la sévérité de ces peines, on le conçoit, dut varier avec les époques. Chaque génération, chaque race, chaque religion se place à un point de vue différent pour l'appréciation des mérites et des fautes.

J'ai montré qu'avant la loi Julia, les peines de l'adultère étaient probablement laissées à l'arbitraire des plai-

---

(1) L. 15, § 3, D, h. t.
(2) L. 15, § 4, ibid.
(3) L. 39, pr. D, h. t.
(4) L. 20, C, h. t.
(5) L. 15, § 7, D, h. t. Cf. l. 2, § 4, ibid.

gnants. Et les textes en ont présenté une grande variété, depuis la peine de mort jusqu'à la simple peine pécuniaire.

La loi Julia a organisé plus soigneusement la répres sion et édicté simultanément des peines de natures diverses :

1° Peines afflictives ;

2° Peines pécuniaires ;

3° Déchéances civiles ;

4° Interdiction à la femme adultère de se remarier.

§ 2. — Peines afflictives. — Quelles étaient ces peines ?

« Lex Julia de adulteris coercendis... temeratores alienarum nuptiarum gladio punit (1). »

« Sacrilegos autem nuptiarum gladio puniri oportet (2). »

« Transigere vel pacisci de *crimine capitali, excepto adulterio*, prohibitum non est (3). »

« Qui autem adulterii damnatam, si quocumque modo *pœnam capitalem* evaserit... (4) »

Ces textes sont très affirmatifs : la peine de l'adultère est la peine de mort.

Mais voici un autre texte aussi formel :

« Adulterii convictas mulieres... relegatione in insulam placuit coerceri ; adulteris vero viris, pari in insulam relegatione ; in diversas insulas relegantur (5). »

Selon Paul, la peine de l'adultère n'est pas la peine capitale. C'est simplement la relégation dans une île.

Qui croire ? Les textes des auteurs et des jurisconsultes

(1) Inst. IV, 18, § 4.
(2) L. 30, § 1, C, h. t. Rescrit de Constantin.
(3) L. 18, C, de transact. Rescrit de Dioclétien.
(4) L. 9, C. h. t. Rescrit d'Alexandre Sévère.
(5) Paul, Sentences II, 26, § 14.

de l'époque, qui nous sont parvenus, ne permettent pas le doute. La loi Julia ne punissait pas l'adultère de la peine de mort.

La loi même le prouve. Plusieurs de ses dispositions impliquent que les condamnés vivent après la condamnation.

La femme condamnée comme adultère ne peut plus être épousée (1).

Elle ne peut pas figurer comme témoin en justice (2).

Le soldat qui a transigé avec le complice adultère de sa femme (et pour cela été condamné comme adultère), doit être délié de son serment et déporté (3).

Ceux qui ont été condamnés pour adultère ne peuvent être soldats (4).

Bien mieux : un texte prévoit un adultère doublé d'inceste, et il prononce comme punition la *déportation* dans une île : « quia duplex crimen est : incestum quia cognatam volavit contra fas, et adulterium vel stuprum congungit (5). »

Un texte de l'époque classique prononce bien la peine de mort : mais il s'agit de *stuprum,* et dans des conditions particulièrement atroces (6).

Et, à côté de ceux-là, des textes classiques très nombreux.

Apuleia Varilia, nièce de la sœur d'Auguste, est condamnée pour adultère, sur l'ordre de Tibère, par un tri-

---

(1) L. 29, § 1; D, h. t.
(2) L. 14, D, de test.
(3) L. 11, pr. D, h. t.
(4) L. 4, § 7, de re milit.
(5) L. 5. D, de quæst.
(6) L. si stuprum puero... D, h. t. et l. 1, § ult. de extraord. criminibus.

bunal composé de ses proches, et la peine fut l'*exil* à deux cent milles.

Manlius se vit, pour la même peine, interdire l'Italie et l'Afrique (1).

« Sa fille et sa petite-fille (d'Auguste), qui déshonorèrent sa maison par leurs débauches, furent *exilées de Rome*; leurs complices furent condamnés à mort ou réduits à la fuite. Mais d'un crime commun entre hommes et femmes, faire un *crime de sacrilége et de lèse-majesté*, c'était répudier l'indulgence des anciens, et *enfreindre soi-même ses propres lois...* (2). »

Ce texte prouve que la loi ne punissait pas de mort l'adultère, et que pour y faire condamner les complices, il avait fallu le traiter comme crime de lèse-majesté, dont le châtiment était certainement la mort (3).

Un autre texte précise et montre que cette peine n'était pas même, aux termes de la loi, l'exil (4).

« Et César, à qui l'on reprochait sa rigueur, contre les accusés, s'y adonna plus âprement encore. Aquilia, accusée d'adultère par Varius Ligur, avait été déjà, *en vertu de la loi Julia,* condamnée par Lentulus Gætulius, consul désigné : *il la punit d'exil* (5). »

Telle était la législation d'Auguste et de Tibère. A la fin du règne de Trajan, rien n'était changé :

« Le mari, après l'avoir accusée d'adultère, la gardait près de lui, satisfait sans doute d'avoir éloigné son rival. Il fut averti d'avoir à poursuivre l'accusation, et le fit malgré lui. Une condamnation, en dépit de lui, était

---

(1) Annales II, 50.
(2) Annales II, 53.
(3) L. 3, ad leg. Jul. majest.
(4) Cf. 1. 5 de interd. et releg.
(5) Annales IV, 42.

nécessaire. La femme fut condamnée aux peines de la loi Julia : elle fut reléguée (1). »

Ainsi, il ne faut pas douter que la peine de l'adultère ne fût la relégation dans une île. Comment concilier cela avec l'affirmation absolue de Justinien ?

Simplement, parce que la législation a changé. Une loi postérieure fit, sans doute, de l'adultère un crime capital. A quelle époque fut-elle faite ? Cujas dit : Par Constans et Constant (2). Mais le seul texte que nous ayions est la loi 30, § 1, au Code, laquelle est un rescrit de Constantin.

— Le complice adultère était frappé des mêmes peines, ainsi qu'il résulte du texte de Paul, précité.

§ 3. — Peines pécuniaires :

« Relegatus integrum suum statum retinet et *dominium rerum suarum* et patriam potestatem, sive ad tempus, sive in perpetuum relegatus sit (3). »

« Quinque legibus damnatæ mulieris dos publicatur : Majestatis, vis publicæ, parricidii, veneficii, de sicariis (4). »

Ces deux textes conduiraient, si l'on admet, pour le premier, que la punition de l'adultère consiste dans la relégation, à dire que la confiscation de la dot n'était pas prononcée contre la femme adultère.

Mais d'autres textes imposent la solution contraire :

« Bona relegati non publicantur, nisi ex sententia specialiter (5). »

De plus, la loi 3, citée plus haut, contient une erreur

---

(1) Pline le Jeune VI, 31.
(2) Œuvres III, 580.
(3) L. 18, D, de interdictis et relegatis.
(4) L. 3 de bonis damnat.
(5) L. 8. § 3, ibid.

relevée par Cujas. Parmi les cinq lois qui confisquent la dot de la femme, elle en cite deux (veneficii, de sicariis), qui, en réalité, n'en font qu'une seule. Il en manque donc une dans l'énumération : c'est la loi *Julia de adulteriis*. Et on a fait remarquer que la loi 4, au même titre, qui prévoit la confiscation de la dot, est tirée du commentaire du Papinien sur la loi *Julia de adulteriis*.

De plus, le texte des Institutes dit formellement :

« Pœnam autem eadem lex irrogat peccatoribus, si honesti sunt, publicationem partis dimiidiæ bonorum (1). »

Mais ce texte, à lui seul, ne serait pas probant, attendu qu'il parle des biens en général, sans mentionner spécialement la dot, et aussi parce que les Institutes ayant substitué à la relegatio la peine capitale, auraient pu mettre les peines accessoires d'accord avec la peine principale.

Le complice d'adultère subissait la même confiscation.

§ 4. — DÉCHÉANCES CIVILES. — Ces déchéances étaient l'accompagnement obligé des condamnations pour adultère.

D'abord, ils ne peuvent figurer à titre de témoins dans un testament (2), ou dans un judicium publicum (3).

Le complice d'adultère, condamné comme tel, ne peut être soldat (4).

Vraisemblablement, d'autres déchéances qui ne nous ont point été conservées, les frappaient au point de vue religieux et politique.

§ 5. — INTERDICTION A LA FEMME DE SE REMARIER. — La loi

---

(1) Inst. de judiciis publicis, § 4.
(2) L. 14, de testibus.
(3) L. 18, ibid.
(4) L. 4, § 7, de re milit.

faisait à la femme condamnée pour adultère une situation très dure.

Son mari devait la répudier, sauf exceptions (1).

Séparée de son mari, il lui est interdit de se remarier avec quiconque.

Celui qui a épousé ou repris une femme condamnée pour adultère... sera, par cette même loi Julia, puni comme (adultère) *leno* (2).

Il faut pour cela que la poursuite soit intervenue en fait : « La femme divorcée d'avec son mari, que celui-ci aurait pendant le mariage menacée d'une poursuite en adultère, a pu valablement se marier avec le prétendu complice d'adultère (3). »

Mais il n'est pas nécessaire que la condamnation soit déjà prononcée :

« La femme, même non condamnée, ne peut épouser son complice condamné ; le mariage est nul (4). »

— La loi cherchait à entraver de toute façon la nouvelle union de la femme adultère (5). Et pour en enlever

---

(1) L. 29, § 1, D, h. t.

(2) L. 2. C. h. t.

(3) L. 40. pr. D. h. t.

(4) L. 13. D. de his qui ut indig.

(5) De là différentes actions, qui avaient pour but de permettre au mari de retenir une portion de la dot.

Mais ces *retentiones* seraient mal comprises si on supposait qu'elles ont été organisées par la loi Julia. Gaius et Ulpien, le dernier surtout, qui nous les font connaître, ne disent nullement qu'elles ont cette origine. Et tout porte à croire qu'elles lui sont bien antérieures. Cf. Aulu Gelle, IV, 3 : « Memoriæ traditum est quingentis fere annis post Romam conditam *nullas rei uxoriæ neque actiones, neque cautiones* in urbe... fuisse. »

La femme avait apporté une dot. Quand le mariage en vue dula volonté à ceux qui seraient tentés de violer la loi par l'appât d'une riche dot, elle confisquait la dot de la

---

quel elle l'avait fait, venait à se dissoudre, elle réclamait la restitution de sa dot. D'où l'action *rei uxoriæ*.

Mais, si le mariage était dissous par la faute de l'un des époux, si le divorce était rendu nécessaire par l'adultère de l'un ou l'autre, alors les règles sur la restitution de la dot subissaient certaines modifications. L'époux non coupable était autorisé à en garder ou à en exiger une portion plus forte. D'où l'action *rerum amotarum*.

C'est celle-là dont parle Ulpien : « Morum nomine, graviorum quidem sexta retinetur. Graviores mores sunt adulteria tantum, leviores omni reliqui » (VI, § 12). Et, en ce qui concerne le mari : « Mariti mores puniuntur in ea quidem dote quæ annua, bima, trima die reddi debet, ita ut, propter majores præsentem reddat ; propter minores senum mensum die. In ea autem quæ præsens reddi solet, tantum ex fructibus jubetur reddere, quantum in illa dote, quæ triennio redditur, repræsentatio facit (VI, § 13).

Ainsi les mœurs du mari, comme celles de la femme, sont punies, mais la peine est réglée différemment.

Dans ces conditions, l'actio de moribus ne répondait pas exactement au but qui est indiqué au texte. Elle semble être une punition distincte, infligée à l'un ou à l'autre époux. Elle ne vint qu'accessoirement en aide à la loi Julia, qui défendait à la femme adultère de se remarier,

« Ces peines peuvent être exigées soit par voie de retention ou de restitution anticipée, devant le juge de l'*action ordinaire, rei uxoriæ*, soit par le moyen d'une action spéciale, *actio de moribus* qui était donnée contre l'époux coupable à l'autre époux » (Pellat, textes sur la dot, p. 27).

Ces deux actions coexistaient donc. On eût pu en douter ; car il paraît naturel que le juge de l'*actio rei uxoriæ* ordonnât les *retentiones* convenables. Mais l'actio de moribus avait son utilité en divers cas. Par exemple, « lorsque la restitution de la dot avait été effectuée sans qu'on eût songé à en diminuer le montant pour la faute de la femme, ou à l'augmenter pour celle du mari » (Pellat, ibid.).

M. Esmein indique une autre hypothèse où la coexistence des

femme pour partie et permettait au mari d'en retenir une partie.

---

deux actions est utile. La dot constituée par la femme a fait l'objet d'une stipulation. Dans ce cas, et l'empereur Justinien (l. unic .ɪ 5, C. de rei uxoriæ act.) l'explique longuement, les *retentiones* ne sont plus admises. M. Esmein pense que même alors, forcé par cette loi à restituer la dot entière, il pourrait, en intentant l'*actio de moribus*, se faire « attribuer dans un *judicium* séparé la portion de la dot dont la privation doit constituer une peine pour la coupable. » Il s'appuie sur un texte, au Digeste, l. 5, pr. *de pactis dotalibus*, qu'il rapproche d'un passage de Gaius (IV. 44) (Esmein, op. cit, p. 8).

DE

L'AUTORITÉ GOUVERNEMENTALE

COMPÉTENTE

POUR PASSER LES TRAITÉS INTERNATIONAUX

DE

L'AUTORITÉ GOUVERNEMENTALE

COMPÉTENTE

POUR PASSER LES TRAITÉS INTERNATIONAUX

INTRODUCTION

ORIGINE ET NÉCESSITÉ DES LOIS

§ 1. — Toute agglomération d'hommes, tribu ou nation, dès qu'elle est sortie de la barbarie, est soumise à la nécessité de se donner des règles reconnues et obéies de tous, destinées à fixer les rapports de ses membres.

La confection en est confiée à des hommes qui s'imposent aux autres ou sont choisis par eux à cause de leur expérience ou de leur vertu. Ces règles, de quelque nom qu'on les appelle, varient en étendue, en minutie, en sévérité, suivant les besoins et le degré de civilisation de ceux à qui elles doivent s'appliquer. Elles protègent d'abord la vie, puis la propriété des choses matérielles ; plus tard, enfin, des biens d'une autre nature, dont le prix n'est connu que des peuples plus affinés, la liberté civile et politique, la réputation, la propriété intellectuelle, etc.

Quel que soit leur développement, les lois sont nécessaires ; et, dans les limites du territoire national, tout

8

membre de la tribu, de la nation, tout citoyen pourra en invoquer le secours, et réciproquement leur devra obéissance.

PERSONNALITÉ ET APPLICATION RESTREINTE DES LOIS

§ 2. — Cependant, l'agglomération d'hommes est une tribu pastorale et elle émigre ; ou bien c'est une caste guerrière et ambitieuse qui franchit ses frontières ; enfin, et le plus souvent, c'est une nation prolifique, exubérante, dont le territoire, trop étroit ou trop ingrat, a longtemps gêné l'expansion et qui envahit un pays étranger habité déjà par d'autres hommes.

Les émigrants, les agresseurs se sont donné des lois pour se protéger les uns contre les autres. Ils ont entendu, dans leur vie intérieure, faire de louables tentatives pour réprimer l'esprit de rapine et d'envie, ce fond de la nature humaine ; mais ils ne se sont engagés à rien envers ceux qui ne font pas partie de la même agglomération. Ils sont chassés de chez eux par la faim ou attirés par la cupidité ; les lois tombent, et c'est la guerre.

« Les peuples sans expérience, dit un roi de Sparte, désirent la guerre, parce qu'ils la croient profitable et sans danger. » (Thucydide).

Ou plutôt, faut-il appliquer aux nations ce que dit Darwin des individus et des espèces, au sujet de la concurrence vitale : « Presque toujours, la lutte (pour l'existence) est.... intense entre les individus de la même espèce, car ils fréquentent les mêmes districts, exigent la même nourriture, sont exposés aux mêmes dangers (1). »

Et Hobbes confirme cette explication en des termes

---

(1) Darwin, Origine des espèces, Cl. Royer, 2ᵉ éd. Masson, pages 73, s.

qui, sous une apparence paradoxale, contiennent, au moins en ce qui est des peuples barbares, une portion de vérité : « Le *bien-être,* dit-il, est la fin de l'homme. La recherche qu'il en fait amène une compétition et une collision, dont la guerre est l'état de nature (1). »

ORIGINE ET UTILITÉ DES TRAITÉS

§ 3. — Mais la guerre est, au seul point de vue économique, un fait déplorable. Le vainqueur a cessé son travail, le vaincu, ruiné, s'arme lentement et menace à

---

(1) Hobbes, cité par Jouffroy, Cours de Droit naturel, I.

Cette opinion de Hobbes a été reprise de nos jours et développé cette année même. M. Bluntschli avait, au nom de l'Institut de Droit international, présenté à M. de Moltke un manuel intitulé : « *Lois de la guerre sur terre.* » M. de Moltke lui adressa une lettre qu'on n'a pas oubliée et dont je cite quelques passages :

« Avant tout, j'apprécie pleinement les efforts philanthropiques faits pour adoucir les maux qu'entraîne la guerre.

« La paix perpétuelle est un rêve et ce n'est même pas un beau rêve. La guerre est un élément de l'ordre du monde établi par Dieu. Les plus nobles vertus de l'homme s'y développent : le courage et le renoncement, la fidélité au devoir et l'esprit de sacrifice; le soldat donne sa vie. Sans la guerre, le monde croupirait et se perdrait dans le matérialisme.

Et tandis que le Congrès avait tâché de faire passer en textes pratiques de lois ces belles paroles de Montesquieu : « Les diverses nations doivent se faire dans la guerre le moins de mal qu'il est possible ; » le comte de Moltke, après quelques phrases d'un vague humanitaire, ajoute : « Le plus grand bienfait dans la guerre, c'est qu'elle soit promptement terminée. Il doit être permis, en vue de ce but, d'user de tous les moyens, sauf ceux qui sont *positivement condamnables.* Je ne puis en aucune façon me dire d'accord avec la déclaration de Saint-Pétersbourg, lorsqu'elle prétend que l'affaiblissement des forces militaires de l'ennemi constitue le seul mode légittme de procéder dans la guerre. »

son tour. La fortune a des retours cruels et la conquête enlève ce qu'avait donné la conquête. Plus prudents et mieux avisés, les peuples vont tâcher d'éviter les luttes, de se rapprocher, de s'entendre, pour obtenir pacifiquement les résultats que la guerre n'a pu procurer.

Les voici amenés à poser certaines règles pour déterminer le mode de leurs nouvelles relations.

Ces règles, ce ne sont plus des lois, ce sont des traités.

Ces traités (1) s'occupent d'abord de matières simples

---

(1) Il semblerait naturel que le premier traité passé entre deux peuples fût un traité d'alliance. Instruits par l'expérience, ils savent que leurs biens exciteront des convoitises. ils se promettent mutuellement de les défendre. Et c'est sans doute ce qui eut lieu en réalité. Les très anciens Grecs ont pratiqué soit l'alliance militaire (επιμαχια) soit l'alliance en vue de la paix et de la guerre (συμμαχια). Mais il semblerait logique, comme corollaire, que ces deux peuples se donnassent réciproquement communication de leurs biens, qu'ils se concédassent les avantages du *jus commercii*. C'était là l'origine de leurs compétitions, de leurs guerres; il va de soi que, les voulant éviter, ils se doivent permettre facilement l'échange de leurs richesses naturelles, échange qui enrichit les deux parties. Il n'en est rien. Ce second traité, qui serait un vrai traité de commerce, a été connu et pratiqué des Grecs, mais beaucoup plus tard que les autres; c'est ce qui résulte d'un mémoire de M. Egger (*Études historiques sur les traités publics*, 1866, Durand). M. Egger y enseigne que les traités de commerce n'existent guère qu'à la suite des traités d'alliance pacifique (συμβολον). Or ces traités d'alliance pacifique sont de telle nature qu'ils n'ont pu être pratiqués que par des peuples très civilisés. Ils ont pour effet de réunir, pour ainsi dire, les deux peuples, associant étroitement leurs intérêts, confondant leurs fortunes, supprimant même l'initiative particulière (Thucydide, *Guerre du Péloponèse*, I, 77, discours des députés athéniens, et IV, 117, paix de Nicias), réglant soigneusement les relations commerciales, et l'organisation de tribunaux neutres entre les peuples. Ceci dénote un degré de haute civilisation.

et en même temps générales. Ils règlent les intérêts de
tout un peuple. Ils pourvoient à sa sécurité ; ils recher-
chent, plus tard, les moyens d'entretenir et d'augmenter
sa richesse. Peu à peu, ils descendent dans les détails.
Ce n'est plus de tout un peuple qu'il s'agit, c'est de telle
classe d'individus, ou de tel individu. A ce moment, les
relations entre les peuples signataires du traité sont
devenues très fréquentes et très complexes. Toutes les
questions vont être réglées par traités ; les citoyens des
deux nations en invoquent journellement les clauses
devant les tribunaux de l'une ou de l'autre. Parfois
même, on s'appuiera uniquement sur leurs dispositions
pour régler les questions les plus délicates (1).

___

Et d'autre part M. Egger cite (Op. cit. p. 30) un traité entre Rome,
Carthage, rapporté par Polybe (III, 22), où les libertés données
au commerce, sont, vu l'époque, encore fort restreintes :

« Qu'il y ait amitié, aux conditions suivantes, entre les Romains
et leurs alliés et les Carthaginois et leurs alliés. — Les Romains
ne navigueront pas au-delà du promontoire Kalon, à moins d'y
être contraints par la tempête ou par l'ennemi. Si quelqu'un d'eux
est forcé de franchir cette limite, il ne pourra ni rien vendre ni
rien acheter, si ce n'est pour la réparation des navires ou pour
le culte des dieux, et il devra, dans les cinq jours, quitter ces
parages. Quant à ceux qui viendront pour le négoce, ils ne feront
rien que devant un héraut ou un scribe. Tout ce qui aura été
vendu en présence de ces magistrats, soit en Lybie, soit en Sardaigne, le prix en sera dû au vendeur sous la garantie publique.»

(1) C'est ce qui a lieu en Suisse dans une matière d'ailleurs
toute spéciale. La France a passé avec la Confédération un traité,
en date du 30 juin 1864, dont le but est d'assurer, dans les deux
pays, la protection des dessins et modèles de fabrique. Or la
Suisse n'a point de loi sur la matière. Les fabricants suisses ne
sont donc point, dans leur pays, protégés contre la contrefaçon
de leurs dessins et modèles de fabrique. Afin d'assurer cette
protection aux fabricants français dans un pays qui ne l'accorde

On peut dire qu'alors leur importance dans la vie des deux peuples est aussi grande que celle des lois elles-mêmes dans la vie de chacun d'eux.

ANTIQUITÉ ET DÉVELOPPEMENT DES TRAITÉS

§ 4. — Les anciens ont connu une grande variété de traités. J'en ai cité quelques-uns d'après M. Egger. Il en donne la nomenclature et l'explication complètes. On est étonné d'y voir traiter les questions les plus inattendues et les plus modernes. Il y a, par exemple, un traité d'alliance entre Athènes et Sparte (1), qui eût pu être

---

pas à ses nationaux, il a fallu introduire dans la convention de 1864 une série de dispositions, formant toute une législation sur la matière.

(1) *Guerre du Péloponèse*, V, 23, Thucydide.

A la suite de la première période de cette guerre, abandonnés de leurs alliés, menacés à l'intérieur par les Ilotes, déchus de leur influence sur le Péloponèse, les Lacédémoniens concluent avec les Athéniens le traité d'alliance suivant, dirigé à la fois contre les Argiens et les Ilotes :

« Les Lacédémoniens seront alliés pour cinquante ans aux conditions énoncées ci-après :

« Si quelque agresseur entre à main armée sur les terres des Lacédémoniens, les Athéniens iront à leur secours avec toutes leurs forces et par tous les moyens possibles. S'il se retire après avoir dévasté la campagne, ils le tiendront pour ennemi; les deux états lui feront la guerre et ne termineront que d'un commun accord.

« Si les *esclaves se soulèvent*, les Athéniens secourront les Lacédémoniens avec toutes leurs forces et par tous les moyens possibles. »

Et dans le traité de paix qui avait précédé le traité d'alliance (V, 18), on voit les clauses suivantes :

« S'il s'élève entre eux quelque différend, ils auront recours aux voies légales et aux serments et se conformeront aux transactions qui seront intervenues.

« Dans toutes les villes restituées par les Lacédémoniens aux

signé à Paris, il y a dix ans, entre la France et la Prusse, au moment de la Commune.

Mais le prodigieux développement de l'industrie, du commerce et des moyens de transport, le progrès tout incomplet qu'il soit, des notions économiques, et aussi l'accroissement considérable de la race humaine ont déterminé des relations internationales bien plus étendues, fréquentes et durables, et nécessité des traités renouvelés, modifiés, améliorés aussi souvent que l'exigent le progrès des lois et des mœurs.

La morale publique, la morale internationale ont peut-être élevé leur niveau. Toutes les fois qu'on n'y a pas été particulièrement intéressé, on a généralement reconnu qu'il était tout aussi inique de dépouiller une nation qu'un particulier ; de refuser protection à un étranger pour sa personne ou ses biens, etc.

Chez presque tous les peuples, des lois spéciales ont traduit en règlements précis ces conquêtes nouvelles de la morale et de la justice ; presque tous se sont liés pour les faire respecter, même ceux qui n'avaient pas encore songé à les introduire sur leur propre territoire (1).

Athéniens, les habitants seront libres de se retirer où bon leur semblera, en emportant ce qui leur appartient. Ces villes se gouverneront d'après leurs propres lois, en payant le tribut tel qu'il a été fixé au temps d'Aristide... Elles ne seront alliées de Lacédémone, ni d'Athènes. Toutefois si les Athéniens les persuadent d'entrer dans leur alliance, elles le pourront de leur plein gré. »

(1) Il ne faut rien exagérer. Nous n'en sommes pas à l'âge d'or. Le mieux seul existe, non le bien. Le présent ne vaut qu'en comparaison du passé. J'ai cité plus haut une lettre de M. de Moltke suffisamment significative.

N'y a-t-il pas d'autre part un enseignement à retirer de ce fait qu'aujourd'hui nulle puissance ne se soucie des traités d'alliance. Cf. le discours de M. Mancini, ministre des affaires étran

§ 5. — Les traités, tels que nous les pratiquons aujourd'hui, touchent donc aux intérêts les plus graves des peuples. C'est la loi internationale.

Ils lient pendant le temps prévu les parties co-signataires. Rien n'en peut modifier les clauses, rien que leur commun accord ou une rupture, suivie de guerre aussitôt.

J'ai dit que c'est une loi internationale. Mais elle est bien autrement difficile à faire qu'une loi véritable. Prenons pour exemple une loi sur le commerce. Elle va être longuement préparée par une enquête. Les témoins qui auront déposé seront nombreux, intègres, éclairés, prudents et pour la plupart désintéressés ; la discussion sera publique ; les adversaires, très fermes et très tenaces, je le veux bien, se feront gloire de donner au grand jour leurs arguments, et personne n'aura cette arrière-pensée que si la loi est mauvaise on est lié à l'égard de l'adversaire qui en bénéficie pendant dix, quinze ou vingt ans. Qu'il en est autrement d'un traité de commerce !

Il importe donc que des hommes spécialement capables soient chargé d'en préparer la confection, afin qu'ils aient une utilité pour les contractants (1) et qu'une autorité

---

gères en Italie, prononcé le 10 décembre dans les Chambres italiennes. On sent trop bien que le lien ne liera pas si les conditions ambiantes sont changées. Qui eût pu prévoir « l'ingratitude autrichienne » après 1848 ?

La morale n'a donc que peu gagné. Et quant aux notions économiques, le protectionnisme régnant encore sur les trois quarts des pays civilisés, indique suffisamment combien peu l'on a fait de progrès réels, puisque d'autres que les intéressés ont pu s'y rallier.

(1) Cette question de l'utilité des traités est, en théorie, une des plus grosses de la matière, et en pratique elle correspond à

désignée d'avance, ait la mission et le pouvoir de les conclure, afin que chacun des contractants puisse y faire
appel en toute sécurité.

---

des difficultés infinies. Quand deux nations font un traité sur un
sujet donné, c'est le plus souvent pour régler un point sur lequel
une difficulté s'est produite ou se pourrait produire. Il est possible que dans ce règlement les parties s'accordent des avantages
égaux et réciproques. En ce cas l'utilité est égale de part et d'autre. Il se peut aussi que l'une des parties soit forcée par violence
ou amenée par habileté à accepter les conditions que l'autre lui
impose. L'utilité alors n'existe, ou du moins ne semble exister
que d'un seul côté. Enfin il arrivera que l'objet du traité sera tel
que des concessions seront faites par les deux parties, concessions réciproques dont le montant ne pourra être prévu même
approximativement, et dont l'expérience seule revèlera un jour
l'importance au profit d'une des parties. Ici, on ne peut dire, au
jour de la conclusion du traité, de quel côté est l'utilité.

Les deux dernières hypothèses seules intéressent, et elles intéressent surtout en pratique. Il est evident que tout négociateur
de traités, toute autorité chargée de les approuver ou de les ratifier doit se poser cette question : « Où est l'utilité du traité et
quelle est cette utilité? » Malheureusement cette question n'est
pas facilement résoluble. L'utilité est présente ou future. Et
rarement on envisagera l'utilité future. Celui qui négocie, approuve ou ratifie un traité n'est qu'un homme, qui aura toujours
peine à se rendre compte de ceci que, quarante, cinquante ou
cent ans, c'est-à-dire la durée d'une ou deux vies humaines ne
sont que peu dans la vie d'un peuple, et qu'une œuvre élaborée
pour règler les intérêts d'un peuple devrait, si les circonstances
l'indiquent, être faite en considération du temps à venir.

Encore faudrait-il pour cela que cet homme ou ces hommes
eussent la prudence, la vertu et le désintéressement. Il faudrait
même qu'ils pussent s'élever à un sentiment de justice et d'équité
supérieur aux préjugés du patriotisme. Dans son ouvrage : *La
Science sociale*, Spencer fait remarquer à combien d'erreurs ou
d'excès nous entraîne le patriotisme (Tr. Baillière, p. 221). —
« Notre pays, qu'il ait tort ou raison. » — Voilà un sentiment fré-

ILS DOIVENT ÊTRE FAITS PAR L'AUTORITÉ CONSTITUTIONNELLE
QUI FAIT LES LOIS

§ 5. — Cette autorité chargée de faire les traités, quelle doit-elle être ? La réponse s'impose. Un traité, avons-nous

---

quemment exprimé à la tribune de tous les parlements. Le patriotisme est pour la nation ce qu'est pour l'individu l'égoïsme : Il a même racine et donne les mêmes biens accompagnés des mêmes maux. Le jugement qu'on porte sur sa société reflète sur celui qu'on porte sur soi-même..... Et si l'on admet la nécessité d'un égoïsme bien réglé, il faut admettre celle d'un patriotisme bien réglé. L'estime excessive de soi-même est la source de deux classes de maux ; en poussant à une revendication outrée de droits personnels, elle engendre les agressions et l'antagonisme : en portant les gens à s'exagérer leur valeur personnelle, elle détermine des tentatives présomptueuses qui aboutiront à des catastrophes. » Et plus loin (p. 224) il ajoute : « Partout on tient l'excès de l'égoïsme pour un défaut, et nulle part on ne blâme le patriotisme. »

Et ce ne sont pas seulement le défaut de sagesse, l'imprévoyance, l'excès de patriotisme qui aveuglent. L'égoïsme, l'avidité, le désir de jouir vite, le sentiment de la force, l'occasion présente auront bientôt raison de nos incomplètes notions de justice ; notre ignorance même de ce qui est réellement durable et profitable leur vient en aide. Jamais l'expérience du passé n'aura profité au présent. Nous sortons de l'ornière pour y retomber. Nous croyons inventer et nous ne faisons que répéter et imiter. Deux mille ans avant que l'on songeât à instituer le tribunal arbitral de Genève, pour régler la question de l'*Alabama*, les Grecs avaient leur sentence arbitrale (κρισις) rendue par des juges choisis dans un état neutre ; les Italiens rendent une sentence entre Militée et Pera pour déterminer les frontières (*Inscriptiones Grœcæ ineditæ*, Ussing n° 2, reproduite par Rangabé, Antiquités helléniques, II, p. 692. Egger, op. cit.)

Cependant, et malgré tant de déceptions, l'on ne peut s'empêcher de songer à la définition que donne Bentham de *l'utilité* (Bentham, *an introduction to the Principles of Morals and Legislation*, dans les œuvres complètes, 4 vol. in-8. Edimbourg,

dit, c'est une loi internationale. Dans chacun des pays contractants, c'est l'autorité compétente pour faire les lois du pays qui le sera également pour faire les traités. Voilà ce qu'indique la théorie et ce qu'exige le bon sens.

Mais la pratique présente de bien autres difficultés. Les peuples, vivant en société, ont été astreints à la nécessité de se donner un gouvernement pour la conduite des affaires publiques et des intérêts communs. Ce gouvernement est de forme variable. On peut dire cependant que presque tous les peuples, après avoir passé par la monarchie absolue, que bien des écrivains, historiens ou philosophes, ont exaltée en des termes au moins singu-

---

1737, tome I, ch. 1ᵉʳ, § 2). Et celui-là n'est pas optimiste ; il ne croit guère aux hommes. Il ne s'adresse ni à leur équité ni à leur religion ; positiviste (bien que le mot n'existât pas alors) il s'efforce, sans méthode scientifique d'ailleurs, et en dehors de toute métaphysique, de poser les vrais principes de morale et de législation ; et voici comment il débute :

« Le principe d'*utilité* est la base du présent ouvrage. Il est convenable au début de donner une explication claire et limitée du sens de ce mot. Par ce principe d'utilité on entend cette règle qui approuve ou désapprouve toute action quelconque suivant la tendance qu'elle paraît avoir à augmenter le bonheur du parti dont l'intérêt est en question ; ou, ce qui est la même chose, à déterminer, amener ou combattre ce bonheur. Je dis : « de toute action » quelle qu'elle soit ; et par suite non-seulement d'une action d'un individu privé ; mais de toute mesure de gouvernement.

Et plus loin, à la suite du chapitre II, § 19, sous le titre : *Objections to principles of utility answered*, il cite le mot d'Aristide : « Le projet de Thémistocle est très avantageux, mais il est très injuste, » qu'il dit être inexact en ces termes :

« On croit voir là une opposition décidée entre l'utilité et la justice. Mais on se trompe : il y a seulement une comparaison du mal et du bien. L'injustice est un terme qui présente à l'es-

liers, (1) sont arrivés ou tendent à arriver à un gouvernement d'une autre nature, dans lequel il y ait, entre les.

---

prit l'ensemble des maux résultant d'une situation dans laquelle les hommes ne peuvent plus se fier l'un à l'autre. Aristide aurait dû dire : « Le projet de Thémistocle serait utile pour un moment et déplorable pendant des siècles ; ce qu'il procurerait n'est rien, comparé à ce qu'il ôterait.

Et il ajoute ce mot de Senèque « *sic presentibus utaris voluptatibus ut futuris non noceas.* »

On a cherché à le mettre en contradiction avec lui-même. Jouffroy (dr. nat.) cite ce passage :

« Pourquoi faut-il tenir sa promesse? dit-il.

— Parce que cela est utile.

— On a donc le droit de la violer, si cela est nuisible?

— Oui. »

Mais plus loin (ch. II, page 12, *Objections to principles of utility answered*) :

« L'obligation qui attache les hommes à leurs engagements n'est rien autre que le sentiment d'un intérêt d'ordre supérieur, qui évince un intérêt inférieur. Les hommes ne sont pas toujours dirigés par l'*utilité particulière* d'un certain engagement. Mais même dans le cas où l'engagement est onéreux, ils y sont liés encore par l'utilité qu'il y a à être considéré comme un homme de parole. Ce n'est donc pas l'engagement qui constitue l'obligation même ; c'est l'*utilité* d'un contrat. »

— C'est là une réponse bien topique à ce passage de Machiavel : « Un prince prudent n'est point tenu d'exécuter ses engagements quand cela lui tourne à dommage et que les occasions qui les lui ont fait prendre ne sont plus.

Et ces deux passages de Bentham, si froids et positifs, devraient, ce semble, être médités constamment de ceux à qui est confié le gouvernement des peuples. En dehors de toutes les règles de modération et d'équité qui semblent être, d'un commun accord, écartés de la pratique journalière, ils y trouveraient de précieux enseignements.

(1) Voyez par exemple : Hobbes, cité par Jouffroy, I, 284. « Quelle est maintenant la meilleure forme de la société ou du

diverses autorités constituées, un partage d'attributions
et de pouvoir.

« Il y a, dit Montesquieu (1), dans chaqne état trois
sortes de pouvoirs : la puissance législative, la puissance
exécutive des choses qui dépendent du droit des gens, et la
puissance exécutrice de celles qui dépendent du droit
civil. »

De nos jours, presque tous les peuples se sont donné
des gouvernements où la puissance exécutive, dans toute
son amplitude, est confiée généralement à un personnage individuel qui, avec des titres différents, est chef
du pouvoir exécutif et l'exerce par lui-même ou par
des délégués, et la puissance législative à un ensemble
de personnes diversement choisies ou élues, reparties en
une ou plusieurs assemblées, et dont l'ensemble forme
un parlement. De là le nom de gouvernement parlementaire.

DÉLIMITATION DU PRÉSENT TRAVAIL

§ 7. — Ce qui caractérise un gouvernement, c'est le

---

pouvoir qui la constitue? C'est la plus forte. Et quelle est la plus
forte? C'est celle où le pouvoir est concentré en une seule main,
c'est la forme monarchique.

« Mais des différentes monarchies quelle est la meilleure ?
C'est la plus forte. Et quelle est la plus forte? La monarchie absolue. Donc la monarchie absolue est la meilleure des formes
sociales.

« Quelle est la seule faute du pouvoir dans la société ainsi conçue? C'est de faire des actes qui tendent à l'affaiblir ou à le renverser. Mais alors même, les sujets sont tenus de les respecter
et de s'y soumettre. Car où est le mal des actes du pouvoir? Dans
l'affaiblissement de son autorité qui en résulte. Or la désobéissance des sujets augmenterait le mal. Donc la faute du pouvoir
ne peut jamais autoriser la désobéissance des sujets. »

(1) Esprit des Lois XI. Cf. Locke, Two treaties of Government,
II, 1, § 3 et II, 12.

partage des attributions, le fractionnement de la puissance. L'exécutif a autorité pour telle catégorie d'affaires, le législatif pour telle autre. Mais il est toute une série de matières de nature mixte qui ressortissent de l'un et de l'autre. Qui sera compétent? Devra-t-on attribuer à l'un compétence exclusive, ou reconnaître à tous deux une compétence simultanée ou successive? La préparation, l'élaboration, la discussion, l'approbation, la ratification d'un traité sont des opérations multiples, essentiellement différentes, qui ne peuvent évidemment être conduites par les mêmes agents.

L'objet de cette étude est de rechercher qui peut faire un traité, c'est-à-dire le préparer, le négocier, le ratifier, le faire exécuter.

PRÉLIMINAIRES

---

§ 1. — Littré définit le mot Traité : « Une convention faite entre des Souverains, entre des États ».

Cette définition, un peu vague, est, en notre matière, légèrement inexacte (1).

Bluntschli (2) enseigne que les traités entre souverains ne sont point du domaine du droit des gens. Et Pasquale Fiore (3) dit encore plus nettement :

« D'abord par traités internationaux on ne doit pas

---

(1) A une époque où la nationalité française est aussi nettement dégagée que sous Louis XIII, et où les Grands ne peuvent plus être considérés comme indépendants (V. A. Thierry, *Lettres sur l'Histoire de France*, lettre XIII), ne peut-on pas s'étonner de voir M. Littré donner le sens ci-dessus indiqué au mot Traité dans cette phrase de Fléchier (*Michel Le Tellier*) : « Liant les Grands par des *traités*, gagnant les peuples par des remontrances, etc. » (p. 21, édition de 1636) ? Et puisque, sous un autre paragraphe, M. Littré définit le traité : « Convention entre particuliers, ou avec le souverain, etc., » ne devait-il pas plutôt y faire figurer l'exemple tiré de Fléchier ?

(2) *Le Droit international codifié*, traduit par C. Lardy, Paris, 1870, in-8°, § 443.

(3) *Nouveau Droit international public*, traduit par Pradier Fodéré, Paris, 1849, 2 vol. in-8°.

entendre un pacte, une convention quelconque entre deux princes d'États différents, mais bien les conventions entre nations, lesquelles conventions peuvent être stipulées par le souverain, comme représentant de la nation, mais non en son propre nom et de sa propre volonté. »

Il convient donc d'adopter une définition plus étroite. On peut définir le traité : « Un accord, à caractère obligatoire, entre deux ou plusieurs États indépendants (1). »

QUELLES PERSONNES DU DROIT INTERNATIONAL PEUVENT PASSER DES TRAITÉS

§ 2. — Cette définition détermine du même coup quelles personnes du droit international pourront passer des traités. Il ne s'agit point ici des conditions intrinsèques de validité. La question est celle-ci : Toute puissance peut, en général, entrer en négociations avec d'autres pour conclure un traité. Ce traité, s'il est mené à bonne fin, s'il est signé et ratifié de part et d'autre, sera valablement

---

(1) Bluntschli, *Le Droit international codifié :*

§ 442. — Sont considérés comme traités internationaux : *a* Les traités relatifs à des questions de droit public conclus entre deux ou un plus grand nombre d'États ; *b* Les traités conclus entre les autorités inférieures ou les divers services administratifs de deux ou d'un plus grand nombre d'États, sur des matières relatives à leurs fonctions.

§ 443. — Ne doivent pas être considérés comme traités, parce qu'ils ne sont pas conclus entre États : *a* Les traités conclus par des souverains, soit entre eux, soit avec des États étrangers, et relativement à leurs prétentions personnelles ou dynastiques au gouvernement d'un pays ; *b* les traités conclus entre un État et un particulier étranger, relativement à certains services publics, placés exceptionnellement sous la sauvegarde du droit international ; *c* les traités conclus entre l'Église sur des matières politiques ou religieuses, et spécialement les concordats des différents États avec le Saint-Siège.

conclu et produira tous ses effets. Mais il est certaines Puissances, jouissant de leur autonomie, ayant chez elles la pleine puissance législative et exécutrice, et qui, de par leur constitution même, se trouvent cependant, quant aux rapports de droit international, dans un état d'infériorité et de dépendance. Ces puissances sont dites vassales ou mi-souveraines. Elles relèvent d'un autre État qui, lui, jouit de la plénitude de sa souveraineté extérieure. Ce sont, ou bien des portions détachées d'un empire, qui ont cessé d'en faire partie intégrante et ont conquis une demi-souveraineté, comme est aujourd'hui l'Égypte, comme était autrefois la Roumanie ; ou bien des membres de confédérations, qui, ayant auparavant leur entière autonomie et souveraineté, ont abdiqué entre les mains d'un pouvoir central partie de cette souveraineté, notamment en ce qui est du domaine du droit international ; tels sont les États de la Confédération Suisse et de la Confédération des États-Unis, ou encore des États vivant sous le protectorat d'un autre, comme autrefois les îles Ioniennes sous le protectorat anglais, comme aujourd'hui les îles Marquises sous le nôtre.

Le degré de souveraineté extérieure dont jouissent ces États dépendants ou mi-dépendants, la nature des relations qu'ils sont autorisés à entretenir avec les autres puissances, est déterminé par leur Constitution intérieure. Cette Constitution, les autres puissances sont intéressées à la connaître, afin de ne pas conclure et peut-être exécuter un traité dont l'autre partie contractante ne pourrait remplir les obligations.

PLAN DU PRÉSENT TRAVAIL

§ 3. — Lorsque deux états dépendants, c'est-à-dire jouissant de la plénitude de la souveraineté extérieure, doivent conclure un traité, ils ont leurs représentants attitrés, ou ils choisissent des envoyés spéciaux ; dans les deux cas on leur donne des « pleins pouvoirs » qui, après échange et ratification, sont le titre réciproque des mandataires.

Mais avant d'en arriver à cette période, il a fallu que dans chaque État une autorité donnât et pût donner les ordres nécessaires pour engager les négociations.

C'est ici que nous touchons au sujet lui-même. Il s'agit de passer un traité entre deux puissances indépendantes.

1° Qui peut conclure ce traité ?

2° Qui peut le ratifier ?

3° Quelle est désormais sa force obligatoire ?

Tels sont les divers points de cette étude.

—

PREMIÈRE PARTIE

LA THÉORIE

CHAPITRE Ier

DE LA NÉGOCIATION DES TRAITÉS

LES DIVERS POUVOIRS CONSTITUÉS D'UN ÉTAT DOIVENT CONCOURIR
A LA CONCLUSION DES TRAITÉS

§ 1. — Un traité, je l'ai dit plus haut, est une loi internationale, destinée à régir les rapports de deux peuples
sur un point déterminé. Chacun d'eux désire veiller particulièrement à la bonne confection de ce traité, qui
touche à de graves intérêts. Une fois signé, chacun d'eux
voudra veiller à sa stricte exécution. Le pays a ses délégués, ses mandataires; les uns qui font les lois, les autres
qui les font exécuter. Il est donc naturel qu'il confie à ces
mêmes délégués le soin de la confection et, plus tard, de
l'exécution du traité. Plus clairement, le pouvoir législatif et le pouvoir exécutif semblent appelés à jouer leur
rôle dans la conclusion d'un traité.

OBJECTIONS : CARACTÈRE INTERNATIONAL, APTITUDES, FACILITÉS
DANS LE CHEF DU POUVOIR EXÉCUTIF.
DISCUSSION DES OBJECTIONS

§ 2. — Il est vrai qu'il s'agit ici de relations internationales, et que le chef du pouvoir exécutif, du jour où son
élévation a été notifiée, est le représentant du pays dans
ses rapports avec les puissances étrangères. Il est vrai

encore qu'il nomme les ambassadeurs et se trouve, pour
ainsi dire, appelé à engager les négociations diplomatiques. S'il s'agit d'un prince absolu, rien de plus juste ;
mais la Constitution américaine, par exemple, établit que
le Président nommera les ambassadeurs de l'avis et du
consentement du Sénat, et que les traités passés par lui
doivent être approuvés au moins des deux tiers des sénateurs présents. Et si l'on envisage la condition d'un roi
gouvernant avec le régime parlementaire, il n'est que
chef du pouvoir exécutif, dénué de l'autorité législative.
Or, la nation a clairement manifesté sa volonté le jour où
elle a accepté ou réclamé le gouvernement parlementaire.
Elle a entendu que rien d'essentiel ne serait fait sans
elle, agissant par ses mandataires. « Il serait donc conforme aux vrais principes que le droit de négocier les
traités publics fût attribué à la nation elle-même, spécialement représentée par ses députés. Les traités, en effet,
supposant en général des sacrifices réciproques, le pouvoir de les conclure implique donc celui d'aliéner les
droits du peuple ou de lui imposer des obligations. Il
résulte de là que le pouvoir législatif devrait être seul
compétent pour émettre la volonté qui créera ou opérera
le dessaisissement du droit (1). »

« Il serait donc conforme aux vrais principes que le
droit de négocier les traités publics fût attribué à la
nation.

« Il serait étrange que l'Exécutif, incapable d'imposer
à un citoyen une obligation quelconque, sans y être autorisé par la loi, puisse, de sa seule autorité, lier et
dépouiller la nation (2). »

---

(1) Note de Pradier Fodéré, sous Pasquale Fiore.
(2) Berriat-Saint-Prix. *Théorie du droit constitutionnel français.*

On objecte, pour laisser au pouvoir exécutif sa liberté d'action, que les négociations diplomatiques ont besoin de mystère. Ceci a pu être vrai. Il y a eu des époques, en effet, où les négociations prudemment conduites, à l'insu de tous, ont amené d'excellents résultats. Mais aujourd'hui les conditions sont tout autres. On peut affirmer, presque à coup sûr, que peu de négociations ont besoin d'être secrètes : que, même en pratique, le secret n'est plus possible, et qu'après tout, depuis vingt ans, la franchise apparente et la proclamation presque insolente de leurs projets ont été la seule diplomatie des heureux et des puissants.

On ajoute que ces négociations exigent parfois une grande rapidité ; qu'il faut à l'improviste, sur dépêche, prendre une décision soudaine, et toujours importante ; qu'une assemblée, composée de membres nombreux, d'avis opposé et d'éloquence verbeuse, n'aurait point la promptitude de décision désirable. Cet argument est plus spécieux. Cependant, si la décision est si importante, il est bien difficile, j'ajouterai même bien dangereux de la prendre aussi vite. Et l'histoire prouve que malheureusement les assemblées et les gouvernements se sont souvent trop vite engagés dans des entreprises fâcheuses.

Un autre argument plus considérable est que les assemblées délibérantes sont mobiles, passionnables, souvent renouvelées, et ne savent pas, dans une longue série d'affaires, garder cette unité de plan indispensable à un sage gouvernement. Mais, ici encore, l'argument tombe à faux. S'il y a des chambres, c'est qu'on vit sous le régime parlementaire. Et ce régime implique que le ministère, c'est-à-dire au fond le véritable pouvoir exécutif, est issu de la majorité des assemblées, dont, en réalité, la volonté prévaudra toujours.

Herbert Spencer (*Science Sociale*) redoute en outre les emportements du patriotisme, très irritables chez une grande agglomération. « Que notre pays ait tort ou raison : voilà, dit-il, un sentiment fréquent de l'autre côté de l'Atlantique et à la Chambre des communes. » La modération et la justice auraient trop à en souffrir. Non que, par exemple, M. de Bismarck se soit montré pour nous très juste et très modéré. Mais encore, inaccessible à la pitié, il a réduit singulièrement les revendications des principicules, et s'est gardé des exagérations du *chauvinisme* germanique.

A cet argument physiologique, M. Marc Dufraisse en ajoute un autre (1), sous une forme un peu obscure. Il craint, et les événements sont là pour expliquer et justifier ses appréhensions, il craint que le Pouvoir législatif ne devienne, par violence ou séduction, un instrument entre les mains de l'Exécutif, et qu'on en profite pour prendre telle mesure radicale, pour amener tel changement fondamental, qu'on n'eut pas osé réclamer par une loi d'ordre intérieur.

Ce sont là des craintes un peu chimériques. D'ailleurs, confier le pouvoir à l'Exécutif est un moyen naïf pour l'empêcher d'en dépouiller le Législatif.

— Tous ces arguments peuvent être réfutés l'un après l'autre, surtout en théorie. Cependant, il faut avouer qu'ils font corps ; qu'en réalité, les négociations de traités peuvent avoir un jour besoin de mystère, de rapidité, et que la modération, la sérénité, la persévérance ne sont pas le fait d'une assemblée délibérante.

Mais le véritable argument à invoquer pour confier à l'Exécutif le soin de négocier les traités, c'est que ce

(1) *Droit de paix et guerre.* Paris, 1867, p. 107.

pouvoir est là, toujours existant, indépendant des crises parlementaires, toujours prêt à remplir son rôle de porte-parole à l'étranger, appuyé sur des ministres souvent expérimentés, qui paient leurs erreurs de leur responsabilité parlementaire et judiciaire. Enfin, ces conseillers, ces ministres issus des assemblées politiques, s'inspirent de l'esprit même de ces assemblées et par suite de la nation qu'elles représentent.

Nous aurons d'ailleurs à voir ultérieurement quelle est la force obligatoire d'un traité passé par l'Exécutif.

CE POUVOIR EXÉCUTIF DOIT EXISTER EN DROIT CONSTITUTIONNEL ET EN DROIT INTERNATIONAL

§ 3. — C'est donc le pouvoir exécutif que l'on charge d'entamer, de suivre et de terminer les négociations de traités avec les puissances étrangères.

Encore, pour cela, faut-il qu'il soit, qu'il puisse être en relation avec ces puissances ; il faut que sa qualité, son existence leur ait été notifiée. Le Président de la République des Etats-Unis meurt, le vice-président exerce de droit les fonctions de président ; il n'y a pas lieu de le notifier aux puissances. Le Président, au contraire, arrive au terme de son mandat ; un autre Président, élu d'avance, arrive au pouvoir ; on notifie son avènement. Les puissances le reconnaissent immédiatement, et il n'y a pas d'interruption dans les relations internationales.

Mais il se peut que la transition soit irrégulière : l'insurrection, par exemple, ou simplement la chute d'un gouvernement, peut faire passer l'autorité en des mains nouvelles, à des personnes soit inconnues, soit antipathiques aux puissances étrangères. Elles peuvent alors refuser de reconnaître cette autorité nouvelle et d'entretenir avec elle des rapports diplomatiques. Cela dépend uniquement de leur bon plaisir. La Russie a longtemps refusé de reconnaître le gouvernement de l'Empereur Napoléon III. Et plus tard, après l'avoir reconnu, le czar Nicolas signait ses lettres autographes : « De votre majesté le bon ami, » quand l'empereur Napoléon III écrivait : « De votre majesté le bon frère. » La République des Etats-Unis de l'Amérique du Nord a reconnu la République française en 1870, dès le 6 septembre. « Le 5 septembre, lord Lyons reçut de l'Angleterre l'ordre de rester à son poste aussi longtemps qu'un membre du corps diplomatique pourrait le faire ; » et il était autorisé « à communiquer avec tout gouvernement de fait qui détiendrait le pouvoir, sans toutefois reconnaître ce gouvernement d'une façon formelle (1). »

Ceci indique bien les nuances qu'on peut apporter dans les relations diplomatiques et la reconnaissance des nouveaux gouvernements.

LE MOMENT DE LA RECONNAISSANCE D'UN NOUVEAU GOUVERNEMENT EST DÉTERMINÉ PAR LA LÉGITIMITÉ ET L'ÉTENDUE DE SON POUVOIR

§ 4. — Cependant, sauf de rares exceptions, ce n'est pas le caprice qui détermine le moment où il convient de reconnaître un nouveau gouvernement. Le principe de non intervention, proclamé en 1823 par l'Angleterre, sous le ministère de Georges Canning, et passé dans la pratique générale des deux mondes, interdit à une nation de s'immiscer dans les affaires politiques d'une autre.

Lorsque la Constitution d'un pays est modifiée, lorsque le gouvernement tombe ou est renversé, qu'un autre gouvernement prend sa place, la règle est que les

---

(1) A. Sorel. *Histoire diplomatique de la guerre franco-allemande*. Paris, 1875. I, 29.

autres puissances le reconnaissent dès qu'il présente suffisamment de garanties de stabilité. Ce nouveau gouvernement insurrectionnel est l'adversaire de celui qu'ils
avaient antérieurement reconnu. Tant qu'il garde son
caractère insurrectionnel, tant que le gouvernement
tombé a des chances de se relever, les puissances s'abs-
tiennent. Mais dès que le gouvernement nouveau a
étendu son autorité sur le pays, que l'ancien, par la soumission ou la fuite, a acquiescé au nouvel ordre de
choses, alors les puissances étrangères sortent de leur
abstention, et reconnaissent l'autorité nouvelle. C'est la
pratique générale.

OPINION « PRATIQUE » CONTRAIRE DE M. BLUNTSCHLI

§ 5. — Cependant, M. Bluntschli approuve hautement
la circulaire suivante de M. de Bismarck, en date du 16
janvier, adressée à M. Jules Favre :

« Monsieur le Ministre,

« En répondant aux deux obligeantes missives du 13
courant, je demande à Votre Excellence la permission de
faire disparaître un malentendu. Votre Excellence suppose que sur la demande du gouvernement britannique,
un sauf-conduit est prêt chez moi pour vous permettre de
prendre part à la conférence de Londres. Cette supposition est inexacte. Je n'aurais pu entrer dans une négociation officielle qui aurait eu pour base la *présomption
que le gouvernement de la Défense nationale fût, selon le
droit des gens, en état d'agir au nom de la France, tant
qu'il ne serait point reconnu au moins par la nation française.*

Suit une dépêche assez longue, pleine d'une ironie hautaine et cruelle. Mais peu importe.

Ce qu'il convient d'établir, c'est ceci; le prince de

Bismark, et après lui M. de Bluntschli esaient de couvrir de l'autorité du droit des gens ce qui n'est qu'une habileté politique.

La Prusse (depuis le 1er janvier il fallait dire l'Empire d'Allemagne) était en guerre avec la France. Les relations diplomatiques étaient donc rompues. L'empereur Napoléon III, dont la déchéance avait été acceptée par la France entière, était prisonnier à Wilhemshohe ; l'ex-impératrice était à Chiselhurst. Le prince de Bismark écrivait, le 13 septembre, à M. de Bernstorff, ambassadeur du roi de Prusse à Londres : « J'ai dit récemment et par prévision que vous pouviez accueillir toute espèce d'ouvertures de la part de la reine d'Angleterre, mais que vous ne pouvez attacher à de semblables ouvertures, venant du gouvernement actuellement existant à Paris, l'importance qu'aurait une ouverture faite par le gouvernement de la France : le gouvernement n'a pas été reconnu par la nation et *l'empereur Napoléon est encore pour les puissances étrangères le seul dépositaire de la souveraineté.* »

Mais ceci n'était pas une conviction très forte chez le prince de Bismarck. Ce qui le guidait, on va le voir : « Je demande par contre question : quelle garantie le gouvernement actuel ou *tout autre qui lui succèdera* dans Paris donnera-t-il que les conventions conclues avec lui seraient reconnues par la France ou même immédiatement par les troupes de Strasbourg et de Metz ? (1). »

M. Jules Favre, instruit de cette dépêche, a beau répondre (ce que M. de Bismark savait à merveille) « que le gouvernement de la Défense Nationale offre la même sécurité qu'un gouvernement régulier, puisque le ministre de la guerre est obéi dans tous les ordres qu'il donne.

(1) Sorel I, op. cit. p. 349, 1.

Tout ce qui serait réglé à cet égard par un armistice serait donc ponctuellement exécuté sans aucun retard ; » M. de Bismark s'inquiète; il redoute la ténacité de ce gouvernement. Le 15 septembre il écrit à lord Lyons : « Confidentiellement, j'ai l'honneur de faire connaître à Votre Excellence que nous serons toujours prêts à entrer en négociations pour la *paix et non pour un armistice.* » M. Mallet, qui apportait de Meaux ce billet à lord Lyons, resté à Paris, citait comme textuelles ces paroles de M. de Bismark « Si le gouvernement français désire traiter, qu'il envoie quelqu'un pour le faire, nous traiterons avec quiconque il enverra. » Seulement M. de Bismark se tourne ailleurs, espérant trouver plus de facilité en ceux à qui la paix rendrait un trône.

Mais l'empereur écartait toute négociation qui entraînerait une cession de territoire. Il ne voyait que deux moyens de terminer la lutte : « la ruine complète d'un des deux adversaires ou leur étroite et loyale réconciliation », et il approuvait M. J. Favre. L'impératrice, de son côté, écrivait, le 13 septembre, à l'empereur de Russie : « Si j'ai bien compris les rapports adressés par notre ambassadeur, Votre Majesté écartait l'idée du démembrement de la France. Le sort nous a été contraire. Un autre gouvernement a entrepris la tâche que nous regardions comme notre devoir de remplir. Je viens supplier Votre Majesté d'user de son influence afin qu'une paix honorable puisse se conclure quand le moment en sera venu. Que la France, *quel que soit son gouvernement,* trouve chez Votre Majesté les mêmes sentiments qu'elle nous avait témoignés dans ces dures épreuves. »

L'empire refusait la paix aux conditions qu'avait déjà repoussées la République.

Le comte de Chambord, que l'on fit sonder, rejeta bien

loin toute idée d'une restauration par les armes étrangères.

Alors M. de Bismark n'eut plus aucun scrupule du droit des gens. Il se retourna vers le gouvernement de la défense nationale. « Avant tout il tenait à établir devant l'Europe que si l'entrevue de Ferrières n'avait pas abouti, c'était la faute de M. Jules Favre. » Ce fut l'objet d'une circulaire du 18 septembre. Et, d'autre part, à la date du 6 octobre, il adressait à l'agence Reuter à Londres le télégramme suivant :

« Je ne suis pas d'avis que les institutions républicaines de la France constituent un danger pour l'Allemagne, et, contrairement à ce qui est affirmé le 17 dans le *Daily Télégraph*, je n'ai jamais exprimé cette opinion à M. Mallet ni à une autre personne (1).

Il ne prétendait plus que la République française n'était qu'un gouvernement *de facto*, que le gouvernement de droit était celui de l'empereur prisonnier à Wilhemshohe. C'était contraire à toute doctrine (2) et il n'avait plus d'intérêt à en établir une nouvelle.

Et si, à la date du 16 janvier 1871, il adressait à

---

(1) Sorel, passim.

(2) M. Bluntschli enseigne lui-même que l'autorité gouvernementale ne réside pas essentiellement en la personne du chef du Pouvoir exécutif, comme tel, et que ce chef, venant à prendre ou à quitter ses fonctions, n'emporte avec lui, dans sa retraite, ni le titre honorifique, ni le pouvoir attaché à son ancienne situation. Le roi Charles II, à la cour de Louis XIV, et Jacques II à Saint-Germain, pouvaient prendre le titre de rois d'Angleterre. Mais Charles X et Louis-Philippe n'ont pas pris en exil celui de rois de France et n'en ont eu ni les honneurs ni la puissance. Tout traité qu'ils auraient signé comme tels eut été nul et n'aurait pu être classé, en bonne doctrine, parmi les instruments du droit international ; ceci de l'aveu même de M. Bluntschli.

M. Jules Favre cette note qu'admirait feu M. Bluntschli,
c'est qu'encouragé par les puissances, qui avaient en
secret conseillé de tenir jusqu'en octobre, et, plus tard,
de reculer jusqu'à Bayonne, s'il le fallait, le gouvernement, tant en province qu'à Paris, et la population partout, avaient montré une énergie, une obstination qui
irritaient, peut-être même inquiétaient le vainqueur et
motivaient cette dépêche hautaine et inconvenante. Voilà
pourquoi on contestait au gouvernement sa qualité pour
lui faire craindre des négociations avec d'autres. Mais il
ne convient pas de parler de doctrine conforme au droit
des gens. Le gouvernement prussien avait reconnu
l'existence du gouvernement de la République ; il avait
déjà négocié avec lui à maintes reprises. Plusieurs gouvernements d'Europe et d'Amérique l'avaient reconnu.
La République existait de fait ; elle représentait le com-
mandement militaire, et elle était obéie. Et il ne lui avait
manqué qu'un peu plus de souplesse et de déférence
pour s'attirer les égards du vainqueur et modifier la
doctrine de M. Bluntschli (1).

---

(1) Je trouve dans un ouvrage tout récent (Teoria dei Trattati
Internazionali, di Ferdinando Laghi, 2 vol. in-8°, Parma, 1882),
un passage à l'appui de mon opinion. J'en détache les extraits
suivants :

« La capacité de conclure des traités appartient au gouvernement de fait, quand même il serait arrivé au pouvoir par des
voies illégales, et devrait être considéré comme usurpateur...
En déniant à un tel gouvernement la qualité de représentant
interne de son pays, on arriverait à juger des affaires intérieures
des Etats, on exercerait une intervention illégitime (I, § 77). »

« L'application de ces principes a été faite récemment encore
pendant la guerre franco-allemande. Le roi de Prusse prétendait, en principe, ne pas reconnaître le gouvernement de la Défense
nationale, subitement organisé à Paris, depuis la capitulation de

CHAPITRE II

DE LA RATIFICATION DES TRAITES

§ 1. — Les plénipotentiaires, désignés par chaque puissance, se sont réunis. Ils étaient munis de pouvoirs. Ces pouvoirs que l'on appelle *pleins pouvoirs*, mais qui, naturellement, sont toujours limités à l'objet même des négociations, ont été échangés, vérifiés et reconnus. A partir de ce moment, les négociations ont été entamées, poursuivies et, enfin, terminées. Dans la limite de ses pouvoirs, chaque plénipotentiaire a pu agir au mieux des

---

Sedan, et entendait traiter de la paix avec Napoléon III ou avec l'impératrice régente... Le professeur Esperson publia, à cette occasion, un savant opuscule dans lequel il établit, par des arguments de droit et l'autorité des plus célèbres écrivains, combien cette prétention était erronée. Napoléon était prisonnier, l'impératrice régente s'était enfuie de France... Selon les principes et les usages en vigueur, il était impossible de dénier à ce gouvernement la qualité de gouvernement de fait et de belligérant, quand même on se réserverait de le juger illégitime, pour n'être pas issu d'une Assemblée constituante. Et il était absurde d'entamer des négociations avec l'empereur prisonnier, et avec l'impératrice, partie volontairement en exil, sans pousser un seul cri de protestation contre le nouvel ordre de choses, *tous deux dans l'impossibilité d'exécuter aucun engagement.* — La Prusse, en fait, finit par reconnaître le gouvernement de la République et traiter avec lui. » (I, § 78).

Mais je ne puis admettre, avec M. Ferdinando Laghi (§ 83) que « le seul fait d'avoir conclu un traité avec un gouvernement de fait, n'implique pas la reconnaissance officielle de ce gouvernement. » Les autorités qu'il cite, Bluntschli et autres, ne disent rien de tel.

intérêts de sa nation ; s'ils étaient trop étroits, il a pu en demander l'extension ; obscurcis ou mal définis, l'explication ou la délimitation.

La rapidité des moyens de communication par voie ferrée ou télégraphique, leur a permis de tenir, jour par jour, leurs supérieurs directs au courant des choses, de recevoir leurs impressions, leurs conseils et leurs ordres. En un mot, ils étaient à même de faire une besogne complète et définitive.

Cependant, le traité une fois signé et conclu par eux, est-il bien un traité définitif ? Est-ce une œuvre achevée, à laquelle il ne manque rien et dont on peut poursuivre l'exécution ?

La question ne laisse pas d'être embarrassante.

Tous les traités conclus et signés des plénipotentiaires renferment une mention spéciale, aux termes de laquelle le traité ne sera mis à exécution qu'après l'échange des ratifications.

Que faut-il entendre par là ?

SENS DU MOT RATIFICATION

§ 2. — Le mot ratification a deux sens, dont la distinction n'est, d'ailleurs, pas très importante. Dans un premier sens (1), il signifie la confirmation authentique de ce qui a été fait et promis. C'est ainsi que Bossuet l'entend dans la phrase suivante : « Qu'au reste, quoiqu'on eût donné plein pouvoir à quatre ministres, je savais que tels actes sont sujets à ratification. » Et Littré ajoute ce second exemple : « Signer la ratification d'un traité. »

En droit civil, le mot ratification a cette acception dans les articles 1338 et 1340. Il est alors synonyme du mot

_____

(1) Littré, Vᵒ ratification.

confirmation. Mais son acception véritable et originale, qui rentre dans la définition large de Littré, est donnée dans l'article 1998, où elle apparaît comme « l'acte par lequel une personne approuve ce qu'une autre personne a fait en son nom, sans en avoir reçu mandat. »

Dans un second sens, il signifie l'écrit, l'instrument qui contient la ratification. « La capitulation a été signée par M. de Louvois et M. de Monclar pour Sa Majesté ; elle en doit envoyer d'ici la ratification. »

Ces deux sens ne sont pas, on le comprend, très différents, puisque, dans le second, on ne voit que la preuve écrite du premier (1). Désormais, je ne distinguerai plus.

CARACTÈRE ET USAGE DE LA RATIFICATION

§ 2 *bis.* — Ainsi, la ratification est une sorte de complément que l'on donne au traité. Et c'est un usage constant parmi les plénipotentiaires, de réserver l'échange des ratifications ; en d'autres termes, de réserver à l'autorité qui les a nommés la possibilité de contrôler leurs propres agissements et de les confirmer ou de les répudier.

Un des rares traités qui aient fait exception à la règle, au moins quant à la forme, est celui du 15 juillet 1840, conclu à Londres entre l'Angleterre, l'Autriche, la Prusse, la Turquie et la Russie. L'exception s'explique par les circonstances qui ont motivé la signature de ce traité. La France avait, à cette époque, soutenu de ses conseils, de

---

(1) Si l'on sort du domaine du droit des gens, on ne retouve plus chez les auteurs la même précision, bien mieux, la même exactitude de langage. C'est ainsi que l'auteur d'un ouvrage tout récent, M. Demonbynes (Constitutions européennes, 2 vol. in-8°, Paris 1881, t. I. p. 11), donne un sens détourné au mot ratification dans la phrase suivante : « Les traités de commerce qui modifient des traités de douane, ceux qui modifient le terri-

son influence et de son autorité les prétentions de Mehemet-Ali sur l'Égypte et la Syrie. Les grandes puissances européennes, alarmées des progrès de ce vassal de la Porte, et plus encore de l'attitude toute nouvelle de la France en cette occasion, s'étaient immédiatement et secrètement liguées contre elle. Notre ambassadeur à Londres, lui-même, n'avait pas eu connaissance de cette entente. Il s'agissait de mettre soudainement sur pied une force militaire et navale capable d'intimider la France, que l'on déclarait exclue du concert européen, de pacifier l'Orient et, au besoin, de faire exécuter par la force les décisions communes des alliés. Il fallait donc faire vite, pour que la France ne pût organiser la résistance. Pour cela, on avait déclaré, vu l'urgence, que les mesures préliminaires, mentionnées dans l'article 2, seraient mises tout de suite à exécution et sans attendre l'échange des ratifications. Mais c'était le résultat d'une politique commune aux alliés, où l'accord était complet et certain. Et on peut dire que la ratification n'avait pas fait défaut, mais qu'elle avait précédé.

VALEUR DES RATIFICATIONS

§ 3. — Tout ceci nous indique suffisamment ce qu'est, dans la forme, la ratification. C'est une confirmation des engagements pris par les plénipotentiaires. L'autorité

---

toire du royaume, etc., ne peuvent recevoir d'exécution qu'après *ratification* par un vote du Parlement anglais. » Or, je démontrerai plus loin qu'en pareille matière, une pratique constante a autorisé, je dirai même contraint la couronne à réclamer du Parlement son *concours* financier ou législatif. C'est ce que les Allemands, dans une langue très exacte, appellent, pour le distinguer de la ratification : Zustimmung, Genehmigung, adhésion, approbation.

qui est investie de ce droit, aux termes de la Constitution de chaque pays, indique par là que le pays accepte et entend tenir ces engagements.

Mais, au fond, qu'est-ce donc ? Est-ce une pure formalité, comme est, aux termes de notre Constitution, la promulgation que fait, sans pouvoir s'y refuser, le Président de la République, d'une loi votée par la Chambre des députés et le Sénat? Est-ce une attestation au corps social de l'existence, de la validité de ce traité? ou est-ce davantage? Faut-il y voir un surcroît de garantie, un complément de validité, ou même une condition d'existence du traité?

Il y a, là-dessus, des opinions très divergentes, soutenues par des auteurs considérables, et dont il est malaisé de distinguer celle qu'il convient d'adopter.

INCERTITUDE ET CAUSE DE L'INCERTITUDE EN NOTRE MATIÈRE

§ 4. — Cette variété de vues sur un point aussi essentiel ne doit pas étonner. Il ne faut pas oublier que les auteurs qui écrivent sur le droit des gens ne sont pas de simples commentateurs. Ils n'ont pas de textes nets et précis, comme un Code civil ou un Code criminel, dont les termes seuls, interprétés, d'ailleurs, par une jurisprudence considérable, demandent à être étudiés. Le droit des gens n'a point de textes de lois. Aucune loi ne régit le monde entier d'un commun accord. Il n'y a que des traités isolés, passés entre des peuples, à titre particulier; il n'y a que des Constitutions variant de rédaction et d'intention, et que chaque nation s'est données spécialement. De ces divers documents, il a fallu extraire des règles, des lois que l'on a déclarées, le plus souvent, générales, parce que la plupart des traités ou des Constitutions les avaient adoptées. Et l'un des écri-

vains les plus autorisés en notre matière, Gneist, soutenu
par Meïer, affirme que de nombreuses erreurs proviennent de l'étude incomplète des Traités et des Constitutions et de la généralisation trop fréquente de réglementations particulières. Cette observation trouve sa place
ici. Les plus illustres parmi les écrivains sur le droit des
gens ont traité cette question sous une forme ou sous une
autre. Les uns ont recherché si la ratification pouvait
être refusée ; les autres, si elle était une formalité ou une
condition d'existence des traités ; pour tous, l'intérêt était
le même, puisque ces questions sont, au fond, identiques. Mais leur étude portait plus spécialement sur
telle Constitution et tel traité. Et il n'en est que bien peu
qui aient donné leur avis d'une façon générale et l'aient
formulé en l'appuyant sur des raisonnements sûrs et,
pour ainsi dire, scientifiques.

DEUX SYSTÈMES DIFFÉRENTS SUR LA QUESTION

§ 5. — Les différents systèmes peuvent se ramener à
deux. Comme il y avait nécessité de suppléer à l'absence
de textes, au défaut de base sur laquelle échafauder un
raisonnement et bâtir un système, il a bien fallu chercher argument en des matières analogues. Et c'est le
résultat de cette recherche qui a amené les auteurs à des
points de vue différents. Il faut dire, d'ailleurs, que, au
moins sous ce rapport, ils sont bien nettement divisés en
deux catégories : les auteurs récents, d'un côté, et, de
l'autre, ceux qui sont d'une, de deux, de trois générations
plus anciens.

Ceux-ci, sous l'influence, sans doute, du temps, des
régimes politiques et des idées ambiantes où ils vivaient,
n'ont pu se défaire de certains préjugés au sens primitif
du mot, qui les ont guidés dans une mauvaise voie.

PREMIER SYSTÈME : L'AUTORITÉ COMPÉTENTE QUI A DONNÉ MANDAT
DE NÉGOCIER EST OBLIGÉE DANS LES LIMITES DE CE MANDAT,
INDÉPENDAMMENT DE TOUTE RATIFICATION POSTÉRIEURE QU'ELLE
NE PEUT D'AILLEURS REFUSER, SAUF LE CAS DE FORFAITURE DU
PLÉNIPOTENTIAIRE.

§ 6. — « Cette fausse idée que la Nation s'identifie
avec l'Etat et l'Etat avec la personne du souverain, a fait
accepter cette fausse maxime que le souverain peut disposer de la destinée de ses peuples, comme s'il en était
le maître absolu, et, par conséquent, toutes les obligations stipulées par les souverains ont été déclarées obligatoires pour la Nation, sans discuter sur leur valeur ni
sur leur légitimité (1). »

Ces quelques lignes, extraites de l'ouvrage remarquable
du professeur italien, indiquent très exactement le point
de départ de l'un de ces systèmes, le plus ancien, et
aujourd'hui le plus discrédité.

Que l'on considère en effet la monarchie absolue comme
le type unique de gouvernement, que l'on admette la
volonté du souverain, si peu sage et si peu réfléchie
qu'elle soit, comme la règle et la loi, et l'on arrive fatalement à regarder le sort de son peuple comme intimement
lié au sien. On a accordé au souverain la toute-puissance,
dans l'administration, dans la législation intérieure, on
la lui accordera dans les relations extérieures. Il sera
seul maître d'engager les négociations, de les rompre,
de les reprendre, de les continuer, de signer ou rejeter
les traités. Il n'aura de compte à rendre à qui que ce
soit. Il signe, et la nation est liée; il rompt, et la nation
est déliée. Que sert dès lors de parler de ratification ?
Ratifier, c'est confirmer. Et qu'aurait donc à confirmer
un monarque absolu ? N'a-t-il pas lui-même, et ici il faut

(1) Pasquale Fiore, op. cit. I; 446.

l'entendre au sens strict des mots, n'a-t-il pas lui-même et sans y être amené ou contraint par un ministre, issu d'une majorité parlementaire, organe autorisé de la nation, n'a-t-il pas nommé des plénipotentiaires munis d'instructions précises et définies, expressions exactes de de sa volonté? Ne leur a-t-il pas enjoint de négocier et de signer un traité sur tel point déterminé, à telles conditions minutieusement indiquées? Eh bien! de tels plénipotentiaires ont une qualité toute particulière qu'ils tiennent des circonstances mêmes où ils ont été nommés. Ils sont ses mandataires, dans l'acception la plus exacte du mot. C'est un mandat formel, puisqu'il est donné par écrit authentique. C'est un mandat émané du souverain lui-même. On ne pourrait pas soutenir ici que le souverain n'est également qu'un mandataire de la nation, de laquelle les plénipotentiaires tiendraient alors leur mission en sous-ordre. Le monarque absolu a un pouvoir *antérieur*, c'est-à-dire indépendant de la volonté des hommes qui sont ses sujets ; supérieur à toute constitution qu'il aurait bien voulu concéder ; c'est un pouvoir émané de la divinité (1). Il n'est donc pas un délégué. Celui qu'il nomme ne relève que de lui ; il est son mandataire dans les conditions où le définissent les articles 1991, 1992, 1993 de notre code civil ; et il n'en doit rendre compte qu'à lui. S'il manque à ses obligations, s'il trahit la confiance de son maître, c'est un crime de lèse-majesté qu'il aura commis. Nos anciens auteurs ne connaissent que ce crime ; ils ignorent celui de lèse-nation.

Que résulte-t-il de tout ceci? C'est, puis qu'il y a là un mandat dans les termes du droit civil, qu'il convient d'appliquer les règles du droit civil. Le mandataire a

---

(1) Cf. le préambule de la charte de 1814.

exécuté les ordres du mandant, et le mandant (art. 1998) est tenu de respecter les engagements contractés par le mandataire, conformément au pouvoir qui lui a été donné. D'ailleurs « il n'est tenu de ce qui a pu être fait au-delà, qu'autant qu'il l'a ratifié expressément ou tacitement. » Ratifier, rappelons-le, c'est confirmer les promesses ou les actes du mandataire. La ratification, expresse ou tacite, consistera donc, soit dans l'échange des instruments de ratification, soit dans l'exécution des clauses mêmes de la convention.

Mais cette ratification est *inutile toutes les fois que le mandataire se sera tenu dans les limites* de ses pouvoirs. Le droit civil l'indique et le bon sens s'y rallie. La ratification n'a pas sa raison d'être, puisque le mandataire avait des pouvoirs précis, définis et incontestés. Il faut donc que l'on conteste soit l'authenticité, soit l'étendue des pouvoirs, pour qu'il soit question d'accorder ou de refuser la ratification.

— Que si au lieu du pouvoir d'un monarque absolu, on envisage la condition que fait au pouvoir exécutif l'existence d'une Constitution, si l'on considère la question actuelle dans ses rapports avec le régime parlementaire, il semble que les termes en soient changés, et que la solution doive être différente. C'est ce que j'espère démontrer plus loin. Et c'est pour avoir englobé tous les cas dans une solution unique, alors qu'il eût fallu les examiner successivement, que ce premier système a si facilement donné prise contre lui.

Les différents représentants de ce système ont eu le tort de ne pas établir ces distinctions, sans quoi, leurs solutions, justes parfois, eussent pu se soutenir, et, au lieu de servir simplement de transition à un nouveau système, en être la base et le fondement.

Passons-les successivement en revue :

Grotius (1) prétend que le monarque est lié par la signature du traité et tenu de ratifier, toutes les fois que son représentant a négocié selon les termes de ses pleins pouvoirs et alors même qu'il aurait outrepassé ses ordres secrets.

Puffendorf soutient la même doctrine.

Vattel (2), le plus modéré de tous, et dont la pratique doctrine est comme une transition entre le premier et le deuxième système, s'exprime ainsi :

« Les souverains, dit-il, traitent ensemble, par le ministère de leurs procureurs ou mandataires, revêtus de pouvoirs suffisants, que l'on appelle communément plénipotentiaires. On peut appliquer ici toutes les règles du droit naturel sur les choses qui se font par commission. Les droits du mandataire se définissent par le mandement qui lui est donné. Il ne doit point s'en écarter ; mais tout ce qu'il promet dans les termes de sa commission et suivant l'étendue de ses pouvoirs *lie son constituant.*

« *Aujourd'hui,* pour éviter tout danger et toute difficulté, les princes se réservent de ratifier ce qui a été conclu en leur nom par leurs ministres. Le plein pouvoir n'est autre chose qu'une procuration *cum libera.* Si cette procuration devait avoir son plein effet, on ne saurait être trop circonspect. Mais les princes ne pouvant être contraints autrement que par les armes à remplir leurs engagements, on s'est accoutumé à ne faire fond sur leurs traités, qu'autant qu'ils les ont agréés et ratifiés. Tout ce qu'a conclu le ministre, demeurant sans force

---

(1) *De jure pacis ac belli,* cité par Calvo, p. 715.
(2) *Le droit des gens ou le principe de la loi naturelle.* Nouvelle édition, par Pradier Fodéré, 3 vol. in-8°, 1863, II, 144.

jusqu'à la ratification du prince, il y a moins de danger à lui donner un plein pouvoir. Mais pour refuser avec honneur de ratifier ce qui a été conclu en vertu d'un plein pouvoir, il faut que le souverain en ait de fortes et solides raisons, et qu'il fasse voir, en particulier, que son ministre s'est écarté de ses instructions. »

Martens va plus loin (1) : « Ce que promet un mandataire en restant dans les bornes du pouvoir qui lui a été donné, et sur la foi duquel la nation étrangère est entrée en négociations avec lui est obligatoire pour l'État qui l'a autorisé, quand même il se serait écarté des règles de ses instructions secrètes. Le droit des gens universel *n'exige pas à cet égard une ratification particulière.*

« Cependant, vu l'obligation de donner aux négociateurs de pleins pouvoirs fortement étendus, le droit des gens positif a introduit la nécessité d'une ratification particulière, pour ne pas exposer l'État à des préjudices irréparables que l'inadvertance ou la mauvaise foi du subalterne pourrait lui causer, de sorte qu'on ne compte plus sur les traités qu'en tant qu'ils ont été ratifiés. Mais le motif de cet usage, qui remonte jusqu'aux temps les plus reculés, indique assez que si l'une des parties offre dûment sa ratification, l'autre ne peut refuser la sienne (2)

---

(1) *Précis du droit des Gens moderne de l'Europe*, I, § 48, page 152.

(2) C'était prabablement l'opinion du premier consul, en août 1801, lorsqu'il reçut de Lucien, son frère, ambassadeur et négociateur près la cour de Madrid, le traité signé par le Prince de la Paix et par lui.

« Le Premier Consul reçut ces communications au moment même de la plus grande chaleur des négociations de Londres. L'irritation qu'il en ressentit est facile à deviner... Toutefois il espérait que le traité ne serait pas encore ratifié. Des courriers

qu'en tant que son mandataire s'est écarté de ses instructions, et par conséquent est punissable ; et qu'au moins
dans la règle, il ne dépend pas du libre arbitre d'une
nation de refuser sa ratification par de simples motifs de
convenance. »

Kluber (1) affirme que « les traités publics ne peuvent
être valablement conclus que par le représentant de
l'Etat envers l'étranger, (d'ordinaire le gouvernant),
soit immédiatement par lui, soit par l'entremise de
plénipotentiaires, ainsi que d'une manière conforme aux
lois constitutionnelles de l'État. Le traité passé par un
plénipotentiaire est valable si celui-ci n'a point agi hors
de ses pleins pouvoirs ostensibles, et une *ratification
postérieure n'est requise que dans le cas où elle aurait été
expressément réservée* dans les pleins pouvoirs, ou bien
stipulée dans le traité même comme cela se fait ordinairement dans toutes les conventions qui, telles que les
arrangements militaires, ne sont point nécessités par
l'exigence du moment. La ratification donnée par l'une
des parties contractantes n'oblige point l'autre à donner
également la sienne. »

Cet auteur, on le voit, corrobore bien de ses arguments
le système des auteurs précédents.

Les réserves qu'il établit à la fin se rapportent à l'usage
général de réserver l'échange des ratifications, usage
dont Vattel nous a donné l'explication. De plus, la dernière phrase de Kluber a donné lieu à de longues
controverses (2).

---

extraordinaires furent envoyés à Badajoz pour annoncer que la
France refusait sa ratification et pour prévenir celle de l'Espagne. » (Thiers, III, 162.)

(1) *Droit des gens modernes de l'Europe*, § 142, p. 181.

(2) V. Wheaton, *Éléments du droit international*, I, p. 237. 2ᵉ
édit., Leipzig.

Ce qui en ressort, c'est que le sens de cette phrase, après ce qu'il a précédemment enseigné, est au moins obscur, et l'opinion la plus admissible est que Kluber ne savait pas très-bien lui-même ce qu'il entendait par là.

Ces auteurs sont donc unanimes dans leurs dires. Récemment, un illustre homme d'Etat anglais, lord Palmerston, donnait à cette doctrine l'appui de son autorité.

Dans la séance du 11 avril 1864 (1), un député des communes, M. Horsmann, faisait remarquer, à propos d'une conférence prochaine sur les affaires de Dannemark, que les envoyés de l'Angleterre pouvaient être amenés à prendre certains engagements, lesquels, d'ailleurs, ne seraient valables qu'après ratification par la Couronne. Et il demandait si, la Couronne agissant sous la direction des ministres et ceux-ci sous le contrôle du Parlement, on donnerait au Parlement l'occasion d'examiner ces engagements. Lord Palmerston déclarait qu'on ne la lui donnerait pas, ajoutant que cela n'avait nulle utilité, puisque la ratification, même au cas de désapprobation du Parlement, ne saurait être refusée : « Mon honorable ami doit savoir que, d'après l'usage international, le seul motif pour lequel un souverain peut refuser de ratifier les engagements pris par un plénipotentiaire, dûment autorisé, agissant en vertu de ses instructions, est celui où ce plénipotentiaire se serait engagé contrairement à ses instructions ou même sans instructions. »

Ainsi, ce système est très clair ; il se résume en deux propositions dont l'une n'est que le corollaire de l'autre :

1° L'autorité compétente qui a donné mandat est obligée, dans les limites de ce mandat, par les actes du mandataire.

---

(1) Hansard's, vol. 184, année 1864.

2° La ratification du traité signé, ne peut, en théorie, être ni refusée ni accordée, *parce qu'elle n'a pas à être demandée*; en pratique, cette ratification ne peut être refusée que si le mandataire s'est écarté des termes du mandat, tel qu'on l'a communiqué à la partie co-contractante.

DEUXIÈME SYSTÈME : TOUT TRAITÉ, POUR ÊTRE VALABLE, DOIT ÊTRE RATIFIÉ. — CETTE RATIFICATION N'EST PAS OBLIGATOIRE. — ELLE PEUT ÊTRE REFUSÉE MÊME EN DEHORS DU CAS DE FORCE MAJEURE.

§ 7. — Le système précédent, qui s'appuie sur des arguments étrangers au droit des gens, a trouvé des contradicteurs.

Les uns s'en écartent légèrement et le prennent même comme point de départ pour arriver à des conclusions un peu différentes; les autres l'attaquent de front et en bouleversent tous les arguments.

Wheaton (1), après avoir passé en revue les arguments divers du système précédent : « La moindre réflexion suffira, dit-il, pour montrer combien est grande la différence qui existe entre le pouvoir donné par les souverains à leurs ministres, de négocier des traités relatifs à des intérêts nationaux vastes et compliqués, et celui donné par un individu à son agent ou mandataire de contracter avec un autre en son nom sur de simples affaires privées. Les actes des ministres publics conclus avec de pareils pouvoirs ont été considérés depuis des temps très reculés comme sujets à ratification. »

Il montre les divergences théoriques qui existent entre les défenseurs du précédent système, les uns ne dispensant de ratification que quand le plénipotentiaire s'est écarté de ses pouvoirs ostensibles (Martens), les autres (Bynkershoek) (2) ne dispensant le souverain que dans le

(1) Op. cit. I, pp. 230 s.
(2) Quæstiones juris publici.

cas *très rare* où les instructions étaient en entier contenues dans le plein pouvoir public. Finalement, il semble se rallier au système pratique de Vattel (V. suprà), mais il en étend singulièrement les exceptions.

« On peut énumérer plusieurs clauses et cas où l'on conçoit qu'un pareil refus (de ratification) soit justifié, même quand le ministre n'a pas outrepassé ou violé ses instructions. Dans le nombre, on peut mentionner les suivants :

1° On peut repousser les traités, même *subséquemment à la ratification*, en se fondant sur l'impossibilité physique ou morale d'en remplir les stipulations. L'impossibilité physique a lieu quand l'exécution de l'engagement entamerait injustement les droits des parties tierces. Dans ces deux cas, il s'en suit que si l'impossibilité de remplir le traité s'élève ou est découverte avant l'*échange des ratifications*, cet échange peut être refusé sur ce fondement ;

2° En se fondant sur l'erreur mutuelle des parties, relativement à un point de fait qui, s'il eût été connu dans ses véritables circonstances, eût empêché la conclusion du traité ; là aussi, si l'erreur est découverte avant la ratification, on peut s'en abstenir d'après ce fondement ;

3° Dans le cas d'un changement de circonstances dont doit dépendre la validité du traité, soit par une stipulation expresse (*clausula rebus sic stantibus*), soit par la nature même du traité. Un pareil changement de circonstances ferait rompre le traité même après ratification ; ainsi, s'il arrive avant la ratification, il apportera une raison forte et solide pour refuser cette sanction. »

Heffter (1) corrobore cette opinion :

---

(1) *Droit international public de l'Europe*, traduit par Bergson, 1 vol in-8°. Paris, 1857, f 88.

« Lorsqu'un traité a été conclu par plénipotentiaires, il est d'usage, dit-il, aujourd'hui entre les Etats souverains d'en regarder la ratification et l'échange *comme un complément nécessaire pour sa validité*, lors même que la ratification n'a pas été expressément réservée. Elle constate que le mandataire n'a pas dépassé les limites de son mandat, constatation à laquelle aucun juge ne peut suppléer. Elle ne peut, à la vérité, être refusée moralement si le traité conclu est conforme aux termes des pouvoirs présentés à la partie co-contractante. Mais lors même qu'il a été ratifié, l'usage n'autorise pas l'emploi de la force pour contraindre la partie qui refuse l'exécution du traité... La ratification est essentiellement nécessaire dans le cas où elle a été réservée. Mais il est constant qu'elle peut être suppléée par des actes équivalents, et notamment par l'exécution tacite. » C'est encore un peu le système pratique de Vattel, avec cette affirmation en plus que, même non réservée expressément, la question de la ratification doit forcément intervenir, qu'il y ait d'ailleurs refus ou octroi de cette ratification.

Calvo est plus affirmatif (1). Il attaque le système précédent corps à corps et en détruit tous les arguments.

« On n'a pas, dit-il, placé la question sur son véritable terrain. La mission que les souverains confient à des agents diplomatiques ou autres, pour négocier des arrangements internationaux, ne saurait tout d'abord s'assimiler à un contrat civil ordinaire, au mandat, par exemple, ni être régie par les mêmes lois.

« Un mandataire privé peut outrepasser ses pouvoirs, méconnaître les vues et les intentions de son mandant, sans compromettre en rien l'Etat ; il en est tout autrement

---

(1) *Le droit international*, 2 vol. in-8°. Paris, 1870, I, p. 716.

lorsque l'empiètement, l'écart de ses instructions est imputable à un ministre ou à tout autre agent officiel stipulant dans un intérêt public. A ce point de vue, la doctrine de Grotius et Puffendorf manque de base, puisqu'elle transporte une règle de droit civil, empruntée à la législation romaine, sur un terrain qui lui est étranger et où elle est moralemeut inapplicable.

« D'un autre côté, il faut bien reconnaître que, théoriquement, le pouvoir de ratifier les traités est attribué à la souveraineté, *non comme une obligation impérative,* mais comme un droit dont l'exercice est absolument libre entre ses mains, impliquant par conséquent la double faculté d'en user ou de n'en point faire usage.

« Enfin, on peut s'expliquer que sous l'empire de l'ancien droit monarchique et des gouvernements absolus, les publicistes du siècle dernier aient considéré les traités comme des pactes privés, liant les souverains par le fait même de la signature des plénipotentiaires, et dès lors ne pouvant que très exceptionnellement motiver un refus de ratification. De nos jours il n'en saurait être ainsi, soit parce que l'autorité suprême ne s'exerce que dans les limites prévues et fixées par la Constitution de chaque Etat et que le pouvoir législatif n'est plus un attribut exclusivement dévolu à la Couronne, soit parce que dans les temps modernes, le droit conventionnel embrasse des matières qui rentrent partout dans les attributions de la représentation nationale.

« En résumé, il est hors de doute pour nous que le droit de ne pas ratifier un traité est aussi incontestable que le droit de négocier et de conclure des conventions internationales et qu'il existe virtuellement, même quand il n'a pas été réservé en termes exprès et formels. Seulement, comme le refus de ratification implique le désaveu de la parole donnée, de la promesse faite par le négociateur, et comme un semblable désaveu peut avoir des conséquences très sérieuses pour les deux parties contractantes, les justes égards que les peuples se doivent entre eux veulent que l'exercice de ce droit se renferme dans les limites les plus étroites et soit toujours commandé par des *raisons d'ordre majeur*. Au nombre des causes qui légitiment un refus de ratification, nous citerons : l'impossibilité physique ou morale d'exécuter les conditions stipulées ; une erreur évidente relative à un fait essentiel ; un changement fortuit survenu au cours des négociations ou au moment de la conclusion du traité, et allant à l'encontre même du but que les plénipotentiaires étaient chargés de poursuivre ; l'absence de pleins pouvoirs ; l'insertion de clauses non prévues ou formellement défendues par les instructions données aux négociateurs ; l'oubli de stipulations essentielles posées comme condition *sine qua non* ; enfin, des engagements contraires à des lois spéciales ou au droit public interne de l'une ou de l'autre nation contractante.

« En dehors d'éventualités comme celles que nous venons d'énumérer et qui revêtent plus ou moins le caractère de force majeure, on peut établir que la ratification est moralement obligatoire, et doit suivre, dans le délai convenu, la signature du traité. »

C'est également l'opinion de Schmalz (1). « La ratification est toujours nécessaire, sauf s'il a été prévu pour la rapidité d'action qu'il n'y en aura pas. Ordinairement, la ratification ne manque jamais après la signature, parce qu'un plénipotentiaire se hasarde rarement à s'éloigner

_____

(1) *Droit des Gens européens*, traduit par le comte Léopold de Bohm. Paris, 1823.

beaucoup de ses instructions secrètes ; mais on ne doit pas pour cela conclure d'une manière absolue que le souverain soit obligé de ratifier, parce que si cette obligation existait, la ratification serait superflue. Dans plusieurs cas, les souverains ont prétendu avoir le droit de refuser la ratification, et ce n'est pas là un droit qu'on puisse absolument leur nier, sauf s'il y avait renonciation expresse précédemment faite à ce droit. »

Bluntschli (1) s'exprime ainsi : « Le refus *non motivé* de ratifier un traité peut, suivant les circonstances, être considéré comme contraire aux convenances, porter profondément atteinte au crédit d'un Etat, et changer en relations hostiles les rapports de bonne amitié qui existaient entre les contractants ; mais ce refus ne doit jamais être considéré comme une violation du droit, même lorsque la personne chargée des négociations a agi dans les limites de ses pouvoirs et a signé le traité, conformément aux instructions qu'elle avait reçues. »

Et il ajoute en note :

« Quelques publicistes anciens ont prétendu que la ratification ne pouvait pas être refusée, lorsque l'agent chargé de la conclusion de ce traité avait montré ses pouvoirs et n'avait pas dépassé ses instructions ; ils en appelaient au droit privé et procédaient par analogie. Mais en raison de l'énorme importance des traités internationaux et de l'obligation de donner aux envoyés une procuration générale, afin de leur laisser la liberté d'agir suivant les circonstances, la réserve de la ratification signifie évidemment le droit d'examiner encore une fois les dispositions du traité. »

---

(1) *Droit international codifié*, § 420.

Twiss (1) s'exprime ainsi : « Il peut arriver, après qu'un traité a été signé par le plénipotentiaire d'une nation, que de graves circonstances se produisent, dans lesquelles les dispositions du traité semblent devoir avoir un *effet préjudiciable aux intérêts* de la nation, ce que d'ailleurs on ignorait à l'époque de la signature. En de telles circonstances, le souverain pouvoir d'une nation est, de par l'usage, autorisé à refuser de ratifier le traité. »

— Cette dernière doctrine, de beaucoup la plus avancée, est bien d'accord avec la pratique. Car le plus violent adversaire du système précédent a été surtout la pratique. Bien longtemps avant que les auteurs eussent édifié des systèmes et soutenu des controverses sur ces questions, on avait déjà vu des traités signés que les souverains refusaient de ratifier. Ces refus de ratification étaient toujours motivés par l'intérêt de celui qui les faisait, et le plus souvent colorés du prétexte que les plénipotentiaires avaient outrepassé leurs pouvoirs. D'autres fois, on a refusé sans donner aucun motif.

« En 1478, l'archiduc Maximilien revendiquait, au nom de son épouse, Marie de Bourgogne, la totalité de la succession du duc de Bourgogne et menaçait de la recouvrer par les armes. Louis XI adressa alors à Edouard IV, roi d'Angleterre, Charles de Martigny, évêque d'Elne, muni de pleins pouvoirs pour prolonger la trève existante entre les deux Etats, avec la continuation de la pension de cinquante mille écus pendant toute la durée de cette trève.

« Le traité fut conclu à Londres le 13 février 1478; mais quand il fut question de la ratifier, Louis XI, qui

(1) *Law of nations, rights and duties in peace*, f 223, p. 375.

n'avait jamais eu d'autre pensée que d'amuser Edouard
et d'empêcher qu'il n'intervînt dans ses démêlés avec
Maximilien, fit naître mille difficultés ; puis, sur une am-
bassade pour obtenir une réponse catégorique, leva le
masque, et loin de satisfaire aux demandes d'Edouard, il
nomma, le 9 juillet 1480, une commission prise dans le
parlement de Paris, pour faire le procès à l'évêque
d'Elne, comme ayant excédé ses pouvoirs dans la conclusion du traité.

« L'évêque d'Elne comparut devant le parlement et
dit... « Qu'il avait effectivement outrepassé ses pouvoirs...
mais qu'il avait mieux aimé s'exposer à être désavoué que
de manquer de conclure une trêve dont la rupture pouvait
mettre l'Etat en danger. »

« Le Parlement, après avoir entendu la défense de
l'évêque d'Elne ne crut pas devoir prononcer ; et Louis XI,
sans s'expliquer davantage, se contenta de s'être mis en
droit de désavouer son ambassadeur quand il le jugerait
à propos ; mais il continua à payer à Edouard la pension
de cinquante mille écus (1). »

— « En septembre 1513, Louis de la Trémouille, battu
par les Suisses et assiégé dans Dijon, « connaissant la
valeur des Suisses, et manquant de forces pour leur résister, trouva plus expédient de conclure un traité de paix
avec les commissaires des Cantons » Ce traité portait en
substance :

Que le roi remettrait sans délai au pape tout ce qu'il
pourrait posséder comme lui ayant appartenu ;

Que le duché de Milan et les villes de Cremone et
d'Asti seraient évacués par le roi et remis entre les

(1) De Flassan, *histoire générale de la Diplomatie française*,
I, 239.

mains des Confédérés; que le roi paierait aux Confédérés quatre cent mille écus;

Que le roi paierait également au duc de Wurtemberg huit mille écus à la couronne, etc.

« Louis XII, quoique charmé de voir les Suisses s'éloigner de ses Etats, désavoua le traité de Dijon, déclarant dans un manifeste adressé aux puissances de l'Europe, qu'il n'avait donné aucun pouvoir à la Trémouille pour traiter avec les Suisses. Il feignit même de témoigner un grand mécontentement à ce seigneur, qui lui écrivit, en date du 28 septembre 1513 :

« Sire, plaise à vous savoir que j'ai vu les lettres qu'il vous a plu m'écrire, par lesquelles je vois que vous trouvez le traité que j'ai conclu avec Messieurs des Ligues merveilleusement étrange; par ma foi, Sire, aussi est-il; mais par la mauvaise position qui était par deçà, et pour conserver votre pays j'ai été contraint de le faire, etc. » La nécessité était l'excuse de la Trémouille (1). »

— Le 6 juillet 1560, il fut signé entre François II et Marie d'Ecosse, son épouse, d'une part, et la reine Elisabeth d'Angleterre d'autre part, un traité d'accommodement portant entre autres articles :

« Que les troupes françaises sortiraient d'Ecosse sous vingt jours et se retireraient en France sur des vaisseaux que la reine d'Angleterre leur prêterait.

Que le roi et la reine de France et d'Ecosse accorderaient amnistie aux Confédérés pour tout ce qui s'était fait depuis le 10 mars 1559, jusqu'au premier août 1560;

Qu'à l'avenir le roi et la reine de France et d'Ecosse s'abstiendraient de prendre le titre la qualité de roi et de

---

(1) De Flassan, op. cit., I, 299.

reine d'Angleterre et d'Irlande, et de porter les armes de ces deux royaumes, etc.

Le traité fut exécuté dans ce qui regardait l'Ecosse; mais pour ce qui concernait l'Angleterre, le roi et la reine de France refusèrent de le ratifier, espérant toujours d'arracher la couronne à Elisabeth (1). »

— Je pourrais multiplier ces exemples.

Mais le traité le plus récent et le plus remarquable à cause des circonstances où il se produisit et de la netteté des conclusions qu'on en peut dégager, est celui du 20 décembre 1841.

Le gouvernement du roi Louis-Philippe, de concert avec celui de la reine Victoria, avait pris, auprès de l'Autriche, de la Prusse et de la Russie, l'initiative de mesures destinées à continuer l'œuvre du congrès de Vienne et des traités de 1831 et 1833, quant à l'abolition de l'esclavage. Des négociations avaient été ouvertes et suivies à ce sujet. Le traité signé avait reçu l'assentiment des trois puissances invitées à y prendre part; l'Angleterre avait elle-même échangé les ratifications. On n'attendait plus que celles de la France. Et le 8 février, interpellé par Lord Palmerston, sir Robert Peel répondait que « l'époque fixée pour l'échange des ratifications ne doit expirer que le 20 de ce mois, et qu'il ne serait pas étonnant que l'échange n'eût pas encore eu lieu. » Mais cette convention du 20 décembre 1841 avait éveillé dans l'opinion publique en France de vives susceptibilités. Des députés s'en étaient fait les interprètes très pressants. Lors de la discussion de l'adresse dans les séances des 22 et 24 janvier 1842, Messieurs Billault, Berryer, Thiers avaient attaqué avec une extrême vivacité le

---

(1) De Flassan, op. cit., II, 59.

projet de traité, qui d'ailleurs, ainsi que le constatait
M. Dupin, n'avait pas été communiqué aux Chambres.

L'attaque fut tellement violente, que le cabinet qui
avait auparavant pressé le roi de signer, le pressa également
de refuser sa ratification à ce traité. Et plus tard,
le 1er février 1843, interpellé à ce sujet, à la Chambre
des députés, M. Guizot fit la réponse suivante, qui est
curieuse à plusd'un titre :

« Oui, messieurs j'ai conseillé le refus de la ratification ;
voici pourquoi : — Je tenais beaucoup (après le
traité du 15 juillet 1840, excluant la France du concert
européen), et c'était une des causes pour lesquelles le
cabinet dont j'ai l'honneur de faire partie s'était formé,
je tenais beaucoup à rétablir les bons rapports, la bonne
intelligence de la France avec l'Angleterre. C'est dans
ce dessein, c'est sur la demande formelle du nouveau cabinet
(anglais) que j'ai conclu le traité du 20 décembre
1841.

« La chambre sait, je n'ai nul besoin de lui en rappeler
les détails, les faits qui ont suivi cette signature. On a
soigneusement fomenté, exploité la vive et sincère émotion
de l'esprit public ; mais enfin elle a été vive et sincère ;
j'en ai été frappé autant que personne ; j'ai conseillé
à la couronne la non-ratification du traité du 20
décembre. J'aurais dû, dit-on me retirer et laisser ce soin
à d'autres. Pourquoi ?

« J'avais une raison, une raison personnelle : je me
croyais plus en mesure qu'un autre de tirer en ceci mon
pays d'une situation délicate et difficile, de faire accepter
par les puissances étrangères la non-ratification *si évidemment
conforme aux vœux de la chambre et du pays*, de
la faire accepter sans danger pour le pays, sans qu'il
nous vînt du dehors aucun acte, aucune parole dont le

pays pût avoir droit de se plaindre... Je le croyais précisément parce que j'avais sincèrement, honnêtement dé-
fendu le traité en 1841. J'avais en outre cet avantage que,
tout récemment, dans une occasion parfaitement désin-
téressée, j'avais soutenu, quelques mois auparavant, le
principe dont je venais réclamer l'application.

« Un débat s'était élevé en Europe entre le roi de
Prusse et le roi des Pays-Bas sur la ratification d'un traité.
On avait soutenu que la ratification d'un traité ne pouvait
*être refusée que lorsque le négociateur avait outrepassé ses
pouvoirs et qu'on le désavouait.*

« J'avais repoussé cette doctrine, quoique parfaitement
désintéressé dans cette question, et en appuyant le roi des
Pays-Bas qui la repoussait, j'avais soutenu que le droit
de ratification, n'était pas une pure forme, que c'était un
droit sérieux, réel; qu'aucun traité n'était conclu et
complet avant d'avoir été ratifié, et que si, entre la conclusion et la ratification il survenait des faits graves, des
faits nouveaux, évidents, qui changeassent les relations
des deux puissances, et les circonstances au milieu des-
quelles le traité avait été conclu, *le refus de ratification
était un droit.*

« J'avais soutenu cela en principe; je n'avais donc, en
refusant la ratification, point de principe à désavouer; je
n'avais au contraire qu'à mettre en pratique ceux que je
venais de soutenir. J'ai eu le bonheur de faire accepter
par l'Angleterre et par l'Europe le refus de ratification du
traité de 1841, sans qu'aucun reproche, aucune parole
facheuse aient été adressés à mon pays (1). »

Et c'est là en effet le point notable de cet épisode, c'est
que ce refus de ratification, qui fit bruit en Europe, inau-

(1) Moniteur, 1ᵉʳ février 1843.

gura, pour ainsi dire, une doctrine nouvelle. Quand ce refus fut connu à Londres, Lord Aberdeen, qui en fit communication à la chambre haute, entra dans des détails assez précis. Son langage y fut d'une extrême modération et Lord Brougham, qui se chargea du rôle d'opposant, le fit avec autant de retenue et d'élévation. « J'éviterai aussi, dit-il, de prononcer un seul mot tendant à faire durer les obstacles apportés à la consommation d'un fait politique désiré par tous les partis et par tous les hommes de toutes les nuances (1). » Sans doute cette modération avait pour but de prouver le désintéressement de l'Angleterre et d'obtenir plus tard l'accession de la puissance qui refusait maintenant; mais si l'on songe à la violence des attaques dirigées contre l'Angleterre dans les chambres françaises, à toutes les perfidies qui lui furent gratuitement imputées, on ne peut se refuser à croire que la doctrine ou mieux la pratique adoptée par M. Guizot avait paru plausible et admissible à ceux-là mêmes à qui elle devait nuire.

Ce deuxième système, si l'on y joint les résultats qu'a obtenus la pratique, est également très net. Il peut se formuler ainsi :

1° Tout traité, même sans qu'il y ait à ce sujet de réserve dans les pouvoirs ou dans le traité lui-même doit, pour être valable, être ratifié.

2° Cette ratification n'est pas obligatoire pour les parties co-contractantes. Elle peut être refusée par l'une d'elles, en dehors même de tout cas de force majeure.

LES RÉSULTATS PRATIQUES DES DEUX SYSTÈMES DIFFÈRENT PEU.

§ 8. — En réalité ces deux systèmes arrivent en pratique à des résultats qui ne sont pas absolument opposés.

---

(1) Lesur, Annuaire historique, 1842, p. 471.

L'un n'est que le développement de l'autre. Le premier concède que tout traité a besoin de ratification, parce que c'est l'usage constant de la réserver et le second affirme que, indépendamment de toute réserve, cette ratification est nécessaire à la validité du traité. Le premier admet que cette ratification pourra être refusée en un cas, et le second déclare qu'ellle peut l'être dans plusieurs autres, d'abord strictement déterminés, ensuite devenus plus nombreux, et dont aujourd'hui la formule pratique est : « Si l'un des contractants a eu des motifs de changer de volonté, motifs dont il est juge. »

QUELLE EST L'AUTORITÉ COMPÉTENTE POUR RATIFIER ?

§ 9. — A cette controverse en succède une autre : car je le répète, l'absence de textes, le défaut de documents généraux, et faisant universellement autorité, est la source de toutes discussions.

Il est établi en pratique que la ratification peut être refusée; les modérés ajoutent : pour motif d'ordre majeur (1).

Qui donnera, qui refusera cette ratification? Nous avons vu dans le chapître précédent quelle est l'autorité compétente pour négocier, et, malgré des divergences théoriques, il y avait accord en pratique. Quelle est l'autorité compétente pour ratifier? Et à cette question s'en joint une autre subsidiaire : A quel moment cette autorité peut-elle faire usage de son droit de ratification ?

Examinons d'abord la première : quelle est l'autorité compétente pour ratifier un traité?

CONTROVERSE. ORIGINE DE CETTE CONTROVERSE.

§ 10. — On voit immédiatement la source des divergences d'opinion sur cette question.

_____

(1) Calvo, loco cit.

Presque aucun juriste ne l'a envisagée dans son ensemble. Tous ont si bien appliqué la solution à des cas spéciaux, visant toujours la même hypothèse, que c'est de nos jours seulement et encore incidemment que la controverse s'est élevée et que celui qui l'a le mieux mise en lumière, Meïer, après Gneist, s'étonne et se fâche presque qu'elle ait été aussi tardivement soulevée.

A l'époque où la monarchie absolue était la forme de gouvernement la plus répandue, la question ne pouvait même pas se poser. Le souverain avait entamé les négociations, ses plénipotentiaires avaient signé le traité, lui, donnait sa ratification.

L'on cherche en vain quel pouvoir rival aurait pu ou voulu donner la ratification en son lieu et place. On ne songeait guère alors à dire avec M. Pasquale Fiore, « Nous demandons en vertu de quel droit furent stipulés ces traités (par un monarque absolu)?... Qui voudra soutenir que cet étrange abus de pouvoir ait été obligatoire pour les nations (1)? »

Mais de nos jours, la monarchie absolue est devenue l'exception. Seules en Europe, la Russie et la Turquie vivent encore sous ce régime. La condition générale des peuples est un gouvernement constitutionel, dont la forme varie d'ailleurs singulièrement. Ce gouvernement parlementaire est basé sur la séparation des pouvoirs. On a voulu empêcher qu'une seule autorité gouvernementale concentrât en elle trop de puissance. Ce qu'on a fait pour la vie intérieure des peuples, l'a-t-on fait aussi pour leur vie extérieure, dans leurs relations avec les puissances étrangères?

---

(1) Op. cit., I, 446.

PREMIER SYSTÈME : LE POUVOIR EXÉCUTIF RATIFIE LES TRAITÉS,
QUELLES QUE SOIENT LA FORME DU GOUVERNEMENT ET LA NATURE
DE LA CONSTITUTION.

§ 11. — Nous avons vu qu'il y avait une discussion,
au reste purement théorique, sur le point de savoir à
qui l'on confierait le soin d'engager les négociations
d'un traité. Finalement, et d'un commun accord, on l'a
confié au pouvoir exécutif.

A qui va-t-on, maintenant, s'en remettre du soin de
ratifier? La pratique a répondu bien avant les auteurs.

L'Angleterre, le berceau du Constitutionnalisme, a toujours, et même encore aujourd'hui, chargé le Pouvoir
Exécutif, c'est-à-dire le roi ou la reine, de donner sa ratification à un traité. Le Parlement n'a jamais réclamé le
droit de ratifier les traités. Bien plus, en plusieurs circonstances, il a refusé d'examiner des traités avant qu'ils
eussent été ratifiés par la couronne. Notamment en 1839,
à propos d'un *bill* sur le « Portuguese slave Trade »,
Wellington déclara que le « Parlement ne doit pas être
être appelé à agir en une matière que le Pouvoir exécutif
est tenu de conduire par négociation et par action, sous
sa seule responsabilité (1). »

Les diverses Constitutions françaises de 1791, 1814,
1830 ont adopté à peu près la même solution. Nous verrons, sous un autre chapitre, quelle est la réglementation
actuelle.

Dans les Etats-Unis de l'Amérique du Nord, les traités
sont ratifiés par le Président, avec le concours du Sénat,
dont les deux tiers au moins des membres présents doivent donner leur adhésion. Ainsi, la pratique de l'Angleterre, des États-Unis, de la France, pendant longtemps,

---

(1) Hansard's, 1839, vol. 175, pp. 1279-1286.

est de confier à l'Exécutif seul (1) le soin de ratifier les traités. Et peu importe quelle est la nature de ces traités, leur importance, les avantages ou les dangers qu'ils présentent pour la Nation. Le Pouvoir exécutif a ratifié : quel sera l'effet de cette ratification, une fois donnée, quant à l'exécution ? Nous le verrons. Pour le présent, la seule question est celle-ci : quelle est l'autorité chargée de ratifier ? et les Constitutions que nous avons citées répondent : C'est le Pouvoir exécutif.

Or, ces Constitutions sont celles de peuples qui sont les premiers entrés dans la voie du parlementarisme ; l'Angleterre, bien avant les deux autres, puis les États-Unis d'Amérique, enfin la France. Tous les autres États d'Europe vivaient encore sous la monarchie absolue. On pouvait donc dire que, dans toute l'Europe, dans les monarchies absolues comme dans les monarchies constitutionnelles, c'était le Pouvoir exécutif qui ratifiait.

C'est ce qu'ont constaté les auteurs de cette époque. Et ils l'ont admis en règle générale, qui est passée comme à l'état d'axiome : Le Pouvoir exécutif ratifie les traités, quelle que soit la forme de gouvernement.

RÉFUTATION DE CE PREMIER SYSTÈME.

§ 12. — Mais, plus tard, d'autres peuples sont arrivés à la pratique du régime constitutionnel : la Belgique, la Prusse, l'Italie, l'Autriche, l'empire d'Allemagne. Leurs Constitutions, imitées de celles, plus anciennes, que s'étaient données l'Angleterre, la France, les États-Unis, ne les ont pas, pour cela, copiées servilement. Et, frappés

_____

(1) Si l'on étudie attentivement la section II de l'article II de la Constitution des États-Unis, on voit que le Sénat fait partie intégrante du Pouvoir exécutif, ce qui donne une complète exactitude à la proposition ci-dessus.

de certains inconvénients, que nous étudierons plus loin, qui résultaient, dans le jeu de ces Constitutions, notamment de la faculté de ratification des traités concédée, *en tous les cas*, au Pouvoir exécutif, les législateurs, auteurs des Constitutions nouvelles, ont fait admettre que, dans certains cas plus ou moins strictement déterminés, le Pouvoir Exécutif aurait, avant de ratifier, le devoir de demander à la représentation nationale son adhésion et son concours (1).

L'Angleterre, les États-Unis, la France. avaient admis que tous traités pourraient être ratifiés par le Pouvoir Exécutif. Seulement, quant à l'exécution de certains traités, de ceux, par exemple, qui imposent au pays des charges pécuniaires, qui modifient sa législation, son territoire, qui intéressent son commerce, etc., il ne pouvait y procéder sans que le Parlement, sous forme de loi de finance ou autre, donnât son approbation au traité et son concours au Pouvoir exécutif chargé de le faire exécuter.

D'où, si le Parlement refusait cette approbation et déniait ce concours, s'élevaient des difficultés que nous aurons à étudier.

C'est pour parer à ces difficultés que les Constitutions nouvelles avaient été rédigées en opposition avec la Constitution anglaise, prise comme type. Et c'est pour n'avoir pas tenu compte de ces changements que les auteurs sont allés répétant par erreur : C'est le Pouvoir exécutif qui ratifie les traités.

---

(1) C'est du moins l'opinion que j'adopte sur l'interprétation de ces constitutions. Mais je dois dire que différents auteurs, dont Gneist, ne placent pas les constitutions belge, prussienne, etc. dans une catégorie spéciale. Je discuterai la question plus loin.

Gneist, chargé d'un rapport, comme président de commission à la Chambre des députés prussienne, et, après
lui, Meïer (1), se sont élevés contre cette doctrine. Ils
montrent une mauvaise humeur comique dans leur discussion. On sent qu'ils en veulent et à l'Angleterre d'avoir
tellement inspiré les Constitutions nouvelles, qu'elle en
semble le prototype et les absorbe dans l'ensemble, et
aux auteurs qui n'ont pas tenu compte des modifications
introduites dans ces Constitutions nouvelles d'Italie, de
Prusse, de Belgique, etc.

« La Constitution anglaise, dit-il en substance, qu'on
sert toujours comme modèle, à propos de laquelle on crie
sans cesse : « Mais c'est comme cela en Angleterre », la
Constitution anglaise permet à la Couronne de ratifier un
traité sans l'approbation par les Chambres, et avant
même qu'il leur ait été soumis. Cette pratique a l'avantage de réserver l'unité d'action pour la conclusion des
traités, et surtout d'éviter une complication possible de
volontés pour cette conclusion. Mais quel avantage y
a-t-il ? Cette complication peut se présenter lors de l'exécution.

« Aussi, des Constitutions nouvelles que les auteurs
n'ont pas songé à étudier à fond, sans doute parce
qu'elles ne reposent pas sur les antiques lois du droit des
gens, tiennent mieux compte de l'extension croissante
des relations internationales et de l'immixtion dans toute
la vie intérieure des peuples des matières réglées par des
traités. Ces Constitutions ont adopté une autre règle et
ont voulu que de ces mêmes traités, dont la Constitution
anglaise défend l'exécution sans le concours du Parlement, la conclusion, c'est-à-dire la ratification fût im-

_____

(1) *Ueber den Abschluss von Staats-Vertrægen.* Leipzig, 1874.

possible sans cette adhésion et ce concours de la représentation nationale. »

LA PRATIQUE ADOPTE UN DEUXIÈME SYSTÈME : LA RATIFICATION
APPARTIENT A L'AUTORITÉ GOUVERNEMENTALE QUI EN EST INVESTIE
PAR LA CONSTITITION DE CHAQUE PAYS.

§ 13. — Meïer n'était que l'interprète, disons mieux,
le champion de certaines Constitutions qu'il cite : Belge,
Prussienne, Italienne et Allemande. Son interprétation,
son argumentation a prévalu ; bien mieux, la pratique
lui a donné raison, en étendant son système.

Bien avant lui, un auteur distingué en notre matière,
M. Pradier Fodéré, enseignait que « le Pouvoir exécutif
doit négocier, mais que le traité ne doit être déclaré obligatoire qu'après la ratification des Chambres, et cela
d'autant plus qu'on ne fait pas de traité sans en attendre
profit, et qu'il est difficile de conserver une proportion
arithmétique parfaitement exacte entre les deux parties.
La publicité déjouerait donc les ruses des diplomates. »

Il s'appuyait, on le voit, sur des arguments différents
de ceux que, plus tard, invoqua Meïer. De plus, c'est aux
Chambres qu'il confiait le soin de ratifier et non à l'Exécutif après approbation des Chambres. Enfin, ce n'étaient
pas certains traités de nature déterminée qu'il voulait
voir ainsi ratifier, c'étaient tous les traités indistinctement.

La Constitution française, si on peut lui donner ce
nom, du 31 août 1871, donne pleine satisfaction à ce
vœu. L'article 1er de cette loi est ainsi conçu : « Le chef
du Pouvoir exécutif prendra le titre de Président de la
République française et continuera d'exercer, *sous l'autorité* de l'Assemblée Nationale, tant qu'elle n'aura pas
terminé ses travaux, les fonctions qui lui ont été *déléguées*
par décret du 17 février 1871. »

Nous étudierons plus tard, en détail, les Constitutions françaises, et nous verrons, notamment, dans quelle mesure, en ce qui concerne notre matière, la Constitution du 16 juillet 1875 a modifié et diminué les pouvoirs de la représentation nationale.

Voilà donc les divers systèmes bien tranchés. A vrai dire, il n'y a encore pas divergence. Car, une fois démontrée l'erreur du premier, il est abandonné et tous les auteurs récents adoptent cette formule générale : La ratification des traités appartient, en droit des gens, à l'autorité gouvernementale, qui en est investie par la Constitution de chaque pays (1).

---

(1) Dans les pays où la Constitution ou l'usage exige que le traité soit soumis aux Chambres, il s'est élevé, parfois, des doutes sur le rôle du Parlement.

Il est difficile de fixer une règle générale. Cela dépend du texte et aussi de l'esprit de chaque Constitution. Il était hors de doute, sous la Constitution française de 1871, et il l'est encore, je crois, sous celle de 1875, qu'un Parlement peut bouleverser toute l'économie d'un traité qui lui est soumis, adopter tel article et rejeter tel autre.

Dans d'autres pays, la question a été controversée.

« La ratification, dit M. F. Laghi, qui, dans les cas établis par la Constitution des différents États, appartient au Parlement, prend plus exactement le nom d'approbation et se donne au moyen d'une loi qui autorise le gouvernement à faire exécuter le traité comme loi de l'État. Dans ces cas, le Parlement peut-il faire des amendements, des modifications à tout article du traité, approuver une partie et en rejeter une autre, comme il fait des autres projets de loi? La question a été agitée dans notre Chambre des députés et fut résolue dans le sens que le Parlement ne peut modifier les traités, mais doit les approuver ou les rejeter en entier. La raison qui fit prévaloir cette opinion fut tirée de l'article 5 du statut qui dit que le roi seul fait les traités. Nous pensons aussi que le Parlement ne peut modifier les traités; mais, de préférence à la raison donnée plus haut, nous nous déci-

LA RATIFICATION EST, QUANT AU MOMENT OU ELLE PEUT INTERVENIR,
SOUMISE AUX MÊMES RÈGLES CONSTITUTIONNELLES.

§ 14. — Reste à savoir quand cette ratification doit
intervenir. Et je ne veux pas rechercher quel est l'effet
rétroactif de cette ratification, ni s'il y a un délai formel
après lequel elle ne peut plus être donnée.

Ce qui me préoccupe est tout autre : Je demande si la

---

dons par la considération que le contrat est un traité bilatéral
qui ne peut être changé qu'avec le consentement de toutes les
parties ; consentement dont on se passerait si un Parlement pouvait, seul, apporter des amendements. »

Mais, dans la discussion qui eut lieu à la Chambre des députés,
plusieurs se montrèrent opposés à cette doctrine. Un, entre
autres, le député Ara, tout en admettant que « le Pouvoir législatif d'une puissance ne pouvait introduire aucune modification
dans les traités sans l'adhésion de l'autre puissance », soutenait
qu'il pourrait « inviter le ministère à stipuler des articles additionnels avec la puissance contractante », citant l'exemple de
Napoléon III qui, par un décret du 13 mars 1860, modifiait le
traité de commerce signé avec l'Angleterre. D'autres députés
allaient plus loin. (Op. cit., § 106 et note.)

La Constitution anglaise est, sur ce même point, interprétée
en sens différents :

« Si nous allions, dit lord Palmerston, alors premier ministre,
si nous allions à travers ce traité, article par article, et don-
nions notre opinion, à nous Parlement, sur des articles dont
l'exécution est dans la prérogative de la Couronne, ce serait
absolument inconstitutionnel. Les traités conclus par la Couronne et contenant des engagements que la Couronne est compétente pour remplir, en vertu de sa prérogative, peuvent, il est
vrai, réclamer ou admettre l'approbation ou le refus du Parlement dans leur intégrité, mais ce ne sont pas des traités que la
Chambre des communes puisse constitutionnellement traiter
article par article. Soutenir cette opinion, serait placer cette
Chambre dans la situation du Sénat des États-Unis, lequel a le
pouvoir de ratifier et de changer, et qui n'est pas seulement

ratification peut intervenir avant, ou doit intervenir après la signature du traité par les plénipotentiaires.

La question n'a pas, que je sache, été débattue. Incidemment, un auteur, Schmalz (1), dit : « Dans plusieurs cas, les souverains ont prétendu avoir le droit de refuser cette ratification, et ce n'est pas là un droit qu'on puisse absolument leur nier, sauf s'il y avait renonciation expresse précédemment faite à ce droit. »

Le traité de 1840 entre l'Angleterre, l'Autriche, la Prusse, la Russie et la Turquie, que j'ai cité et expliqué

---

une Assemblée législative, mais une partie de l'autorité contractante de l'État. Je dis donc que ce serait amener un changement fondamental dans les principes de la Constitution et créer un dangereux précédent, si cette Chambre prenait sur elle de procéder, article par article, avec les parties de ce traité qui ne demandent pas de mesure législative et qui obligent simplement la Couronne à l'exercice de ses droits reconnus. » (Hansard, vol. 152, p. 1439.)

Plus explicitement, lord John Russel, ministre des affaires étrangères : « Discuter un traité, disait-il, dont partie rentre dans la prérogative de la Couronne, et partie réclame l'approbation du Parlement, avec l'intention d'entrer dans chaque article, me paraît un procédé monstrueux. Cette Chambre prendrait le droit de faire un traité avec la France, de négocier, article par article, disant : « Nous ne voulons pas de celui-ci, nous amenderons ce deuxième, nous placerons ce troisième dans les exceptions! » C'est un fait inconnu à notre Constitution. » (Hansard, vol. 152, p. 1422-9.)

M. Disraëli, qui était alors dans l'opposition, confirmait cette doctrine : « La Chambre des Communes ne tient pas de la Constitution le droit de sanctionner ou ratifier les traités. Et si Sa Majesté exerce sa prérogative, soumise, en certains cas, à être mise à même, par la Chambre, de remplir ses engagements, et si elle est, en fait, mise à même de les remplir, le traité devient un traité complet. » (Hansard, vol. 157, p. 634.)

(1) Op. et loc. cit.

plus haut, présente un exemple de renonciation à ratification, ou plus exactement de ratification anticipée. A
l'époque où il fut passé, aucune protestation ne s'éleva,
j'entends dans le monde des auteurs, sur la régularité de
ce procédé. Et il est certain, en effet, qu'aucune protestation ne pouvait se produire. La Turquie, la Russie, la
Prusse et l'Autriche étaient toutes puissances monarchiques absolues, dont les souverains avaient pleine
liberté d'action.

Quant à l'Angleterre, bien que vivant sous le régime
parlementaire, comme la Constitution autorisait la Couronne à ratifier sans l'approbation du traité par le Parlement, elle n'était nullement liée à cet égard. Ces cinq
puissances ont donc pu valablement ratifier par avance
un traité non signé.

Mais, après les explications données plus haut sur les
Constitutions nouvelles de Prusse, d'Allemagne, d'Italie,
de Belgique et de France, il semble d'une logique absolue qu'au moins dans les cas où la Constitution de chaque
pays exige, pour l'existence du traité, l'approbation du
Parlement, suivie de la ratification par le Pouvoir exécutif,
celui-ci ne puisse, par anticipation, se dessaisir de son
droit de ratification, puisqu'il violerait ainsi la Constitution, en privant le Parlement des droits et garanties
que lui concède cette Constitution (1).

---

(1) De la doctrine émise au texte, résulte l'obligation morale
pour un gouvernement de ne pas exécuter un traité avant de
l'avoir, conformément (par hypothèse) à la Constitution du pays,
soumis au Parlement.

« Le 24 mars 1860, fut signé, entre les plénipotentiaires italiens
et français, le traité de cession de Nice et de la Savoie, et, le
27 mai de cette même année, le Parlement fut prié de donner sa
sanction à cet important acte international. Dans le traité, il avait

CHAPITRE III

DE LA FORCE OBLIGATOIRE DU TRAITÉ
CONCLU ET RATIFIÉ

UN TRAITÉ RATIFIÉ EST VALABLE ET DOIT ÊTRE EXÉCUTÉ.

§ 1. — Quand le traité a été signé des plénipotentiaires et ratifié par l'autorité à qui la Constitution de chaque État a donné mission de le faire, il semble que tout soit terminé. La validité du traité est hors de doute. Les États contractants se sont à grand'peine mis d'accord ; il a fallu des concessions réciproques et un grand esprit de conciliation pour arriver à une parfaite entente. Le pouvoir compétent a, dans chaque pays, approuvé les efforts des plénipotentiaires et déclaré qu'il faisait siens les résultats acquis. Comment pourrait-on perdre le fruit de tant de travaux ? Rien, ni dans la logique absolue, ni dans

---

été expressément convenu que la cession s'effectuerait avec le consentement des populations et le vote du Parlement. Mais, en attendant, avant que le Parlement fût convoqué, le ministère italien fit faire le plébiscite (16 avril) dans les provinces cédées, lequel fut, comme on sait, favorable à la France. Les députés Ratazzi et Sineo prouvèrent éloquemment l'inconstitutionnalité de cet acte du Pouvoir exécutif et la violation flagrante du statut ; mais il était trop tard.

..... « Dans de semblables cas, et dans beaucoup d'autres, qu'il est inutile de rappeler, que restait-il à faire au Parlement? Désormais, il ne pouvait qu'endosser (*jeter le sable sur*) tout ce qu'avaient fait les ministres, puisqu'il était moralement et physiquement dans l'impossibilité de refuser son acquiescement aux faits accomplis. » (F. Laghi, op. cit. I, § 108.)

V. plus haut tout ce que j'ai dit sur le traité de 1840 entre les cinq grandes puissances.

l'esprit du droit des gens ne permet de concevoir une semblable issue. Un traité signé et ratifié est donc un traité valable, dont l'exécution seule doit occuper les contractants.

MOTIFS DES INCERTITUDES EN NOTRE MATIÈRE.

§ 2. — C'est, en effet, ce qui les occupe, c'est même ce qui les préoccupe. Ici encore, nous touchons à une grave controverse. Ces controverses, en notre matière, renaissent sans cesse. Il convient de remarquer, d'ailleurs, qu'elles se déduisent logiquement les unes des autres. Les auteurs qui ont discuté pour savoir qui négocierait, qui ratifierait un traité, et sont, en s'appuyant sur des arguments essentiellement opposés, arrivés à des résultats divergents, ces auteurs doivent, on le comprend, différer d'avis également en notre matière et discuter sur la force obligatoire d'un traité signé et ratifié.

Cependant, les systèmes qu'adoptent les divers auteurs sur notre question ne sont pas exactement corrélatifs à ceux qu'ils adoptaient en matière de négociation et de ratification. La raison en est évidente. Dans les précédentes controverses, les auteurs différaient d'opinion, parce que, traitant une question générale, ils tiraient inconsciemment leur solution de l'étude d'un cas particulier, de l'étude d'un type isolé de gouvernement, monarchie absolue ou régime parlementaire avec des Constitutions différentes. De là, des systèmes très opposés. Ici, au contraire, le traité est envisagé comme étant signé et ratifié par l'autorité compétente au point de vue constitutionnel. Qu'importe, dès lors, que les pays contractants ou l'un d'eux seulement vivent sous une monarchie absolue ou sous un régime parlementaire ? La validité du traité est hors de doute et son efficacité est complétement indépendante de la forme de gouvernement des parties intéressées. La controverse qui s'élève doit donc avoir une origine, une cause autre que les précédentes, puisque les difficultés jusqu'ici entrevues sont, d'un commun accord, écartées.

§ 3. — Les Constitutions en vigueur de nos jours sont, nous l'avons vu, de deux sortes. Les unes, comme la Constitution anglaise, donnent à la Couronne, au Pouvoir exécutif, mission de ratifier tous traités, quels qu'ils soient, indépendamment de leur but et de leur importance. Seulement, pour un certain nombre d'entre eux, qui sont désignés quant à l'espèce, il est d'usage, et c'est un usage constant, ayant même autorité qu'une loi constitutionnelle, que le Parlement en reçoive ultérieurement communication et soit prié d'y donner son approbation, de prêter même son concours à leur exécution, en votant les lois de finance ou autres qui sont nécessaires. Ces traités sont de ceux qui touchent aux intérêts les plus graves d'un peuple et concernent, notamment, ses lois intérieures, ses finances, l'étendue de son territoire, la prospérité de son commerce. Mais il est également admis universellement que le Parlement, ainsi consulté, ne donne qu'un avis, qu'un conseil sans autre autorité (1).

D'autres Constitutions, telles que, par exemple, les Constitutions belge, italienne, etc., renferment des dispositions un peu différentes. Elles semblent inspirées par une plus vive jalousie des peuples pour leurs libertés, par une méfiance plus grande du Pouvoir exécutif, par un

---

(1) Blackstone. *Commentaries of the laws of England*, I, 267. ... « Il n'y dans le royaume aucune autre puissance (que la couronne) qui pourrait les attaquer (les traités) les retarder ou les déclarer nuls. »

désir de garanties sérieuses et de contrôle sur ses actes. Elles distinguent encore, parmi les traités, ceux qui touchent aux intérêts les plus graves d'un peuple, et ceux qui, moins importants, sont plus fréquents, plus répétés dans la pratique journalière des relations internationales. Ceux-ci, elle permet au Pouvoir exécutif de les signer et de les ratifier quand bon lui plaît. Ceux-là, elle ne lui permet de les ratifier qu'après les avoir soumis au Parlement, lequel peut y donner ou refuser son approbation. Sur l'octroi ou sur le refus de cette approbation, le Pouvoir exécutif se détermine à agir. Mais le co-contractant est prévenu qu'aux termes mêmes de la Constitution, le Parlement consulté a donné plus qu'un avis, plus qu'un conseil, il a rendu un verdict qui lie l'Exécutif.

Il est d'autres Constitutions, telles que la loi française du 31 août 1871 (laquelle est, d'ailleurs, aujourd'hui remplacée par celle du 16 juillet 1875), qui refusent au Pouvoir exécutif l'autorisation de ratifier un traité, quel qu'il soit, avant d'avoir communiqué à l'Assemblée des députés de la nation le résultat immédiat de ces négociations, pour qu'elle en délibère et prenne telle résolution que le Pouvoir exécutif sera chargé d'exécuter.

Enfin, il y a encore les monarchies absolues, comme la Russie et la Turquie.

DÉLIMITATION DE LA QUESTION. DEUX POINTS SUCCESSIFS CONTROVERSÉS.

§ 4. — De cet exposé, il ressort que quand un traité a été signé et ratifié par l'autorité à qui il appartient, il peut se présenter, pour son exécution, des circonstances très variables.

S'agit-il d'un traité passé par une puissance telle que l'Angleterre, le traité est valable; aucun autre pouvoir que la Couronne ne pourrait le déclarer nul; mais, quand il faudra en exécuter les clauses, il se peut, d'après la nature et le but de ce traité, que le Parlement, que le Pouvoir législatif ne soit pas d'accord avec l'Exécutif, et lui ôte les moyens de les exécuter, en refusant de voter les lois qu'on sollicite de lui, lois que lui seul est autorisé à faire. Il y a là un conflit entre les deux grands pouvoirs constitutionnels.

S'agit-il d'une puissance telle que la Belgique, l'Italie, l'Empire Allemand, et le traité passé est-il de ceux qui exigent pour leur conclusion, pour leur existence le concours de la représentation nationale, la solution diffère. Car le conflit est écarté. Le Pouvoir législatif serait mal venu à refuser, désormais, les lois propres à faciliter l'exécution d'un traité dont il a approuvé l'esprit général et les clauses particulières.

De même d'une Assemblée toute puissante, comme l'Assemblée Nationale française de 1871, qui concentre en elle tous les pouvoirs, le Pouvoir législatif exclusivement et partie du Pouvoir exécutif.

Enfin, et *a fortiori*, la même solution s'impose, s'il s'agit d'un monarque absolu, comme l'Empereur de Russie et le Sultan, lesquels n'ayant aucun compte à rendre et possédant la plénitude des pouvoirs législatif et exécutif, peuvent prendre telles mesures et faire telles lois que nécessite l'exécution d'un traité qu'ils ont antérieurement conclu.

De cet exposé minutieux de la question et de la séparation très nette des divers cas possibles, on voit immédiatement quelles questions peuvent s'élever.

1° Un traité a été conclu, c'est-à-dire signé et ratifié par l'autorité à qui il appartient; le Pouvoir législatif de chacun des pays contractants vote les lois nécessaires à en procurer l'exécution. Peut-on admettre que l'un des deux contractants se refuse à l'exécuter ?

2° Un traité a été conclu et ratifié par le Pouvoir exécutif. Mais le Pouvoir législatif, consulté après la ratification donnée, comme c'est la pratique légale et régulière dans certains pays, refuse les lois nécessaires à en procurer l'exécution. Quelle autorité reste au traité ?

PREMIER POINT (QUESTION GÉNÉRALE). L'AUTORITÉ COMPÉTENTE QUI A RATIFIÉ UN TRAITÉ PEUT, SUIVANT LES CIRCONSTANCES, SE REFUSER A L'EXÉCUTER.

§ 5. — La première de ces questions n'a pas été, que je sache, étudiée à fond. Cela n'a rien qui doive étonner. Les auteurs qui ont écrit sur le droit des gens n'ont guère envisagé que les hypothèses pratiques. Et il faut avouer que celle que je discute en ce moment ne l'est pas trop. Comment supposer, en effet, qu'après avoir conclu, signé et ratifié un traité, en avoir obtenu, en quelque sorte, la sanction dans les lois nécessaires à son exécution, dans ces lois que les Anglais appellent un « *Bill of appropriation* », l'autorité investie par la Constitution de ce droit de conclure et ratifier va se refuser à l'exécution d'un traité qu'elle-même a provoqué ? Cependant, cette supposition, quoique rarement réalisée, n'est pas invraisemblable.

Les auteurs actuels admettent, et je me dispense d'en citer, parce que c'est l'opinion unanime, qu'un traité imposé par la force ne lie pas absolument (1), parce qu'on n'a pas été libre d'en discuter les conditions ; ils autorisent alors le signataire de ce traité à ne pas le ratifier. Et j'ai reproduit un discours de Guizot, qui érigeait, sans

(1) C'est ce qui explique la multiplicité et la rigueur des garanties qu'on pratique ou impose de nos jours au co-contractant.

protestation aucune, doctrine plus avancée en principe à peu près incontesté. L'autoriser à ne pas ratifier, c'est l'autoriser à refuser d'exécuter. Que la violence ait duré plus longtemps, qu'elle ait persisté jusqu'après la ratification, qu'elle ait pesé non-seulement moralement sur le souverain, mais physiquement sur le pays, peut-être même sur la représentation nationale, et les conditions qu'on exigeait pour l'autoriser à refuser la ratification vont se trouver réunies pour l'autoriser à refuser l'exécution.

Je sais bien que c'est là une doctrine très contestable. J'ai moi-même cité plus haut un passage de Bentham où il démontrait, par d'autres arguments que ceux de sentiment et d'honneur, l'utilité qu'il y a à tenir ses promesses, à exécuter les engagements, en quelques circonstances qu'on les ait pris. Mais, pour mauvaise que soit une doctrine, il ne suit pas que la pratique l'ait repoussée.

Un traité a été signé par un prince absolu, qui l'a ratifié; c'est bien notre hypothèse. Mais ce traité le gêne, il va contre les intérêts du pays. Que s'évanouisse ou s'éloigne la force matérielle à laquelle il a cédé, et il ne songe plus à l'exécuter. Bien plus, souvent il cherche à l'éluder. Les exemples abondent, et les procédés varient. Ici, c'est un prince qui se fait, par le pape, délier du serment dont il a sanctionné sa promesse, comme Ferdinand d'Aragon par le pape Jules II ; comme François Ier par Léon X et Clément VII. Cela devient d'une pratique si fréquente, que le cas fut, plus tard, prévu dans les traités et que les co-signataires s'engageaient par serment à ne pas se faire délier de leur serment (1).

---

(1) Il y a deux mille ans que Plaute avait dit, dans des circonstances analogues :

« Jusjurandum rei servandæ, non perdundæ conditum est. » (Rudens, vers 1280.)

Ailleurs, c'est un prince orthodoxe et plus habile qui recourt à des subterfuges empruntés à l'étude même du droit international et s'appuie sur la pratique la mieux établie de cette science pour en violer les règles les plus importantes.

C'est Louis XI instruisant le procès de son plénipotentiaire en cour du Parlement et lui faisant avouer qu'il a sciemment et volontairement dépassé ses instructions ; c'est Louis XII gourmandant publiquement le signataire du traité incriminé et violé, et recevant de lui une lettre d'excuse et de disculpation (1). Ailleurs, Laurent (2) cite d'autres exemples plus récents et plus probants encore : « Le traité de 1662 entre la France et les Provinces-Unies obligeait Louis XIV à prendre le parti des Etats-Généraux dans leur lutte avec l'Angleterre et à mettre toute sa puissance, toutes ses forces de terre et de mer à leur disposition. Il était impossible de nier l'engagement. Louis XIV avoue que la *lettre du traité* était formelle. Mais l'intérêt se trouva, encore une fois, en collision avec l'honneur et la probité. Comment se fait-il que Louis XIV, qui plaçait si haut l'honneur et la probité, hésita, tergiversa, trompa ses alliés. L'ambition du jeune roi, et l'ambition la plus injuste, était la seule raison qui le fit manquer à sa parole. Il était sur le point de faire valoir ses droits sur les Pays-Bas espagnols ; les Etats-Généraux ne pouvaient favoriser ce dessein. De là, les hésitations de Louis XIV. Il n'était guère disposé à secourir des alliés qui allaient devenir ses ennemis, tandis que le roi d'Angleterre était prêt à seconder toutes ses vues... Ainsi, allié de la République, au lieu de la secourir, il contractait une alliance avec l'ennemi de la République !

---

(1) Vide supra, page 164.
(2) Études sur l'humanité, XI, p. 424-434.

Tout en violant le traité de 1662, Louis XIV protestait
dans ses dépêches officielles « qu'il était le prince du
monde le plus religieux sur l'exécution de ce qu'il promettait par des traités ou autrement. » Il écrivait au
comte d'Estrade : « Je vous dirai confidentiellement que
je voudrais être assuré que les Etats-Unis eussent autant
de sincérité et de délicatesse que moi pour l'observation
des traités que nous avons ensemble. » Il va sans dire
que ces confidences étaient faites pour être montrées à de
Witt... Cependant, qui le croirait? après avoir trompé les
Hollandais, le roi se fait à lui-même un compliment sur
sa bonne foi dans les *Mémoires* qu'il écrivit pour son fils :
« Combien qu'il fût de mon intérêt, dit-il, d'accepter une
si belle occasion de demeurer neutre, je ne pus m'empêcher d'agir de bonne foi? » Après avoir trompé ses
alliés, le grand roi aurait encore voulu tromper la postérité (1). »

Mais je ne veux pas me contenter de ces arguments
empruntés à l'histoire, déjà loin de nous, des xvie et
xviie siècles ou à celle, trop proche et trop (2) brûlante,
des dernières années. La thèse que je soutiens peut invoquer d'autres titres. J'ai cité, dans le chapitre précédent,
en matière de ratification, l'exemple célèbre d'un refus de

(1) Je dois ajouter, quoique Laurent ne le dise pas, que ces
mémoires n'ont pas été écrits par Louis XIV. Seulement comme
ils étaient destinés à l'instruction du jeune prince, on permit à
celui qui les rédigea, de prendre la forme de narration personnelle, sans doute pour donner plus d'autorité à son enseignement.

(2) La confiance aux traités signés n'est pas non plus ce qui
caractérise notre époque. Pour s'en convaincre, il n'y a qu'à étudier les mesures prises par Napoléon Ier, et celles plus rigou-
reuses encore de la Prusse en 1871.

ratification de traité par Louis-Philippe, en 1842. Ce
refus avait été motivé par « la vive et sincère émotion du
pays » en apprenant plus ou moins complétement les
clauses de ce traité du 20 décembre 1841. Cette « vive et
sincère émotion », il faut bien le dire, n'était, au fond,
qu'une appréhension, très justifiée d'ailleurs, de voir se
développer outre mesure l'influence maritime de l'Angleterre, et la crainte, aussi explicable, que, grâce à sa puissante marine, elle ne jouât un rôle prépondérant dans
une entreprise où nous stipulions l'égalité. Ces motifs,
qui ont leur importance, n'étaient pas dans l'état de la
science du droit des gens à cette époque, de nature à
déterminer un refus de ratification ; on les admit, pourtant, en Europe, et on eut raison, je le crois. Veut-on
supposer un instant que cette émotion considérable du
pays ne se fût éveillée que tardivement ? Il ne faudrait
pas aller très loin dans notre histoire contemporaine pour
trouver l'exemple de mesures proposées par le Pouvoir
exécutif, adoptées et transformées en lois par la représentation nationale, et qui, par suite d'études plus appro-
fondies, d'excitations parties de la presse, entretenues
par elle, propagées dans des réunions, ont été unanimement condamnées par l'opinion public, dont le Pouvoir
Législatif est, cependant, le représentant autorisé. Dans
ce chapitre même, je citerai l'exemple d'une Chambre
française se déjugeant, à un très court intervalle, et dans
des circonstances sérieuses. Je suppose donc que les
Chambres eussent approuvé le roi en 1842, que, dans la
discussion de l'Adresse, au lieu d'attaquer vivement le
cabinet à propos de ce traité du 20 décembre 1841, on
l'en eût félicité et l'on se fût réjoui de cette occasion fournie à la France de rentrer dans le concert européen ; que
le ministère eût ratifié le traité, soutenu et encouragé par

l'unanimité des Chambres ; puis que, sur un incident
quelconque, qu'il n'est pas difficile d'imaginer, une réaction se fût produite ; que, par exemple, un membre du
précédent cabinet, attaquant ce traité qu'il avait lui-
même élaboré, eût entrepris de démontrer le danger de
pareils agissements, eût réussi à convaincre d'autres
députés ; qu'une interpellation se fût produite ; que la
majorité, brusquement retournée, comme il arrive parfois, eût retiré au ministère cette confiance unanime qui
faisait sa force ; que l'opinion publique se fût, elle aussi,
et seulement alors, émue et passionnée, et, qu'enfin, le
ministère présent eût la conscience de ne plus gouverner
avec l'appui du pays, et, dans cette circonstance spéciale,
d'avoir agi contre sa volonté définitive. Voilà une supposition qui ne présente rien d'invraisemblable. Que va
faire alors le gouvernement ?

Il a ratifié un traité contre le vœu de la nation. Peut-
il, désormais, en poursuivre l'exécution ? Il y a été invité
par le vote de la représentation nationale, mais la nation
a désavoué ses représentants.

Si, pour exécuter ce traité, le gouvernement, qui a
ratifié, a besoin de crédits, s'il vient solliciter le vote
d'une loi de cette même Chambre, il y aura là pour elle
une occasion de se mettre d'accord avec l'opinion publique, d'émettre un vote contraire au précédent ; et, fort
de ce vote, qui est la preuve évidente de sa bonne foi, le
cabinet pourra représenter à la puissance étrangère co-
contractante, la situation particulière qui lui est faite. Il
a seulement ratifié ; l'exécution n'est pas commencée. Il
se refuse à la commencer, à la poursuivre. Je ne saurais,
quant à moi, voir la moindre différence, sauf quant à la
forme extérieure, entre ce cas et celui où il a refusé sa
ratification au traité signé par ses plénipotentiaires.

Mais je vais plus loin ; je suppose que ce traité ratifié dont il entend poursuivre l'exécution, soit, sur sa demande, sanctionné par les Chambres, lesquelles se l'approprient en votant les lois nécéssaires à son exécution ; ou, pour embrasser tous les cas, je suppose que le traité signé doive, aux termes de la Constitution, être ratifié par le Pouvoir exécutif *après* l'approbation des Chambres ; que ces Chambres ont en effet approuvé, que le Pouvoir exécutif a ratifié, et qu'ensuite les Chambres, qui, dans l'un comme dans l'autre cas, ont fait cause commune avec lui, et ont déclaré leur ce traité, œuvre du cabinet, viennent, dans les mêmes circonstances que plus haut, à se déjuger, à changer d'avis, sous la pression de l'opinion publique, ou même sous l'action d'un ou de plusieurs hommes autorisés, qui, plus perspicaces, auront, tardivement, il est vrai, entrevu, découvert et révélé les dangers que présente pour le pays un tel traité.

Dans un cas semblable, j'autoriserais encore le Gouvernement, le Pouvoir exécutif à se refuser à l'exécution de ce traité. Et la raison en est, j'espère le démontrer plus loin, dans la supériorité des règles de droit Constitutionnel auxquelles il est tenu d'obéir, sur celles du droit International. Son pouvoir est émané du droit Constitutionnel. Il a juré la Constitution. Quelle qu'elle soit dans ses détails, l'esprit de cette Constitution est : le gouvernement de la nation par la nation. Le degré d'indépendance, d'initiative, d'autorité laissée à l'Exécutif varie ; mais la règle fondamentale est immuable : La nation est maîtresse de ses destinées.

Posée dans ces termes, la question de droit constitutionnel prime et absorbe celle de droit international. Tous les devoirs du souverain, en tant que représentant du pays à l'étranger, s'effacent devant ceux qu'il a comme responsable envers le pays. C'est le pays qui peut et doit, à tous moments, exprimer et faire prévaloir sa volonté. laquelle sert de guide au gouvernement. Ceci, dans la limite d'ailleurs très modérée que comporte une sage pratique du gouvernement parlementaire. Ces prémisses conduiraient à cette conclusion : qu'aucun traité ne lie plus désormais (1) ; que même après un commencement d'exécution, une convention pourra être dénoncée et rompue. C'est l'anéantissement de toute sécurité ; c'est la ruine des relations internationales.

---

(1) Cette opinion, audacieuse, je le reconnais, n'est pas restée à l'état de pure théorie. En 1871, pendant la guerre franco-allemande, la Russie, liée par l'article 2 du traité de Paris, qui neutralisait la mer Noire et limitait les forces russes dans ces eaux, la Russie profitait des embarras de l'Europe pour rompre ses liens. Le 29 octobre 1870, une circulaire adressée aux puissances, débutait par cette déclaration hardie : « Les altérations nécessaires qu'ont subies, durant ces dernières années, les transactions considérées comme le fondement de l'équilibre de l'Europe, ont placé le cabinet impérial dans la nécessité d'examiner les conséquences qui en résultent pour la position politique de la Russie... Il serait difficile d'affirmer que le droit écrit, fondé sur le respect des traités, comme base du droit public et règle des rapports entre les États, ait conservé la même sanction morale qu'il a pu avoir en d'autres temps. » Cela revenait à déclarer qu'il n'y a plus de droit public que pour les politiques naïfs, que les contrats diplomatiques n'obligent que les États trop faibles pour les déchirer et ne protègent que les États assez forts pour les défendre. » (Sorell, op. cit. 91).

L'Europe donna raison à la Russie. La conférence de Londres biffa l'article 2 du traité de Paris. Moyennant quoi, elle se donna la platonique satisfaction de déclarer : « Qu'aucune puissance ne pouvait se délier des engagements d'un traité ou en modifier les stipulations qu'à la suite de l'assentiment des parties contractantes, au moyen d'une entente amicale. » (Protocole de la première séance, 15 janvier 1871).

J'en suis d'accord. Plusieurs auteurs se sont occupés
de cette question. Ils ont recherché si une puissance peut
avoir en certains cas le droit de se refuser à exécuter un
traité, si même ils pouvaient se refuser à exécuter plus
longtemps un traité déjà en vigueur, et leur solution ne
diffère pas de la mienne.

Il est vrai que Grotius (1) s'exprime ainsi : « Ce sera
donc l'attribution du roi (de faire les traités), dans un
état vraiment monarchique, pourvu, toutefois, que ce roi
ait un droit qui ne soit pas entravé. »

« ... Dans le gouvernement des principaux citoyens, le
droit des traités appartient à la majorité, ici du conseil
public, là des citoyens ayant le droit de suffrage, selon la
coutume.

C'est pourquoi des conventions ainsi faites *obligeront
même ceux* qui auront pensé autrement. Tite-Live dit :
« Quand *une fois les conventions d'un traité auront été
arrêtées*, ceux-là mêmes à qui elles auraient déplu auparavant doivent les défendre comme bonnes et avanta-
geuses. Suivant Denys d'Halycarnasse, « on doit obéir
aux choses que la majorité aura décidées. » « Tous, dit
Appien, sont tenus d'obéir à un décret sans admettre
aucune excuse. » Pline dit que « tous doivent observer ce
qui aura été résolu par la pluralité. » Mais la paix profite
à ceux-là mêmes qu'elle oblige, s'ils le veulent. »

Mais Vattel se rapproche de mon opinion (2). « Les traités
contiennent des promesses parfaites et réciproques. Si
l'un des alliés manque à ses engagements, l'autre peut
le contraindre à les remplir, c'est le droit que donne une
promesse parfaite. Mais s'il n'a d'autre voie que les armes

---

(1) *De jure pacis ac belli*, III, 20, § 2, 3, 4.
(2) Op. cit. §§ 200, 222, 296.

pour contraindre un allié à sa parole, il lui est parfois plus expédient de se dégager ainsi de ses promesses, de rompre le traité, et il est indubitablement en droit de le faire.

« Ainsi que toutes les nations sont intéressées à maintenir la foi des traités, à la faire envisager partout comme inviolable et sacrée, elles sont de même en droit de se réunir pour réprimer celui qui témoigne la mépriser, qui s'en joue ouvertement, qui la viole et la foule aux pieds. C'est un ennemi public qui sape les fondements du repos des peuples, de leur sûreté commune. Mais il faut prendre garde de ne pas étendre cette maxime au préjudice de la liberté, de l'indépendance qui appartient à toutes les nations. Quand un souverain rompt ses traités, refuse de les remplir, cela ne veut pas dire tout de suite qu'il les regarde comme de vains noms, qu'il en méprise la foi. Il peut avoir de *bonnes raisons pour se croire déchargé de ses engagements*, et les autres souverains ne sont pas en droit de le juger. C'est celui qui manque à ses engagements sur des prétextes frivoles manifestement, ou qui ne se met pas seulement en peine d'alléguer des prétextes, de colorer sa conduite, et de couvrir sa mauvaise foi, c'est un tel souverain qui mérite d'être traité comme l'ennemi du genre humain.

« On a proposé et agité cette question : si les promesses renferment en elles-mêmes cette condition tacite que les choses demeureront en l'état où elles sont, ou si le changement survenu dans l'état des choses peut faire une exception à la promesse, et même la rendre nulle? Le principe tiré de la raison d'une promesse doit résoudre la question. S'il est certain et manifeste que la *considération de l'état présent des choses est entrée* dans la raison qui a donné lieu à la promesse, que la promesse a été faite en considération, en conséquence de cet état des choses, elle dépend de la conservation des choses dans le même état. Cela est évident, puisque la promesse n'a été faite que sur cette supposition. Lors donc que l'état des choses essentiel à la promesse et sans lequel elle n'eût certainement pas été faite, vient à changer, la promesse tombe avec son fondement... Mais il faut être très réservé dans l'usage de la présente règle : ce serait en abuser honteusement que de s'autoriser de tout changement survenu dans l'état des choses pour se dégager d'une promesse. Il n'y en aurait aucune sur laquelle on pût faire fond. »

De même *Martens* (1) : « Le changement total des circonstances qui ont été la cause de la convention, la rendent non obligatoire et il ne peut être question que d'une indemnité à offrir par celui qui aurait volontairement fait naître ce changement. Il en est de même, si l'objet de la convention périt ou change. Nul doute que l'accomplissement du traité n'en termine l'obligation.

« La volonté mutuelle, expresse ou tacite des parties, suffit pour changer ou abolir le traité ; mais il n'est permis de se retirer unilatéralement d'un traité valable et obligatoire que lorsque la propre conservation y autorise ou que le parti contractant a été le premier à s'en écarter (2). »

---

(1) Op. cit. II, § 342, p. 276, s.

(2) « Il y a, dit Frédéric, dans l'*Anti-Machiavel*, des nécessités fâcheuses où un prince ne saurait s'empêcher de rompre ses traités et ses alliances ; mais il doit s'en séparer en honnête homme, en avertissant ses alliés à temps, et surtout n'en venir jamais à ces extrémités sans que le salut de ses peuples et une très grande nécessité l'y obligent. »

Et ailleurs : « Est-il meilleur qu'un peuple périsse ou qu'un

Pradier Fodéré (1) est encore plus précis :

« Les traités publics cessent d'être obligatoires :

« 1° Par le consentement réciproque des parties inté-ressées ;

« 2° Lorsque l'une des parties, d'après la faculté qu'elle s'en est réservée, se désiste de la convention ;

« 3° Lors de la stipulation d'un terme, à l'époque de son échéance ;

« 4° Quand un certain but est atteint, lorsque le traité n'avait eu d'autre objet que de parvenir à ce but ;

« 5° Lorsque l'exécution d'un traité devient physique-ment ou moralement impossible ;

« 6° Lors du changement essentiel de telle ou telle circonstance, dont l'existence était supposée nécessaire par les deux parties ;

« 7° *Par la défection de l'une des deux parties qui refuse l'exécution du traité en question* ou d'un autre tout diffé-rent. »

« Ce refus, *dit Kluber* (2), libère l'autre partie, et si elle a déjà fait des prestations en accomplissement du

---

prince rompe son traité ? Quel est l'imbécile qui hésiterait à déci-der cette question ? »

Il convient de rapprocher de ces principes ceux du duc A. de Broglie : « Elle proclame (l'opinion publique) que toutes les con-ventions sont sacrées pour les peuples... Toutes, entendons-nous bien ; il ne faut ici ni subterfuge ni subtilité ; toutes, y compris celles qui sont imposées par les armes après une guerre malheu-reuse. Si l'honneur a permis de les souscrire, l'honneur exige qu'on les accomplisse. On peut acheter la vie ; mais quand on l'achète, il faut la payer. (*La diplomatie et les principes de la Révolution française*, Revue des Deux-Mondes, 1868, février. Cité par F. Laghi, I, p. 227.)

(1) En note sous Vattel. II, 195.

(2) Op. cit. §§ 164 et 165.

traité, ou pris des arrangements, elle en doit être dédommagée.

« Un traité public, dit Hefter (1), ne peut jamais avoir pour effet d'imposer aux états ou aux souverains, représentants ou organes de la justice, des obligations contraires à la morale, *au droit* et aux principales religions. »

Et plus loin :

« La partie obligée peut refuser l'exécution de l'engagement contracté :

« 1° Dans le cas d'une impossibilité survenue et durable, bien que relative, de le remplir, *notamment dans le conflit avec ses propres devoirs, avec les droits et le bien-être du peuple* ou les droits des tiers, alors surtout que ces droits qui existaient déjà avant le traité, se trouveraient lésés. Mais elle sera tenue à des dommages-intérêts si, lors de la conclusion du traité, elle avait connaissance de cette impossibilité ;

« 2° A cause d'un changement de circonstances survenu depuis la conclusion du traité, lorsque, d'après l'intention évidente des parties, elles en formaient la condition tacite. Les nations et les souverains ne sont pas maîtres de leurs destinées au même point qu'ils le sont de leurs membres ou sujets. Il est donc indispensable d'admettre la condition implicite, « *rebus sic stantibus* » dans le sens qui vient d'être indiqué ;

« 3° Il faut regarder comme un changement semblable celui qui ne permettrait pas à l'Etat obligé de maintenir sa position politique antérieure et qui le placerait dans une condition d'infériorité vis-à-vis des autres, infériorité qui n'existait pas lors du traité, et qui n'était pas dans l'intention des contractants. Un changement pareil a lieu encore lorsque l'événement où les circonstances qui ont

---

(1) Op. cit. § § 94 et 98.

motivé l'engagement contracté ne se sont pas réalisés ou
ont cessé d'exister ; lorsque, par exemple, l'alliance de
famille qui a formé la condition tacite d'une alliance politique, a été rompue ;

« 4° Il est enfin incontestable que si l'une des parties
contractantes refuse positivement de remplir ses engagements, en dehors d'un des motifs indiqués ci-dessus pour
faire modifier le traité, il est permis à l'autre de s'en
affranchir également, lors même que le refus ne porterait
que sur un seul point ou sur une seule disposition. Car
l'accord complet sur tout ce qui a été convenu forme la
base de tout traité, et la violation d'une seule disposition
fait craindre celle de toutes les autres et entraîne un état
d'incertitude. »

Wheaton dit également : « On peut repousser les traités, même subséquemment à la ratification, en se fondant sur l'impossibilité physique ou morale d'en remplir
les obligations (1).»

Enfin, Bluntschi adopte une théorie juste-milieu très
acceptable, qui concorde à peu près avec celle que je
soutiens (2).

« Lorsqu'une des parties contractantes n'exécute pas
ses engagements ou viole le traité, la partie lésée a le droit
de se considérer comme dégagée. Cette règle n'est admise
qu'exceptionnellement pour les contrats privés. La non-
exécution entraîne en général le droit de réclamer devant
les tribunaux l'exécution du contrat, et elle n'autorise que
rarement la partie adverse à se retirer. Mais, en droit
international, on est forcé d'admettre le principe que
nous avons posé, parce qu'il n'y a pas de juge auquel on
puisse recourir pour contraindre la partie retardataire à

(1) Op. cit. p. 239, § 7.
(2) Op. cit, § 455-460.

s'exécuter, et parce que la guerre n'est pas toujours efficace ou de bonne politique.

« Lorsque l'ordre de faits qui avaient été la base expresse ou tacite du traité se modifie avec le temps, et que le sens du traité s'est perdu ou que son exécution est devenue contraire à la nature des choses, l'obligation de respecter le traité doit cesser.

« Quelques écrivains prétendent à tort que la clause « *rebus sic stantibus* » doit toujours être considérée comme apposée tacitement à tous les traités et que « *rebus mutatis* » toute obligation cesse.

« Posée de la sorte, cette règle rendrait impossible l'existence du droit international conventionnel, parce que chaque jour il survient quelque modification dans l'ordre politique. Il faut également rejeter l'extrême contraire en vertu duquel les traités resteraient immuables, lors même que les faits viendraient à changer. Toutes les modifications qui surviennent dans l'ordre politique n'entraînent pas la nullité des traités ; mais quelques-unes d'entre elles ont pour conséquence de dégager les Etats de l'obligation de respecter les traités qui ne sont plus en corrélation avec les faits. Ainsi, lorsqu'un ordre de faits déterminés forme la base et la condition de l'existence d'un traité, et que cette base vient à être renversée, la validité du traité s'écroule en même temps. Lorsque la Russie dénonça en octobre 1870 les traités de 1856, sur la neutralité de la mer noire et sur les restrictions apportées à la marine de guerre russe sur cette mer, en se fondant sur ce que les circonstances n'étaient plus les mêmes qu'en 1856, l'admissibilité de cette dénonciation fut, il est vrai, contestée par les autres puissances, mais le nouveau traité de Londres accéda cependant aux vœux de la Russie. (Staats-archiv, 4222-4286), Lord Granville présenta en outre les observations suivantes, contre le droit unilatéral de dénonciation (note du 10 novembre 1870) : « L'essence des traités étant qu'une des puissances lie l'autre, et par là restreint sa propre liberté d'action, ce serait, d'après cette théorie et cette conduite, remettre à l'appréciation individuelle de chacune des parties contractantes, [le droit] de soumettre de nouveau à son contrôle tout le contenu du traité, et d'être liée seulement aussi longtemps qu'il lui plaira. »

« Les traités cessent également d'être obligatoires lorsqu'ils arrivent à être en contradiction avec le développement des droits généraux de l'humanité et avec le droit international reconnu.

« Les dispositions qui, à l'époque de la conclusion du traité étaient encore autorisées, par exemple, existence de l'esclavage, restrictions apportées à la liberté de la navigation, lettres de marque, peuvent constituer plus tard une violation du droit, lorsque des principes plus libéraux viennent à être postérieurement reconnus par le monde civilisé.

« Les traités dont les dispositions sont *devenues incompatibles avec le développement nécessaire de la constitution ou du droit privé d'un Etat* peuvent être dénoncés par cet Etat.

« Les traités internationaux ne peuvent jamais constituer un obstacle permanent au développement de la constitution et des droits d'un peuple. L'Etat qui tient à consolider son existence et à assurer son développement, doit pouvoir se dégager des liens qui l'unissaient à d'autres Etats à une époque où sa conduite était inspirée par des principes tout différents. Nier cette vérité, ce serait sacrifier le fond à la forme, pousser la fidélité jusqu'au suicide. Lorsque l'exécution d'un traité est devenu impossible, ce traité cesse d'être obligatoire.

« Les Etats bénéficient ainsi de la règle : « *Ultra posse nemo tenetur* ; » et cela, non seulement quand le traité est absolument inexécutable ; mais aussi quand l'exécution du traité exigerait une dépense de forces exagérée ou entraînerait une violation du droit.

« On peut exiger d'un Etat qu'il exécute les engagements onéreux contractés par lui ; mais on ne saurait lui demander de sacrifier à l'exécution du traité son développement et son existence.

« Si les Etats n'étaient pas obligés de respecter les engagements onéreux qu'ils ont contractés, le droit conventionnel serait une chimère. Mais le fardeau doit pouvoir être supporté, et les charges imposées par le traité ne doivent pas avoir la mort de l'Etat pour conséquence. *L'obligation de rester fidèle aux traités a des limites.* Les conventions n'ont qu'une valeur dérivée ; elles reposent sur le droit nécessaire et originel des Etats d'exister et de se développer. Elles ne peuvent avoir de valeur que si elles sont compatibles avec la vie de l'Etat. »

Ainsi, l'opinion de la majorité des auteurs confirme celle que j'ai plus haut émise. Mais cette opinion donnerait en pratique des résultats fâcheux, et j'apporte immédiatement, comme le font certains des auteurs cités plus haut, des limitations à la règle posée.

Le traité entre deux nations est la loi des parties. Mais c'est une loi d'une nature toute particulière. Ce n'est pas une loi immuable. Que demain tombe le gouvernement qui l'a conclu et la loi n'a de valeur qu'autant que le gouvernement (1) qui succède en reconnaît la validité. Ceci n'est pas l'opinion générale. Hefter dit (2) :

_____

(1) Par gouvernement, naturellement je n'entends pas ici les ministres, mais la dynastie, le régime même.

(2) Op. cit., § 94.

« Les engagements contractés par le souverain, au nom de l'Etat dans l'exercice de ses fonctions, même ceux d'une nature mixte, obligent ce dernier en entier, et sont d'une nature réelle. Elles continuent à être valables tant que l'Etat subsiste sous une forme et une constitution différentes. »

Mais, d'autre part, Bluntschli (1) : « Bien que les représentants d'un Etat puissent obliger celui-ci pour l'avenir, ce droit n'est pas absolu, et les représentants des Etats n'ont ni la prétention ni le pouvoir *d'arrêter à jamais le cours des événements.* L'éternité des traités est aussi absurbe que l'éternité des constitutions. Toutes deux sont incompatibles avec la nature des choses, avec les changements qui surviennent au sein de l'humanité et des différents peuples ; elles sont donc toutes deux en contradiction avec l'idée même du droit. »

Bluntschli semble donc faire marcher de pair la Constitution et le traité. C'est ainsi qu'à la suite des nombreuses révolutions qui ont déterminé chez nous la chute de divers régimes, le gouvernement nouveau s'est toujours empressé d'informer l'Europe de ses intentions pacifiques et de son désir de respecter les traités et conventions passés avec le précédent régime (2). C'est donc

---

(1) Op. cit., § 454.

(2) Le 22 mai 1790, proposition de Mirabeau :

Les traités, actes ou communications, passés jusqu'à présent avec les puissances étrangères, seront examinés dans un comité spécial, lequel en fera rapport avant la fin de la présente session, *à l'effet que l'Assemblée connaisse quels sont ceux qui doivent être ratifiés* ; et jusqu'alors lesdits traités demeureront dans toute leur force.

Le 29 juillet 1790, décret de l'Assemblée pour l'examen des

qu'au moins, quant à sa durée, on ne considère pas cette loi internationale comme réglée absolument par les stipulations du traité. Une telle loi ne peut pas inspirer une confiance à toute épreuve.

---

traités avec les puissances étrangères ; comité de six membres chargés de rendre compte.

Le 25 août 1790, décret sur la continuation des engagements de la nation avec l'Espagne. L'Assemblée « délibérant sur la proposition formelle du roi, contenue dans la lettre de son premier ministre, du 1er août, » décrète la conclusion de nouveaux traités et le maintien des anciens, sauf interprétation.

Le 1er mars 1793, décret de la Convention nationale annulant les traités d'alliance et de commerce avec les puissances en hostilités contre la République, et défendant l'importation de leurs marchandises de commerce.

Le 2 nivôse an II (22 décembre 1793) décret qni ordonne l'exécution des traités entre la République et la République de Gênes.

— Sur cette question, il y a des controverses considérables, et je crois bien que la majorité des auteurs est contraire à mon opinion.

A propos de l'emprunt fait en 1832 par le gouvernement de dom Miguel, M. Renault, professeur de droit des gens à la faculté de Paris, a donné, en 1880, une consultation sur cette matière, et il a lopte une opinion diamétralement opposée (p. 9-11). Il cite de nombreux auteurs à l'appui.

Mais la contradiction, je crois, n'est qu'apparente. Les auteurs qu'il invoque, Bluntschli, Wheaton et autres m'ont fourni des arguments en sens contraire, et permettent de se dégager par le paiement d'une indemnité.

Et M. Renault arrive à un résultat identique : D'abord, sa consultation est intitulée : « *La personnalité de l'Etat en matière d'emprunt.* » Et le point de vue tout spécial auquel il s'est placé. apparaît mieux encore dans la phrase suivante : « Depuis 1789, des régimes très différents se sont succédé en France ; jamais un gouvernement n'a songé *à répudier les dettes contractées par un gouvernement précédent.* » Sur la question financière, j'arrive au même résultat.

Bien mieux, on admet que le traité pourra, à certaines époques, être dénoncé par l'un ou l'autre des contractants (voyez Bluntschli, § 445, suiv.), et que le défaut de dénonciation entraînera une obligation nouvelle, de durée déterminée, ce qu'en droit civil on appelle la tacite reconduction.

Qu'est-ce donc que ce droit prévu de dénonciation, sinon la preuve manifeste de la crainte, chez les deux parties, que ce traité ne soit pas aussi profitable qu'on l'espère, et du désir de se réserver la faculté de se soustraire aux obligations qui en découlent ?

Et à quel moment dénoncera-t-on ? Au moment même où les relations qu'à créées le traité sont au plus haut point d'activité ; au moment où les gouvernements et les nationaux se sont imposé des sacrifices pécuniaires et autres pour s'accommoder à la nouvelle situation.

Si l'on veut bien tenir compte de ces observations, on admettra que l'anéantissement du traité par le refus d'exécution n'entraîne pas plus d'inconvénients pour les deux parties que la dénonciation, à une époque où un fonctionnement déjà prolongé semble en garantir la durée plus longue encore.

« Mais la dénonciation a été prévue ; les partie ont pu s'y préparer d'avance. » D'accord ! Alors ce n'est plus la question de droit qu'on soulève. C'est la question du préjudice aussi ! J'y arrive.

Quand le gouvernement refusera l'exécution d'un traité, ou déclarera, en dehors des termes prévus au traité, qu'il entend ne pas s'y soumettre plus longtemps, il aura soin d'engager immédiatement avec la partie contractante des négociations destinées à lui fournir toutes les raisons, toutes les explications qui motivent une aussi grave détermination. Et il accompagnera, comme il est

juste, ces explications d'offres d'indemnité convenables.
Car il se peut que sur l'annonce de la ratification d'un
traité, de son approbation par les Chambres, de son commencement de mise à exécution, la partie contractante,
Gouvernement et Nationaux, ait fait des dépenses peut-
être considérables. Ces dépenses, il faudra en bien tenir
compte. Mais je vais plus loin. Et l'importance de ces
concessions qu'imposent l'équité et le respect des droits
que l'autre partie tient de la pratique du droit international, fera réfléchir le gouvernement qui veut rompre
ou ne pas exécuter le traité. Il devra essayer de contre-
balancer, s'il le croit juste, la pression de l'opinion publique, de la majorité des Chambres, et de démontrer le
désavantage qu'il y a à ne pas tenir les engagements pris.
J'accorde que le gouvernement devra rendre indemne la
partie contractante et ses nationaux ; qu'on aura à faire
état des dépenses faites et même allouer des *dommages-
intérêts* ; et pour la fixation de ces dommages qui seront
réglés soit à l'amiable, soit par un tribunal arbitral, on
appliquera lès règles que nous avons posées dans notre
droit civil et qui s'imposent comme étant des régles de
bon sens et d'équité universels (1).

L'adoption de ces mesures permettra de concilier les
exigences du droit constitutionnel avec les égards dus
à toute puissance étrangère, et de lui donner satisfaction
dans la mesure du possible ; on peut affirmer que ses
intérêts matériels ne sont pas lésés. Quant aux autres, si
en ce siècle pratique il se trouve encore un peuple assez
soucieux de sa dignité, mal entendue d'ailleurs, pour

---

(1) Cela aboutit à considérer les Etats entre eux comme des
sujets du droit civil, lesquels peuvent toujours, par des dommages et intérêts, se soustraire à l'exécution d'une convention qui
nécessite leur fait personnel.

faire, après les explications fournies, de ce manque de parole, un *casus belli*, s'il se trouve un gouvernement assez habile ou assez fort pour affirmer qu'il aurait, lui, retourné l'opinion publique ou gouverné contre elle, alors il lui sera loisible de déclarer la guerre et de chercher dans des succès d'un autre genre l'équivalent de ce que lui enlève le traité. C'est une solution fâcheuse, mais que rien ne peut écarter. Nous verrons bientôt que dans un cas presque analogue à celui que j'ai discuté, dans l'étude de la deuxième question indiquée plus haut, un grand nombre d'auteurs arrivent à une conclusion identique.

DEUXIÈME POINT. (QUESTION SPÉCIALE). UN TRAITÉ RATIFIÉ PAR LE POUVOIR EXÉCUTIF NE LIE PAS LE PAYS, SI, POUR L'EXÉCUTER, IL EST BESOIN DE LOIS PARTICULIÈRES QUE PEUT SEUL FAIRE LE POUVOIR LÉGISLATIF.

§ 6. — La deuxième question a fait l'objet de nombreuses discussions. J'en rappelle les termes :

« Un traité a été conclu et ratifié par le pouvoir exécutif. Mais le pouvoir legislatif, consulté après la ratification donnée, comme c'est la pratique légale et régulière dans certains pays, refuse les lois nécessaires à en procurer l'exécution. Quelle est l'autorité de ce traité ? »

On voit que cette question diffère de la première.

La première était générale. Elle s'appliquait à tous les cas, elle pouvait se présenter sous tous les régimes : monarchie absolue, monarchie constitutionnelle sur le type de la constitution anglaise, ou sur celui de la constitution belge, prussienne ou autrichienne ; toutes pouvaient s'abriter, pour refuser l'exécution d'un traité valable, au double point de vue du droit des gens et du droit constitutionnel, derrière les grandes et puissantes raisons de l'intérêt du pays, de la pression de l'opinion publique.

La seconde question, au contraire, est plus précise dans ses termes, plus restreinte dans son étendue. Elle ne saurait s'élever ni dans les monarchies absolues, ni dans ces pays où la constitution exige que la représentation nationale soit consultée et priée de donner son approbation au traité, dont ultérieurement le Pouvoir exécutif, fort de cette approbation, échangera les ratifications. Elle ne peut donc être soulevée que dans les pays qui, à l'exemple de l'Angleterre, ont permis au Pouvoir exécutif de ratifier indistinctement tous traités, avant toute communication au pouvoir législatif, liant seulement l'Exécutif par la crainte que si le traité ne semble pas bon et avantageux au parlement, celui-ci ne refuse d'en faciliter ou d'en permettre l'exécution en ne votant pas les lois nécessaires qu'on réclame de lui

C'est donc une question toute spéciale; et c'est pour l'avoir traitée en question générale, dont la solution serait applicable à tous les régimes, à toutes les constitutions, que plusieurs auteurs ont commis des erreurs et soulevé des discussions.

SUBDIVISION DE LA QUESTION. — DEUX DIFFICULTÉS

§ 7. — La question posée présente deux faces, ou plutôt deux difficultés successives :

1° Un traité, contracté par le Pouvoir exécutif, représentant du pays dans les relations extérieures, et son organe autorisé, un traité, ainsi conclu et ratifié, est-il obligatoire définitivement pour le pays, même quand l'exécution n'en peut être procurée que par des lois spéciales dont le vote appartient constitutionnellement au pouvoir législatif? Le Pouvoir Exécutif, qui, en le concluant, s'est et veut demeurer lié, a-t-il aussi lié le pays ?

2° En admettant une solution affirmative sur le premier point, si le pays ainsi lié refuse d'exécuter les engagements, le pouvoir exécutif peut-il et doit-il user, contre la volonté de l'autre grand pouvoir constitutionnel, des moyens de droit que lui donne la Constitution, pour procurer à l'Etat avec lequel il s'est engagé, l'exécution du traité au moins partielle, et dans la mesure du possible ? En d'autres termes, est-il engagé plus fortement par les devoirs que lui impose le Droit des Gens que par ceux qui découlent pour lui de sa qualité de souverain ayant juré la constitution.

PREMIÈRE DIFFICULTÉ : LE TRAITÉ VALABLEMENT PASSÉ PAR LE POUVOIR EXÉCUTIF NE LIE PAS LA COMMUNAUTÉ

§ 8. — J'aborde le premier point :

On peut affirmer que c'est là une des questions les plus et en même temps les mieux controversées du droit des gens. Mais, je le crains, c'est tout ce que l'on peut affirmer. L'un des auteurs que j'aurai à citer plus loin, Holtzendorf, termine mélancoliquement son exposé par ces mots : « La difficulté n'est pas encore tranchée, il y a controverse. » Et un autre, Mëier, renchérit : « Il n'y a pas qu'une seule controverse, tout est controversé. »

La raison, je l'ai maintes fois signalée : C'est que les arguments invoqués de part et d'autre, ne sont que le produit du raisonnement ou de l'imagination de chacun, et non les déductions certaines de principes incontestés.

« C'est un principe normal, que le souverain constitutionnel, Pouvoir Exécutif, lie obligatoirement l'Etat avec l'étranger. Et lors des tentatives de révision (de la constitution prussienne) on a reconnu que dans les constitutions anglaise, française, américaine, ce principe

14

était proclamé comme existant Un des principaux orateurs déclare que : « Les traités en soi n'exigent pas
l'approbation des Chambres, et qu'il est inouï, dans
l'histoire parlementaire, qu'un traité de paix ait été
amendé. »

Voilà ce que déclare Gneist au cours d'un rapport qu'il
fit, comme président d'une commission, à la Chambre
des députés prussienne, en 1868 (1).

Et Meïer (2) répond : « D'abord il s'agirait de savoir ce
qu'il en est de ces prétendus principes du droit des gens
européens, d'après lesquels le chef de l'Etat doit avoir,
comme étant son représentant, la qualité de le lier sans
réserve avec l'étranger. »

DATE RÉCENTE DE LA CONTROVERSE. MOTIF DE L'ERREUR
PERSISTANTE.

§ 9. — Il est étrange que ce soit de nos jours seulement que cette objection ait été soulevée.

Les auteurs du droit des gens ont marché résolûment
dans les traces de leurs devanciers. Ceux-ci, j'entends les
premiers qui aient écrit sur la matière, ont fait, naturellement, cadrer leur doctrine avec les circonstances et les
faits, tels qu'ils se présentaient à leur époque. Vivant
sous une monarchie absolue, n'ayant peut-être jamais
songé, autement que par des citations empruntées aux
anciens (vid. Grotius, passim) à étudier le résultat de ces
doctrines appliquées à d'autres formes de gouvernement,
ils ont pris pour absolu ce qui n'était que relatif et posé
en principe, en axiôme, ce qui n'eût dû être, l'histoire l'a
démontré, qu'une règle transitoire.

---

(1) Gutachten über die Auslegung des Artikels 48 der Verfas-
sung-Urkunde, donné par Mëier en appendice, op. cit.
(2) Op. cit., p. 35.

Il leur eût suffi, cependant, de regarder en arrière, dans les chroniques de notre pays, dans les annales d'Angleterre, d'étudier (Vattel même en fait la remarque), les Constitutions de Suède et de Pologne, pour voir que la monarchie absolue n'était pas universelle dans le temps et dans l'espace. Ils eussent pu inférer de ce qui était ce qui pouvait être et fut en effet, ou tout au moins reconnaître la possibilité de deux règles parallèles. Aujourd'hui, l'on a marché dans une voie nouvelle. M. Pascal Fiore s'écriait, il n'y a pas longtemps : « Nous demanderons en vertu de quel droit furent stipulés ces traités (par un monarque absolu) ? Qui voudrait soutenir que cet étrange abus de pouvoir ait été obligatoire pour les nations ? » Et, dans une correspondance datée de son pays (1), on lisait ces quelques lignes qui révèlent une pratique constitutionnelle bien conforme à ses vœux : « On ignorera peut-être encore pendant longtemps l'étendue de l'accord qui vient d'être conclu entre les deux dynasties (Italie et Autriche) avec le concours et le *consentement* de leurs ministres responsables. » Nous voilà bien loin des idées qui avaient cours au temps de Grotius, et même de Vattel.

Pourtant, tout en faisant des progrès rapides en droit constitutionnel, les peuples se sont encore attardés dans les vieilles ornières du droit des gens.

Le chef de l'État, le plus souvent un roi, est resté comme auparavant, ainsi qu'il était convenable, le porte-parole du pays à l'étranger.

Mais tandis qu'au point de vue constitutionnel on le dépouillait successivement dans presque tous les pays, de divers attributs, et des plus importants, de sa souve-

(1) Journal *le Temps*, du 7 novembre 1881.

raineté, on ne songeait pas à lui retirer cette plénitude de pouvoir, cette faculté si étendue de représentation à l'étranger ; ou plutôt, les modifications introduites à l'intérieur dans les constitutions et dont le contre-coup se faisait ressentir dans les relations du souverain avec les autres puissances, n'étaient pas signalées d'une manière nette, précise et définie. Le souverain avait moins de pouvoirs, c'était incontestable, puisque désormais, par l'adoption de nouvelles règles constitutionnelles, il ne pouvait plus garantir à ses contractants l'exécution matérielle et complète des traités. Mais dans ses rapports avec les peuples étrangers, on affectait de n'en pas tenir compte, de ne pas signaler cette diminution réelle d'attributions, et l'on continuait à dire comme les auteurs anciens : « Le roi représente l'Etat à l'étranger. Il a le pouvoir, par les traités qu'il conclut et ratifie, d'obliger l'Etat. »

C'est ainsi, du moins, que je m'explique la persistance de cette doctrine et de la pratique conforme.

LA CONSTITUTION ANGLAISE, PROTOTYPE DES CONSTITUTIONS, A INFLUENCÉ LES AUTEURS

§ 10. — Un certain nombre d'auteurs y ont accédé. Gneist (op. cit) dans le rapport cité plus haut, fait remarquer que la Constitution prussienne de 1848 est imitée de la Constitution belge, et que son article 48, copié sur l'article 68 (1) de celle-ci, est un article sans précédent

---

(1) « Le roi commande les forces de terre et de mer, déclare la guerre, fait les traités de paix, d'alliance et de commerce, etc. Les traités de commerce et ceux qui pourraient grever l'état ou lier individuellement des Belges, n'ont effet qu'après avoir reçu l'assentiment des Chambres. »

Et l'article 48 de la Constitution prussienne :

« Le roi a le droit de déclarer la guerre, faire la paix et de pasdans les Constitutions d'un grand Etat, article d'ailleurs mal rédigé et obscur en ses termes. Il le rapproche alors de la Constitution anglaise, et après avoir longuement expliqué le mécanisme de celle-ci, il conclut :

« Au point de vue du droit des gens, le traité est parfait et obligatoire entre les parties contractantes, par la ratification du roi. »

Et il invoque d'autres autorités, qui d'ailleurs ne lui manquent pas. Zachariæ, sans faire d'allusion particulière à un type de constitution quelconque, prend pour point de départ de toute une théorie que « la conduite des affaires extérieures, même dans le cas où la constitution repose sur le système d'un partage de pouvoirs, est un droit exclusif de la Couronne. »

Blackstone dit (1) :

« Il est de la prérogative du roi de conclure les traités avec les états et les princes étrangers.

Car il est, *d'après le droit des gens, essentiel pour la force obligatoire d'un traité qu'il soit conclu par le pouvoir souverain*. Et ces traités il peut aussi les rompre. Il n'y a dans le royaume aucune autre puissance qui pourrait les attaquer, les retarder ou les déclarer nuls. »

Et Alpheus Todd (2) :

« C'est une fonction particulière de la souveraineté de faire des traités, et d'*après le droit des gens*, il est

---

ser les autres traités avec les gouvernemeuts étrangers. Ces derniers ont besoin pour leur validité de l'assentiment des Chambres, en tant qu'ils sont traités de traités de commerce, ou quand ils imposent des charges à l'État ou des obligations à des nationaux. »

(1) I, 267.
(2) *Parliamentary Government*, 2 vol. in-8, London, 1867, I, 598, s.

essentiel à la validité d'un traité qu'il soit fait par le souverain pouvoir, *car alors il lie la communauté entière.* »

L'unanimité des auteurs anglais est d'accord sur ce
point.

— Mais ce qu'on accorde pour la constitution anglaise
ne peut pas être érigé en système général, même pour les
pays qui ont des constitutions calquées sur elle. Je m'explique : Je crois que ce pouvoir accordé au roi d'Angleterre n'est nullement l'application d'une règle du droit
des gens. Je le répète encore, le droit des gens n'a pas de
règles *a priori*; ses règles, il les tire de la pratique. La
constitution anglaise a donc consenti à accorder au roi
cette faculté d'obliger définitivement le pays, quels que
soient le but, la nature, l'importance du traité, quel que
soit l'accueil que lui réserve le Parlement, lorsqu'on sol-
licitera de lui les lois nécessaires à l'exécution. L'origine
de cette pratique, il serait intéressant de la chercher en
étudiant spécialement l'histoire de la constitution anglaise.

Si de celle-ci nous passons aux constitutions françaises
qui se sont inspirées d'elle, je veux dire, celle de 1814 et
celle de 1830, je crois qu'il faut encore adopter la même
solution.

La constitution de juin 1814, art. 14, dit :

« .....Le roi... fait les traités de paix, d'alliance et de
commerce.

Benjamain Constant (1) a beau protester et s'écrier :

« Les clauses des traités étant à la discrétion du pouvoir royal, s'il pouvait rendre obligatoires pour la nation
des clauses qui influeraient sur sa situation inférieure,
aucune constitution ne pourrait subsister. Tous les arti-

_____

(1) *Cours de Politique*, chap. IV.

cles constitutionnels pourraient être rapportés sans discussions et d'un trait de plume. Le despotisme et la per-
sécution reviendraient du dehors masqués en traités de
paix, et les ambassadeurs du roi seraient le véritable
pouvoir législatif d'un tel peuple. »

Tout cela est fort exact ; mais comme nous ne trouvons
pas dans la constitution de 1814 un pouvoir chargé d'examiner la constitutionnalité des traités ; comme, d'autre
part, cette constitution n'apporte aucune limite au pouvoir
du roi, que c'est seulement en matière de finances que
la chambre des députés a un droit de contrôle, il faut
encore ici avouer que le roi oblige l'Etat dans ses relations
avec les puissances étrangères.

Et, malgré les protestations des publicistes, la constitution de 1830, art. 13, décide que le roi fait les traités
de paix, d'alliance et de commerce, » Cependant, ici
déjà l'on pourrait faire cette objection : si le roi peut
ainsi lier l'État d'une façon obligatoire, comment se
fait-il qu'en 1841, par exemple, nous ayons vu le gouvernement du roi Louis Philippe refuser de ratifier un
traité que ses plénipotentiaires avaient signé. [Je sais
qu'il avait, même après la discussion dans les chambres,
le droit de ratifier, et que le traité ainsi ratifié eût
été valable en droit international. Mais, il n'eut pas
été possible de l'exécuter, car il impliquait une augmentation de notre marine et les chambres eussent refusé
le crédit. C'est cette considération qui a déterminé le
gouvernement à refuser la ratification. Ainsi les termes
de la constitution autorisent le roi à faire les traités,
même de paix, d'alliance et de commerce, et cependant,
bien qu'investi de ce droit, à la suite d'un vote contraire
il ne ratifie pas. C'est donc, comme j'en ai fait plus haut
la remarque, que les termes de cet article 13 n'étaient

pas absolument exacts, qu'ils ne répondait pas à l'entière
vérité des faits, puisque, en théorie, le roi fait les traités,
mais qu'en pratique il trouve plus expédient de ne pas les
faire, alors même qu'il en aurait le désir. Je n'insiste pas,
et je continue ma démonstration.

LES CONSTITUTIONS POSTÉRIEURES SONT INDÉPENDANTES DE LA CONS-
TITUTION ANGLAISE, ET LES COMMENTATEURS ADOPTENT UNE OPINION
NOUVELLE.

§ 11. — Ainsi nous avons étudié la constitution anglaise, les constitutions françaises de 1814 et de 1830, et
jusqu'ici il nous faut encore être de l'avis de Gneist : le
roi lie l'État par les traités qu'il passe avec l'étranger.

Cependant Wheaton (1) pose la règle suivante : « La
constitution civile de chaque État particulier détermine
en qui réside le pouvoir de ratifier les traités négociés et
conclus avec les puissances étrangères, et de les rendre
ainsi obligatoires pour la nation. »

Or, par hypothèse, nous étudions ces constitutions qui
ont confié au Pouvoir exécutif la mission de ratifier ;
après quoi, le traité est valable en droit international ;
nous venons de le declarer expressément pour les cas
étudiés plus haut. Mais il est d'autres constitutions qui
sont allées plus loin.

Meïer distingue nettement des constitutions du type
anglais certaines constitutions d'un autre type, celles
notamment d'Autriche, de Prusse, de Belgique, d'Italie,
et de l'empire d'Allemagne (2).

Il oppose les deux systèmes, ainsi que je l'ai déjà fait.
Le système anglais, dit-il, permet au roi de ratifier tous
traités ; mais il doit pour leur exécution demander au

(1) Op. cit., ch. II, 3ᵉ part., I, § 6.
(2) Voyez la remarque faite à la note 1 de la page 174.

Parlement les lois nécessaires. Cela peut amener des complications fâcheuses et des difficultés intérieures. D'autres États, plus sages, ont amélioré la pratique. Ce n'est pas pour l'exécution seulement qu'on devra solliciter le concours du Parlement, c'est pour l'existence même du traité. Aussi, avant de ratifier, le roi devra, d'après ces constitutions, soumettre le projet de traité au Parlement, et ne ratifier qu'autant qu'il aura obtenu son approbation. Et il oppose très bien les termes, dont la langue allemande est si riche, pour mieux préciser sa pensée. Il dit que dans la constitution anglaise, le concours du Parlement doit intervenir seulement au moment de l'exécution (Ausführung) pour procurer au traité la force exécutoire, (Wirksamkeit), tandis que, d'après le système nouveau des constitutions belge, prussienne, etc., il doit intervenir au moment de la conclusion (abschluss) du traité, pour lui procurer la validité, l'existence. (Gültigkeit)

Cependant, au moins sur la constitution belge, et aussi sur la constitution prussienne, il y a une controverse où je prendrai parti plus tard ; mais j'adopte dès à présent, en me réservant de le combattre plus loin, un système qui me permettra de mieux mettre en lumière la question actuellement débattue.

L'article 68 de la Constitution Belge dit :

« Le roi commande les forces de terre et de mer, déclare la guerre, fait les traités de paix, d'alliance et de commerce, etc. Les traités de commerce et ceux qui pourraient grever l'État ou lier individuellement des Belges, n'ont effet qu'après avoir reçu l'assentiment des chambres. »

Lors de la confection des lois constitutionnelles, un député avait proposé un amendement ainsi conçu : « Le droit de déclarer la guerre, de faire la paix, les traités d'alliance et de commerce, appartient au pouvoir législatif.» Cet amendement fut rejeté.

Puis, sur la proposition du député Van Meenen, fut voté l'article définitif.

Et un juriconsulte belge, Thimus, cité par Gneist, a bien soin de faire remarquer le sens de ces mots : « *n'ont effet qu'après avoir reçu l'assentiment des chambres.* »

« Il importe de remarquer que c'est seulement pour l'*exécution* de traités de commerce, des traités qui pouraient grever l'État ou lier immédiatement des Belges, que l'assentiment des chambres doit être réclamé par le gouvernement.

« Le second paragraphe de l'article ne concerne en effet que l'exécution et non point la *conclusion* même des traités. Il n'a besoin de l'assentiment des chambres, pour les traités de cette catégorie, que pour leur faire sortir leurs effets, que pour leur mise à exécution. »

Ceci est formel, et c'est également l'opinion de Gneist : La constitution belge ainsi entendue diffère beaucoup de la constitution française (de 1875) et se rapproche un peu du système anglais.

Or, elle a été faite en 1831. Le législateur avait comme modèles les constitutions anglaise, la nôtre de 1814, dont nous avons vu le texte, et une autre, la constitution française, d'un genre tout différent, de la période Consulaire, du 13 décembre 1799, qui dit : « Les déclarations de guerre et les traités de paix, d'alliance et de commerce, sont proposés, discutés, décrétés et promulgués comme des lois. »

La comparaison de ces constitutions s'est imposée à l'esprit du législateur belge, et l'on en trouve la trace dans les diverses rédactions qui furent successivement proposées avant l'adoption de la formule définitive de l'article 68.

C'est d'abord un emprunt fait à la Constitution de Hollande du 24 août 1815.

« Le chef de l'État fait les traités de paix, d'alliance, et de commerce, il en donne connaissance aux chambres. » Il était naturel que cette rédaction s'offrît la première à l'esprit d'un peuple qui vivait depuis longtemps sous l'empire des lois hollandaises. Mais cet emprunt fait à la Constitution hollandaise en était un en même temps aux lois anglaises. « *Il en donne connaissance aux chambres* » est justement la formule que l'on pourrait adopter pour définir la pratique anglaise.

« Le système anglais exige que le Parlement soit *informé de temps en temps* de tout ce qui est nécessaire à expliquer la conduite et la politique du gouvernement, soit à l'intérieur, soit à l'extérieur, de façon à ce qu'il puisse donner son avis, son aide ou ses remontrances (1).

Mais comme la Constitution anglaise n'est pas écrite, que c'est l'usage seul qui a fait entrer dans la pratique ces communications au Parlement, on peut dire que la rédaction proposée au Congrès Belge, était un pas en avant de la pratique anglaise.

Cela parut pourtant insuffisant. On voulut plus de garanties, et franchissant d'un coup l'espace qui sépare les agissements antiques et prudents de l'Angleterre des nouvelles maximes politiques que notre révolution avait introduites, on proposa l'adoption d'un article semblable à l'un de ceux de notre constitution Consulaire de 1799 : « Le droit de déclarer la guerre, de faire la paix, les traités d'alliance et de commerce, *appartient au pouvoir législatif.* »

Cette fois c'était trop. La proposition fut rejetée et l'on

_____

(1) A. Todd, op. cit.

finit par adopter, après ces diverses tentatives, la rédaction définitive de l'article 68, telle que je l'ai indiquée plus haut.

Ainsi, la constitution anglaise et la constitution consulaire de 1799 avaient été également repoussées, et l'on adoptait une solution intermédiaire. Cette solution avait encore pour base le système anglais. C'est le roi qui négocie, signe et ratifie les traités. Alors seulement il en donne connaissance aux chambres. Mais ici apparaît la différence, et elle est considérable.

Tandis que c'est l'usage seulement qui oblige en Angleterre le roi à donner au Parlement connaissance des affaires extérieures du royaume; en Belgique, c'est la loi qui le lui impose.

Et la différence n'est pas dans les mots seulement. La pratique anglaise, qui n'a que l'usage pour règle, qui n'est pas enchaînée aux termes invariables d'une constitution, n'est pas constante dans ces agissements. Les traités pour lesquels on sollicite le concours du Parlement sont ceux qui intéressent l'Etat, son territoire, sa législation intérieure, ses douanes, son commerce, etc. C'est là une règle précise ; la pratique ne l'est guère.

En 1713, le Parlement refuse de voter les lois nécessaires à l'exécution du traité, qui reste lettre morte. Mais en 1854, sans participation du Parlement, on cède un territoire près du fleuve Orange, et bien mieux les îles Ioniennes.

Voilà ce que la constitution belge du 7 février 1838 a eu pour but d'éviter ; c'est cette pratique irrégulière et capricieuse. Elle a voulu que désormais aucun traité « qui pourrait grever l'Etat ou lier inviduellement des Belges » (et ceci n'est qu'une légère extension de la formule qui résumerait la pratique anglaise) *n'eût effet* qu'après avoir reçu l'assentiment des chambres.

Elle a voulu surtout que cette constitution portât la trace écrite des préoccupations de la nation.

— Ainsi la Constitution Belge n'est qu'une imitation de la constitution anglaise, mais avec un perfectionnement qui en modifie l'économie. En résumé, parmi les constitutions de l'Europe, nous avons, à ce compte, trois types particuliers.

1° Les constitutions, hors de cause en ce moment, comme les constitutions autrichienne, allemande, française (de 1875) qui exigent l'intervention du pouvoir exécutif pour la conclusion, l'existence même du traité ;

2° Le : constitutions bâties sur le type de la constitution anglaise, comme celles de France, de 1814, 1830, lesquelles donnent plein peuvoir au roi pour la conclusion et la ratification des traités, sauf à consulter ensuite le Parlement, lequel a également plein pouvoir pour le vote de certaines lois de finances qui peuvent intéresser l'exécution des traités.

3° Les constitutions comme la constitution belge (1), qui donne au roi le droit de ratifier les traités, mais qui avertissent formellement et le roi lui-même, et ceux avec qui il traite, que les traités, de la nature de ceux qui nous occupent actuellement, n'auront effet qu'après avoir reçu l'assentiment des chambres.

Et maintenant à la question de principe que j'ai posée plus haut : « Le Pouvoir exécutif lie-t-il obligatoirement la nation par les traités qu'il signe et ratifie, » je réponds maintenant très explicitement :

---

(1) Je rappelle ce que j'ai dit page 217 : Je n'adopte pas ce système de classification. Je l'ai admis momentanément pour faciliter la discussion.

Pour les pays ayant une Constitution du premier type, comme la France et l'Autriche, la question ne se pose pas, car le Pouvoir législatif a dû intervenir lors de la conclusion du traité, pour lui donner existence.

Pour ceux qui ont une Constitution du second type, comme l'Angleterre et la France en 1830 et 1814, le roi a le pouvoir de lier le pays, car l'article de la Constitution chez celle-ci, l'usage chez celle-là, confient au roi le droit de faire les traités, et la pratique qui exige le concours des Chambres pour l'exécution de certains traités a été trop variable pour donner une base sérieuse de contester ce droit.

Pour ceux, enfin, qui ont une Constitution du troisième type, comme la Belgique, le roi n'a pas le pouvoir de lier le pays par les traités qu'il passe ; ses co-contractants et lui-même ont pu lire le texte formel de la Constitution qui limite son pouvoir au profit des Chambres. Si l'on objecte que c'est seulement l'exécution du traité qui reste en suspens, mais que son existence est un fait accompli, sa validité un fait incontesté, j'en tombe d'accord. Mais je demande alors quelle valeur le co-contractant peut accorder à un traité que la volonté du roi a fait existant et valable, mais que, seule, celle des Chambres peut faire viable et pratique. Si, enfin, le co-contractant argumentait du prétendu principe suivant lequel le roi oblige le pays, ne serait-on pas en droit de lui répondre : « Ce principe n'existe pas. Le droit des gens n'a pas de principes. La pratique de certaines Constitutions semble seulement être conforme à ce principe toujours invoqué, jamais démontré ; mais d'autres Constitutions s'en écartent. C'est ici le cas. Si vous l'ignoriez, et qu'il en soit résulté un préjudice pour vous, imputez-en la faute à vous seul : « *Qui cum alio contrahit, vel est, vel debet esse non ignarus conditionis ejus* » (1. 19 D. *de regulis juris*). Et ici on ne peut pas invoquer l'excuse que fournirait la pratique variable de l'Angleterre. Le texte est formel, et ne prête à aucune équivoque : La nation n'est engagée que par l'approbation donnée par les Chambres aux actes du roi (1).

---

(1) Maintenant, reste à vider définitivement une question dont j'ai, à plusieurs reprises, annoncé la résolution. Elle est assez délicate.

Parmi les diverses constitutions :

1° Les unes, comme la constitution anglaise, donnent au roi, pouvoir de ratifier tous traités et de réclamer seulement ultérieurement le concours du Parlement pour leur exécution ;

2° Les autres, comme la constitution française du 16 juillet 1875, permettent bien au Pouvoir exécutif de ratifier tous traités, mais soumettent, en fin de compte, la validité de certains d'entre eux au vote définitif du Parlement, ce qui amène en pratique le Pouvoir exécutif à ne ratifier qu'après le vote des chambres.

Cela est incontestable, je l'établirai plus loin, et l'article 8 de la constitution ne laisse aucun doute à cet égard.

« Le président de la République négocie et ratifie les traités. Il en donne connaissance aux chambres aussitôt que l'intérêt et la sûreté de l'État le permettent. Les traités de paix, de commerce, les traités qui engagent les finances de l'État, ceux qui sont relatifs à l'état des personnes, et au droit de propriété des Français à l'étranger ne *sont définitifs* qu'après avoir été votés par les deux chambres. »

Ainsi voici deux types de constitution bien distincts

Puis, à propos des constitutions prussienne, belge, italienne et allemande, interviennent des controverses, dont j'ai seulement fait mention, et que j'explique ici.

L'article 68 de la Constitution belge du 25 février 1831 est ainsi conçu :

« Le roi commande les forces de terre et de mer, déclare la guerre, fait les traités d'alliance et de commerce. Il en donne connaissance aux chambres, aussitôt que l'intérêt et la sûreté de l'État le permettent, en y joignant les communications conve-

Ainsi l'étude de la Constitution Belge nous a fourni la solution exacte à notre question. Elle nous a démontré

nables. — Les traités de commerce et ceux qui pourraient grever l'État ou lier individuellement des Belges, *n'ont d'effet* qu'après avoir reçu l'assentiment des chambres. Nulle cession, nul échange, nulle adjonction de territoire ne peut avoir lieu qu'en vertu d'une loi. Dans aucun cas, les articles secrets d'un traité ne peuvent être destructifs des articles patents. »

Cet article fournit matière à discussion. Que signifient les mots : « N'ont d'effet qu'après avoir reçu l'assentiment des chambres? » Un jurisconsulte belge, Thimus, dit expressément : « Il importe de remarquer que c'est seulement pour l'exécution des traités de commerce, des traités qui pourraient grever l'état ou lier individuellement des Belges, que l'assentiment des Chambres doit être réclamé par le gouvernement. Il n'a besoin de l'assentiment des chambres, pour les traités de cette catégorie, que pour leur faire sortir leurs effets, que pour leur mise en exécution. »

Un autre auteur belge, de Fooz (*Le droit public adminis-tratif belge*, 4 vol. in-8°, 1861. I, 130) : « C'est le Pouvoir exécutif qui négocie les traités ; c'est lui qui les conclut. Mais les traités de commerce ont toujours besoin de la sanction des chambres, et les traités de paix ou d'alliance en ont besoin quand ils peuvent grever l'État ou lier individuellement des Belges.

« Il faut, en toute hypothèse, que les traités conclus soient notifiés à la nation, et par suite communiqués aux chambres. »

Gneist (loc. cit.) s'approprie cette opinion. Ainsi, selon ces auteurs, le traité existe dès qu'il a été ratifié par le roi, et c'est seulement pour l'exécution que besoin est du concours des chambres.

Je n'ai point recherché quelle est la pratique constitutionnelle belge, mais je la crois en désaccord avec cette doctrine.

Meier (op. cit., p. 113) la combat aussi. Pour lui, ces mots « n'ont d'effet qu'après avoir reçu l'assentiment des chambres, » ont la même signification que dans notre constitution de 1875, ceux-ci de l'article 8 : « ne sont définitifs qu'après avoir été votés par les deux chambres. » C'est en effet le sens qui paraît le plus probable. Et je crois que c'est par respect pour une pratique, l'existence du prétendu principe du droit des gens, contre lequel s'insurgeait Mëier, indique les limites très res-

---

déjà vieille en Europe, que les auteurs belges cités, et après eux, Gneist, ont accordé au roi ce pouvoir de ratifier et de lier ainsi le pays avant d'avoir consulté le Parlement.

— La constitution italienne est du 4 mars 1848. Elle s'est évidemment inspirée de la constitution belge, dont elle reproduit presque identiquement les termes.

L'article 5 est ainsi conçu :

« Au roi seul appartient le Pouvoir exécutif. Il est le chef suprême de l'État, commande toutes les forces de terre et de mer, déclare la guerre, fait les traités de paix, d'alliance, de commerce et autres, en donne connaissance aux Chambres aussitôt que l'intérêt et la nécessité de l'État le permettent, et il y joint les communications convenables. Les traités qui apportent une charge aux finances, ou des changements dans le territoire de l'État *n'auront effet* qu'après avoir reçu l'assentiment des Chambres. »

J'ignore également quelle est la pratique constitutionnelle en Italie; mais il est facile de voir que la même discussion peut être soulevée sur les termes de l'article 68 de la constitution belge.

— L'article 48 de la constitution prussienne du 31 janvier 1850 a été également imité de l'article 68 de la constitution belge. Il est ainsi conçu :

« Le roi a le droit de déclarer la guerre, faire la paix, et de passer les autres traités avec les gouvernements étrangers. Ces derniers ont besoin, pour leur validité, de l'assentiment des Chambres, en tant qu'ils sont traités de commerce ou quand ils imposent des charges à l'État ou des obligations aux nationaux. »

L'article 68 de la constitution belge, dit Gneist, avait été fort mal rédigé, en des termes obscurs.

Et voici que l'article 48 de la constitution prussienne donne également, par sa rédaction, matière à controverse.

J'ai admis, dans la traduction que j'en ai donnée, que le roi a le droit de « ..... passer les autres traités. » C'est en effet le sens propre du mot « *errichten* » (V. *Sachs-Villatte, Encyclopædisches*

treintes, d'ailleurs, dans lesquelles ce principe peut, en certains pays, être invoqué.

Worterbuch; il est vrai qu'après ce sens « passer », admis en première ligne, il traduit « Vertræge errichten » par « conclure des traités ».) Gneist et Ronne (*Staatsrecht der Preussischen Monarchie*, I, p. 475) adoptent ce second sens.

« Mais, fait observer Mëier (op. cit., p. 217), « *errichten* » n'est pas le mot technique pour conclure ; c'est « *schliessen* » qu'il eût fallu employer. L'expression « errichten » est sans doute peu usitée. Mais il n'y avait pas d'autre expression aussi bien appropriée pour exprimer le minimum de droits laissé au roi dans la conclusion des traités, c'est-à-dire l'initiative des négociations, la ratification et la publication. Et c'est là justement le sens de l'expression *errichten*.

De plus on tire argument du mot « Gültigkeit » qui veut dire « validité ». Si le consentement des Chambres eût été nécessaire seulement à l'exécution du traité, c'est le mot « Wirksamkeit » que l'on eût employé.

— J'arrive enfin à l'article 11 de la constitution de l'Empire allemand du 16 avril 1871. « La présidence de la Confédération appartient au roi de Prusse, qui prend le nom d'Empereur d'Allemagne. L'empereur doit représenter l'empire dans les relations extérieures, et au nom de l'empire déclarer la guerre, conclure (*schliessen*) la paix, passer (*eingehen*) les traités d'alliance et autres avec les puissances étrangères, etc.

« En tant que ces traités se rapportent aux objets qui, d'après l'article 4, sont du domaine du Pouvoir législatif, il est besoin pour leur *conclusion* (Abschluss) de l'assentiment du Bundesrath, et, pour leur *validité* (Gültigkeit) de l'approbation du Reichstag. »

On voit encore ici la différence qu'on a voulu établir en employant les termes *schliessen* pour conclure (la paix) et *eingehen* pour passer (les traités). Cependant cette remarque perd de sa force si l'on observe que le sens de « eingehen » doit être large, puisqu'il s'applique même aux traités qui peuvent être ratifiés sans l'approbation d'aucun autre pouvoir, et d'autre part que certains traités auxquels besoin est, pour la conclusion (Abschluss)

§ 12. — J'aborde, ceci éclairci, la discussion finale de la première question.

Et je puis, grâce aux distinctions établies, adopter une règle générale qui se pliera au fonctionnement de chaque Constitution.

J'écarte le principe du droit des gens, d'après lequel le souverain lie l'Etat ; je reconnais seulement qu'en

---

de l'assentiment du Bundesrath, réclament encore pour leur validité (Gültigkeit) l'approbation du Reichstag.

Si l'on rapproche ces termes de l'article 48 de la constitution prussienne, si l'on remarque qu'ici *Gültigkeit* semble opposé à Abschluss, qui certainement signifie conclusion, on devient incertain du sens exact que l'on donnera au mot « Gültigkeit ». Car il parait y avoir une différence entre le sens qu'il a dans l'article 11 de la constitution allemande, et dans l'article 48 de la constitution prussienne. Au reste, le sens du mot Gültigkeit est controversé, et ce que j'ai traduit par validité, il faudrait, d'après Gneist, le traduire par *efficacité*, force exécutoire.

Ceci changerait bien la thèse. Mais je ne crois pas qu'il faille accepter l'interprétation de Gneist. Je dirai donc (mais sans pouvoir démontrer puisque le sens des mots même est en discussion) que la constitution allemande donne à l'empereur le droit de conclure et ratifier les traités avec l'assentiment du Bundesrath, qui n'est qu'un conseil d'empire, lequel représente les divers princes d'Allemagne ; mais que ce droit, comme dans notre constitution, n'est pas pour supprimer le contrôle du Pouvoir législatif auquel appartient de rendre définitif le traité. C'est là, je crois, le vrai sens de cet article 11. D'après cela, les constitutions belge, italienne, prussienne et allemande seraient des constitutions du même type que notre constitution française de 1875. Il n'y aurait donc que deux types, et non pas trois de constitutions, la constitution anglaise et la nôtre. Mais je le répète, la question est délicate, très discutable, et l'on voit à quels minces arguments on se rattache dans l'un et l'autre système.

fait, quelques peuples ont toléré une pratique conforme à ce prétendu principe (1). Mais j'ai établi en même temps que d'autres peuples, dont les institutions sont presque identiques, en avaient formellement nié l'existence, et repoussé l'application.

Lors donc qu'à la suite d'un traité ratifié par le souverain, conformément aux pouvoirs qu'il tient de la Constitution, il sera demandé au Pouvoir législatif des lois en permettant l'exécution, celui-ci, véritable représentant du pays à l'intérieur, doit savoir que suivant la teneur de la Constitution, ainsi que je l'ai plus haut expliqué, il se peut qu'il soit lié envers la puissance étrangère par les actes du Pouvoir exécutif, qu'il n'y a point, dans le droit des gens, de règle à cet égard, que la Constitution seule le doit éclairer ; que, *s'il est lié*, comme ce serait le cas pour le Parlement anglais, comme ce l'était pour nos Chambres françaises avant 1848, il a toujours la faculté de se refuser à l'exécution, dans les cas où il le juge convenable, mais qu'alors il rompt un traité valable, ce qui, suivant les circonstances, est un *casus belli*.

---

(1) Sur cette indulgence, cette tolérance des peuples, Guy Coquille écrivait dans son traité appelé : « *Institution aux droits des Français* » :

« ...D'ancienneté, nos bons rois ne mettaient sus les subsides sans le consentement du peuple que le roi assemblait par forme d'États généraux ; et en cette ancienneté lesdits subsides n'étaient ordinaires comme ils sont de présent. Ceux du duché de Bourgogne ont sagement retenu leur liberté... Le peuple français qui toujours a été bien obéissant, a facilement enduré la continuation, et les rois se sont advancés à mettre et à croître tous ces subsides, selon qu'il leur a pleu, et jusques à ce que le peuple accablé n'a plus moyen de fournir. »

DEUXIÈME DIFFICULTÉ : LE POUVOIR EXÉCUTIF DOIT PRÉFÉRER LES
OBLIGATIONS QUI RÉSULTENT POUR LUI DU DROIT CONSTITUTIONNEL
A CELLES QUI RÉSULTENT DU DROIT INTERNATIONAL ; CONTROVERSE ;
CAUSES DE LA CONTROVERSE.

§ 13. — J'arrive maintenant à la deuxième face de la
question.

« En admettant une solution affirmative sur le premier
point (en de telles Constitutions, le souverain lie-t-il
l'État?), si le pays, ainsi lié, refuse d'exécuter les engagements, le Pouvoir exécutif qui, lui, est lié, peut-il et
doit-il user de sa puissance propre pour les exécuter
dans la mesure du possible ? En d'autres termes, est-il
engagé plus fortement par les devoirs que lui impose le
droit des gens, que par ceux qui découlent pour lui de sa
qualité de souverain ayant juré la Constitution ? »

C'est encore un point très controversé. Et la raison, je
ne dis pas l'origine, de la controverse est toujours la
même. Le droit des gens n'a pas de principes absolus,
universellement reconnus. Je ne puis me lasser de le
répéter, et je le répète à satiété. Comment les auteurs
qui ont abordé ces matières n'ont-ils pas pris soin de
proclamer qu'ils n'avaient pas de base solide de raisonnement, et que les arguments qu'ils invoquaient n'étaient
que le fruit de leur propre imagination ou de leur logique
personnelle ? Comment pourrait-il en être autrement
quand les sujets du droit des gens sont des puissances
indépendantes les unes des autres, que rien, sauf la force,
ne peut contraindre à admettre telle règle, à adopter telle
pratique ; qui, après avoir reconnu l'existence et la validité d'un principe, ont ensuite intérêt à le contester, et
ébranlent ainsi, à tour de rôle, l'autorité de règlementa-
tions encore mal assises.

Ici, la difficulté d'arriver à une solution incontestée est encore augmentée par l'antagonisme du droit des gens et du droit constitutionnel. Le souverain qui a ratifié un traité est lié par cette ratification ; il attachera son honneur à remplir ses engagements. L'État avec lequel il a contracté compte absolument sur sa promesse, et, par hypothèse, la théorie du droit des gens, jointe à la pratique en vigueur, fortifie encore ses espérances. Mais si, malgré la droiture de ses intentions et son empressement à les réaliser, le souverain trouve un obstacle dans la volonté nationale ; si le Parlement, dont dépend le vote des lois nécessaires, sans nier la validité du traité, en conteste l'opportunité ou l'utilité, et refuse finalement les lois qu'on lui demande, le souverain va se trouver acculé dans une impasse. Peut-il contraindre le Parlement ? C'est douteux. Peut-il le ramener ? C'est difficile. Peut-il se passer de son concours ? C'est dangereux. Il y a forcément conflit ou soumission d'un pouvoir à l'autre.

EXAMEN ET SOLUTION DE LA CONTROVERSE

§ 14. — Les auteurs ont des solutions différentes. Mais ce qui domine, c'est l'indécision. Les uns avouent naïvement leur embarras ; les autres essaient de le masquer. D'autres enfin, ont imaginé des biais ingénieux, qui ne conduisent pas à une issue de la question.

Les anciens auteurs n'avaient pas eu à l'examiner. A l'époque où le droit des gens trouva, pour la première fois, des interprètes et des défenseurs, la pure monarchie absolue était en vigueur, et le chef de l'État, qui concentrait en lui tous les pouvoirs, n'avait pas à refuser, comme Pouvoir législatif, ce qu'il avait accordé comme Pouvoir exécutif.

Cependant, déjà plusieurs fois, dans notre histoire nationale, la question avait pu se produire, non pas éxactement sous sa forme actuelle, mais dans des conditions similaires.

Nous le verrons plus loin, nos rois de France n'ont pas eu toujours cette autorité absolue qui a été pendant un siècle et demi leur orgueil et l'envie des autres souverains. Il fut un temps, très court d'ailleurs, où les États Généraux avaient des pouvoirs très étendus, en contradiction avec ceux du roi, auxquels ils servaient de mesure et de limite. Ces pouvoirs des États, toujours invoqués par la nation, presque toujours méconnus par le souverain, ont été, en diverses circonstances, parfois un frein, parfois un auxiliaire à la volonté du roi.

Je m'explique : Il est arrivé que, contraint par la force des choses, le roi a, dans un traité, fait à ses ennemis telle concession, accordé tel avantage qui était attentatoire aux lois fondamentales du royaume, lois coutumières dont le texte n'est nulle part, sauf, peut-être, en résumé, dans la formule du sacre. En de telles occasions, le roi qui, de bonne foi, voulait exécuter son traité, quelque désavantageux qu'il lui fût, s'est vu opposer par les États ces lois fondamentales, et refuser les moyens d'exécution qu'il demandait. Ç'a été le cas du roi Jean, en 1359. D'autres fois, le roi, qui a cédé seulement par intérêt, soit pour faire sortir l'ennemi de France, soit pour sortir lui-même de captivité, déterminé d'ailleurs par avance à n'exécuter le traité que le moins possible, convoque les États et s'efforce d'obtenir d'eux une condamnation de sa conduite; ç'a été le cas du roi Louis XI, après le traité de Péronne ; il convoqua les États, mais « il n'y appela que des gens nommés et qu'il pensait qu'ils ne contrediraient point à son vouloir. »

Ç'a été le cas du roi Louis XII, après les fiancailles de François de Valois, plus tard François Ier, et de sa fille

Marguerite, déjà fiancée à Maximilien d'Autriche ; enfin
du roi François Ier, après le traité de Madrid, etc.

Dans les derniers cas que je viens de citer, les rois de
France étaient liés. Ils disposaient du Pouvoir législatif ;
les États n'étaient convoqués que sur leur ordre ; en
s'abritant, comme ils l'on fait, derrière la volonté des
États, représentants de la nation, ils agissaient de mauvaise fois. C'est indubitable. Cependant, il est frappant de
voir la même formule revenir constamment dans la bouche
des députés aux États : « Votre serment est nul, disent-
ils à François Ier, car il est contraire à un premier serment
que vous prêtâtes à la nation en recevant l'onction sacrée. »
Mettez ces paroles dans la bouche d'un homme intègre,
dans celle d'un président de Selve, par exemple, et l'on
voit immédiatement s'en dégager une théorie toute faite :
Le roi prête serment à la nation de respecter les lois du
royaume ; serment qui correspond à celui que fait un roi
constitutionnel de respecter la Constitution. Le roi lie la
nation par ses traités, mais quand il faut passer à l'excu-
tion, lui, Pouvoir législatif, se trouve arrêté par le respect dû aux lois fondamentales du royaume, comme le
souverain constitutionnel par l'observation de la Constitution.

Je ne crois pas avoir forcé les termes et grossi les pro-
portions. Voilà la théorie qui apparaissait sous cette pratique ancienne, et c'est celle qui s'est dégagée peu à peu
et qui a été la seule connue jusqu'à ces derniers temps.
Wheaton (1) dit à ce sujet : « Le traité ainsi ratifié est
obligatoire pour les États contractants, indépendamment
des mesures auxiliaires législatives qui peuvent être
nécessaires de la part de chacun d'eux pour lui donner

---

(1) Op. cit. p. 239, § 7.

effet complet. De sorte que quand une pareille législation devient nécessaire, en conséquence de quelque limite au pouvoir des traités, *exprimée dans les lois fondamentales de l'État,* ou résultant nécessairement de la distribution de ses pouvoirs constitutionnels (telle, par exemple, la prohibition d'aliéner le domaine national), le traité doit être considéré comme imparfait dans son effet obligatoire jusqu'à ce que le consentement de la nation soit donné dans les formes requises par la Constitution civile. »

Zachariæ (1) part de ce principe que la conduite des affaires étrangères, même dans les pays où la Constitution repose sur un partage de pouvoirs, est un droit exclusif de la Couronne. Mais il admet que la question de savoir si l'État est lié constitutionnellement par le gouvernement seul, ou s'il est besoin pour cela de l'assentiment à ces mesures de la représentation nationale, est dépendante des dispositions de la Constitution, et tient comme incontestable que quand un traité contient des arrangements qui changent quelque chose au droit constitutionnel, ou aux lois intérieures de l'État, ils doivent être soumis au concours du Pouvoir législatif. Mais plus loin il ajoute : « La question de savoir si un traité conclu sans réserve, est par soi-même obligatoire pour l'État, à l'égard du contractant étranger, est une question indépendante de la possibilité constitutionnelle d'en procurer l'exécution, mais qui se doit décider seulement d'après les règles du droit des gens. »

Cette contrariété d'opinion ne permet pas de dire quelle solution lui semble préférable.

Holtzendorf (2) s'exprime ainsi :

---

(1) *Deutsches Staats und Bundesrecht,* 1867, II, p. 542 et 586.

(2) *Encyclopædie der Rechtswissenschaft Europæisches Vœlkerrecht,* II, § 20, 2ᵐᵉ parag., p. 940.

« Le pouvoir commis à la plus haute position gouvernementale de la représentation de l'État à l'extérieur ne
peut pas (il est vrai), en droit constitutionnel, être partagé,
mais il peut être limité, soit par un droit étendu d'assentiment, non-seulement pour les traités, mais même pour
les nominations (aux postes diplomatiques) comme, par
exemple, dans les États-Unis de l'Amérique du Nord, soit
par le droit des Chambres, d'approuver la conclusion de
certains traités, comme, particulièrement, ceux de douane
et de commerce, soit par un principe (établi) de l'indépendance de l'administration de la justice, lequel empêche
le souverain de trancher de sa propre autorité, en vertu
de sa pleine puissance, certains actes de l'étranger,
quand ils sont controversables et tombent dans le domaine
des tribunaux du pays. En ces circonstances, un conflit
peut s'élever entre le droit de représentation que tient le
Pouvoir exécutif du droit international et les fonctions
qu'il tient de la Constitution. Ainsi (ce qui a lieu), quand
un monarque, franchissant les bornes de sa puissance,
telle qu'elle est déterminée par la Constitution, contracte
avec l'étranger des obligations, et, par exemple, quand la
Constitution attribue aux Chambres tout changement
dans les frontières de l'État, s'il cède volontairement à
l'étranger, en temps de paix, un morceau du territoire,
sans réserve aucune, l'étranger tient-il des droits d'un
tel excès de pouvoir, ou doit-il examiner la légitimité du
pouvoir supérieur de l'État, tel que la Constitution l'a
réglé et limité, avant d'entrer en pourparlers ; *c'est encore
une controverse non tranchée.* »

D'autres auteurs, d'une compétence universellement
reconnue, ont également hésité, par exemple, Mohl et
Ronne. Mais, avant d'entrer dans le détail de leurs hésitations, il convient de mentionner et d'expliquer ici un

deuxième système, imaginé par Gneist, système récent, ingénieux, et qui a ébranlé bien des convictions (1).

Gneist prétend que, dans la question ici discutée, il faut distinguer le côté du droit international, et le côté du droit constitutionnel.

En droit international, entre les puissances contractantes, le traité demeure parfait et obligatoire par suite de la ratification. Pour l'annuler, on ne doit s'appuyer que sur des raisons de droit international, et non pas sur le refus d'approbation des représentants du pays. C'est un principe de droit des gens que le chef constitutionnel d'un pays l'oblige à l'étranger.

En droit constitutionnel, c'est-à-dire dans les rapports de droit intérieur de l'Etat, il y a, au contraire, le principe que le droit en vigueur dans le pays peut être seulement changé par une acte du Pouvoir législatif, ne saurait être supprimé par une obligation avec l'étranger, et que des lois pour l'exécution effective d'un traité peuvent, en beaucoup de cas, être nécessaires.

Pour résoudre les questions qui naîtraient de ce dualisme, l'obligation plus haute, résultant du droit international, l'emporterait sur le devoir résultant du droit constitutionnel.

L'Etat resterait donc, à l'égard des puissances contractantes, engagé, quand bien même l'exécution à l'intérieur du pays devrait trouver un empêchement dans le refus d'approbation de la représentation nationale. Le gouvernement serait donc contraint d'employer telles modalités d'exécution, et, éventuellement, de garantir telles compensations qui amèneraient la représentation nationale à donner son assentiment. Si ceci encore restait sans

---

(1) V. Gneist, op. cit. en appendice dans Mëier.

succès, si des négociations amicales avec la puissance contractante étaient aussi infructueuses, alors inévitablement, la suite de cette rupture de traité serait, suivant les circonstances, un *casus belli*.

Dans le sens de Gneist s'est aussi prononcé Mohl (1).

Il part de ceci : « Que le chef d'un Etat est le représentant exclusif de la personne de droit international, puisque la volonté générale se personnifie en lui, et que sa situation, en droit international, ne peut être changée par des dispositions éventuelles du Pouvoir législatif, conformément auxquelles il lui faudrait l'assentiment d'une autre autorité (2) ou de la représentation nationale pour une négociation internationale. Les Etats étrangers auraient donc le droit et le devoir de s'en tenir simplement au chef de l'Etat avec lequel seul ils peuvent régulièrement avoir des rapports. »

« J'ai soutenu, dit Ronne, à qui j'emprunte l'exposé précédent (3), j'ai soutenu la même opinion (dans une première édition). Et, appliquant cette théorie à la Constitution allemande de 1871 (4), il continue : « Quand l'empereur, au nom de l'Etat, a passé avec des étrangers sans l'assentiment du Bundesrath, ou, avant l'obtention de cet assentiment, a ratifié les traités, dans les cas où la Constitution l'exigeait, alors par de tels traités, il serait, au point de vue international, engagé avec les contractants étrangers et, par suite, aussi obligé d'amener le traité à

---

(1) Encyclopædie der Staats-Wissensshaften, 2° édition, § 58, page 415.

(2) Allusion à la constitution de l'empire allemand et au rôle du Bundesrath.

(3) Das Verfassungs-Recht des deutschen Reichs.

(4) Que j'ai citée page 226, en note.

exécution, et cela par tous les moyens légaux mis à sa disposition.

« Comme cependant l'acceptation d'un traité quelconque est à considérer comme un acte de la puissance publique, par conséquent du Pouvoir exécutif, il appartiendrait, il est vrai, au Reichstag le droit de réclamer le dépôt d'un traité conclu pour faire l'examen de sa constitutionnalité et de sa compatibilité avec le droit existant. Mais comme l'article 11 de la Constitution n'a, en aucune façon, fait de cette approbation préalable une condition de la validité des traités (1), alors le refus de cette approbation n'aurait pas l'effet de rendre nonvalable ce traité. D'ailleurs, cela pourrait avoir pour résultat de rendre le traité inexécutable, et cela pourrait se présenter au cas où l'exécution du traité comporte des besoins financiers, ou encore si le traité se lie à une question de loi. Dans tous ces cas un traité ratifié serait, par le refus d'assentiment, sinon nul, du moins inexécutable, grâce à l'empêchement ci-dessus mentionné, et si, en un tel cas, l'empereur, sans tenir compte du refus d'acceptation ou de l'opposition, persévérait dans l'exécution du traité et voulait mépriser les réclamations élevées, alors, en conformité de l'article 17 de la Constitution, s'élèverait la responsabilité du chancelier de l'Empire qui, d'ailleurs, en l'absence d'une loi sur la matière, est purement morale. Mais l'empereur resterait, au point de vue international, obligé par ce traité jusqu'à ce qu'il réussisse, s'il réussit, à en obtenir la résiliation par voie diplomatique. »

---

(1) J'ai déjà indiqué plus haut, page 226, que Ronne, avec Gneist, estime que l'art. 11 de la constitution allemande réclame le concours du Pouvoir législatif seulement pour l'exécution du traité.

— Ainsi dans cette première édition, Ronne admettait, comme correctif, que l'empereur peut, sans aucun doute, *s'il le trouve convenable*, soumettre à l'examen du Parlement les traités projetés, et s'assurer de son approbation, et aussi que l'empereur peut stipuler l'approbation du Parlement comme une condition de son propre engagement.

La question, je l'ai dit, est délicate. Mohl, que nous avons vu rallié à l'opinion de Gneist, avait d'abord soutenu la thèse contraire.

Il trouvait l'opinion de Gneist inconciliable avec l'article 11 de la Constitution. « Si donc le Reichstag ne donne pas son assentiment, le traité doit être non-valable (1). Si l'empereur ne veut pas s'exposer aux désagréments d'une déclaration de non-validité après une ratification déjà consommée par lui, il lui est loisible, avant de la donner, de soumettre le traité conclu au Parlement, et on peut, sans scrupules, expliquer cette pratique par l'omission de la loi sur la responsabilité du chancelier.

« Si un traité est (ainsi déclaré) non-valable, alors à tous égards, il est inexécutable, et non seulement dans cette limite qu'il implique des lois de finance, mais à tous égards. Le gouvernement n'aurait donc pas à user de tous les moyens en son pouvoir pour en procurer l'exécution, ce serait une atteinte a la Constitution. Bien plus, il est inexact de prétendre que, en droit international, l'empereur soit lié par la ratification qu'il a donnée à un

---

(1) Il n'est pas difficile de deviner que ces opinions différentes chez un même individu sur ce point de droit international tiennent à des interprétations successivement différentes de la constitution qu'il envisage. Mohl considère tour à tour la constitution allemande comme appartenant à l'un ou l'autre groupe de constitutions. J'en tirerai argument plus loin.

traité non-valable. Une convention à laquelle manque
une condition légalement nécessaire, en droit n'est pas
passée et ne peut avoir aucun effet d'obligation à partir
du moment formel de la constatation de ce qui manque.
Il n'y a donc nul besoin de passer à des essais de conciliation par voie diplomatique. Il y aurait lieu tout simplement d'avertir de cette circonstance le co-contractant,
afin de ne pas le laisser en doute sur la chose. Et l'Etat
étranger ne pourrait parler, en ce cas, d'une erreur bles-
sante pour lui. Qu'un traité complétement négocié,
terminé et imprudemment ratifié par l'empereur, puisse
être lettre morte, *cela est dit clairement dans la Constitution.* Ceci, l'Etat étranger aurait pu et dû le connaître (1). »

— Tandis que Mohl reniait cette dernière opinion
pour adopter la manière de voir de Gneist, Ronne abandonnait celle qu'il avait défendue dans sa première
édition. Cependant il ne se rendait pas aux raisons que
Mohl avait données pour défendre sa doctrine première.
« Mohl, dit-il, ne fait, comme les autres, qu'affirmer sans
preuves. Il prétend que telle est l'interprétation de l'article
11, mais cela n'est pas établi.

J'abrège un peu son raisonnement.

« La question est plus haut; la voici : Des limitations
constitutionnelles peuvent-elles être établies à la faculté
de contracter du chef de l'Etat ? Ces limitations ont-elles
une importance en droit international ?

« Cette question ne doit pas être tranchée par des
règles de droit international.

« Certains auteurs, Gorius (*das Vertragsrecht des deutschen Reichs, in Hirth's annal,* VII, 1874, p. 759) et Meïer
(op. cit. page 109) et d'autres prétendent qu'elle doit être

---

(1) *Reichstaatsrecht,* p. 303, note 1.

résolue d'après les circonstances de fait, et que les lacunes existant dans le droit positif doivent être suppléées par des conclusions logiques qui se déduisent de la nature juridique des rapports d'État à État.

« Les autorités du droit des gens sont, en majorité, en effet, pour nier que le chef de l'État possède une faculté sans limite de représentation et d'obligation de l'État à l'égard de l'étranger ; mais ils sont d'accord que la présente question est à transporter du domaine du droit international dans le droit constitutionnel. Ils arrivent à ce résultat que, d'après le droit des gens, le chef de l'État n'est, en aucune façon, à considérer comme le représentant exclusif de la personnalité internationale.

« Gorius admet, en conséquence, que les Constitutions déterminent les conditions de la capacité de traiter du chef de l'État ; que les États contractant avec lui doivent connaître et tenir compte de ces conditions, et que, s'ils ne le font pas, il en résulte que le traité, conclu au mépris de celles-ci, est tout-à-fait dénué de validité, et que l'État contractant n'a pas qualité pour en déduire un droit, grâce au souverain qui aurait traité, contre l'État représenté.

« Quand bien même le Bundesrath aurait consenti et l'empereur formellement ratifié le traité, il y aurait alors, à la vérité, un traité formel ; mais, pour qu'il devînt valable et susceptible d'exécution matérielle, il faudrait encore une autre condition, condition suspensive : l'approbation du Reichstag. Si cette approbation ne suit pas, le traité, formellement valable en soi, est invalidé par cette absence ; il faut donc donner au contractant simplement connaissance de cette approbation refusée, pour lui montrer le traité comme non-existant en droit, et il n'aurait aucun titre, de ce traité formellement ratifié, puis non approuvé, à invoquer un droit contre l'empereur ou l'État.

Dans le même sens, Mëier arrive aussi au résultat suivant : « Pour la conclusion du traité, d'après le droit international, rien de plus n'est exigé, à savoir : que cet organe qui, d'après le droit constitutionnel de chaque État, est compétent, ait conclu le traité ; par conséquent, un conflit entre le droit constitutionnel et le droit des gens ne peut s'élever ; l'étranger aurait dû examiner l'autorité légitime, constitutionnellement réglée et limitée, du chef de l'Etat avant de traiter avec lui. Toute la fonction représentative repose sur ceci : Quelle limite lui a donné la loi constitutionnelle ?

Quand on accepte *cette opinion unanime que le chef de l'Etat, en droit international*, n'est pas à considérer obligatoirement comme l'exclusif représentant de la personnalité internationale, alors, on ne peut pas ne pas en tirer cette conséquence : que, avec les puissances étrangères, l'obligation dépend, avant la conclusion du traité à examiner, de ceci : si des limites, et quelles limites, ont été apportées à la puissance du chef de l'Etat, en ce qui touche la conclusion des traités (1). »

---

(1) Parmi les traités conclus et ratifiés, que la volonté d'un des contractants a laissés, au moins temporairement sans exécution, il convient de citer celui de 1831 entre les États-Unis et la France. A la suite des guerres de la Révolution et du premier Empire, pendant lesquelles les États-Unis de l'Amérique avaient eu beaucoup à souffrir dans leur commerce, il s'était produit de la part de cette puissance de nombreuses réclamations fréquemment renouvelées, indéfiniment ajournées. L'Empire avait été sur le point de les admettre ; le chiffre en avait même été discuté et fixé. Survint la Restauration, qui ne voulut jamais reconnaître cette dette nationale. La royauté de Juillet hérita de ces charges. Pour se ménager, au lendemain d'une révolution, l'appui d'une

J'aurais encore à invoquer d'autres autorités. Mais je
ne veux pas multiplier les citations.

---

grande puissance, elle consentit à examiner de nouveau la question. Des négociations s'ouvrirent, on discuta les chiffres, et, de
concession en concession, on arriva à la somme de 25,000,000,
minimum, déjà très réduit, des prétentions américaines.

Le traité impliquant un maniement de fonds, relevait, à ce titre,
de la puissance législative. Le traité fut donc, après ratification,
soumis à la Chambre des députés, à laquelle on demandait le
vote du crédit nécessaire. La Chambre examina le traité et
nomma une commission chargée de vérifier les prétentions américaines. Cet examen ne fut pas favorable à l'œuvre du cabinet
et de ses plénipotentiaires. On rapprocha la demande actuelle des
États-Unis de celle qu'ils formulaient lors des négociations entamées avec le gouvernement impérial : le montant en parut exagéré. On opposa le traité projeté à celui que l'Espagne avait, en
des circonstances identiques, conclu avec la Confédération, et
celui-là parut désavantageux pour nous. Finalement, la Chambre
refusa les crédits et le ministère donna sa démission.

Cependant en Amérique, ne doutant pas de l'a.
Chambres françaises, le gouvernement des États-L
comme si tout était terminé. Il avait, au lendemain
des ratifications, tiré sur notre ministère des finances ... le...
de change montant à la valeur du premier terme de l'indemnité.
Cette lettre de change ne fut pas payée. Grand émoi en Amérique, d'où l'on adressa des observations à la France, observations très acerbes, dans lesquelles on semblait mettre en doute
la loyauté du gouvernement. Celui-ci se borna à répondre par
l'historique complet des circonstances qui avaient amené le rejet
du traité, et par l'exposé de la pratique constitutionnelle suivie
sous l'empire de la Constitution de 1830. Le gouvernement n'avait
pas le pouvoir d'engager les finances de l'État, il fallait pour cela
un vote des Chambres. Les États-Unis ne pouvaient ignorer une
chose aussi élémentaire. Ils avaient donc, après d'autres fautes
de détail, commis celle, plus lourde, d'ignorer les règles de notre
Constitution. C'était le cas, comme en bien d'autres circonstances, de répéter l'axiôme : « Qui cum alio contrahit non debet esse
ignarus conditionis ejus. »

des premiers temps de la monarchie, qui ne soit caracté-
risée du consentement des Assemblées générales du
champ de mars ou de mai. »

Ainsi, ces Assemblées auraient eu le pouvoir législatif.

Mais ce n'était qu'un côté de leurs fonctions. Je n'en
veux pour preuve que les chroniques du temps de Charlemagne (1).

D'après ces chroniques, elles auraient eu le pouvoir de
juger certaines affaires, de voter et répartir les impôts,
enfin, de décider de la paix et de la guerre.

Pour le seul règne de Charlemagne, qui dura 45 ans,
on trouve la tenue de trente-cinq plaids généraux.

C'était donner une large part aux conseils des grands
et hauts dignitaires de l'Eglise dans le gouvernement des
affaires.

Malheureusement, après Charlemagne, cette institution
si pratique, avantageuse pour la nation et glorieuse
our l'empereur, tomba peu à peu en désuétude. Du ixᵉ
ıu xiiiᵉ siècle, quelques rares assemblées sont convoquées
ıe loin en loin ; ce qui les sépare des anciennes Assemblées, c'est qu'elles sont convoquées non plus par respect
pour l'usage ou la loi, parce que c'est leur droit, mais
parce qu'on a besoin d'elles (2).

DEUXIÈME PÉRIODE. 1302. PREMIERS ÉTATS GÉNÉRAUX ; BUT DE
LEUR CONVOCATION ; LEUR IMPORTANCE

§ 3. — DEUXIÈME PÉRIODE. — Au xivᵉ siècle apparaissent
les premiers Etats Généraux. Ils eurent lieu probablement en 1302. D'autres les placent en 1301 (Savaron) ou
en 1303 (président de Hénaut.)

_____

(1) Voyez Hincmar, cité et abrégé par Rathery, *Histoire des
Etats Généraux de France*, in-8º, 1845, p. 16.

(2) En 877, par Louis le Bègue ; en 988, par Hugues Capet; en
1238, par la reine Blanche.

Il s'agissait de soutenir le roi Philippe le Bel dans sa lutte contre Boniface VIII. L'élément religieux tint une large place dans l'Assemblée, à en juger par l'énumération suivante : » Notre sire le roy fit exposer ostendiblement par devant nous et à tous les prélats, abbés, priours, doyens, prévosts, procureurs des chapitres et des convents, des colléges, des universitez et des commuautez présents par devant lui... (1). »

Les deux autres ordres y figuraient également, les seigneurs et les barons, et les députés des communes, à raison de deux ou trois par ville.

C'était vraiment une assemblée nationale. Pierre Flottes, le garde des sceaux, leur exposa ce qu'on attendait d'eux et ajouta que « le roi leur commandait comme leur maître et les priait comme leur ami de lui donner leurs conseils et leur secours pour la conservation de l'ancienne liberté et le rétablissement des bonnes coutumes du Royaume. »

Et les députés répondent :

A vous, très noble prince, notre Sire, par la grâce de Dieu, roy de France : supplie et requiert le peuple de France pour ce qui l'y appartient que ce soit fait, que vous gardiez la souveraine franchise de votre royaume qui est telle que vous ne reconnaissiez de votre temporel souverain en terre fors que Dieu. »

CETTE IMPORTANCE, APRÈS DES ALTERNATIVES, S'ACCENTUE ET
DEVIENT PRÉPONDÉRANTE AUX ÉTATS DE 1355

§ 4. — Cette convocation de 1302 ne fut malheureusement pas un acheminement à un ordre politique plus parfait. Malgré les heureux résultats qu'il en avait retirés,

(3) Savaron, *Chronique des Etats Généraux où le Tiers est compris*. Paris, 1615, in-8°, p. 92.

Ainsi, l'opinion des jurisconsultes les plus accrédités, Ronne, Gorius, Meïer, etc., est unanime. En dépit de Gneist et de sa nouvelle théorie, on en revient aux vieux errements, à la vieille doctrine de nos Etats-Généraux, à celle qu'enseignait Wheaton. Faut-il encore tomber dans les mêmes redites? Faut-il en donner l'éternelle raison, que je mets toujours en avant? C'est que le droit international n'a pas de règles propres. Sa base la plus solide, il la trouve dans le texte des traités, dans celui des Constitutions. Pour la question actuelle, c'est celui des Constitutions principalement.

Cependant, on se fait illusion. Pendant de longues années, l'unanimité des Constitutions adopte une solution identique ; cela semble être une règle acceptée, un principe assis ; et, oubliant que le droit des gens est subordonné à jamais à ces réglementations particulières, qu'il doit fatalement varier avec elles, on en arrive à croire qu'il est une science autonome ; on détache ces règles de chaque Constitution isolée, on forme du tout un faisceau et l'on proclame que c'est là un principe du droit des gens.

Eh bien ! non, il n'y a pas de principe, il n'y a que la constatation de la pratique, constatation variable comme elle. Que la pratique change, et le principe s'évanouit. C'est ce qui est arrivé ici. Tous ces systèmes que nous avons vu développer, surtout par les auteurs allemands, avaient pour base la Constitution allemande de 1871, et toutes les différences qui les séparent tiennent à l'interprétation différente qu'ils adoptent de l'article 2 de cette Constitution. Que l'interprétation changeât (la mauvaise rédaction y prêtait) et le même auteur abandonnait sa théorie pour une autre.

De pareilles erreurs ouvrent les yeux. On s'aperçoit

alors de l'inanité du principe tant de fois invoqué, et l'on
en revient à la modeste doctrine et aux résultats certains
des prédécesseurs.

C'est ce qui s'est produit ici :

Le principe du droit des gens est mis à néant, et l'on
ne peut plus invoquer que les termes des Constitutions
(et subsidiairement des traités) pour dire comment et jusqu'où est lié l'Etat par les agissements du souverain. On
reconnaît qu'alors c'est le droit public interne de chaque
pays qui dicte sa conduite avec ses voisins, et l'on proclame, sans crainte d'erreur, ce que disaient déjà nos
vieux légistes, que le souverain a des devoirs envers
l'Etat avant d'en avoir avec l'Étranger.

m'interdit de faire la monographie de chacune d'elles. Je les prends telles que l'histoire me les fournit, et je les étudie dans leurs effets seulement. Je veux rechercher pour toutes successivement :

Quel était leur rôle primitif dans l'ensemble de l'organisation gouvernementale ;

Comment chacun de ces rouages, par une application directe ou détournée, a pu servir à tempérer les pouvoirs du roi ;

Enfin, quelle a été, dans cet ordre d'idées, leur réelle efficacité.

CHAPITRE Iᵉʳ

ÉTATS GÉNÉRAUX

SECTION PREMIÈRE

Les Etats.

DIFFÉRENTES PÉRIODES DANS L'HISTOIRE DES ÉTATS

§ 1ᵉʳ — Les Etats Généraux, ou simplement les Etats, comme disait alors la majorité des auteurs, sont la réunion des députés de ce qu'on appelait les trois ordres : le Clergé, la Noblesse et le Tiers.

Ce n'est pas une institution sortie de toutes pièces du cerveau du législateur ; elle est le résultat d'une longue expérience, d'une pratique ancienne.

Leur composition, leurs attributions, leurs pouvoirs ont beaucoup varié.

Pour savoir exactement quelle influence ils ont pu

obtenir comme coopérateurs de la royauté, il faut les examiner à plusieurs époques. En comprenant dans cette rapide étude les Assemblées qui les ont historiquement précédés je trouve trois périodes distinctes, où leur action a eu une intensité et leur rôle un but différents.

La première va de la fondation de la monarchie à 1302;

La deuxième, de 1302 à 1359;

La troisième, de 1359 à 1614;

Il conviendrait peut-être d'en ajouter une quatrième, qui irait de 1614 à 1789 ; celle-là serait l'histoire de la monarchie absolue, comme le récit de ceux de 1789 serait l'introduction à l'histoire contemporaine.

PREMIÈRE PÉRIODE : ASSEMBLÉES DES PREMIERS ROIS FRANCS ET DE CHARLEMAGNE ; LEURS LARGES POUVOIRS ; LEUR RAPIDE DÉCADENCE

§ 2. — PREMIÈRE PÉRIODE. — Les premiers Etats Généraux datent du xiiie siècle, ou mieux du commencement du xive

Bien avant cette époque, on avait cependant connu des Assemblées, des Parlements, des Plaids, suivant la langue d'alors. L'origine en est fort obscure.

Quel était exactement leur rôle ?

Boulainvilliers (1) l'indique en partie : « Personne n'ignore, dit-il, que les Français, étant originairement des peuples libres, n'avaient garde de considérer leurs rois comme des législateurs arbitraires, qui pouvaient tout ordonner. Il est si vrai qu'ils (les rois) n'étaient point maîtres absolus, qu'il ne nous reste aucune ordonnance

(1) *Histoire de l'ancien gouvernement de France*, avec quatorze lettres historiques sur les Parlements ou Etats-Généraux ; 1727, 3 vol. in-18, I, p. 210.

DEUXIÈME PARTIE
—

LA PRATIQUE

l'esprit de discussion, l'absolutisme, le despotisme ont régné tour à tour. On se représente volontiers les rois de France, même à une époque déjà loin de nous, comme des maîtres absolus, guidant, sans frein et sans contrôle, le pays où il leur plaît, disposant du royaume et des sujets comme d'une propriété à eux. Et l'exemple des rois les plus récents est fait pour confirmer dans cette idée.

Je veux rechercher, tout à la fois en théorie et en pratique, si le pouvoir de nos rois d'avant 1789 a pu trouver, dans les institutions alors existantes, un obstacle, une limitation ; si cet obstacle, si cette limitation ont amené des résultats ; si ces résultats ont été durables ; enfin si, à l'époque où tous les obstacles ont été abaissés, toute limitation reculée, où le souvenir même en a été perdu (1), s'il a, théoriquement au moins, et à l'état de lettre morte, survécu quelque principe, quelque règle constitutionnelle qui permette, sinon à l'historien, du moins au jurisconsulte, de contester la validité de certains actes faits par les souverains dans la plénitude de leur pouvoir.

---

(1) « Les recherches ordonnées par le roi, disait un arrêté du conseil (1788), n'ont pas fait découvrir des renseignements positifs sur le nombre et la qualité des électeurs et des éligibles, non plus que sur la forme des élections (aux Etats-Généraux) ; le roi cherchera toujours à se rapprocher des anciens usages, *et lorsqu'ils seront inconnus*, Sa Majesté n'y suppléera qu'après avoir consulté le vœu de ses sujets... En conséquence, le roi requiert toutes les municipalités et tous les tribunaux de faire des recherches dans leurs archives ; il invite également tous les savants et personnes instruites, et spécialement celles qui font partie de l'académie des Inscriptions et Belles-Lettres, à étudier la question et à donner leur opinion. »
Cité par Guizot, V, 462.

§ 2. — Le gouvernement de ce royaume est vraye monarchie, qui ne participe de démocratie ny d'aristocratie comme aucuns ont voulu dire à cause des *Etats et et Parlements* (1). »

« Nous avons, de l'avis de notre *Conseil* et de notre certaine science, pleine puissance et autorité royale dit et déclaré, disons et déclarons... etc. (2). »

« Ce serment est nul, disent à François Ier les députés de Bourgogne, après le traité de Madrid : ce serment est nul, puisqu'il est contraire à un premier *serment* que vous prêtâtes à la nation (3). »

« Notre cour de Parlement de Paris, quoique portée d'un bon mouvement, entreprit par une action qui n'a point d'exemple et qui blesse les *lois fondamentales* de cette monarchie, d'ordonner du gouvernement de notre royaume et de notre personne (4). »

Ces citations suffisent à déterminer et à délimiter mon étude :

Etats, Parlements, Conseil, Lois fondamentales du royaume, voilà, en effet, quelque soin que l'on mette à chercher dans nos annales, les seuls obstacles que l'on trouve apportés à la volonté du roi par les institutions contemporaines de la monarchie. Elles n'ont pas coexisté ; elles ont une origine, une durée, une énergie, un but différents. Je ne me propose pas, et le cadre de ce travail

---

(1) Guy Coquille, *Discours des Estats de la France*, dans les œuvres en deux volumes in-4°. Paris, 1665, I, 322.

(2) Edit de Saint-Germain-en-Laye, février 1641.

(3) Motifs et résultats des Assemblées nationales depuis Pharamon jusqu'à Louis XIII. Paris, 1787, par Rondonneau de la Mothe (suivant Barbier), p. 60.

(4) Préambule de l'édit de 1641.

PRÉLIMINAIRES

RÉSULTATS JUSQU'ICI OBTENUS

§ 1. — J'ai étudié jusqu'ici théoriquement les questions de droit international que soulèvent la négociation, la ratification, la force obligatoire des traités. J'ai recherché si le droit des gens fournissait, à lui seul, les éléments d'une solution. J'ai constaté, sans le démontrer, que, moins que toute autre partie du droit, il est une science déductive ; qu'il lui est impossible, au moins jusqu'à nos jours, de poser des règles solides, incontestées, invariables ; que celles mêmes qui paraissent le mieux établies sont, à l'occasion, attaquées dans leur fondement, violées dans leur application, parce qu'à côté de la loi internationale, il n'y a pas de pouvoir chargé de la faire respecter ; enfin, que s'il est quelqu'une de ces règles qui semble généralement adoptée, c'est qu'elle est, le plus souvent, empruntée au droit commun, qui, lui-même, l'a sanctionnée, comme règle de bon sens, d'équité et de raison universels.

J'ai reconnu que, dans la question qui nous occupe, en particulier, le droit des gens se montre plus qu'ailleurs impuissant ; que les intérêts et les ambitions des princes

ou des nations y sont trop hauts et trop violents pour être
enchaînés par les principes d'une loi dépourvue de sanction ; et, finalement, j'ai démontré que ce qu'on appelle
une étude de droit des gens se trouve être, la théorie
épuisée, une étude de droit public interne, une étude de
droit constitutionnel.

Sur chacun des points où j'ai porté mes recherches, le
résultat a été identique. Et à ces trois questions :

1° Quelle est la puissance chargée de négocier ?

2° Quelle est la puissance chargée de ratifier les
traités ?

3° Quelle est la force obligatoire des traités valablement conclus et ratifiés? L'étude et la discussion ont
donné cette réponse : « Le droit des gens ne peut fournir
de règle générale. Il faut, pour chaque cas particulier,
rechercher quelle est l'autorité à qui la Constitution du
pays a confié la mission de négocier, de ratifier les
traités et de lier la communauté.

APPLICATION DES RÈGLES THÉORIQUES

§ 2. — Cette étude, quelque sommaire qu'elle soit,
resterait incomplète, si je n'abordais pas les applications
pratiques de la règle admise. Je me propose d'analyser
certaines Constitutions dans les rapports qu'elles ont avec
le sujet que je traite ; de choisir, par exemple, une Constitution de chacun des types tels que je les ai classés ;
de rechercher, dans le passé, quelles ont été les précédentes formes de gouvernement ; et, puisque ma solution
est que la loi constitutionnelle doit seule déterminer le
pouvoir autorisé à conclure les traités et à lier la nation,
de m'enquérir, même là où elle n'est pas écrite (1), s'il y

_____

(1) « Les disciples de M. de Bonald prétendaient que les constitutions ne s'écrivaient pas, que, filles du temps et non des

eut une Constitution et quelle fut cette Constitution, cette loi fondamentale du pays.

Je restreindrai cette étude à notre pays. Cela ne l'empêchera pas d'être suffisamment compréhensive ; car la France a été dotée successivement des divers types connus.

Je porterai mes recherches d'abord sur l'ancien régime, ensuite sur les différentes périodes que nous avons traversées depuis la révolution de 1789.

---

hommes, elles se formaient peu à peu, comme les grandes œuvres de la nature, et se composaient quelquefois de lois écrites mais plus souvent d'usages, de traditions, d'habitudes, et que tout cet ensemble constituant la manière d'être d'une nation, était sa vraie constitution, la seule qui ne passât point comme un rêve. Partant de ce point, ils soutenaient que l'ancienne France avait sa constitution, laquelle avait duré des siècles, tandis que les constitutions imaginées depuis 1789 s'étaient succédé comme les flots d'une mer en furie. » (A. Thiers, *Histoire du Consulat et de l'Empire*, tome 18, p. 162, Paulin Lheureux, Paris, 1860.)

FRANCE

ANCIEN RÉGIME

GÉNÉRALITÉS

OBJET DE CETTE ÉTUDE

§ 1er. — La France a souvent changé de gouvernement dans notre siècle.

Jusqu'en 1789 elle avait vécu en monarchie sous une seule famille de rois. Mais, « le pouvoir absolu monarchique a été, presque de règne en règne, singulièrement modifié, tantôt aggravé, tantôt atténué par les idées, les sentiments, les mœurs, les instincts spontanés des monarques. Nulle part, dans les grandes monarchies européennes, la diversité des personnes royales n'a exercé autant d'influence dans leur gouvernement et sur l'état des nations. La libre action des individus a largement pris ici sa place et sa part dans le cours des événements (1). »

Il convient donc de ne pas se laisser influencer par ce titre uniforme que l'on donne, durant le cours de cette longue période, à la forme de notre gouvernement. Il y a eu, pendant la monarchie, des époques où la liberté,

---

(1) Guizot, *Histoire de France*, I, 450.

le roi ne songea pas à rendre permanente cette institution, d'intermittente qu'elle était. Et les États appelés en consultation n'ont pas, pendant longtemps au moins, songé à réclamer un fonctionnement régulier, des convocations périodiques.

Ils apparaissent à de rares intervalles sans autorité, sans énergie; il faut aller jusqu'en 1355 pour retrouver trace de la vie.

— Ces états de 1355 et ceux, très fréquents, qui suivent jusqu'en 1359, ont, dans notre histoire, une importance considérable. Cette période de quatre années aurait pu, si les choses eussent autrement tourné, être l'occasion d'une organisation nouvelle des pouvoirs publics. Il y eut des tentatives sérieuses de réforme; on put croire un moment que la France avait enfin conquis les libertés politiques nécessaires, et, qu'un siècle après l'Angleterre, elle obtenait, elle aussi, mais plus perfectionnée, la Grande Charte de garanties.

C'est à propos des États tenus pendant cette période que Boulainvilliers écrit: « qu'il est nécessaire d'y fixer son idée pour ne rien ôter à la puissance souveraine du monarque et pour ne pas réduire aussi toute la fonction des sujets assemblés à une obéissance purement passive ou tout au plus au droit de conseiller, et supplier ensuite très inutilement (1). »

La tenue des États de 1355 débuta, comme ce sera désormais la règle presque invariable, par une demande d'aide et subsides. « Après avoir exposé aux États la situation du royaume et les besoins du prince, le chancelier leur déclara qu'ils eussent à délibérer sur les moyens de subvenir aux nécessités de l'État (2). »

---

(1) Op. cit. II, 202, s.
(2) *Motifs et Résultats*, p. 33.

La session dura une semaine. Les États votèrent une
aide et *s'ajournèrent* à deux nouvelles sessions, l'une au
mois de mars pour apprécier la suffisance de l'impôt,
l'autre au mois de novembre suivant, pour examiner
l'état du royaume.

De son côté, le roi rendait, le 28 décembre 1355, une
ordonnance qui était une véritable ordonnance de réfor-
mation des abus royaux.

Les États se réunirent de nouveau en mai 1356. Leur
autorité sur le pays était bien faible ; l'aide qu'ils avaient
votée n'avait pu être levée ; ils durent en établir une
autre, substituant à la gabelle une taxe sur le revenu,
qu'eux-mêmes percevaient. Et de son côté, faisant assaut
de loyauté, le roi confirma, le 26 mai 1356, sa précédente
ordonnance de réformes.

Malheureusement, peu après, le roi fut fait prisonnier.

Son fils aîné, qui fut depuis Charles V, prit le titre de
lieutenant et fit convoquer à Paris les États Généraux de
la Langue d'Oyl. L'assemblée fut très nombreuse, le total
des membres s'élevait à plus de huit cents.

Ces États Généraux sont peut-être les plus intéressants
de toute notre histoire. Jamais les revendications du pays
ne s'y manifestèrent aussi librement.

Le chancelier de France, Pierre de Laforêt, leur demanda de venir en aide au Dauphin :

« Telle est la gloire des États Généraux », leur dit-il,
qu'ayant été institués pour défendre les priviléges et la
dignité de la couronne de France contre des entreprises
ambitieuses, ils se sont assemblés depuis toutes les fois
qu'il s'est agi de maintenir les droits, l'honneur et les lois
de la monarchie (1). »

_____

(1) Cité par Naudet, *Conjuration d'Étienne Marcel*, in-8°. Paris,
1845.

Le Dauphin désigna des officiers chargés d'assister les commissions des États dans leurs travaux, et de leur fournir tous les renseignements. Dès le lendemain, « on fit sentir aux officiers que les députés ne besoigneraient point tant que les gens du conseil seraient avec eux. »

Ce travail achevé, ils firent au Dauphin leurs propositions ; je dois dire leurs conditions.

Elles étaient peu acceptables : le prince différa sa réponse et se décida à quitter Paris sans la donner.

La même année, au mois de février les États se réunirent encore sur la convocation séparée et simultanée du Dauphin et d'Étienne Marcel. Les députés étaient moins nombreux. Les intrigants comme l'évêque de Laon, les révoltés comme Étienne Marcel, avaient le champ libre. Dès la première séance l'évêque de Laon prit la parole :

« Monseigneur, toute la nation est prête à vous offrir un secours de 30,000 hommes d'armes. Mais elle vous demande avant tout la destitution et la mise en jugement de ces vingt-deux officiers, nominalement désignés ; qu'il soit élu par le conseil des États trente-six députés, douze de chaque ordre ;... qu'il ne soit *fait ni paix ni trève avec l'ennemi que du consentement des États ;* que les trois États se rassemblent après la quasimodo prochaine, *et ensuite toute les fois et dans le lieu qui leur paraîtra convenable* pour délibérer sur les besoins de la guerre et le gouvernement du royaume, sans que l'avis de deux États puisse lier le troisième. »

APOGÉE DE CETTE PUISSANCE. — REJET D'UN PROJET DE TRAITÉ
DE PAIX

§ 5. — En avril 1359, « le roy Jean, pensant que s'il était une fois hors de prison, il mettrait bon ordre à son royaume et tirerait bien raison du tort qu'on lui ferait,

avait bâti un traité avec l'Anglais, par lequel il lui cédait
en pleine souveraineté la Normandie, le Mayne, l'Anjou,
la Touraine, le Poitou, la Guyenne et la Saintonge, et, en
Picardie, Calais avec certaines limites, la conté de Pon-
tieu, de Boulongne, de Guiries, et la vicomté de Mon-
treuil (1).

Le Régent en reçut communication. « Le dix-neuvième
jour de may fut faicte une convocation à Paris des gens
d'Église, des nobles et des bonnes villes par lettre de
Monseigneur le régent, pour oüyr un certain traité de
paix, lequel aurait resté pourparlé en Angleterre (2). »

Quel motif décida le Dauphin à convoquer les États?
Savaron ne le dit pas. Songea-t-il à leur soumettre ce
traité exorbitant, afin de trouver en eux l'autorité suffisante pour le rejeter, alors que la captivité de son père
en devait être prolongée? Voulait-il éviter de livrer à
l'Anglais la moitié du royaume sur lequel plus tard il
devait régner? Obéissait-il au contraire aux prescriptions
formelles d'une loi, ou se conformait-il à l'usage en laissant aux États le droit de céder une portion du territoire
national? ou bien, enfin, trouvait-il juste de mettre lui-
même ces bornes à son pouvoir? Les contemporains ne
nous renseignent point; c'est à regretter.

« L'assemblée rejeta unanimement ce traité, et con-
seilla au Duc de continuer la guerre plutôt que d'accepter
la paix à ce prix. Le régent, *sûr de la disposition des États*,
se rendit au Palais et se montra sur le perron de marbre
de la Cour. Guillaume de Dormans, avocat général, y lut
tout haut le traité; le peuple ne put entendre sans la plus
vive indignation les conditions que proposait Édouard, et

---

(1) Mézeray, I, 836-7.
(2) Savaron, op. cit., 66.

tous s'écrièrent comme de concert « que ledit traicté n'était point passable ni faisable et que toute la nation était résolue de faire bonne guerre au roi d'Angleterre. »

« Le roi d'Angleterre reçut la nouvelle de ce refus avec tant d'impatience et de colère, qu'il résolut de faire la guerre à la France même, *au lieu de celle qu'il avait jusqu'alors faite au roi* (1). »

« Ainsi finirent les États du roi Jean, dit Mézeray. Depuis cette époque il n'y eut plus de véritables États. »

— Cette opinion de Mézeray semble avoir été partagée par plusieurs auteurs. M. Rathery (2) se l'approprie, et je m'y associe, si l'on veut dire par là que c'est la seule période où la royauté eut le désir en même temps que le besoin de consulter les États. Je m'en éloigne si l'on prétend que le rôle des États est fini, et que la nation, sinon la royauté, n'a plus rien à gagner à leurs convocations, si espacées qu'elles soient.

M. Guizot (3) remarque qu'en effet les États Généraux du xive siècle (et il vise certainement ceux de 1355 à 1359) procurèrent à la France ce grand bien : le principe du droit de la nation à intervenir dans ses affaires et à suppléer son Gouvernement perverti ou incapable d'y suffire lui-même.

Les termes mêmes qu'il emploie permettent de croire qu'il ne partage pas la manière de voir de Mézeray : « Un seul résultat important fut acquis à la France par ces États Généraux. » Il laisse donc supposer que d'autres États viendront plus tard, qui compléteront leur besogne.

---

(1) On voit que la distinction n'est pas nouvelle. (Boulainvilliers, op. cit. II, 269.)

(2) Op. cit., p. 94.

(3) I. 155,

C'est qu'en effet les États Généraux n'ont jamais eu la ressource qu'ont nos assemblées modernes de contraindre efficacement le pouvoir royal (1) et d'obtenir de lui, ou d'instituer contre lui des garanties sérieuses et durables.

Tout ce qu'ils ont réalisé a été dû aux circonstances et à leur persistance. Les rois de France n'ont jamais été, par une sorte de mise en interdit, contraints de céder à leurs demandes, de reculer devant leurs revendications. Seulement, il s'est produit ce phénomène bizarre que la Royauté, accordant peu, luttant constamment, tournant en raillerie les prétentions des Etats, contestant leurs droits et leurs prérogatives, s'élevant avec force contre leurs réclamations, même les plus justes, les contraignant par la violence à s'en désister, et, finalement, les réduisant à l'impuissance par le silence, en espaçant, en supprimant les convocations, il est arrivé que la Royauté, malgré elle, inconsciemment, a tenu compte pour l'avenir de ces réclamations, de ces revendications ; que, tout en déniant les droits et les prérogatives des Etats, elle a évité, désormais, de les attaquer de front ; que, peu à peu, sans y songer, elle s'est laissée circonscrire, enfermer dans un cercle résistant de prescriptions, fruit

_____

(1) « Monseigneur le Chancelier, disent les délégués des États, dans une entrevue du 2 mars 1484, si l'on ne nous écoute pas, pourquoi sommes-nous ici? Pourquoi nous avez-vous appelés? Retirons-nous. Si vous vous conduisez ainsi, c'est que vous n'avez pas besoin de notre présence »... « Depuis qu'on a obtenu notre consentement pour la levée des deniers, dit un député, il est hors de doute que nous sommes joués... Parlons des deniers. Sur ce point on s'est conformé à nos décisions pour nous dire : « Cet impôt ne sera plus appelé taille, ce sera un libre octroi. » Est-ce donc dans les mots et non plus dans les choses que consistent notre travail et le bien de l'État? »

de prétentions toujours affirmées, toujours repoussées, triomphantes en définitive, qu'elle n'a pu, alors même que les Etats ont disparu, enfreindre ou éluder, et qui sont, contre le caprice et la volonté des souverains absolus, devenus la sauvegarde de la France.

Ce qui a aveuglé les contemporains, ce qui a trompé les historiens des âges suivants, c'est que, subitement, il y a eu une longue éclipse de cet astre nouveau, les Etats, qui s'était, avec tant d'éclat, levé sur le ciel de la politique constitutionnelle. Le roi Charles V, qui monta peu après sur le trône, l'un des plus sages de nos rois, dégoûté des violences populaires, garda un long ressentiment des humiliations que lui avait imposées un peuple naissant à la liberté. Devenu roi, il négligea la règle de gouvernement qu'il avait suivie comme dauphin. Une guerre, qui devait durer 80 ans, permit à lui de mettre en oubli les garanties obtenues alors, de remplacer par d'autres moins violents les conseils des Etats qui avaient joué un si grand rôle pendant le règne de son père, et à ses successeurs de se mettre, désormais, au-dessus de toute tentative active pour imposer à la royauté un contrôle sérieux. (V. Rathery, Boulainvilliers.)

TROISIÈME PÉRIODE. — ORGANISATION DÉFINITIVE ET COMMENCEMENT DE LA DÉCADENCE POLITIQUE DES ÉTATS

§ 6. — TROISIÈME PÉRIODE (1359-1614). — Les Etats Généraux n'ont pas disparu pendant cette troisième période. Les Assemblées n'ont jamais été si fréquentes, jamais si nombreuses. Les règles deviennent plus précises, les droits mieux connus. Les jurisconsultes célèbres déterminent exactement leurs fonctions, l'étendue de leur compétence et les bornes de leurs pouvoirs. C'est le moment où s'établissent les rapports les plus variés avec la Royauté ; où, sous l'influence d'idées chaque jour plus fortes, s'affirment les prérogatives des Etats ; où se dégage enfin un ensemble de devoirs que reconnaît la Couronne, et qu'elle remplit, je le reconnais, d'une manière intermittente, imparfaite, mais où, sans cesse rappelée à l'ordre, et n'ayant, désormais, ni le loisir de les oublier, ni la possibilité de les nier, elle ne peut négliger les avis, mépriser les remontrances, dédaigner les supplications des Etats, sans avoir la conscience de violer une loi de l'Etat, et sans être obligée, un jour ou l'autre, en échange de ce qu'elle demandera, de proclamer elle-même ses torts et de promettre de s'amender à l'avenir.

Charles V, pour dégoûté qu'il fût du gouvernement par les Etats, ne négligea pas, cependant, de les réunir dès qu'il en eut besoin. « En 1369, le 4 mai, les députés s'assemblèrent à l'hôtel de Saint-Paul ; Jean, cardinal de Beauvais, y porta la parole, et demanda, au nom du roi, *l'avis de l'Assemblée sur la guerre contre les Anglais.* La résolution unanime de la continuer avec vigueur fut accompagnée des offres de secours en argent (1). »

J'aurai, plus loin, à examiner la sincérité de cette consultation demandée aux Etats.

Le traité du 31 mai 1420, après Azincourt, reconnaissait Henri V, roi d'Angleterre, comme héritier du royaume de France.

« Un article de ce traité portait que les trois Etats seraient appelés à donner leur avis et leur consentement sur la réunion des deux couronnes en sa personne et celle de ses successeurs.

« Il y eut donc réunion des députés à Paris, le 6 décembre 1420. Le roi Charles VI y prit la parole ; il

---

(1) *Motifs et Résultats*, p. 46.

requit ensuite des députés *le serment d'observer le traité et d'en procurer l'observation* de la part du reste de ses sujets. Puis il les ajourna au 10 du même mois, pour donner leur réponse. Au bout de ce délai, et après une délibération de pure forme, ils répondirent « qu'ils estaient prêts de faire tout ce qu'il plairait au roi et à son conseil d'ordonner (1). »

Même pratique sous Charles VII.

« Cette année 1439, voulut le roi, en ladicte ville d'Orléans, opiner en son hostel et sçavoir, sur ce projet de traité avec l'Anglais, l'opinion de tous ses ambassadeurs (députés). Et pour ce, le roy avait mandé toute la compagnie qui était pour cette heure assemblée à Orléans, pour tendre un chacun au bien public et au recouvrement du royaume, et en dire en leurs consciences chacun son bon et vray advis ; et, afin que nul ne peust ignorer les demandes que faisait l'une et l'autre partie, le chancelier de France *fit là bailler lesdits articles à tous ceux qu'en voulaient avoir,* afin qu'un chacun peust mieux respondre, juger et parler sur chacun d'iceux, selon leur entendement, et fut dit que le deuxième jour en suivant, un chacun se comparust en la chambre du conseil ordonné pour ce faire et y venir tous les jours soigneusement, jusques à tant que la chose eust pris fin et délibération.

« Et furent huit jours avant que la matière fust délibérée, et là furent oüys tous ou la plupart des seigneurs de ce royaume qui là étaient présents et aussi l'opinion des ambassadeurs et seigneurs qui étaient absens, et aussi l'opinion de tous ceux des bonnes villes (2). »

---

(1) Rathery, op. cit., p. 121.
(2) Chronique d'Alain Chartier.

Ce projet de traité ne fut pas réalisé. Qu'en faut-il conclure? « Le roi, dit Savaron (1), avait bon vouloir au bien de la paix, et il avait de tout son vouloir et pouvoir toujours esté et estait prêt d'y entendre. »

C'est donc que l'assemblée consultée n'avait pas accueilli les ouvertures du roi? Faut-il croire qu'en effet Charles VII ait sérieusement voulu connaître leur vœu et s'y conformer? Faut-il, au contraire, admettre que cette réunion ait été, comme ce fut souvent, l'occasion d'une solennité de parade où le roi se faisait dicter par ses Etats la conduite qu'il avait toujours entendu suivre? Je ne sais. J'inclinerais, cependant, à admettre la seconde hypothèse. Le roi n'était pas forcé de convoquer les Etats, par conséquent, de suivre ses avis. Il ne les appelait que pressé de besoin, pour réclamer de l'argent et des hommes. Et, dans ces circonstances, la présentation d'un projet de traité de paix était un argument heureux auprès de gens qui pouvaient reprocher au roi la longueur de cette guerre et le peu d'empressement qu'il mettait à la terminer.

ÉTATS DE 1484. DERNIERS ÉTATS. PRÉÉMINENCE DÉFINITIVE DE LA ROYAUTÉ

§ 7. — Le règne de Louis XI vit quelques réunions d'Etats sans importance. On ne retrouve plus de convocations à noter avant celle de 1484. Ces Etats font époque dans l'histoire. Malgré l'opinion de Mézeray, on peut les comparer à ceux de 1355-1359 pour la vivacité des discussions, la hardiesse des députés, leur fièvre d'innovation et d'indépendance. Ils leur sont incomparablement supérieurs par l'esprit qui les animait : esprit de loyauté, de fidélité à la monarchie, de rivalité pour le seul bien

(1) Op. cit., p. 44.

de la nation, de détachement, de désintéressement, j'allais employer les termes qu'on n'adoptera que trois siècles plus tard, d'égalité et de fraternité.

Ils cherchèrent à régler l'impôt dans le présent et dans l'avenir. « Nous offrons, dit Jean Masselin, de payer la somme que le roi Charles VII prenait pour l'impôt des tailles, moyennant, toutefois, que cette somme soit également et proportionnellement répartie entre les provinces du royaume, et cela sous la forme d'une aide. Et que cette contribution n'ait lieu que pour deux ans, après lesquels lesdits Etats seront assemblés comme aujourd'hui afin de discuter les besoins publics ; que si, à cette époque ou auparavant, ils en reconnaissaient l'avantage, ladite somme sera diminuée ou augmentée. Or, mesdits seigneurs les députés demandent que le lieu de leur réunion soit *maintenant assigné et déclaré et qu'une décision irrévocable fixe et ordonne cette assemblée.* »

Ni l'une ni l'autre de ces demandes ne fut accordée. Les négociations avec le pouvoir royal se prolongeaient ; les Etats se lassaient ; ils chargèrent des délégués élus en chacune des six Nations du soin de les poursuivre, et « ils partirent contents, priant Dieu que leurs travaux et tout ce qui a été fait devînt utile au salut du peuple. »

Charles VIII ne convoqua pas les Etats ; Louis XII les convoqua une seule fois pour leur faire sanctionner la violation d'une promesse ; François Iᵉʳ s'appuie sur ceux de 1526 pour rompre le traité de Madrid, solennellement juré. Il faut arriver en 1560-1561 pour trouver des Etats-Généraux ayant souci du bien public, prenant leur tâche à cœur, entrant à fond dans leur rôle de réformateurs et de législateurs. Ils sont convoqués successivement en 1560, 1561, 1566 et 1588. Ces fréquentes convocations sont un signe des temps. On en a fait la remarque : la

Royauté, quand elle a été assez forte, puissante et habile, n'a jamais eu recours aux Etats. C'est quand elle est débile, inactive et incapable qu'elle s'entoure de leurs conseils, semblant s'en remettre à eux du soin d'assurer les destinées du pays, ayant des accès de confiance inusitée, bientôt remplacée par la froideur, la méfiance et la trahison. Pendant les guerres de religion, tout semble péricliter ; le pouvoir royal est attaqué de toutes parts. La dynastie chancelle. C'est un bouleversement universel. Il faut pacifier les troubles de religion, remédier aux désordres des finances de l'administration, de la police, réformer les conseils. La royauté succombe à sa tâche : on convoque les Etats.

— Les derniers Etats-Généraux dont il vaille faire mention furent ceux de 1588, à Blois. Ils y furent réunis le 16 octobre. Jamais, sauf aux jours de 1356, pendant la rébellion d'Etienne Marcel, jamais la royauté ne fut si librement interpellée. Le duc de Guise et ses partisans la traitaient sur le pied d'égalité. « Le peuple, disait au roi le duc de Brissac, est merveilleusement refroidi de l'amour qu'il portait à ses princes... Si cette assemblée est rendue illusoire, vous perdrez le reste de la foi et de l'amour que le peuple a encore pour vous : Longue patience méprisée est cause de rigueur sans pitié (1). »

Les Etats, entre autres choses, s'occupèrent de l'administration des finances. La recette présumée était de deux millions inférieure aux dépenses. Qu'importe ! l'assemblée décrète l'abolition des impôts. Avec quoi fera-t-on la guerre contre les Huguenots ? Elle n'en a cure. Elle est réformateur et non gouvernement. « Vainement, on la supplia d'ajourner la suppression des tailles jusqu'à ce

---

(1) Pièces justificatives des États de Blois.

qu'on eût trouvé une autre source de revenus ; ils mena-
cèrent de se retirer si cette suppression n'était ordonnée...
Le roi, obligé de céder à toutes leurs demandes, était
indigné. Il s'humiliait, confessait ses fautes passées,
faisait la cour aux députés les plus infimes. Plus il se
faisait souple envers eux, plus ils se raidissaient envers
lui. Ils disaient que les *Etats avaient tout pouvoir et que
le roi ne devait qu'exécuter leurs volontés* (1). »

— Ce furent les derniers États. L'assemblée des notables de 1596, à Rouen, sous le roi Henri IV, les États-
Généraux de 1614, à Paris, l'assemblée de 1617, à Rouen,
n'amenèrent, malgré les promesses du roi (2), aucun
résultat nouveau. On demandait de l'argent, on en eut.
Le gouvernement de la régente avait besoin d'un appui,
elle le trouva. Mais rien de plus. Les États ne comptent
plus dans le gouvernement. On projette de les réunir en
1651. La convocation n'eut pas lieu. En 1717, on appela
des notables sans but et sans résultat. Et ce fut tout.
Pendant 170 ans, les États sommeillèrent. La nation,

---

(1) Pasquier, cité par Lavallée, *Histoire des Français*, II, p. 38.

(2) « Je ne vous ai point appelés, comme faisaient mes prédécesseurs, pour vous faire approuver mes volontés. Je vous ai
fait appeler pour recevoir vos conseils, pour les croire, pour les
suivre, bref, pour me mettre en tutelle, envie qui ne prend guère
aux rois, aux barbes grises, aux victorieux : mais le violent
amour que je porte à mes sujets, l'extrême désir que j'ai d'ajouter deux beaux titres (libérateur et restaurateur de l'État), à celui
de roi, me fait trouver tout aisé et honorable. Mon chancelier
vous fera entendre plus amplement ma volonté. » (Henri IV à
Rouen, *Motifs et Résultats*, p. 93.)

« Le roi Louis XIII voulait recevoir leurs plaintes et y pourvoir. Pourquoi le chancelier les exhorte à présenter au plus tôt
le cahier de leurs remontrances, et à y dire librement ce qu'ils
croyaient qu'il y eût de mieux à faire pour *le bien de l'État et le
service de Sa Majesté.* » (*Motifs et Résultats*, p. 96.)

éblouie et domptée, ne parut jamais se souvenir qu'elle avait été un jour, elle aussi, partie du gouvernement et directrice des rois. Elle semblait avoir abdiqué. On la crut muette quand elle n'était que baillonnée ; elle le fit voir aux grands jours de 1789.

SECTION II

Les États et la Royauté.

LUTTE DES ÉTATS ET DE LA ROYAUTÉ

§ 1. — Ce rapide résumé chronologique a suffi pour établir l'antagonisme, l'opposition d'intérêts des États et de la Royauté. J'entends que chacun de ces deux pouvoirs voulant résister aux exigences de l'autre, a rarement été inspiré, dans sa conduite, par un esprit de désintéressement et de conciliation. Dans cette longue série de sessions, on n'en trouverait que bien peu où les États et le Roi se soient unis ensemble pour le bien du pays ; on en trouverait moins encore où, sur une question également importante pour les deux, l'un ait fait à l'autre, par abnégation et renoncement, le sacrifice de ses prétentions. Unis ensemble contre l'étranger et faisant alors assaut de détachement, de patriotisme, parfois aussi de ruse et de mauvaise foi, ils ont constamment été ennemis ou adversaires sur le terrain de la « police intérieure. » Jamais le roi ne s'est soumis de bonne grâce aux volontés des États ; jamais il n'a cédé sans réserves ; jamais il n'a abandonné une partie de sa puissance sans envisager le jour où il pourrait la ressaisir ; et les États, de leur côté, ne se sont jamais séparés, contraints par la volonté, la force d'inertie ou l'habileté de la Couronne, sans murmurer contre ce pouvoir qu'ils aimaient et révéraient au fond, sans s'insurger contre cet ascendant qu'ils subissaient, sans se jurer de revenir bientôt plus fermes, plus forts, plus déterminés à revendiquer encore leurs droits et leurs libertés.

ELLE CONTRIBUE A MIEUX ÉTABLIR LES DROITS RESPECTIFS DE CHACUN

§ 2. — Cette lutte perpétuelle avait forcément amené chacun des deux partis à formuler ses prétentions. Chacun avait songé à ériger en droits ses désirs et ses volontés. On n'avait pu, cependant, les couler dans le moule rigide d'une loi ; la courte durée des sessions, la concentration du Pouvoir législatif aux mains du roi, la crainte qu'il avait de rendre durable, en la réglementant, une institution qu'il voulait passagère, la faiblesse pratique des États, qui n'avaient pour eux que le refus de l'impôt, la majesté même de la royauté (mot qu'aujourd'hui on peut trouver bien gros pour l'époque, mais qui surprend moins quand on se place au milieu du régime monarchique), tant d'avantages d'un côté, tant d'infériorité de l'autre, avaient empêché de consigner dans des lois inviolables et perpétuelles les droits respectifs des États et de la Royauté.

Cependant, peu à peu, l'usage, le travail des légistes, la pratique qui se dégageait chaque jour des affirmations contraires du roi et des députés, et que tous deux finissaient par accepter, tout contribuait à fixer les attributions et les pouvoirs de chacun.

Les grandes luttes de 1355 et 1484 y avaient puissamment aidé, et l'on peut dire qu'au milieu du xvie siècle, quand vont s'ouvrir les États de 1560 à 1566 la théorie est définitivement assise. Les relations des États et du roi ont leur règle ; la délimitation des pouvoirs est établie.

C'est l'ensemble, ou mieux, le résumé de ces règles que je voudrais brièvement examiner.

§ 3. — Ces règles sont peu nombreuses, et elles sont courtes. On pourrait les formuler en une ligne : Le roi convoque les États quand il veut, il ne le veut d'ailleurs que contraint par les circonstances ; il leur demande des conseils et les suit le moins qu'il peut.

Les auteurs de cette époque qui se sont principalement ou incidemment occupés de droit public, Savaron, Guy Coquille, Capon, etc., fidèles sujets du roi, résolûment attachés aux prérogatives de la Couronne, et en même temps partisans convaincus des libertés de la nation, ressemblent un peu aux libéraux anglais. D'un *loyalisme* à toute épreuve, d'un respect et d'une affection sans bornes pour la personne du souverain, ils sont intraitables sur la question des principes. On les voit revendiquer avec passion le droit pour le pays de s'associer au gouvernement ; défendre et vanter les institutions, j'allais dire parlementaires ; et, tout à coup, par déférence pour l'usage établi, pour les lois en vigueur, mettre un entêtement réfléchi, une obstination acharnée à rappeler les règles qui peuvent le mieux faire échec à leurs désirs.

« Le gouvernement de ce royaume, dit Guy Coquille, est vraye monarchie, qui ne participe de démocratie, ny d'aristocratie comme aucuns ont voulu dire à cause des États et Parlements. Laquelle opinion est éloignée de la vérité ; car si les États faisaient la démocratie, il y aurait temps et lieu pour les assembler, ce qui n'est pas (1). »

« La tenue des États, dit Savaron (2), est droict royal et un point de souveraineté ; et nul, de quelque qualité et

(1) *Discours des États de France,* dans les œuvres en deux volumes in-4°. Paris, 1605, I, 322.
(2) Op. cit., p. 1 de l'avis au lecteur.

condition qu'il soit, ne peut convoquer ny assembler les États généraux ou particuliers des provinces de ce Royaume, sans expresse permission du Roy, portée par lettres patentes ou closes. »

Guy Coquille, à son tour, confirme Savaron : « Ils (les États) sont convoquez sous l'authorité et mandement du Roy, quand aucunes affaires se présentent grandement importantes à la Couronne et à l'état d'icelle (1). »

Et ailleurs, dans le même traité, il s'exprime ainsi : « Pour revenir au propos des États, dont la liberté *a été plus maintenue* durant cette lignée de rois : Il appert que la tenue d'iceux ne doit point faire croire que ce Royaume tienne ou soit allayé de démocratie. »

Cette idée le préoccupe évidemment. Il y revient par deux fois. Le royaume de France est une monarchie. A côté du roi, aucun autre pouvoir. Il existe bien les États, lesquels semblent à quelques-uns être un contre-poids à la volonté royale. Mais non. Les États, c'est le roi qui les convoque ; nul autre que lui n'en a le droit. S'il s'en abstient, que devient donc ce pouvoir des États qui devrait faire équilibre au sien ? Ils sont si loin d'être autonomes, que c'est de lui qu'ils tiennent leur existence.

Il les convoque où et quand il veut.

Et les États le reconnaissent : « Monseigneur, dit au dauphin Charles, en 1358, l'orateur de la noblesse, le comte de Bresne, nous sommes les États Généraux ; quel que soit le lieu de notre assemblée... partout où l'autorité légitime et la volonté royale nous réunissent, nous gardons et nous exerçons nos droits. »

Leurs droits, c'est bien peu de chose en pratique.

---

(1) On remarquera qu'il ne mentionne pas les affaires du royaume ; il les confond avec celles de la Couronne.

Quand on a besoin d'eux, quand la monarchie est en détresse, ou la société en gésine, alors on leur parle de leurs droits, on leur vante leur grandeur, on leur exagère leur puissance. La France semble un vaste pays où l'on voit une toute petite royauté bien humble, conduite par des États aux cent bras.

« Telle est la gloire des États Généraux, leur dit, en 1356, le chancelier de France, qu'ils se sont assemblés toutes les fois qu'il s'est agi de maintenir les droits, l'honneur et les lois de la monarchie. »

« Le roi, dit, en 1568, le chancelier de l'Hôpital, le roi a recours à vous comme aux représentants d'une nation généreuse qui n'a jamais abandonné ses rois dans leur détresse, et vous demande tout à la fois aide et conseil : on vous présentera un état détaillé des recettes et des dépenses, des revenus et des charges. Ce que vous déciderez deviendra un règlement perpétuel (1). »

Je pourrais multiplier ces citations, où le pouvoir royal flatte les députés pour les attendrir et leur soutirer, — ce mot trivial est juste (2), — les secours d'argent dont est besoin. J'en veux pourtant donner encore une, qui est d'une naïveté probante : « Il fust, ceste année (1412) délibéré par le Roy et les dicts seigneurs, qu'il estait expédient d'assembler les trois Estats... Et qu'il estait nécessité de se pourvoir contre les Anglais, laquelle chose ne se *peut faire sans argent, et pour ce requérait aux trois Estats ayde,* qui estait en effet une bonne grosse taille (3). »

---

(1) Voyez, page 269, le discours d'Henri IV à Rouen.
(2) C'est une locution commune à plusieurs langues. Les Anglais disent dans le même sens : « to drain, to draw from », et en langage un peu plus libre, « to pump out », ce qui est juste l'équivalent ; de même, les Allemands : « abzapfen. »
(3) Savaron, op. cit., 50.

Quand ils avaient fait la besogne qu'on attendait d'eux, la Cour écoutait, je me trompe, entendait leurs doléances. On négociait quelque temps ; on demandait la remise des cahiers, et on renvoyait chez eux les députés, sans promesse comme sans refus.

A peine s'est-il rencontré deux ou trois circonstances où les États, appuyés par l'opinion publique, encouragés par la faiblesse du pouvoir royal, se sont élevés au-dessus des barrières qu'on leur opposait, ont fait tête au pouvoir royal, l'ont pressé, acculé, démasqué et finalement contraint à accorder quelque garantie, ou à rendre quelqu'une de ces belles ordonnances qui sont la gloire de l'ancienne monarchie (1).

DROITS ET ATTRIBUTIONS DES ÉTATS

§ 4. — Guy Coquille énumère et commente dans l'ordre suivant les attributions et pouvoirs des États (2) :

Les États :

1° Conseillent le roi ;

2° Sont juges souverains pour attribuer la couronne ;

3° Accordent les tailles et fuaiges ;

4° Garantissent au roi la dévolution de la couronne à ses successeurs ;

5° Établissent les lois politiques et les coutumes. Ce sont bien là, en effet, tous les pouvoirs des États.

Je ne veux point faire le commentaire de chacun de ces droits.

Le droit de conseiller le roi est certainement celui dont

---

(1) Pour être équitable, il convient de remarquer que les plus justement célèbres de ces ordonnances sont dues à l'initiative du roi seul ou de ses ministres, et qu'elles ont été faites à une époque où il n'y avait plus d'États.

(2) Op. et loc. cit.

il a été fait 'le plus constant usage. C'est de tous aussi celui qui a été le moins contesté. Depuis Philippe-Auguste qui, en 1302 leur « commande, comme leur maître, et les prie, comme leur ami, de lui donner leur conseil et leur secours, » jusqu'au roi Charles IX qui leur demande tout à la fois « aide et conseil, » à Henri IV qui les a fait assembler pour « recevoir leurs conseils, et à Louis XIII qui les exhorte « à dire librement ce qu'ils croient qu'il y a de mieux à faire pour le bien de l'Etat, » aucun de ceux qui ont convoqué les Etats, n'a manqué de leur demander leur conseil. Le conseil donné ne lie pas qui le demande. Il n'est pas besoin de recourir au *Mariage Forcé* de Molière pour en trouver la preuve.

Et puis, il y a autre chose qui frappe, dans ces discours d'ouverture : c'est que toujours, ou presque toujours, le roi, outre celui de leurs lumières, sollicite des Etats un secours en argent.

Jean II leur déclare qu'ils aient « à délibérer sur les moyens de subvenir aux nécessités de l'Etat. » De même en 1484, on leur demande aussi aide et conseil, et « depuis, dit un député, qu'on a obtenu notre consentement pour la levée des deniers, il est hors de doute que nous sommes joués... Si l'on ne nous écoute pas, pourquoi sommes-nous ici ? » En 1561, on trouve moyen de les écarter, une fois l'impôt voté ; de même en 1566 ; de même en 1588. Henri IV fait acte de déférence envers les notables de Rouen ; mais qu'on lise la dernière phrase de son discours : « Mon chancelier vous fera plus amplement connaître mes volontés ; » et ces volontés, c'étaient, entre autres, des demandes d'argent.

LES ÉTATS NE PEUVENT FAIRE RESPECTER LEURS DROITS. — LA PREMIÈRE CAUSE EN EST DANS LEUR MANQUE DE ZÈLE

§ 5. — Il en fut de même des autres droits des Etats.

Et l'histoire nous montre qu'en pratique ils se réduisaient à peu de chose. Si faibles qu'ils fussent cependant, le pouvoir royal eût pu se trouver embarrassé, s'ils avaient su les mettre en œuvre avant que l'usage et la Royauté en eussent affaibli l'efficacité.

Malheureusement, les Etats eux-mêmes pouvaient s'accuser des minces résultats qu'ils avaient obtenus : les députés n'apportaient pas à se rendre aux convocations et à séjourner, le zèle qu'on eût pu attendre d'eux.

« Il faut se garder de croire sur les seules apparences, dit M. Aug. Thierry (1), que la bourgeoisie d'alors eut le même goût que ses descendants actuels pour les Chambres législatives. En Angleterre même, dans ce pays qui passe pour la terre classique du gouvernement représentatif, ce ne fut pas toujours une joyeuse nouvelle que l'annonce des élections pour le Parlement dans les villes et dans les bourgs. On y était même si peu jaloux, au XIVe et au XVe siècle, d'exercer le droit électoral, que si par hasard le shérif s'avisait de conférer ce droit à quelque village qui n'en jouissait pas anciennement, les habitants s'en plaignaient comme d'une vexation. Ils demandaient au roi justice contre le magistrat qui, *malicieusement*, c'est l'expression de ces sortes de requêtes, prétendait les contraindre à envoyer des hommes au Parlement. A la même époque, plusieurs villes du midi de la France, invitées à nommer des députés aux Etats Généraux, sollicitaient le roi d'Angleterre, maître de la Guienne, de leur prêter un secours suffisant pour résister à cette sommation que le roi de France, disaient-elles, leur avait faite à mauvais dessein. A la vérité, toutes les villes de France, et surtout celles qui anciennement avaient fait

---

(1) Lettre XXV *sur l'histoire de France.*

partie du royaume, ne montraient pas une répugnance aussi prononcée lorsqu'il s'agissait d'envoyer des députés aux Etats Généraux ; mais rien ne prouve que, de leur part, cet envoi ait été autre chose qu'un acte de pure obéissance. Ils nommaient des députés, quand, selon le langage de l'époque, ils y étaient *semons*; puis, quand on ne leur en demandait plus, ils ne se plaignaient point de cette interruption comme de la violation d'un droit (1) ; au contraire, les bourgeois des villes se félicitaient de ne point voir revenir le temps de l'Assemblée des Trois-Etats, qui était celui des grandes tailles et des maltôtes.

LA DEUXIÈME CAUSE EN EST DANS L'ABSENCE DE MOYENS DE COERCITION

§ 6. — A cette première cause de faiblesse, dont la faute est aux seuls Etats, s'en ajoutaient d'autres plus graves encore. Les Etats, il n'en faut pas douter, procédaient des anciennes Assemblées de barons et d'évêques que le roi convoquait en des circonstances solennelles, et d'ailleurs à son bon plaisir. Pendant longtemps, il n'avait pas eu besoin de les réunir pour en obtenir des secours

---

(1) Ainsi que le dit Augustin Thierry, le même phénomène eut lieu en Angleterre. Il y amena des résultats un peu différents. Chez nous, les bourgeois, les marchands, les députés se rendaient ou ne se rendaient pas à leur poste : peu importe, il n'y avait pas de sanction à ce devoir. En Angleterre, la mauvaise volonté des bourgeois était telle que l'on dut porter une pénalité contre les députés élus qui ne se rendaient pas à la convocation; et qu'on leur défendit, comme on fait encore de nos jours, de démissionner. Il en résulta que l'on ne trouva plus de candidats dans la bourgeoisie. Ses choix se portèrent alors sur les fils puînés de la noblesse qui, n'ayant pas d'état à prétendre dans leur caste, s'offrirent volontiers aux votes des bourgeois, firent cause commune avec eux, et, se détachant de plus en plus de leurs anciennes relations, formèrent une classe intermédiaire : la *Gentry*.

d'argent. Le domaine de la Couronne, qui était alors le domaine de l'Etat, donnait des revenus importants ; et tant qu'il ne s'élevait point quelque difficulté qui le mettait en une condition anormale, le roi pouvait, suivant l'énergique expression d'un contemporain, en vivre lui-même et en faire vivre la nation. Quand survinrent les longues guerres du XIV⁰ siècle, celles qu'on appelle « guerre de cent ans, » le trésor royal fut vite épuisé, le domaine fut entamé, aliéné, et, comme dit le juriste Papon, « de longtemps n'en feust nouvelle. » Il fallut alors convoquer des Assemblées composées de seigneurs, d'évêques et de notables : les Etats-Généraux. Et on les convoque comme on avait jamais jadis fait pour les Assemblées anciennes, quand on voulut, où on voulut, pour le temps et le but qu'on voulut.

L'usage s'établit ainsi de donner, en cette matière, toute puissance au roi. Les États ne songèrent à protester que quand cet usage eut, pour ainsi dire, force de loi. Et jamais les rois ne déférèrent au vœu, tant de fois exprimé, de tenir des sessions périodiques.

D'autre part, il faut bien l'observer, les Etats étaient dénués contre le roi de tous moyens de coercition. Le pouvoir législatif appartenait au roi ; à lui aussi le pouvoir exécutif ; nulle ordonnance ne pouvait être rendue que par lui ; nul autre que lui n'en pouvait prescrire l'exécution. Les Etats manquaient, à l'ordinaire, d'influence, de ressources effectives, et aussi de cohésion. S'ils eussent un instant songé à résister au roi, à lui arracher, par des voies violentes, ce qu'ils n'avaient pas obtenu de bonne grâce, il leur eût fallu absolument entrer en révolte ouverte contre son autorité. Les Etats n'y ont jamais eu recours. La révolte est l'arme des Grands, qui s'en font, jusqu'à Richelieu, un moyen agréable et commode d'obtenir des concessions. Quant aux Etats, hors ce moyen, rien dans les lois ou les usages d'alors, ne pouvait leur être une arme efficace. Qu'eussent-ils pu faire ? S'ajourner à une autre époque ? Ils l'ont maintes fois tenté ; toujours la défense du roi a prévalu contre leur volonté ? Refuser le vote de l'impôt ? Ils ne le peuvent pas. Le roi les lève sans eux, sur eux, et malgré eux. Ce qu'ils réclament le plus souvent dans leurs cahiers, c'est moins le droit de lever l'impôt que celui d'en établir une assiette équitable. Mais ils savent, et l'expérience est là pour le leur rappeler, que toujours le roi a levé des impôts, et que c'est seulement aux jours de gêne qu'on les a priés de les organiser sur une nouvelle base. S'ils refusent, ils perdront le bénéfice des réformes projetées, et les anciens impôts seront perçus plus difficilement, encore, et plus durement.

LA TROISIÈME EN EST DANS LE DÉFAUT DE PÉRIODICITÉ DES CONVOCATIONS

§ 7. — On a fait ingénieusement remarquer que si les Français n'ont pas, comme les Anglais, de garanties contre leurs rois dans un Parlement permanent, les rois n'en ont pas contre eux par un serment de fidélité (1). Je crois qu'il y a dans cette observation le principe de toute une théorie politique qui expliquerait bien des choses.

Nos rois n'ont jamais été liés envers le peuple que par leur propre conscience et l'amour du bien public. Le peuple n'a été lié envers ses rois que par sa fidélité et l'affection qu'il leur portait. Si le roi est honnête, consciencieux et bon, il travaillera, sans contrôle, à la grandeur de l'Etat et au bonheur de ses peuples. Ce but, toujours envisagé, le préservera des erreurs, des défail-

---

(1) Rathery, op. cit., 266-7.

lances, des injustices. Il ne consultera jamais son intérêt ou celui des siens, et toujours celui du royaume. Il s'interrogera souvent et, sans avoir de comptes à rendre, il s'en rendra à lui-même pour savoir si ses peuples peuvent être satisfaits de lui. Ses sujets, animés du zèle le plus pur, sentiront croître en eux le respect et l'affection. Ils jugeront le prince par ses actes, ils lui sauront gré de ses intentions, et si parfois les événements trompent sa perspicacité, ils ne lui reprocheront pas les conséquences fâcheuses d'une action conçue à bien; heureux de ses prospérités, touchés de ses infortunes, ils lui prodigueront plus encore, dans le malheur ou le péril, les marques de leur attachement et de leur amour.

Cette conception idéale d'un gouvernement monarchique est celle sur qui a reposé pendant des siècles la monarchie française. C'est à celle-là que pensait Montesquieu quand il écrivait ces chapitres tant reprochés de l'*Esprit des lois* et qui se résument ainsi : L'honneur est le fondement d'une monarchie ; la vertu, le fondement d'une démocratie. Que l'on consulte les textes, qu'on fouille nos archives, on y verra toujours traiter de l'amour du souverain, de l'attachement, de la fidélité, de l'obéissance de ses sujets. Au cours même de cette étude, j'ai cité plusieurs textes, entre autres un passage de Guy Coquille, et un discours du duc de Brissac, où l'on évoque ces relations mutuelles d'affection entre peuple et souverain.

Malheureusement, l'idéal n'est pas de ce monde. Le souverain dont j'ai esquissé le portrait n'a jamais existé. Saint-Louis, Henri IV, nos deux meilleurs rois, n'en approchaient même pas. On peut affirmer que le soin de la chose publique n'a pas été la règle unique de leur conduite. Les peuples eux-mêmes ne sont pas tels que je les ai dépeints ; tous n'ont pas ces sentiments de fidélité, d'obéissance, de respect. C'est même la minorité qui en est animée. Peuples et rois manquent des qualités nécessaires au fonctionnement régulier et constant d'une monarchie ainsi conçue.

Qu'arrive-t-il, et qu'est-il, en effet, arrivé ? C'est que le prince a, quelque jour, manqué à ses devoirs, négligé, oublié, méprisé les intérêts du peuple ; que le peuple, à son tour, a renié et abdiqué ses sentiments de fidèles sujets. Le prince a perdu le souci de son peuple, le peuple lui retire son amour. Et alors tout s'écroule. Le principe du gouvernement était une loi d'amour ; c'en était la base fondamentale ; elle détruite, le gouvernement tombe. Ici encore se vérifie le mot de Montesquieu. L'honneur, qu'il y ait ou non contrat, consiste à observer religieusement sa parole. Mais il ne va pas au-delà. Qu'une partie la viole et l'autre se trouve dégagée.

— Le peuple anglais a pris une autre base de gouvernement. Instruit par une dure expérience, prévenu par les procédés de ses rois, qui, plus pauvres que les nôtres, étaient plus entraînés vers la violence, l'exaction et la confiscation ; chassé hors du respect et de la prudence par la rapacité de l'un d'eux, il a vite compris combien étaient ténus et combien fragiles ces liens de protection, d'affection, de fidélité qui unissent mutuellement le peuple au roi et le roi au peuple. Il a, de bonne heure, et jusqu'à nos jours, adopté comme règle fondamentale une idée qu'ailleurs on a spirituellement traduite en ces termes : Méfiance entière et réciproque. Il s'est attaché désespérément à la certitude de la faiblesse humaine ; au lieu de stipuler pour le peuple et le prince des *devoirs* mutuels, dont l'accomplissement obligatoire serait subordonné pour chacun au zèle et à la bonne foi de l'autre, il a reconnu *des droits* à tous deux. Que l'une des parties néglige de les faire valoir, peu importe à l'autre. Leur existence et leur validité ne dépend pas de l'honnêteté ou de l'énergie de l'adversaire. C'est une association où chacun travaille au bien général, tout en défendant ses intérêts particuliers.

Si l'un des associés manque à ce devoir commun, l'autre peut, à sa volonté, redoubler d'efforts pour que l'association n'ait point à en souffrir. Mais il ne se croit pas autorisé par cela même à rompre l'engagement. Il revendique au contraire ses droits plus fermement et plus énergiquement, jaloux de montrer l'efficacité et l'importance de son rôle dans le gouvernement de l'État. Et par une réaction naturelle, l'autre pouvoir se sent alors menacé dans son influence ; le jeu, tout régulier qu'il soit, de cette institution, ressemble à un envahissement de ses pouvoirs par l'adversaire, et cela seul suffit pour le rappeler au sentiment de la réalité. Pour ne point laisser mettre en doute l'utilité de son existence, pour ne pas perdre définitivement son prestige il va de nouveau reprendre la tâche interrompue. Je n'ai pas à rechercher quel motif l'inspire. Si je dois reconnaître que c'est l'égoïsme, je dirai que l'égoïsme est une vertu, et je serai d'accord une fois de plus avec l'auteur de l'*Esprit des Lois*.

— Cette différence essentielle dans l'organisation des pouvoirs publics en France et en Angleterre, a amené les rois des deux pays à tenir une conduite différente. En Angleterre, le pouvoir royal a dû, dès le principe, compter avec les assemblées de la nation. Faibles au début, paresseuses et découragées, mutines et révoltées comme l'étaient les nôtres, les assemblées ont, en Angleterre, constamment affermi leur pouvoir et appuyé leur autorité

sur le respect du prince, tout en élargissant leurs attributions. Fortes des droits qu'elles tenaient de la Grande
Charte, elles ont également contraint le pouvoir royal à
compter avec elles ; leur importance s'est toujours accrue,
et à l'heure où chez nous la nation avait même oublié
ses anciennes prérogatives, en Angleterre elle tenait ses
rois en tutelle, et les rappelait à l'observance exacte de
la règle jurée. Mais en même temps, sûre d'elle-même,
certaine de faire respecter ses droits à mesure que gran-
dissait sa puissance, elle se montrait plus loyale, et plus
respectueuse, avec moins de servilité et d'affaissement.

Chez nous, les rois ont aussi débuté par l'autorité.
Mais plus riches, mieux pourvus de biens, ils ont eu moins
souvent à faire appel à la générosité de leurs peuples;
régnant sur une race moins positive et moins âpre, ils
en ont plus facilement obtenu des secours ; l'argent, en
cet admirable et fécond pays de France, était, malgré
tant de calamités, moins rare qu'ailleurs. Les sujets accordaient aide et subsides plus libéralement et sentaient,
moins qu'en Angleterre, le besoin de se garantir contre
les entreprises royales.

Plus tard, un peu pressés, un peu tondus, les peuples ont
crié ; il ont réclamé contre les abus. Mais les souffrances
n'étaient pas si profondes, les abus si intolérables qu'outre-
Manche. Les plaintes furent moins énergiques, et le remède réclamé, l'intervention des États, accordé pour une
fois, ne le fut pas pour toujours. D'ailleurs, le mal laissait
des traces moins durables. Quelques années de paix et de
tranquillité ramenaient l'aisance. La génération nouvelle
perdait le souvenir de ce qu'avait enduré l'ancienne ; elle
n'avait à souffrir que de ses propres maux, et, oublieuse
du passé, insouciante de l'avenir, elle ne songeait, elle
aussi, qu'à parer au présent. Et les rois s'en glorifiaient.

Ils donnaient à leur bon peuple, comme on dit vulgairement, de l'eau bénite de cour. Ils lui vantaient sa fidélité, sa générosité comme la plus belle des vertus, et le bon peuple français qui, dit Guy Coquille, « a toujours été bien obéissant, » flatté dans sa vanité, aimant d'ailleurs tendrement ses rois, persévérait dans son inviolable attachement, bien que souvent l'objet en fût indigne.

Il arriva pourtant une époque où, sans s'inspirer de l'étranger, (à peine si, à cette époque, la vie était nationale), on commença à sentir le besoin de réformer, de limiter un peu ce pouvoir royal, de se protéger contre ses envahissements. Et cent ans après l'Angleterre, nos États Généraux demandèrent une Charte de garanties. Mais les conditions étaient bien changées ; la Royauté n'était pas débile comme en Angleterre, à l'époque du roi Jean ; ses adversaires n'étaient pas unis comme les barons anglais. Elle avait associé à ses destinées quelques grandes familles qui étaient liées à elle, et qui la soutenaient en toute occasion. En Angleterre, la plupart des barons avaient une puissance médiocre ; il n'y avait pas de ces fiers seigneurs féodaux, dont la tête émergeait du groupe de la noblesse, au niveau de celle du roi ; tous ou presque tous étaient égaux, et ils étaient ligués. Le Roi était faible, ses adversaires unanimes ; il avait cédé. Le roi de France était seulement affaibli, ses ennemis divisés ; il se contenta de plier, bien décidé à révoquer dès qu'il le pourrait, tout ou partie de ses concessions.

Cette première atteinte à l'intégrité de la situation royale, et à l'intimité, à la cordialité de ses rapports avec le peuple, ressemble, si je puis ainsi parler, à la première brouille de deux amants. Le roi Charles V succède à son père, et garde un peu de froideur des souvenirs des querelles passées ; puis l'oubli se fait, l'apaisement survient et l'on recommence une période nouvelle de sincère attachement.

Mais le coup a porté. La confiance inaltérable n'est plus. On a dû se défier, on sent qu'on le devra encore. Il y aura lutte. Le roi ne se sent plus sûr de l'amour de ses sujets, il va se servir des armes que l'usage ou l'habilité ont concentrées dans ses mains. Le peuple ne sera pas le plus fort, il a donné déjà trop d'avantages à la royauté. Et celle-ci, qui tient tout par devers elle, ne va pas, par générosité, compromettre une si belle partie. Moitié par respect, moitié par indolence, la nation parle timidement ou se tait. Le roi ne l'interroge que rarement, seulement quand les circonstances l'y obligent, et alors même il craint d'entendre la réponse. Tout ce qui peut être favorable à sa cause, il l'emploie. A-t-il, dans la nation, mécontenté le peuple? c'est une assemblée de Pairs et de Dignitaires ecclésiastiques qu'il convoque; a-t-il eu maille à partir avec la noblesse? il s'adresse aux Parlements, et, s'il veut réduire le clergé, il appelle à lui les trois ordres. où, le Tiers, plus nombreux, au moins à l'origine (1), très gallican, très patriote et facilement inflammable, osera dire au clergé ce qu'il convient et saura obtenir ce qu'il faut. Aucune règle ne lui impose d'appeler une assemblée plutôt que l'autre. Voltaire en fait la remarque: « Il (Henri IV) convoqua dans Rouen une espèce d'États Généraux sous le nom d'assemblée de notables. On voit assez par toutes ces convocations différentes qu'il n'y avait rien de fixe en France. Ce n'étaient pas les anciens Parlements

---

(1) « Le Tiers est sans doute la nation même et alors il l'était plus que jamais. On n'avait point augmenté le nombre des nobles comme aujourd'hui; le peuple était en nombre, par rapport à la noblesse et au clergé, comme mille est à deux. » (Voltaire, *Histoire du Parlement*, XLVI.)

du royaume, où tous les guerriers nobles assistaient de droit. Tous les hommes un peu considérables, qui furent à portée de faire le voyage de Rouen, furent admis dans ces États. Alexandre de Médicis, légat du pape, y fut introduit et y eut voix délibérative. Le roi qui avait besoin du pape, dérogea aux lois du royaume, sans craindre les conséquences d'une vaine cérémnie (1). »

VUE D'ENSEMBLE. UTILITÉ DES ÉTATS

§ 8. — Si maintenant l'on envisage l'ensemble de la question, si l'on résume les résultats que nous avons isolément constatés, on arrive à la conclusion suivante :

Les États n'ont pas rempli toutes les espérances qu'ils ont pu faire concevoir. La Royauté n'a pas senti assez énergiquement le frein qu'ils lui imposaient pour songer même à s'y soumettre. Ce défaut d'énergie à l'origine lui a permis de prendre ses mesures pour l'avenir, de s'organiser contre les revendications futures. Elle a usé de tout son pouvoir pour discréditer l'institution, pour lui enlever ses moyens d'action. Elle a mis, dans cette lutte, tous les avantages de son côté. En sorte que les États, qui ont échoué, dès le début, par le manque de zèle et de persévérance, ont échoué plus tard par l'habileté de la Royauté qui leur avait ôté toute possibilité d'attaque.

Leur utilité a été cependant considérable. Ils ont, à diverses reprises, contribué à sauver le pays. Ils ont, aussi souvent qu'ils l'ont pu, lutté pour sa liberté ; arraché parfois à la Royauté des concessions définitives et importantes ; établi, à force d'importunités, certaines règles qui limitaient sa puissance ; et si parfois, joués par elle, consultés sur les intérêts du pays, ils l'ont aidée à des actions

---

(1) Voltaire, op. cit., XXXVII.

que la morale réprouve, c'est qu'en virtuose habile elle a su jouer de ce merveilleux instrument, le patriotisme de ses sujets. Ce n'est pas à notre siècle, qui a connu successivement les excès du chauvinisme et de l'internationalisme, qu'il convient de leur reprocher leurs généreuses erreurs.

CHAPITRE II

LES PARLEMENTS

§ 1. — Quand on étudie l'histoire des Parlements, on est frappé de voir nos anciens auteurs les assimiler aux Etats Généraux. Picault, qui écrivait dans la deuxième moitié du xvıı⁰ siècle, intitule son ouvrage : *Des Parlements ou Etats Généraux*. Après lui, le comte de Boulainvilliers (1658-1722) donne au sien un titre analogue : *Histoire de l'ancien Gouvernement*, suivi de quatorze lettres historiques sur *les Parlements ou Etats-Généraux*. Les deux termes leur semblent identiques.

Au fond, il n'y avait pas confusion. Le comte de Boulainvilliers, hautain représentant et défenseur de la noblesse, n'avait garde de mettre au même plan les Etats Généraux, le premier pouvoir après le roi, organe de la nation, souvenir vivant des libertés antiques, avec la race des robins et des procureurs. On peut consulter Voltaire (*Histoire du Parlement de Paris*) (1), qui indique très nettement la cause de cette inexactitude de langage.

---

(1) Cet ouvrage mérite une confiance particulière quant aux documents. Il fut composé sur des notes fournies par le chance-

Je ne veux point faire l'historique du Parlement, de ses différentes fonctions, sous Philippe le Bel, sous Saint-Louis. D'abord cour de justice, détachée du conseil du roi, siégeant à certaines époques de l'année et se transportant en divers points du territoire, il devint, par l'extension de ses fonctions, permanent et stable. Puis, devenu Parlement de Paris, il se trouva être insuffisant, et on en dut établir d'autres (1).

FONCTIONS, REMONTRANCES ET ENREGISTREMENT.
ORIGINE DE CES DROITS

§ 4. — A l'origine, les pouvoirs du Parlement semblent être les suivants :

Juger les appels royaux, comme juridiction suprême ;

Juger en premier et dernier ressort les affaires concernant les feudataires relevant du roi.

---

lier Meaupeou ou par ses agents. La plupart de ceux qui ont écrit sur la matière, se sont largement inspirés du travail de Voltaire. Je ferai de même et me dispenserai de citer.

(1) Outre celui de Paris, établi en 1302, on en avait institué d'autres à Toulon, 1444 ; — Grenoble, 1453 ; — Bordeaux, 1462 : — Dijon, 1494 ; — Aix, 1501 ; — Rouen, 1515 ; — Rennes, 1553, Trente ans plus tard, en 1589, le Parlement de Paris était composé de cent quatre-vingts membres environ. Il y en avait près de deux cents en 1770, année où il fut dissout par le roi.

Dans l'intervalle, on avait créé de nouveaux parlements. ceux de Pau, établi en 1620 ; — Metz, en 1634 ; — Besançon, en 1676 ; — Douai, en 1686.

Un dernier parlement fut érigé par le roi Louis XVI, à Nancy, en septembre 1775.

Un autre, qui avait été transitoirement établi, le parlement de Dombes, siégeant d'abord à Lyon, puis à Trévoux, fut supprimé cette même année 1775.

Il existait donc en tout treize parlements, lors de la loi de l'Assemblée constituante, du 6 octobre 1790, qui en ordonna la suppression.

19

Voltaire remarque que Philippe le Bel ne lui attribua pas la connaissance des affaires criminelles (1). Pour le procès des Templiers (1307), le pape Clément V nomma des commissaires ; et, en 1350, le comte d'Eu, connétable et pair de France, fut jugé criminellement par le prévôt de Paris.

Il n'avait donc pas de pouvoirs bien fixes et bien étendus. Juger les appels, les affaires des vassaux nobles du roi, et, par occasion, celle des pairs, c'était peu. Il allait avoir bientôt deux autres droits plus importants, au point de vue politique : celui d'enregistrement et celui de remontrances.

On prétend que le droit d'enregistrement lui échut par occasion.

Un conseiller, Jean de Montluc, avait, pour son usage personnel, composé un mémorial des édits, jugements, événements à sa connaissance. Cela parut commode. On l'imita. La Cour n'ayant pas d'archives, prit insensiblement l'habitude de déposer au greffe du Parlement les édits et les ordonnances dont le Parlement devait assurer l'exécution. Le Parlement eut soin de transformer cette habitude en usage indispensable.

Le droit de remontrances semble avoir été également

---

(1) M. Guizot, I, 574, cite, au début du xvᵉ siècle, le cas d'un grand seigneur d'Aquitaine, Jordan de Lisle, « très noble par sa naissance, très ignoble par ses actions, » qui, après plusieurs crimes avérés, fut cité au tribunal du roi, au parlement : il vint suivi d'une escorte considérable, fut emprisonné au Châtelet et, malgré menaces et brigue, condamné à mort.

« C'était, ajoute M. Guizot, à coup sûr, une difficile et périlleuse tâche pour les membres obscurs de ce parlement, à peine organisé et tout récemment établi en permanence à Paris, que de réprimer de tels désordres et de tels hommes.

détourné de ce qu'il était à l'origine. Louis XI avait demandé l'avis du Parlement sur une question de droit canonique. La cour lui remit un mémoire en 89 articles, intitulé : « Remontrances touchant les priviléges de l'Eglise gallicane. » Elles commencent par ces mots : « En obéissant, comme de raison, au bon plaisir du roi, notre sire. » Ces remontrances, cette démonstration, cet exposé favorisaient les intentions du roi. Il les adopta. Plus tard, il changea d'avis. Le Parlement fit de nouvelles remontrances, très énergiques cette fois, et en opposition avec le sentiment du roi, qui n'en tint compte.

Le même Parlement, sous le même roi, en fit de nouvelles, à propos de l'aliénation du domaine de la Couronne, du prix du blé, etc. L'usage en devint, dès lors, régulier.

Mais ces droits nouveaux ne furent ni reconnus par le pouvoir royal, ni invoqués par le Parlement aussitôt et aussi facilement qu'on le pouvait croire. Lors des Etats Généraux de 1484, le Parlement semblait encore s'en tenir à son institution première. Le duc d'Orléans, ennemi de Mme de Beaujeu, que Louis XI avait, par testament, instituée régente, va, pour se rendre populaire et mettre la ville de Paris dans son parti, s'adresser au Parlement et lui représenter qu'il fallait qu'on ramenât à Paris le roi, qui était alors à Melun, et qu'il gouvernât par lui-même avec les princes. Et le premier président, Jean de la Vaquerie, lui répondit : « La cour est instituée par le roi pour administrer la justice, et n'ont point ceux de la Cour, l'administration de la guerre, des finances, ni du fait et gouvernement du roi, ni des grands princes. »

§ 5. — De ces deux droits d'enregistrement et de remontrances, le Parlement fit un constant usage.

La première ordonnance enregistrée est celle de Philippe de Valois, sur les droits de régale, de septembre 1332 ; elle ne fut, pourtant, enregistrée qu'en 1334.

Le Parlement enregistrait les édits, les ordonnances. Pendant longtemps, les édits bursaux, les lois de finances, comme nous dirions aujourd'hui, lui échappèrent. C'est en 1522, pour la première fois, que le roi François Iᵉʳ envoya au Parlement de Paris des lettres patentes pour l'enregistrement d'un objet de finances.

Les lois politiques, en général, étaient enregistrées. C'est ainsi que Philippe le Bel avait fait enregistrer sa loi sur la régale, et que Charles V tint un lit de justice pour faire enregistrer la loi qui fixe la majorité des rois à quatorze ans.

Enfin, les lois religieuses, les bulles des papes devaient être également enregistrées.

C'était même une doctrine certaine que les lois étrangères, et notamment les bulles, n'ont d'effet qu'après enregistrement du Parlement. Le fait de les introduire en France sans permission du roi était un crime de lèse-majesté. En se fondant sur cette doctrine, le Parlement établi par Henri III et Henri IV, tantôt à Tours, tantôt à Châlons, décréta de prise de corps le nonce du pape Landriano, pour avoir osé entrer en France sans permission du roi, et porter à la Ligue des bulles du pape, Grégoire XIV, contre les deux rois, et défendit aux archevêques et évêques de publier ces bulles, sous peine d'être déclarés criminels de lèse-majesté.

En cette occasion, le Parlement de Paris avait déserté la bonne cause. Depuis les guerres de religion, il était tombé d'erreurs en erreurs. Mais cet aveuglement passager ne doit pas nous faire oublier les services qu'il rendit à la couronne de France contre les prétentions des papes. Machiavel dit que les Parlements font la force des rois de France. Il l'entendait de l'appui qu'ils leur donnaient, des prétextes qu'ils lui fournissaient contre la cour de Rome. Ils étaient bien, à ce point de vue, les héritiers des Etats Généraux de 1302.

DROIT DE REMONTRANCES

§ 6. — Le droit d'enregistrer était corroboré par le droit de remontrances. J'en ai déjà indiqué l'origine. La royauté avait vu tourner contre elle une arme qu'elle avait forgée. Au reste, c'est une remarque, souvent justifiée, qu'elle-même a enseigné à ses adversaires les moyens propres à l'affaiblir ou à l'arrêter. Tous les abus de pouvoir qu'elle a eu à reprocher aux Parlements, c'est un de ses membres qui les leur a appris. En un jour de besoin, on a élevé le Parlement au-dessus de lui-même ; on l'a fait sortir de ses voies ordinaires, et l'on s'étonne et s'irrite qu'il n'y veuille plus rentrer !

Au moins, n'est-ce pas le reproche qu'il faut faire au roi Louis XII. Par un édit de 1499, il ordonna « qu'on suivit toujours la loi, malgré les ordres contraires à la loi que l'importunité pourrait arracher du monarque.» Aussi, ne signale-t-on point de remontrances des Parlements sous son règne.

François Ier, son successeur, fut, je l'ai noté plus haut, le premier à réclamer l'enregistrement pour un objet de finances. L'enregistrement fait par ordre, le Parlement décide que « le chancelier arrivé en cette ville, la cour le mandera venir céans pour lui faire remontrances que la cour avisera pour le bien de justice et choses publiques de ce royaume. »

Le Parlement usa souvent de son droit de remontrances. Ce fut entre lui et le cardinal de Richelieu une guerre constante. Louis XIV y mit ordre de la façon que l'on sait, et, plus tard, par un édit de 1657 renouvelé en 1675, il ordonna que jamais le Parlement ne fît de représentations que dans la huitaine, après avoir enregistré avec obéissance (1).

ABUS DU PARLEMENT. — EXCITATIONS ET OPPOSITION DE LA ROYAUTÉ
ET DES PARTIS

§ 7. — Malheureusement pour le Parlement, et aussi pour le Pouvoir royal, des excitations, venues du dehors, encourageaient toujours le premier à des tentatives que le second devait ensuite réprimer.

Je ne veux pas faire l'histoire détaillée de tous les excès de pouvoir commis par les Parlements. La cour elle-même les y invitait. Le sage chancelier de L'Hopital, qui avait eu tant à se plaindre d'eux, eut recours au Parle-

---

(1) Cette prétention du roi était contraire à tous les précédents. Le droit d'enregistrer avait été reconnu par la couronne, comme un droit véritable avec pouvoir discrétionnaire du parlement, non comme un devoir obligatoire. Dans les instructions données aux ambassadeurs qui furent, en 1575, envoyés au roi de Navarre, il est dit :

« Que si bien la puissance des rois est très grande comme un très puissant monarque, si est-ce que les rois de France, par leur débonnaireté, n'ont jamais pensé leur puissance être limitée et diminuée en se soumettant de ne pouvoir faire ni ordonner pour le règlement du royaume qu'autant qu'il serait selon la raison et les lois d'iceluy ; d'où vient qu'il faut que tous édits soient vérifiés (ni l'ordonnance de Blois ni d'autres ne furent présentés à vérification) et comme contrôlés ès cours de parlements devant qu'ils obligent à y obéir, lesquelles combien qu'elles ne soient qu'une forme *des trois estats raccourcis au petit pied*, ont pouvoir de suspendre, *modifier et refuser lesdits édits*. (La Popelinière, recueil de Quinet.)

ment de Normandie pour faire déclarer le roi majeur. C'était amener les Parlements sur le terrain politique. Ils y voudront rester.

Tous les Parlements de France, à partir de cette époque, celui de Paris, celui de Bordeaux, celui de Provence, de Normandie, allèrent d'illégalités en illégalités. Les autres corps les imitaient. On vit la Sorbonne délier les Français de leur serment de fidélité envers le roi. Seul, le Parlement de Châlons faisait son devoir (1).

En 1592, pendant la Ligue, le Parlement de Paris éleva même la prétention « *d'enregistrer les lettres de convocation des États et les ordonnances rendues* sur leurs cahiers ; de s'immiscer dans celles de leurs décisions qui-lui paraissaient porter atteinte aux lois fondamentales (religion, succession au trône, sûreté, autorité royale). » Repoussé dans la plupart de ces tentatives, il déclara qu'il était « les États Généraux *au petit pied* (2), qu'il était

---

(1) V. page 292.

(2) On a souvent cité cette formule : « Les parlements sont des États Généraux au petit pied. » Pour en bien connaître l'importance, il faut savoir dans quelles circonstances elle fut pour la première fois employée.

Un des auteurs les plus autorisés en cette matière, M. Rathery, prétend qu'elle fut insérée, comme explication, dans des instructions données aux ambassadeurs, adressées au roi de Navarre en 1575.

Et c'est cette opinion que j'ai adoptée en citant, d'après lui (voir page 294), le texte de ces instructions. Les concessions énormes, la reconnaissance des droits considérables au profit du parlement qu'elles renferment, sont bien de nature à étonner. Mais il faut songer aussi à quel degré de faiblesse était tombé le pouvoir royal.

Cependant, si l'on observe qu'un tel aveu, émanant d'un roi de France, est au moins extraordinaire ; que d'autre part on ne voit guère en quelles circonstances le roi Henri III aurait été appelé

même au-dessus des Etats, pourquoi il ne participait pas à leurs délibérations, parce qu'il se réservait d'en prononcer la validité ou l'invalidité. »

Ces prétentions n'auraient pas triomphé sans le triomphe personnel du roi. Henri IV rentra à Paris et, de son aveu, le Parlement, revenu à résipiscence, annula toute la procédure faite contre Henri III et le roi de Navarre, et cassa les Etats de la Ligue.

Le Parlement se tint sage et à peu près coi durant tout le règne de Henri IV (1).

ABUS DU PARLEMENT. LUTTE ET SOUMISSION ALTERNÉES

§ 8. — Cependant il avait pris goût à ces turbulences. La minorité du roi Louis XIII lui fut une occasion ; et malgré les énergiques répressions de Richelieu, il se

---

à faire au roi de Navarre des confidences si mélancoliques ; qu'enfin le roi de Navarre a été présent à la cour du roi toute l'année 1575, et ne s'en est enfui que le 3 février 1576, il devient impossible d'admettre cette prétendue origine de notre formule.

Voltaire dit, au contraire, qu'elle fut insérée, également à titre d'explication, dans des instructions données par les États Généraux de Blois de 1577 à leurs délégués chargés de parler au roi. Il cite, à la vérité, l'opinion contraire d'un auteur de son temps, La Baumelle probablement, qui la prétendait « insérée dans une instruction approuvée du roi, dont des mêmes États auraient été chargés ». Mais il réfute cette opinion comme erronée.

Elle est d'ailleurs exprimée en termes incompréhensibles. Enfin il est parfaitement raisonnable d'admettre que les États aient revendiqué de tels droits pour la nation, afin de parer au danger qu'entraînait le long intervalle de leurs convocations, et la forme trop humble, si elle était l'œuvre du roi, en est tout au plus respectueuse, venant des États.

(1) V. cependant sa vigoureuse opposition aux ordonances de Henri IV, contraires à la loi de l'inaliénabilité du domaine de la Couronne.

trouva encore tout disposé à rentrer en lutte pendant la Fronde. Le règne de Louis XIV fut pour lui une période de silence et d'oubli. Par une étrange fatalité, la France, dans les cas les plus difficiles, eut toujours des rois mineurs.

« Je suis heureux de mourir sans enfants, disait Charles IX, la France a besoin d'un homme ; sous un enfant, le roi et le règne sont malheureux. » Dans les temps modernes seulement, Charles IX, Louis XIII, Louis XIV, Louis XV, devinrent rois étant encore mineurs, et dans quelles circonstances ! La nation fatiguée, le pays épuisé.

A Louis XIV succède Louis XV, un enfant. Immédiatement le danger des minorités apparaît. Les corps de l'Etat, j'entends les plus puissants, s'agitent et intriguent. Le Parlement qui n'avait pas osé respirer sous le feu roi, s'assemble de lui-même. Les pairs et ducs s'y rendent. Le duc d'Orléans demande la régence en vertu de sa naissance, plutôt qu'en vertu des volontés du roi. « Mais à quelque titre que j'y doive aspirer, dit-il, j'ose vous assurer, messieurs, que je la mériterai par mon zèle pour le service du roi, par mon amour pour le bien public, et surtout aidé de vos conseils et de vos sages remontrances. »

Le Parlement, flatté, le nomme régent et casse le testament de Louis XIV.

L'entente dura peu.

LUTTE CONTRE LA ROYAUTÉ. PRÉTENTIONS DU PARLEMENT

§ 9. — Je ne puis pas suivre dans ses détails l'histoire de cette lutte, il y faudrait un volume. Je ne veux que résumer, en m'appuyant sur des documents, les prétentions et les griefs de chaque parti.

Si l'on regarde en arrière, et que l'on cherche quels

pouvoirs la Couronne avait jusqu'ici reconnus ou spontanément concédés au Parlement, on ne voit que ceux-ci : juger, enregistrer, faire des remontrances, proclamer la majorité des rois, déférer la régence.

Le Parlement, lui, prétendait les étendre. Il avait déjà rendu des arrêts contraires aux édits du roi : « Il semble même qu'il a porté ses entreprises jusqu'à prétendre que le roi ne peut rien sans l'aveu de son parlement, et que le Parlement n'a pas besoin de l'ordre et du consentement de Sa Majesté pour ordonner ce qu'il lui plait. Ainsi le Parlement pouvant tout sans le roi, le roi ne pouvant rien sans son parlement, celui-ci deviendrait bientôt législateur du royaume : et ce ne serait plus que sous son bon plaisir que sa Majesté pourrait faire savoir à ses sujets quelles sont ses intentions (1). »

Les Parlements avaient imaginé quelque chose de moins contraire aux lois, de plus habile, et de plus soutenable

« Elles (les diverses cours de Parlement) se sont considérées comme ne composant qu'un seul corps et un seul Parlement divisé en plusieurs classes répandues dans les différentes parties de notre royaume.

« Cette nouveauté, imaginée d'abord et ensuite négligée par notre parlement de Paris, quand il lui a paru utile de le faire, subsiste encore dans nos autres parlements ; elle se reproduit dans leurs arrêts et arrêtés sous les termes de *classes*, *d'unité*, *d'indivisibilité*.

« Les envois que nos Parlements se font les uns les autres, leur correspondance mutuelle et l'adoption inconsidérée que quelques-uns ont faite récemment, sans connaissance de cause, des jugements les uns des autres,

---

(1) Discours de d'Argenson, au lit de justice du 26 août 1718.

pourraient les conduire à des actes irréguliers qu'il faudrait punir avec sévérité (1). »

C'était une invention heureuse. Les Parlements y auraient puisé une force de résistance considérable. Malheureusement pour eux, cela ne pouvait se soutenir. Les divers parlements avaient été successivement créés par la volonté de différents rois ; aucune des créations nouvelles n'avait été enregistrée par le Parlement, le premier en date, celui de Paris ; et même on l'avait vu, en 1550, sous Henri II, par ordre du grand conseil, constitué juge criminel d'un autre parlement, celui d'Aix.

S'il avaient réussi dans cette tentative, ils eussent, d'autre part, pu faire admettre la théorie des Etats de Blois (2), la Royauté eût trouvé en eux un adversaire autrement redoutable qu'en les Etats Généraux. Versés dans la science du droit public et privé, jaloux de leurs prérogatives, toujours disposés à les défendre, toujours en position de le faire efficacement, ils auraient été le véritable frein du pouvoir royal, et ils auraient eu le droit de dire, comme ils faisaient en leurs remontrances de 1770 : « Depuis que les peuples ne peuvent plus se faire entendre par leurs représentants. c'est à vos cours, Sire, à remplir cette importante fonction. »

PRÉTENTIONS CONTRAIRES DE LA ROYAUTÉ

§ 10. — En face de ces prétentions du Parlement, la royauté, il faut le reconnaître, eut une ligne de conduite invariable. On l'a vu flottante, hésitante, intimidée, perfide devant les Etats. Ici elle sera résolue, hautaine,

---

(1) Édit de Versailles, décembre 1770, Préambule, cité par de Vidaillan, *Histoire du Conseil privé*, II, 324.

(2) V. page 269.

méprisanté et loyalement agressive. Pas un instant elle ne songera à céder. Jamais elle n'oublie a que le Parlement est émané d'elle, est sa créature, et qu'il n'est ni autorisé ni apte à la diriger ou à la contenir. Elle usera de son ascendant et de son prestige pour obtenir de gré ou de force ce qu'elle se croit en droit d'obtenir. Le jour où les moyens, même extraordinaires, seront insuffisants, elle supprimera ces parlements sans hésitation et surtout sans mystère.

Aussi loin qu'on remonte, la théorie des rapports de la Royauté et du Parlement est invariablement établie. Partout même hauteur, même esprit de décision.

Le vieux juriste, Guy Coquille, déclare formellement que « point ne doit-on croire que la considération d'aristocratie, à cause des Parlements, soit recevable en ce gouvernement. Car les Parlements sont installés pour *exercer justice ès cause des particuliers et non pour faire loix, ny connaistre d'affaire d'Etat*, ny pour faire provisions autre que de l'administration de la justice. »

Aucun roi ne l'oubliera.

En 1565, dans un lit de justice tenu à Bordeaux, le chancelier de L'Hopital se montre extraordinairement dur : « Messieurs, dit-il, le roi a trouvé beaucoup de fautes en ce Parlement, lequel étant comme plus dernièrement institué, vous avez moindre excuse de vous dispenser des anciennes ordonnances, et toutefois vous êtes aussi débauchés que les vieux, par aventure pis. La première faute que je vous vois commettre, c'est de ne garder vos ordonnances, en quoi vous désobéissez au roi. Si vous avez des remontrances à lui faire, faites-les et connaîtrez après sa dernière volonté.... Mais vous cuidez être plus sages que le roi, et estimez tant vos arrêts que vous les mettez par-dessus les ordonnances que vous interprétez comme il vous plaît... D'ambition, vous en êtes tous garnis. Eh ! soyez ambitieux de la grâce du roi, et non d'autre. »

En 1639, le roi Louis XIII fait le procès du duc de la Valette. Au lieu de le faire juger par ses pairs, par le Parlement, il nomme un tribunal spécial qu'il préside lui-même. Une députation du Parlement le prie de lui renvoyer cette affaire. « Je ne veux pas, répondit le roi ; vous faites toujours les difficiles ; il semble que vous vouliez me tenir en tutelle ; mais je suis le maître et je saurai me faire obéir ; c'est une erreur grossière de s'imaginer que je n'ai pas le pouvoir de juger qui bon me semble où il me plaît (1).

En février 1641, un édit de Saint-Germain-en-Laye s'élève avec indignation contre la conduite et les prétentions du Parlement. « Notre cour du Parlement de Paris, quoique portée d'un bon mouvement, entreprit, par une action qui n'a point d'exemple et qui blesse les *lois fondamentales* de cette monarchie, d'ordonner du *gouvernement de notre royaume et de notre personne*, et les circonstances des temps empêchèrent que l'on n'apportât remède à si grand mal. »

En 1652, Louis XIV sent le besoin, après les désordres de la Fronde, de retracer énergiquement les anciennes règles sur les droits et pouvoirs des Parlements.

« Nous avons, dit-il, de l'avis de notre Conseil et de notre certaine science, pleine puissance et autorité royale, dit et déclaré, disons et déclarons que notre dite cour du Parlement de Paris et toutes nos autres cours, *n'ont été établies que pour rendre la justice à nos sujets* ; leur faisons très expresses exhibitions et défenses non seulement

---

(1) De Vidaillan, op. cit, II, 156.

de prendre, à l'avenir, cognoissance d'aucunes affaires semblables à celles qui sont cy-devant énoncées, mais genéralement de toutes celles qui peuvent concerner l'Etat, administration et gouvernement d'icelui, que nous réservons à notre personne seule et de nos successeurs rois. »

LUTTE FINALE ET SUPPRESSION DES PARLEMENTS

En 1766, la construction des routes nouvelles, ordonnée par le corps des Ponts et Chaussées, imposait aux paysans des corvées fréquentes et pénibles. Le Parlement de Normandie réclama le premier ; puis celui de Paris, puis ceux de Pau et de Rennes. On proclamait hautement la théorie des classes, en vertu de laquelle les Parlements de France ne formaient qu'un seul corps, dont les différentes sections étaient réparties dans les grandes villes du royaume. Le roi tint un lit de justice le 2 mars 1766, et se rendit au Parlement de Paris.

« Ce qui s'est passé dans mes Parlements de Pau et de Rennes ne regarde pas, dit-il durement, mes autres Parlements. Je ne souffrirai pas qu'il se forme dans mon royaume, une association qui ferait dégénérer en une confédération de résistance le lien naturel des mêmes devoirs et des obligations communes, ni qu'il s'introduise un corps imaginaire qui en pourrait troubler l'harmonie. La magistrature ne forme point un corps séparé des trois ordres du royaume. Les magistrats sont mes officiers. C'est en ma personne seule que réside la puissance souveraine ; c'est de moi seul que mes cours souveraines tiennent leur existence et leur autorité. C'est à moi seul qu'appartient le Pouvoir législatif, sans dépendance et sans partage. Mon peuple n'est qu'un avec moi, et les droits et les intérêts de la nation, dont on ose faire un un corps séparé du monarque, sont nécessairement réunis avec les miens, et ne reposent qu'entre mes mains (1). »

Les Parlements stupéfaits s'inclinèrent. Mais l'opinion publique était derrière eux, ils relevèrent vite la tête.

— Cependant, M. de Choiseul, leur allié dans le Conseil, fut exilé à sa propriété de Chanteloup, et M. de Maupeou prit sur l'esprit du roi un ascendant considérable. De tous côtés on le poussait à l'absolutisme, on l'exaltait contre les Parlements. Guidée par d'habiles conseillers, la nouvelle favorite, Madame Dubarry, avait fait placer dans ses appartements le portrait de Charles Ier par Van-Dyck : « La France, disait-elle souvent au roi, la France, ton Parlement te fera aussi couper la tête. »

Au mois de décembre 1770, avant même qu'on exilât M. de Choiseul, on agissait contre le Parlement. Un édit nouveau, qui réglait ses attributions et sa procédure, lui fut envoyé à l'enregistrement.

« Les remontrances et représentations étaient permises même avant l'enregistrement ; mais quand le roi persévérait après avoir reçu les remontrances, on devait procéder à l'enregistrement, en présence soit du roi, soit des porteurs de ses ordres. Défense de rendre aucun arrêt de défense qui pût suspendre ou arrêter l'exécution des édits ainsi enregistrés. »

Là-dessus, le Parlement de Paris s'insurge et arrête des remontrances. Le roi reçut la délégation : « Vos remontrances ne vont pas changer ma façon de penser. Je vous ordonne d'enregistrer mon édit dès demain. Je vous charge, vous, Monsieur (le premier président), de venir ici le soir, à sept heures, me rendre compte de mes ordres. »

---

(1) Cité par Guizot, V, 202.

Le roi ne fut pas obéi. Le 4 décembre, le Parlement se refusa de nouveau à l'enregistrement et prit un arrêté qui fut porté le même soir à Versailles. Le roi se contente de dire au président : « Je vous ferai savoir mes intentions (1). »

Un lit de justice fut annoncé pour le 7. Le Roi le tient à Versailles. La séance commença par un discours du chancelier. « Remontez, leur dit-il, à l'institution des Parlements, suivez-les dans leur progrès, vous verrez qu'ils ne tiennent que des rois leur existence et leur pouvoir, mais que la plénitude de ce pouvoir réside toujours dans la main qui l'a communiqué... Quand le législateur veut manifester ses volontés, vous êtes son organe, et sa bonté permet que vous soyez son conseil... Là finit votre ministère. Si vos droits s'étendaient plus loin, vous ne seriez plus ses officiers, mais ses maîtres. »

Le préambule de l'édit contenait l'historique de l'institution et des prétentions du Parlement.

« Nous ne tenons notre couronne que de Dieu ; le droit de faire des lois nous appartient à nous seuls. »

Puis il constate l'usage de consulter les Parlements : « Mais cet usage, qui caractérise un gouvernement sage qui ne veut régner que par la raison et par la justice, ne doit pas être entre les mains de nos officiers un droit de résistance ; leurs représentations ont des bornes, et ils ne peuvent en mettre en la nôtre.

« Cependant si, après avoir écouté avec patience et bonté leurs remontrances, nous croyons devoir faire enregistrer nos lois par nos ordres, on les voit s'élever contre cet usage ancien et légitime de notre puissance, qualifier cet enregistrement de transcriptions illégales et contraires à

---

(1) Bastard d'Étang, *les Parlements de France*, 2 vol. in-8°, 1857, II, 418.

ce qu'ils appellent les principes fondamentaux de la monarchie. »

Puis l'édit fut lu ; il défendait :

De se servir à jamais des termes *d'unité, d'indivisibilité* et de *classes;*

D'envoyer aux autres Parlements d'autres mémoires que ceux qui sont spécifiés par les ordonnances ;

De cesser le service, sinon dans les cas que ces mêmes ordonnances ont prévues ;

De donner leur démission en corp s;

De rendre jamais d'arrêt qui retarde les enregistrements : le tout sous peine d'être cassé.

Le Parlement, sur cet édit solennel, cessa le service. Le roi fit porter aux conseillers des lettres de jussion, ils désobéirent. Nouvelles lettres de jussion, nouvelle désobéissance.

Le 10 janvier, ils se décident à reprendre leurs séances. Ce ne fut pas pour longtemps. A la suite d'une dernière interruption, le roi, dans la nuit du 19 au 20 janvier, envoie à chacun un mousquetaire porteur d'un papier où il fallait écrire *oui* ou *non*, s'ils obéiraient ou refuseraient d'obéir. Quarante signèrent oui ; le lendemain, réunis à leurs collègues, ils se rétractèrent ; tous furent exilés, et leurs charges confisquées.

On exila les princes, on amoindrit les Parlements ou on les remplaça par des Conseils supérieurs. A peine le roi était-il mort que ce nouveau système s'effondra. M. de Maupeou se vit retirer les sceaux, par ordre de Turgot, et on rétablit les anciens Parlements, auxquels on ajouta celui de Nancy (1775). Il y avait treize Parlements quand la loi de 1790 abolit l'institution entière.

APPRÉCIATION DU ROLE DES PARLEMENTS ET DES RÉSULTATS OBTENUS

§ 12. — Maintenant, si nous voulons apprécier, au

20

point de vue qui nous préoccupe, l'influence qu'a pu
avoir le Parlement sur le roi et sur la direction des
affaires à l'intérieur ou à l'extérieur, constatons qu'elle
fut à peu près nulle. Les causes n'en sont pas difficiles à
trouver.

— La première, c'est que le Parlement était une
création du roi. Nous avons vu les Etats Généraux, pouvoir latéral à la royauté, s'inspirer justement d'une origine indépendante pour revendiquer contre elle les droits
de la nation, et la royauté quelquefois céder, parce que
les Etats, organe accrédité, puisaient une force considérable dans leur unanimité avec le pays. Ici, rien de tel ;
le Parlement est composé d'officiers du roi. Ils ne sont
pas indépendants : au début, le roi les paie et les nomme
à terme. Plus tard, on leur vend des charges et ils deviennent inamovibles. Mais leurs fonctions sont strictement déterminées, leurs pouvoirs exactement limités.
Toute action du Parlement, en dehors de ces limites, est
illégale. Le roi peut, en droit, et doit, en bonne police, le
rappeler à une notion plus précise de ses devoirs. S'il
ne le fait, s'il tolère les empiétements, c'est ou par faiblesse ou par indulgence. Mais ce précédent ne constitue
pas une règle nouvelle, et le Parlement ne saurait alléguer l'erreur passée pour excuser l'erreur présente.

— Une autre cause, et la plus importante peut-être, c'est
que les Parlements ne disposaient point des finances. Les
impôts n'étaient point de son domaine : les Etats les
accordaient, le roi les levait ; plus tard, même, le roi se
passa du concours des Etats. Le Parlement, lui, n'avait
qu'à enregistrer les édits. Il s'y refusait souvent. Pendant
la minorité de Louis XIII, de Louis XIV, sous le règne de
Louis XVI, il fit, à ce sujet, une résistance qui l'honore.
Mais force restait au roi, qui obtenait toujours enregistrement : « Lorsque le roi est dans son Parlement, disait la

règle légale et la coutume de la magistrature, il n'y a point de délibération ; sa volonté fait loi. »

Ce ne fut point sans lutte que les Parlements avaient laissé s'établir cette règle. Ils avaient compris de quelle utilité serait pour la nation le contrôle sur la royauté d'un pouvoir toujours investi du droit de lui demander ses comptes, au moins de finances, et toujours prêt à en user. Les Etats de Blois l'avaient aussi compris et avaient présenté au roi comme légale cette prétention que les Parlements tentèrent de faire passer en pratique. Mais la Royauté ne s'y prêta pas.

Rien, ni le temps, ni la lassitude, ni sa propre faiblesse ne la détermina à laisser discuter par les Parlements l'utilité et la légalité des édits en matière de finances.

En vain, les remontrances étaient devenues des blâmes formels, des conseils déguisés, des vœux plus ou moins hautement exprimés. La Royauté, à toutes les époques, en 1641, en 1652, en 1753, en 1770, en 1788, agit énergiquement, réglementa les remontrances, exila, mutila, amoindrit les Parlements et fit définitivement admettre comme règle que, *le roi présent, on ne délibère pas, on enregistre.* En vain, la conscience, le bon sens, l'équité jurent contre cette théorie, les conseillers protestent avec indignation, en leur nom et en celui du pays ; en vain, ils distinguent subtilement entre un lit de justice et une séance royale, ils ne peuvent triompher de la force de l'autorité royale et des anciens usages.

« Le lit de justice, crie, en 1788, M. d'Espréménil, a la franchise du despotisme, la séance royale en a la duplicité. » La Royauté ne laisse pas toucher à ses prérogatives : « Le roi veut être obéi, et obéi dans le moment, dit d'Argenson, au nom de Louis XV. » « C'est légal, parce que je le veux, ajoute Louis XVI. » « Au monarque seul, dit Lamoignon de Malesherbes, appartient le Pouvoir législatif, sans dépendance et sans partage. »

Et, malheureusement pour le Parlement et pour la nation, d'Argenson, Louis XVI et Malesherbes avaient raison : c'était légal.

— La dernière cause, enfin, et l'une des plus sérieuses, c'est que le Parlement non-seulement n'était pas issu de la nation, mais n'était point inspiré de ses sentiments, animé de son énergie. Il n'y avait point communauté d'idées entre eux. Le Parlement, successeur des *barons jugeurs* de Philippe le Bel, collègue, au moins il le prétendait, des ducs et pairs, le premier des pouvoirs judiciaires de l'Etat, ne faisait point partie de la Nation ; il n'était ni de la noblesse, qui le repoussait, ni du tiers, qu'il dédaignait. Classe moyenne, intermédiaire, sans appui dans le pays, se tenant simplement par la force de sa cohésion et de son esprit de corps, il menait une vie égoïste, agitée d'intrigues mesquines, en dehors de la grande vie nationale, sans aucune de ses passions ou de ses violences. Il n'était point embrasé, comme les Etats, du zèle du bien public. Soucieux seulement de ses propres intérêts, jaloux de son autorité, il ne fut vraiment fort contre la royauté que dans les rares circonstances où il se fit l'interprète du pays.

Ce qui, notamment, le rendit, parfois, populaire, ce fut son esprit très gallican dans la lutte contre la Papauté. Mais, dans les questions d'administration intérieure, il était parfaitement détaché de tous autres intérêts que les siens. C'est seulement vers la fin et sous l'influence de gens vertueux ou vigoureux, comme les Malesherbes et les d'Eprémenil, qu'il sembla prendre en main la défense des libertés publiques. Il était trop tard.

Le pouvoir royal avait derrière lui une longue tradition

d'autorité. Il avait supprimé les Etats, ses rivaux ; ce n'était pas pour accepter le contrôle du Parlement, sa créature. Il dédaigna ses avis, étouffa ses remontrances, et, quand le respect, la crainte et l'emploi des moyens légaux devinrent insuffisants, il recourut, sans scrupule, à l'emploi de la force.

Il survécut ainsi aux Etats et aux Parlements ; dégagé de toutes entraves, il n'était que plus absolu, non plus fort, et il ne devait pas jouir longtemps de sa liberté.

CHAPITRE III

LE CONSEIL DU ROI

INCERTITUDES SUR SES ORIGINES ET SES ATTRIBUTIONS

§ 1. — Le conseil du roi est une institution fort ancienne, qui, sous des noms et avec des pouvoirs différents, a fonctionné pendant toute la durée de la monarchie.

Les origines en sont obscures ; les développements, incertains.

Les époques successives où il évolua et se transforma sont controversées, ses attributions mal définies. Ceux qui ont voulu étudier son organisation en détail se sont heurtés à des contradictions choquantes. Il lutte de pouvoir avec les Etats Généraux ; il rogne, pied à pied, les attributions des Parlements, et, dans ce conflit d'intérêts, on ne sait où commence la fonction de chacun et où elle

finit. « Les rois, dit Voltaire, trop souvent occupés de
guerres malheureuses ou de troubles intestins, plus malheureux encore, ont pu rarement fixer les bornes des
pouvoirs de chaque corps et établir une jurisprudence certaine et invariable. Toute autorité veut toujours croître,
tandis que d'autres puissances veulent la diminuer.
Les établissements humains ressemblent aux fleuves,
dont les uns enflent leur cours et les autres se perdent
dans le sable. »

CONSTITUTION INTÉRIEURE DU CONSEIL AU XVᵉ SIÈCLE ET DEPUIS CETTE ÉPOQUE

§ 2. — Au commencement du xvᵉ siècle, le Conseil
comprenait deux sections : l'une, les maîtres des requêtes
de l'hôtel ; l'autre, les conseillers d'Etat. Nous avons vu
un fonctionnement analogue et des termes identiques à
propos de l'organisation du Parlement.

Cette similitude, ces termes juridiques, ces fonctions
judiciaires confiées au Conseil du Roi, ne doivent pas
étonner. Les chroniqueurs du temps nous disent que les
rois passaient des jours et des nuits à préparer les affaires
soumises à leur jugement. C'est qu'en effet c'était un
instrument redoutable entre leurs mains, que ce privilége de justice. Par son pouvoir d'évocation, par sa connaissance des appels et l'invention des cas royaux, le roi
reculait, plus sûrement que par des guerres, même heureuses, les limites de son royaume et de son autorité.

Les maîtres des requêtes, appelés aussi *poursuivants
du roi*, examinaient les placets qu'on lui adressait, et ils
préparaient les éléments de solution pour les affaires soumises au Conseil.

Les conseillers d'Etat étaient chargés de l'examen et
du jugement de ces affaires, après le travail des maîtres

des requêtes. En outre, ils délibéraient avec le roi sur les affaires du royaume.

Le nombre des conseillers était fort restreint.

Jusqu'en 1350, il fut de cinq. C'est également le nombre que donne Mézeray au Conseil qui accompagna le roi Jean II, lors de son entrevue à Boulogne avec Edouard III.

Plus tard, ce nombre augmenta. Le chiffre des conseillers près du dauphin Charles, fils de Jean II, était assez élevé, car, aux Etats de 1356, on demande la révocation de vingt-deux conseillers. Toujours variable, il semble être de vingt-deux sous Henri II, et de huit seulement sous Henri IV (1).

Au temps de Louis XIV, le Conseil fut réglementé sérieusement. Une ordonnance de Saint-Germain-en-Laye, 3 janvier 1673, qui le désigne du nom de Conseil d'Etat, tend à lui donner une organisation fixe et définitive.

ATTRIBUTIONS DU CONSEIL ; RESTREINTES D'ABORD, ELLES S'ÉTENDENT CONSIDÉRABLEMENT AU XVIIe SIÈCLE ; ELLES SONT JUDICIAIRES ET POLITIQUES

§ 3. — D'après ce court exposé historique, les attributions du Conseil apparaissent de deux sortes, les unes judiciaires, les autres politiques.

I. Les attributions judiciaires étaient les plus impor-

---

(1) Je dis « semble être » parce que je n'ai vu nulle part le chiffre. Mais sous Henri II, il y a une ordonnance, rendue sur l'avis du connétable de Montmorency, qui fixe les heures de travail du roi et de son conseil. Elle prescrit deux séances, une, le matin, où assistaient douze membres du conseil, nominalement désignés, et une le soir, avec dix autres membres qui paraissent bien former le reste du conseil. — Un document analogue m'a conduit à fixer à huit le nombre des conseillers sous Henri IV.

tantes. Ce qui n'implique pas que ceux qui en étaient chargés fussent les personnages les plus considérables du Conseil.

Seulement, dans la lutte de la Royauté contre la Féodalité, puis contre les Etats Généraux et le Parlement, les attributions judiciaires la servaient plus efficacement.

A l'origine, elles se réduisaient à :

1° Juger les appels des grands baillis ;

2° Juger en premier et dernier ressort certaines affaires difficiles ou importantes.

Plus tard, elles furent mieux réglées. Elles se dédoublèrent, et, en dernier lieu, le Conseil devint tribunal administratif et tribunal judiciaire.

A. Tribunal administratif, il connaissait :

1° Des appels des jugements des intendants ;

2° Des oppositions des parties intéressées à des décisions administratives.

B. Tribunal judiciaire, il était :

1° Cour de cassation, il

a Réglait les conflits entre les divers Parlements ;

b Délivrait des lettres de dire contre arrêt, de proposition d'erreur, de nullité d'arrêt des Parlements ; cassait leurs jugements et renvoyait à d'autre cours.

2° Tribunal d'évocation.

Il évoquait à lui certaines affaires. Il y avait les évocations de *justice*, de *grâce*, les évocations *politiques*. Enfin, il y avait des évocations *générales*, comme celles que lui concéda François Ier pour les affaires qui regardent les nominations du roi aux bénéfices.

Ces évocations devinrent si nombreuses, qu'il fallut créer un Conseil spécial pour en connaître. On lui donna le nom de Grand Conseil, bien différent de celui que nous avons vu anciennement.

C'est ainsi que l'ordonnance du 8 juillet 1661, donnée à Fontainebleau, définissait le Conseil privé chargé de ce rôle judiciaire, « l'autorité établie par Sa Majesté pour avoir l'œil sur toutes les autres juridictions, régler les différends qui naissent entre elles, empêcher que ses sujets ne soient contraincts de traicter leurs affaires par devant des juges suspects, retenir la connaissance de celles qui, pour des raisons d'Etat, ne peuvent pas être terminées ailleurs que dans ledit Conseil. »

II. Les attributions politiques consistaient à préparer les lois, à prendre les mesures administratives nécessaires, à connaître de toutes les affaires du royaume, et à éclairer le roi de ses avis.

Cette immixtion dans les affaires les plus urgentes de la royauté se prolongea pendant toute la monarchie. Même sous Louis XIV, le Conseil eut son action et son influence. C'est un édit délibéré en conseil qui admit et proclama les quatre propositions de 1682, bases de l'Église gallicane.

Et, à l'époque de la paix d'Utrecht, l'édit qui renvoyait à l'enregistrement des cours souveraines les renonciations réciproques de Philippe V, du duc de Berry et du duc d'Orléans, fut délibéré en conseil.

LES ATTRIBUTIONS DU CONSEIL VARIENT AVEC LES ÉPOQUES ET LA PERSONNE DU ROI

§ 4. — Quelle fut au juste, dans la mesure de ses attributions, la part réelle d'influence qu'eut le Conseil sur les déterminations du roi, il serait difficile de le dire. Elle dut singulièrement varier avec les rois et avec les conseillers.

Le Conseil, composé par le roi de qui lui plaît, est naturellement un instrument docile entre ses mains. Il s'y peut rencontrer tel homme de génie qui prenne sur l'esprit du roi un ascendant considérable. Mais ceci est la part du hasard, non le résultat de l'institution. Il y a une seule époque où le conseil aurait pu gagner une légitime influence sur la direction des affaires. C'est lors de l'insurrection d'Étienne Marcel, en 1356 et 1358, quand les États eurent fait révoquer la presque totalité des membres de l'ancien conseil et y entrer à leur place des membres des États. Mais ce conseil, ainsi constitué, n'avait, pas plus que l'ancien, sa liberté d'action. Au lieu de dépendre d'un roi, il dépendait des États, pratique peut-être excellente, mais qui enlève au conseil tout droit au blâme ou aux éloges, toute responsabilité.

J'incline à croire, en effet, que durant toute la monarchie, à partir du jour où le conseil ne fut plus l'image des assemblées générales, il n'eut aucune action sur la conduite du roi, autre que celle qui résulte de la sagesse et de la prudence des avis qu'il a pu émettre.

Les écrivains du temps ont noté cette soumission et en ont donné la raison. Un pamphlet, paru sous la régence d'Anne d'Autriche (*Sur le conseil du roi*, in-f°), s'exprime ainsi :

« La charge de premier ministre ou de chef du Conseil des rois, s'exerce d'ordinaire dans les lieux mêmes où ils ont établi leur trône ; elle est resserrée aux termes de ne rien exécuter que ce que le souverain ordonne de jour en jour. »

L'ordonnance du 3 janvier 1673, donnée à Saint-Germain, confirme la justesse de cette remarque, Art. 22 : « Le Conseil se tiendra toujours dans la maison du roi et au lieu le plus proche de son appartement, si ce n'estait qu'il plust au roy d'en ordonner autrement. »

Et Torcy se plaint, dans ses mémoires, que le Conseil est dénué de toute influence, et que, notamment, le ministres des affaires étrangères n'est jamais écouté.

Saint-Simon prétend, de son côté, que lors du testament du roi d'Espagne qui cédait la couronne au petit-fils de Louis XIV, celui-ci aurait tenu conseil en l'appartement de Mme de Maintenon, qui y aurait opiné. Il est vrai que Torcy le nie formellement (1).

Chose étrange cependant, dans un curieux écrit du xviiie siècle, attribué à l'abbé de Saint-Pierre (2), écrit à une heure de réforme universelle, ce n'est point pour limiter l'autorité royale qu'on réclame la création de conseils indépendants. C'est notamment pour :

1° Diminuer les chances d'informations inexactes ;

2° Diminuer la faveur ;

3° Supprimer les influences féminines ;

4° Faire passer sous les yeux des ministres et des conseillers une plus grande variété d'affaires, et former des hommes d'État.

Mais rien n'est préparé dans ce plan de réorganisation pour assurer l'indépendance du Conseil, sans doute parce que les contemporains en connaissaient trop l'inanité, pour songer un seul instant à y rechercher le salut de l'État.

---

(1) De nos jours, sous le deuxième Empire, un conseil privé avait été organisé ; on y discutait les affaires les plus importantes du pays, et très fréquemment *le Moniteur* y constate la présence de l'Impératrice.

(2) *Discours sur la Polysynodie.*

CHAPITRE IV

LOIS FONDAMENTALES

CE QU'ON ENTEND PAR LOIS FONDAMENTALES

§ 1. — J'ai déjà signalé, en parlant des États Généraux, l'existence de ces lois fondamentales. Et j'ai, en passant, remarqué leur importance en droit, et l'influence qu'elles purent avoir, comme frein légitime à la volonté absolue des rois.

Les lois fondamentales, ce sont celles que Guy Coquille appelle « loix perpétuelles. » Le roi ne peut les faire de sa propre autorité, il demande pour cela la coopération des États : une fois faite, la loi doit vivre aussi longtemps que la monarchie, à moins que les États n'en décident autrement.

Les lois fondamentales, ce sont encore ces coutumes que Guy Coquille associe dans le même passage aux lois perpétuelles, comme étant l'œuvre des États et d'eux seuls ; coutumes qui renferment les résultats de la tradition monarchique, des relations des pouvoirs publics depuis de longues années, qui, sans être écrites, ont autorité dans tous les temps, et que le roi ne pourrait infirmer par une loi née de son propre mouvement.

Lois ou coutumes, les lois fondamentales sont *unies à la Couronne*; elles en font partie intégrante. Le roi n'y peut déroger ; il jure à son sacre de les maintenir.

VARIÉTÉ D'ORIGINE ET BUT DE CES LOIS

§ 2. — Ces lois sont de nature variée. Elles règlent des intérêts très divers ; elles sont nées dans des circonstances différentes parfois de la volonté du législateur, le plus souvent du hasard.

Je citerai comme lois perpétuelles :

La loi qui règle l'ordre de succession au trône et en exclut les femmes ; la loi salique ;

La loi qui fixe à 14 ans la majorité des rois ;

Celle qui déclare inaliénable le domaine de la Couronne ;

Le principe que le royaume ne peut être démembré par un traité de la royauté avec l'étranger ;

Celui qui exige le consentement de l'impôt par les États ;

Celui qui règle l'inamovibilité des offices de judicature.

Le nombre n'en était point limité strictement. Suivant les circonstances, un pouvoir de l'État lésé dans un de ses droits, tâchait de le mettre à l'abri derrière une loi fondamentale. Le duc de Guise, lors de l'État de Blois (1588) écrit à l'ambassadeur d'Espagne : « J'ai si bien manié nos États que je les ai fait résoudre de requérir la confirmation de l'édit d'Union comme *loi fondamentale* de l'État. Le roi a refusé de le faire, avec paroles assez aigres, aux députés qui lui en ont fait la remontrance... Mais finalement il a été tant pressé par les États, lesquels autrement étaient près de se séparer, qu'il a promis de jurer et de faire jurer l'édit avant que d'entrer au propos d'aucune chose. »

Louis XV, dans le préambule de l'édit de 1770, se moque des prétentions du Parlement, qui « s'élèvent contre cet usage ancien et légitime de la puissance (l'enregistrement par ordre), qualifient cet enregistrement de transcriptions illégales et contraires à ce qu'ils appellent les principes fondamentaux de la monarchie. »

Voltaire (1), à propos du mariage de Gaston de France avec Marguerite de Lorraine, dit que des poursuites

---

(1) *Histoire du Parlement*, ch. 51.

furent intentées par le Parlement pour faire rompre ce
mariage, conclu sans l'agrément du roi. Heureusement,
Louis XIII approuva enfin le mariage de son frère.

« Mais, ajoute plaisamment Voltaire, la loi qui défend
aux princes du sang de laisser une postérité sans le consentement du roi a toujours subsisté depuis. »

Un pamphet, paru en 1846, est intitulé : « Examen de
la prétendue loi fondamentale qui exclut les princes légi-
timés de la couronne de France. »

Ainsi le nombre et la qualité de ces lois ont pu être
controversés.

DE LA LOI QUI DÉCLARE LE DOMAINE DE LA COURONNE INALIÉNABLE

§ 3. — Je me suis suffisamment expliqué sur la nécessité du consentement de l'impôt par les États.

J'arrive maintenant à une autre loi fondamentale, dont
l'existence et le maintien furent, en maintes circonstances, le salut de la monarchie, celle de l'inaliénabilité du
domaine de la couronne.

« L'autre droit royal, dit Guy Coquille (1), est le domaine de la couronne. Et ainsi s'appellent les duchez,
comtez et autres seigneuries, qui de toute ancienneté
sont unies à la couronne, qui par reversion et droit de
fief sont escheues aux Roys. — Ce domaine est non
aliénable, sinon en deux cas : l'un pour apanage des
enfants de France, l'autre pour les nécessités urgentes
des guerres. L'apanage est de deux sortes; aux enfants
masles de Rois pour leur être propre et héréditaire à eux
et aux descendants d'eux en ligne masculine seulement,
et à défaut de masle est sujet à réversion, et au préjudice
de cette réversion ne peut être aliéné ; et aux filles de rois
pour être rachetable en deniers à toujours, sans aucune

---

(1) II, page 4 double.

prescription. L'aliénation pour les nécessités de la guerre est ainsi à rachat perpétuel sans prescription. En tous ces cas d'aliénation les lettres patentes du Roy doivent être vérifiées en la cour de Parlement, à peine de nullité. »

Ce que Guy Coquille donne comme une règle constante n'avait pas été cependant toujours admis. Les rois des deux premières races avaient eu la pleine disposition du domaine de la couronne. Ils faisaient de nombreuses do nations à titre de bénéfice ou à titre d'investiture complète, généralement, d'ailleurs avec clauses de retour ; ils donnaient soit des rentes, soit des biens.

ÉTENDUE DE CETTE PROHIBITION

§ 4. — Il faut en effet remarquer que, sous l'ancien régime, le domaine de la couronne se confondait avec celui de l'État. Dès lors, la masse de biens dont il aurait pu disposer comme d'une chose sienne était considérable.

Ce domaine embrassait en effet, comme le dit Guy Coquille, « les duchez et comtez qui, de toute ancienneté sont unies à la couronne, ou qui, par réversion et droit de fief, sont escheues au Roi. » Cela ne comprend rien moins que :

Le duché de France, la Bourgogne, la Guyenne, le Languedoc, la Champagne, la Bretagne, la Normandie.

Laisser aux rois le droit de les aliéner à titre gratuit ou onéreux, eût été dangereux pour le royaume.

Dès Philippe-le-Long en 1318, c'était une coutume constante qu'on ne pouvait aliéner le domaine de la couronne.

« Le Roy, dit Loyseau, ne peut aliéner sans l'assentiment des États, ou, en leur absence, du Parlement. » L'ordonnance ajoute cependant qu'on le peut pour justes causes (1).

---

(1) Gaudry, *du Domaine*, I, introduction.

Il pouvait être encore donné pour récompense des services rendus à l'État, Témoins les présents considérables de Charles VII à Jean et Berauld Stuart qui l'avaient aidé à reconquérir son royaume sur les Anglais, et de Louis XI à Guillaume de Rochefort.

Le domaine était sans cesse accru par successions, par la pratique régulière du droit féodal. Il était sans cesse diminué par les donations du roi à ses serviteurs. Aussi ce devint un usage établi pour chaque roi de révoquer les aliénations consenties par son prédécesseur.

L'opinion publique les approuvait, considérant le domaine comme le patrimoine de tous (1). »

_____

(1) Charles V « fit, le 3 mars 1356, publier une ordonnance qui retirait tout le domaine aliéné depuis le roi Philippe-le-Bel, excepté les choses données à Dieu et à la sainte Église, et à ses frères, les ducs d'Anjou, de Berri, et de Bourgogne, pour l'entretenement de leurs États. Ils (les seigneurs à qui on les retirait) en avaient joui quelque temps, et, n'en ayant jamais rien donné, on ne leur faisait point d'injustice, en réunissant à la Couronne ce qui n'en avait été séparé que par les désordres de l'État. » (Abbé de Choisy, _Histoire de Charles V_, Paris, 1689, in-4°, page 31.)

— « Le roy François Ier, pressé d'affaires, pour supporter son peuple assez chargé d'ailleurs, advisa de procéder à l'aliénation de son domaine, à raison du denier dix, et de ce dépescha édicts, déclarations et commissions, qui furent publiées tant à la cour des parlements que ès-chambre des comptes, etc.

« Au commencement, la chose fut trouvée fort douteuse, et il y eut difficulté de trouver acheteurs : car, en cette nouvelleté, chacun prévoyait en soi la nature dudict domaine, _qui est inaliénable_, et ce qui en pouvait advenir. Secondement, que s'il y avait aucunes causes pour aliéner, l'on n'en voyait rien promptement ; et, même que pour à ce parvenir la cause plus apparente estait de soi défendre de son ennemi, encore falait-il que ledit ennemi fust _in penetralibus regni_. Et que combien que telle chose de faire consentir les États, comme aucunement tenant forme de

ORDONNANCE DE BLOIS COMFIRMANT L'USAGE ANCIEN DE
L'INALIÉNABILITÉ. — ORDONNANCE DE MOULINS

§ 5. — Après bien des abus que lui-même avait imités,
François Ier rendit, le 30 juin 1539, le célèbre édit de Blois:
« Savoir faisons, porte cet édit, que nous, considérant
notre dit domaine et patrimoine de la Couronne de France
tant par la loi de notre dit royaume et constitution de nos
prédécesseurs, rois, comme de disposition civile et
canonique, et par les serments que nous et nos prédécesseurs avons fait et ont accoutumé de faire les rois de
de France à leur sacre, être inaliénables, par quelque
espèce ou manière que ce soit, directement, ou, indirectement, par jouissance, possession, usurpation, intention,
détention ou autre manière de le vouloir acquérir, attendu
que ledit domaine est réputé sacré et ne peut tomber au
commerce des hommes...» Par ces motifs, l'édit en interdisait la vente, et repoussait, de la part de ceux qui en
possédaient une partie, toute fin de non recevoir basée sur
la prescription ordinaire et toute prétention à la propriété
dont on invoquait la possession comme titre.

Cet édit de 1539 ne donna pas les résultats qu'on s'en
promettait. Il paraît que la poursuite des droits du domaine de l'État ne fut pas aussi rigoureuse qu'elle eût dû

République, fust délaissée de ce temps, *veu que le Roi seul avec
son Parlement représentait ladite République:* ce néanmoins l'on
craignait que le temps quelquefois amenast esprits voulans rechercher les affaires jusque là. »

Puis il expose d'autres raisons de fait qui retournèrent les esprits et ajoute :

« Somme qu'à la fille et à l'envi y vinrent plus de gens qu'il
n'y eut de domaines, qui fut occasion que le roi continua de vendre en sorte qu'il n'est plus nouvelle de son dommeine ; voire, s'en
trouve qui ont achetté au temps de paix au lieu de guerre ne
pouvant occasionner leur achet.» (*Papon, livre 5, titre 10, arrêt 4,*
à Lyon, 1569.

l'être. La Couronne ne rentra pas dans tous ses biens. Et d'autre part le mal s'accrut par des prodigalités nouvelles du roi Henri II.

Aussi fallut-il y porter un remède nouveau. Le chancelier de l'Hôpital prépara la fameuse ordonnance de Moulins (1566), qui reproduisait le principe posé pour la première fois dans l'édit de Blois et le réglementait d'une façon plus précise et plus modérée.

« Comme à nostre sacre, portait cette ordonnance, nous avons entre autres choses juré garder et observer le domaine et patrimoine royaux de nostre Couronne, l'un des principaux nerfs de nostre état, et retirer les portions et membres d'iceluy qui ont esté aliénés, vray moyen pour soulager nostre peuple tant affligé des calamitez et troubles passez ;

Scavoir faisons que de l'avis de nostre très honorée dame et mère, des princes de nostre sang, officiers principaux de nostre couronne et autres de nostre conseil, etc. »

Et l'ordonnance suivait par une défense d'aliéner désormais le domaine de la Couronne. Elle définissait ce domaine : « Celui qui est expressément consacré, uni et incorporé à la couronne ou qui a été tenu et administré par les receveurs et officiers royaux pendant *l'espace de 10 ans*, et est entré en ligne de compte. »

Cette défense d'aliéner ne s'appliquait d'ailleurs qu'au grand domaine, qui se composait de « terres seigneuriales ayant haute, moyenne ou basse justice, et des grandes masses de forêts. »

Encore était-il aliénable pour deux cas :

1° Pour apanage fait aux princes mâles de la maison de France, « auxquels il y a retour à nostre Couronne par leur décès sans mâles en pareil estat et condition qu'était ledit domaine lors de la concession de l'apanage. »

2° Pour aliénation à deniers comptant pour les nécessités de la guerre, « après lettres patentes pour ce décernées et publiées en nos parlements, auquel cas il y a faculté de rachat perpétuel. »

Quant au petit domaine, qui comprenait toutes les possessions éparses dont les difficultés d'exploitation et la minime importance rendaient la conservation onéreuse ou inutile, il était toujours aliénable.

En même temps on créait des procureurs et une chambre du domaine.

Et comme accompagnement logique de ces mesures, des lettres patentes du 1er juillet 1568 donnaient à la reine Catherine de Médicis la ville de Meaux et ses dépendances.

INUTILITÉ DE CES PRESCRIPTIONS

§ 6. — Je n'ai jamais compris, quant à moi, pourquoi cette ordonnance est si célèbre. Si l'on veut faire ressortir les éminentes qualités de celui qui en fut le promoteur, le chancelier de l'Hôpital, personne plus que moi ne lui rend justice. Si l'on veut vanter la sagesse et la prévoyance de ses dispositions, j'en tombe d'accord. C'est lui seul et non son œuvre que l'on doit vanter. Il fit œuvre de prudence. Mais que servent les meilleures dispositions ?

« Quid valent leges sine moribus ? » a dit Horace en des circonstances à peu près analogues. Vingt ans ne s'écouleront pas que le roi Henri IV puisera à pleines mains dans le trésor royal, pour acheter les ligueurs influents et les doter de riches domaines. Plus tard, imitant son exemple, Louis XIV fait une longue ordonnance en 1667 pour y réglementer l'inaliénabilité des domaines ; mais il a soin de ne s'occuper que des domaines engagés, ce qui lui permet de donner le domaine de la Couronne à ses courtisans, à ses maîtresses, comme aux bons serviteurs de l'Etat. Louis XV fera mieux et pis que son aïeul.

Louis XVI, le 14 janvier 1781, fait une ordonnance pour proscrire l'abus des aliénations du domaine ; mais il se réserve encore le droit de concessions qui dureront autant que son règne, « afin que le dépôt remis dans ses mains fût transmis à ses successeurs dans toute son intégrité. »

Cette loi fondamentale, la plus importante de toutes sans contredit, et sans en excepter la Loi Salique, eut néanmoins son utilité incontestable jusqu'aux jours de la monarchie absolue. Qu'on la confonde ou non avec celle qui interdit le démembrement de la monarchie par un traité du roi avec l'étranger, elle rendit de grands services au pays. « Elle a été, dit Troplong, introduite en vue de servir de frein à l'insatiable avidité des courtisans et de contre-poids à l'omnipotence royale. »

Mais ceci n'est absolument vrai que pendant cette période de la monarchie où il y a des lois respectées et des corps publics pour les faire respecter. Le jour où un roi put dire : « L'Etat c'est moi, » et un autre : « C'est légal parce que je le veux, » les lois demeurent sans force et les meilleures précautions sans efficacité.

CHAPITRE V
LE ROI

RÉSUMÉ DES RÉSULTATS ACQUIS AUX CHAPITRES PRÉCÉDENTS

§ 1er. — J'ai passé en revue les diverses institutions de la monarchie française, qui paraissent susceptibles d'avoir modéré la royauté. J'ai analysé leurs attributions, mesuré leur pouvoir ; j'ai tâché, en quelques traits rapides, d'esquisser les résultats qu'ils ont obtenus, de décrire les libertés politiques qu'ils ont conquises ; et, malgré des procédés variés d'investigation, je suis arrivé à une conclusion désespérante dans son unité : Depuis le xvie siècle, la royauté a été absolue ; aucun pouvoir n'a contrebalancé le sien ; les rares libertés dont a joui le pays n'ont été que passagères et furent le fruit de concessions bénévoles.

« Le grand précepte qu'il faut donner aux historiens, dit M. Augustin Thierry, c'est de distinguer au lieu de confondre ; car, à moins d'être varié, on n'est point vrai (1). »

Le précepte, je l'ai suivi. Et si j'ai trouvé une variété quelconque, c'est celle que signale Voltaire, celle du pouvoir absolu, du caprice des hommes et des événements :

« Chaque pas, dit-il, qu'on fait dans l'histoire de France, prouve que presque rien n'a été réglé d'une manière uniforme et stable, et que le hasard, l'intérêt présent, des volontés passagères ont souvent été le législateur (2). »

Il s'est formé pendant quatre siècles une longue tradition d'absolutisme. Il y a eu des nuances ; l'absolutisme de François Ier n'est pas celui de Louis XIII ou de Louis XV. Il y a eu même, dans ce ciel sombre, des éclaircies momentanées. Mais à distance, ces nuances s'effacent ces éclaircies s'assombrissent, l'ensemble revêt une teinte sombre, peu flatteuse à l'œil, il faut bien le dire, et que ne suffisent pas à rompre ou à égayer les quelques points lumineux semés de loin en loin.

---

(1) *Lettres sur l'Histoire de France.*
(2) *Histoire du Parlement*, ch. LIX.

§ 2. — Nos anciens auteurs avaient bien remarqué le
développement exagéré de cette Royauté, qui, par droit
légitime ou par envahissement, arrivait à l'omnipotence.

L'honnête Guy Coquille (1) énumère les attributs de la
royauté. Et, naïvement, sans songer à des critiques ou à
attaques que sa conscience de fidèle sujet aurait réprou-
vées, il laisse voir que la royauté, non contente de ses
droits reconnus, empiète sur les autres autorités du
royaume. Après chaque article de son énumération, suit,
comme correctif, quelque remarque mélancolique.

« Le roi, dit-il, a droit de rendre la justice. »

« L'autre chef de la Majesté, autorité et dignité royale,
est d'indire et commander la guerre contre autres seigneurs souverains. » Et il en donne immédiatement cette
raison : « Ce qui est une forme de justice. »

Le roi est souverain législateur. « Quand les rois, continue-t-il, veulent ordonner loix perpétuelles, importantes
à l'Estat du royaume, ils ont accoutumé de convoquer les
trois ordres de leur peuple qu'on appelle Estats... *Toutefois plusieurs rois s'en sont dispensés.* »

« L'autre grand droit royal est qu'au Roy seul appartient de lever deniers et espèces sur ses sujets. D'ancienneté, nos bons rois ne mettaient sus les subsides sans le
consentement du peuple, que le Roy assemblait par forme
d'Etats Généraux. »

Peu à peu, cet accroissement énorme de pouvoir n'est
plus même remarqué. La règle est établie. Les contemporains la constatent sans étonnement, comme sans
regrets. On ne rencontre de protestation qu'aux jours de
troubles et de révolte. Les auteurs sont unanimes, et leur

---

(1) *Institution au droit des Français*, II, page 1 et 3 doubles.

langage ne laisse pas soupçonner la moindre controverse.

« Le roi est très souverain, dit simplement Savaron. »

LA SOUVERAINETÉ ABSOLUE S'EXERCE EN TOUTES MATIÈRES

§ 3. — Ce que la théorie affirme, la pratique le prouve.
Quel que soit le champ que l'on inspecte, on verra toujours la Royauté au-dessus des lois. Celles qu'elle a faites
ne sont pas faites pour elle, et celles qui lui sont utiles
sont faites par elle. Législation, justice, finances, sur
tout elle a la haute main ; tout marche par sa volonté,
tout s'arrête sur son ordre. Le pays parfois en souffre, et
parfois en profite.

L'histoire est pleine d'exemples de ce despotisme, et
ce ne sont pas des cas isolés. Ce n'est pas seulement un
roi entreprenant, ambitieux, qui a violé la loi ou qui l'a
établie au profit de sa toute puissance. Ce sont tous les
rois, les uns après les autres, et chacun à maintes reprises.

Le meilleur de tous, Henri IV, n'entendait point raillerie
à ce sujet. En 1568, il avait accordé au duc de Mercœur un
édit de pacification. Le Parlement l'enregistra le 26 mars,
et après lui, la Cour des comptes et celle des aides. Seule,
la Cour des comptes de Nantes fit des difficultés. En fait,
elle avait tort. Elle commettait un abus de pouvoir. Le
roi écrit au duc de Rosny. Sa lettre respire le sentiment
de la toute-puissance.

« Monsieur de Rosny, je vous envoye ce courrier
exprès avec mes lettres de jussion pour ma Chambre des
comptes, affin de lever les modifications qu'elle a mises
au registrement des articles secrets que j'ay accordez à
mon cousin le duc de Mercure. Elle s'est tant oubliée pour
penser que je les envoyais pour en avoir advis et les mettre
en délibération. En telles affaires, je ne communique
mon pouvoir à personne, et à moy seul appartient en

mon royaulme d'accorder, traicter, faire guerre ou paix, *ainsy qu'il me plaira*. Ce a été une grande témérité aux officiers de ma dicte Chambre de penser diminuer un iota de ce que j'ai accordé; nulle compagnie de mon royaulme n'a été si présomptueuse. Aussi ne les fais-je pas juges ny arbitres de telles choses; cela ne s'achepte point aux parties casuelles. Faites donc entendre ma volonté à ma dicte Chambre, et qu'elle obéisse incontinent à mes commandements, car je veux tenir inviolablement ce que j'ay promis; et m'envoyés incontinent l'arrêt du dict registrement pur et simple par ce porteur : priant Dieu vous avoir en sa sainte garde. Escript à Nantes, le dernier avril 1598 (1). »

ELLE ATTEINT SON POINT CULMINANT SOUS LOUIS XIV.
LA FIN DE LA MONARCHIE

§ 4. — Ce sont des traditions qui ne seront pas perdues. A Henri IV, roi modéré, équitable et bienveillant, succèdent un roi et un ministre excessifs, ambitieux et durs, qui font de l'autorité et du pouvoir absolu le but et la règle de leur conduite. Toute la vie de Richelieu, toutes ses doctrines se résument dans cette phrase de préambule de l'édit rendu à Saint-Germain-en-Laye, en février 1541, un an à peine avant sa mort : « L'autorité royale n'est jamais si bien affirmée que lorsque tous les ordres d'un Etat sont réglés dans les fonctions qui leur sont prescrites par le prince, et qu'ils agissent dans une dépendance parfaite de sa puissance. »

Louis XIII partageait les idées de son ministre. « Il se bouchait les oreilles de ses deux mains quand on osait lui citer quelques droits établis ou quelques privilèges, et

(1) *Lettres de Henri IV*, Imprimerie Nationale, IV, 970.

demandait, en criant à tue-tête, ce que c'était qu'un privilége contre sa volonté (1). »

Il poussait son absolutisme jusqu'à la vraie tyrannie. J'ai déjà mentionné son attitude au procès du duc de Valette, procès qui fut l'occasion déterminante de l'édit de 1641.

Louis XIV, plus formaliste, « mais non moins intentionné pour le but effectif ou tendent tous les rois, » n'a laissé aucun droit à la nation. Tous les rois, ses prédécesseurs, s'étaient rendus tout puissants en matière de police, comme on disait alors. Mais les finances leur avaient toujours manqué (2). C'étaient les Etats Généraux qui les dispensaient. Eux supprimés, les Parlements avaient toujours revendiqué l'enregistrement des édits bursaux. Et ç'avait été la grande querelle entre eux et le feu roi, pendant toute la durée du règne. Louis XIV s'affranchit de cette tutelle gênante et devint le roi le plus puissant de l'Europe, parce qu'il disposait sans contrôle des richesses du peuple le plus travailleur et le plus économe.

Toutefois, cette autorité absolue en matière de finances

---

(1) Boulainvilliers, III, 198, 1.

(2) « Déclaration du 25 mars 1561, dans les Registres manuscrits du Parlement : « Au lieu, y est-il dit, de regarder et aviser sur le secours que nous leur avions demandé, aucuns dits estats se sont amusés à disputer sur le fait du gouvernement et administration de cestuy notre royaume, laissant en *arrière l'occasion pour laquelle les faisions rassembler*, qui est chose sur quoy nous avons bien plus affaire d'eux et de leur ayde que sur le faict dudit gouvernement. »
De même en 1571, la reine d'Angleterre, Elisabeth, faisait dire au Parlement par le chancelier Bacon : « La volonté de Sa Majesté est que vous ne vous mêliez pas des affaires de l'Etat, et que vous ne vous occupiez que des subsides. » (Rathery, op cit., p. 204 et 453.)

n'allait pas sans de graves inconvénients et sans de lourds sacrifices pour le peuple.

En 1679, à l'apogée de la puissance du roi, un écrivain français faisait imprimer à Cologne un *Traité des parlements*, où il indiquait discrètement les misères du temps, les dangers du despotisme, et formulait timidement les réformes désirables. J'en extrais ce passage :

« Il faut assez souvent, à cause des grandes dépenses et de la vigoureuse résistance qu'on y doit faire (dans les guerres de conquête), augmenter les revenus et l'autorité du Roy, du moins pour un temps et partant peut-être pour toujours, à *cause de la faible autorité des parlements.*

Ainsi, bien que le Roy ait droit de dénoncer la guerre et faire la paix, s'il veut étendre les limites du royaume, le Parlement luy peut civilement représenter les mauvaises suites de cette entreprise... Que si le roy mal conseillé ou par ses propres idées ou celles de ses favoris, persiste dans son premier dessein, on luy peut absolument refuser de l'argent.... Il ne serait pas *mauvais d'en faire une loi fondamentale à l'occasion d'une gratification,* afin de détourner les petites finesses dont les princes conviennent ensemble pour abuser le peuple. »

Jamais, au milieu même de ses revers, Louis XIV n'a conçu le moindre doute sur la légitimité de sa toute-puissance. Jamais il n'a songé à consulter ses peuples, à les initier à son gouvernement. En mai 1709, alors que quatre puissances étaient unies contre lui et que ses armées éprouvaient revers sur revers, son orgueil est ébranlé, peut-être même son cœur est-il ému des maux de ses sujets, et il adresse aux intendants la circulaire suivante, limite extrême de ce qu'il entend concéder à la nation.

» .... L'espérance d'une paix prochaine était, dit le

roi, si généralement répandue dans mon royaume, que je crois devoir à la fidélité que mes peuples m'ont témoignée pendant le cours de mon règne, la consolation de les informer des raisons qui empêchent encore qu'ils ne jouissent du repos que j'avais dessein de leur procurer. »

Puis il indique les conditions qu'on lui à faites ; et il ajoute : « Mais quoique ma tendresse pour mes propres peuples ne soit pas moins vive que celle que j'ai pour mes propres enfants, quoique je partage tous les maux que la guerre fait souffrir à des sujets aussi fidèles, *je suis persuadé qu'ils s'opposeraient eux-mêmes* à recevoir la paix à des conditions également contraires à la justice et à l'honnêteté du nom français. »

Et là-dessus, sûr de l'assentiment de ses peuples, il continue la guerre.

Cependant les puissances qui lui faisaient la guerre n'étaient pas, sur ce point, d'accord avec lui. Lors des négociations pour la paix d'Utrecht, les Provinces-Unies émirent l'idée qu'il fallait faire sanctionner par les Etats Généraux (1) la paix qu'on allait conclure avec le roi de France. Des libelles en ce sens coururent l'Europe.

Un mémoire paru à Londres, sous le nom d' « *Un politique Anglais* », le conseillait vivement.

Un autre mémoire parut sous ce titre : « *Lettre en réponse d'un ami de la Haye à son ami de Londres, sur la nécessité de convoquer en France les Etats Généraux,* »

---

(1) M. Henri Martin affirme en effet que les puissances proposèrent à Louis XIV de réunir les Etats Généraux pour la conclusion de la paix. Il s'appuie sur l'autorité de Torci. J'ai compulsé les mémoires de Torci, et je n'ai rien trouvé de tel. M. Guizot ne mentionne pas non plus cette exigence des puissances. Mais l'idée eut cours certainement en Europe.

mémoire par ordre du gouvernement Français. On y lisait entre autres :

« Cette autorité (royale) leur paraît si nécessaire (aux Français), qu'ils s'encourageraient réciproquement à la soutenir et qu'ensemble ils seraient plus obéissants encore, et plus dévoués qu'ils ne le sont séparément.

« Ils ont oublié qu'il y a eu des Etats Généraux dans leur monarchie, et il y aurait à nous imprudence de les en faire souvenir. »

Et Louis XIV, quand on lui parla d'Etats Généraux, refusa même d'en entendre parler, alléguant que « l'autorité que les étrangers attribuent aux Etats est inconnue en France. »

Le roi n'avait pas changé, qui disait : « L'Etat, c'est moi. »

LA FIN DE LA MONARCHIE

§ 5. — Ses successeurs ne répudièrent point ses théories. Louis XV était, autant que son aïeul, intraitable sur la question de son pouvoir absolu.

Madame de Campan raconte en ses mémoires qu'à l'époque des troubles parlementaires, on causait, un soir, au coucher de Louis XV, des embarras du gouvernement : « Vous verrez, Sire, dit un homme de la Cour très rapproché du roi par sa charge, que tout ceci amènera la nécessité de convoquer les Etats Généraux : » A ces mots, le Roi, sortant aussitôt du calme habituel de son caractère et saisissant le courtisan par le bras, lui dit avec vivacité : « Monsieur, ne répétez jamais ces paroles ; je ne suis pas sanguinaire, mais si j'avais un frère, et qu'il fût capable d'ouvrir un tel avis, je le sacrifierais dans les vingt-quatre heures à la durée de la monarchie et à la tranquillité du royaume (1).

---

(1) Cité par Rathery, op. cit., 304.

Louis XV n'a pas perdu une seule occasion de proclamer cette autorité absolue comme un dogme. « Nous ne tenons notre couronne que de Dieu, dit-il dans le préambule de l'édit de Versailles (1770); le droit de faire des lois nous appartient à nous seul. »

Louis XVI, après lui s'écriait : Si, c'est légal, parce que je le veux. »

« Je n'ai point eu besoin, répondait-il un jour à des remontrances dn Parlement, de résumer ni de compter les voix. Présent à la délibération, je jugeais par moi-même, sans tenir compte de la pluralité. Si la pluralité dans mes Etats forçait ma volonté, la monarchie ne serait plus qu'une aristocratie de magistrats. »

Du reste, l'Europe presque entière était soumise à la monarchie absolue.

C'est à la même époque que le prince de Ligne, voyageant en chaise à travers la Crimée, entre l'impératrice Catherine et l'empereur Joseph, notait les discours étranges de ses compagnons de route : « J'ai 30 millions de sujets, à ce qu'on dit, en ne comptant que les mâles. — Et moi vingt-deux, en comptant tout. — Il me faut, ajoute l'une, 600,000 hommes depuis le Kamtchatka jusqu'à Riga. — Avec la moitié, répond l'autre, j'ai juste ce qu'il me faut. — Plutôt que de signer la séparation de treize provinces, comme mon frère Georges, dit Catherine avec douceur, je me serais tiré un coup de pistolet. — Et plutôt que de donner ma démission comme mon frère et beau-frère, en convoquant et rassemblant la nation pour parler d'abus, je ne sais pas ce que j'aurais fait, dit Joseph II. »

Les souverains d'Autriche eurent encore longtemps le loisir de tenir un tel langage. Mais le temps approchait ou ceux de France allaient être obligés de convoquer et

de rassembler la nation pour « parler d'abus, » et c'est
une sœur de Joseph II qui devait cruellement expier les
erreurs et les fautes de tous.

CHAPITRE VI

LES TRAITÉS PASSÉS SOUS L'ANCIEN RÉGIME

RÉSULTATS ACQUIS. — INFLUENCE DES GRANDS CORPS DE L'ÉTAT

§ 1. — Après cette digression indispensable, j'arrive
maintenant à l'étude des traités passés sous la Monarchie
d'avant 1789. J'ai réuni les éléments nécessaires à la solution des questions que j'ai posées plus haut et déjà ré-
solues théoriquement.

J'avoue que je m'étais lancé dans mes recherches, plein
d'espérance et d'enthousiasme, sur la foi des flatteuses
promesses des orateurs de l'assemblée nationale de 1790,
comptant en faire sortir jusqu'à l'évidence l'existence d'un
contrôle quelconque sur le pouvoir absolu des rois. Particulièrement en notre matière qui touche aux plus vastes
intérêts d'une nation, j'espérais trouver une limitation à
leur omnipotence ; j'imaginais qu'au moins avant le règne
des cinq derniers souverains, représentants de l'absolutisme, les institutions de l'État avaient eu une influence
variable suivant le tempérament du monarque, mais
réelle, efficace, et contestée non dans sa légitimité, mais
seulement dans son étendue.

Cet espoir a été déçu.

§ 2 — La monarchie française a, cependant, et je l'ai plus haut établi, connu des époques de quasi Parlementarisme. Les périodes que j'ai indiquées plus haut dans l'histoire des États Généraux marquent assez exactement la marche décroissante de la liberté en France, ou mieux, de la part qu'on donnait à la Nation dans son gouvernement.

A l'origine, Hincmar nous montre les assemblées délibérant sur toutes les résolutions de guerre; faisant les traités d'alliance, de paix, et en réglant les conditions.

Mais il ne faut ajouter, j'en ai fait la remarque, qu'une confiance médiocre à ces récits, où tout au moins faut-il bien se placer dans le milieu ambiant.

Pour trouver un exemple certain de traité qui ait été soumis au contrôle des États, il faut arriver jusqu'au traité de 1359, dont j'ai déjà parlé.

A cette époque, on trouve une pratique gouvernementale, qui, si on l'étudiait isolément, donnerait une bien fausse idée de la distribution des pouvoirs sous l'ancienne monarchie.

Que voit-on, en effet? Le roi (prisonnier d'ailleurs, mais la théorie internationale n'était pas encore rigoureusement fixée), le roi passe un traité avec une puissance étrangère. Il en a le droit. Il concentre en lui la plénitude des pouvoirs exécutif et législatif. Mais une loi fondamentale lui interdit de démembrer le pays sans le consentement des États. Ce traité cède à l'ennemi en pleine souveraineté dix provinces et des plus belles, la Normandie, l'Anjou, la Touraine, le Poitou, la Guyenne, etc., tout l'Ouest de la France. Or, en 1355, les trois ordres avaient fait insérer dans l'ordonnance du 28 décembre un article qui interdisait au roi « conformément aux anciens et constants usages du royaume, de déclarer la guerre, de donner paix ni trêve aux ennemis sans le couseil et l'assentiment des trois États. » Il doit donc être soumis aux États, *ratifié* par eux. Et en effet, le 19 mai 1539, convocation est faite « à Paris des gens d'église, de nobles et des bonnes villes, pour oüyr un certain traité de paix, lequel traité aurait esté pourparlé en Angleterre. »

Le traité leur est soumis; ils en désapprouvent les clauses, et le rejettent unanimement.

C'est d'une pratique absolument correcte, mais qu'on ne s'y trompe pas. Elle n'est pas habituelle. Ce n'est pas une pratique de droit constitutionel. Le dauphin Charles, désespéré de cette paix, fils et vassal du roi, ne peut rejeter de sa propre autorité un traité passé par son père et par son suzerain. Pour se soustraire à cette règle étroite du droit féodal, pour lever ces scrupules de respect filial, il fait appel à des règles nouvelles ; invoque la force qui se trouve en « le commun populaire, » et oppose le vœu du pays à la volonté du roi.

Mais il n'entend pas faire de cette consultation aux Etats une habitude. Et le 8 mai 1360, il signe seul, de sa propre autorité, le traité de Brétigny, par lequel Édouard renonçait à la couronne de France et recevait en souveraineté directe le Poitou, l'Aunis, l'Angoumois, la Saintonge, le Limousin, le Périgord, le Quercy, le Rouergue, etc., plus trois millions d'écus payables en six ans.

La loi fondamentale est violée, et le traité est considéré comme valable pourtant. Et Édouard III, roi d'une monarchie qui depuis plus de cent ans avait concédé une Charte de garanties, a pu valablement, sans le concours de son Parlement, signer un traité par lequel il se désistait de ses prétentions sur ce magnifique domaine, la couronne de France.

Concluons-en que les États en France, le Parlement en Angleterre n'ont pas qualité exclusive, en dépit de toutes les lois fondamentales, pour accéde raux traités, les approuver, les ratifier, et que la nation elle-même ne réclame pas encore ce droit pour ces seuls élus (1).

Plus tard, dans les deux pays, peu à peu cette volonté se manifestera ; chacun voudra se réserver le droit d'engager ainsi ses plus graves intérêts, et le jour où ce désir sera le plus fort, ce jour-là l'Angleterre aura su conquérir pour son Parlement l'autorité nécessaire à imposer sa volonté, et la France aura laissé périr les États Généraux.

DÉCROISSANCE DE CETTE INFLUENCE

§ 3. — Pendant quelque temps encore, on voit l'intervention des États dans les déclarations de guerre et les traités de paix. Qu'y eut-il de sérieux dans la consultation qu'on leur demandait? On ne le sait guère. Les documents sont rares et vagues. Ceux qui sont plus complets montrent tellement l'abaissement des États Généraux, qu'on ne saurait leur accorder autorité dans les autres cas.

---

(1) Certaines protestations s'élèvent cependant contre le traité de Brétigny, qui ont l'apparence d'une protestation légale. Les seigneurs d'Albret, de Comminges, d'Armagnac disent « qu'il n'appartenait pas au roy de les quitter, et que par droit il ne le pouvait faire. » Mais c'étaient des réclamations isolées. Le sentiment général était celui des habitants de la Rochelle, cédés aux Anglais, et qui supplièrent « qu'on ne les mît pas en mains étranges, et qu'ils avaient plus cher à être taillés tous les ans de la moitié de leur chevance que ce qu'ils fussent aux mains des Anglais. » (Froissard, IV, p. 119, cité par Lavallée, op. cit. II, 51.)

22

Mably a lu dans les registres du Parlement, brûlés depuis, « qu'il ne fut point plaidé à la saint Sylvestre de 1409, parce qu'on ne pouvait entrer dans le palais de justice, le roi y tenant grand Conseil des Princes de sang, des nobles et magistrats du royaume sur le fait de guerre d'entre les rois de France et d'Angleterre. »

En 1420, il y eut une convocation d'États Généraux, bâtards d'ailleurs, mélangés de courtisans et de conseillers. On songeait à faire roi de France Henri V, roi d'Angleterre. Charle VI était fou ; le Dauphin venait, au milieu de l'horreur publique, d'assassiner à Montereau le duc de Bourgogne. Henri V profita de ces circonstances favorables. Il vint à Tours et signa tout à la fois son contrat de mariage avec la princesse Catherine et le traité qui le rendait héritier de la couronne de France.

« Dans cet acte, dit de Flassan (1), qui ressemble mieux à des lettres patentes qu'à un traité, le roi Charles VI, séant en son conseil, énonce sa volonté dans une suite d'articles.

L'invalidité de ce traité fameux est palpable.

Elle résulte de plusieurs motifs :

1° L'incapacité de Charles VI, mentionnée même dans le traité, est une cause de nullité.

2° Le fils du roi était, par les lois du royaume, appelé à être son successeur, et il ne dépendait pas du roi de le déshériter, ni d'exclure du trône les autres princes de sang.

3° Enfin, quand même Charles VI eût été sans postérité, il ne pouvait disposer de la couronne, ce droit appartenant aux États Généraux.

---

(1) Op. cit. I, 193.

De Flassan dit là dessus des choses très sensées, comme Aristote. Mais il était mal informé.

Les États Généraux furent convoqués *aux termes mêmes du traité* du 31 mai 1420, « pour donner leur avis et leur consentement sur la réunion des deux couronnes en la personne du roi (Henri V) et celle de ses successeurs.

« Il y eut donc réunion des députés à Paris le 6 décembre 1420. Le roi Charles VI y prit la parole; il requit ensuite des députés le serment d'observer le traité et d'en procurer l'observation de la part de ses sujets. Puis il les ajourna au 10 du même mois pour donner leur réponse. »

Et le chroniqueur remarque que ces mêmes États, si fiers et si turbulents en 1355, revinrent très humbles au bout de ce delai, et après une délibération de pure forme ils répondirent « qu'ils étaient près de faire tout ce qu'il plairait au roi et à son conseil d'ordonner. »

Et qu'on n'objecte pas que les États n'étaient pas en nombre ou que les trois ordres n'y étaient pas au complet. Il y avait eu convocation, et cela suffisait. En 1358, M. de Bresne, orateur de la noblesse avait émis la théorie des États en des termes indiscutables. Le roi convoque les États. En quelque lieu que soit tenue l'assemblée, et quel qu'en soit le nombre, l'autorité légitime et la volonté royale leur donnent la compétence nécessaire par le fait seul de la convocation.

Tout ce qu'on pourrait objecter, c'est qu'une pareille assemblée n'avait pas qualité pour traiter parce qu'elle n'était pas française. La moitié était à la dévotion des Anglais. Mais ce scrupule ne vint pas aux contemporains. On n'était pas alors si rigide que de nos jours sur le chapitre du patriotisme. Sous Louis XIII, on voit les deux plus grands capitaines de la monarchie servir l'Espagne contre la France, sans que plus tard on leur ait tenu rigueur soit à la cour, soit dans le pays.

DISPARITION DE L'INFLUENCE DES ÉTATS. ENREGISTREMENT DES TRAITÉS PAR LES PARLEMENTS

§ 4. — En février 1435 ou 1436, un traité fut conclu à Arras, qui enlevait aux Anglais l'alliance du duc de Bourgogne. Il paraît avoir été soumis aux États réunis à cette époque à Tours, et juré par le roi, en présence des ambassadeurs de Bourgogne.

En 1439, nouveaux États rassemblés à Paris pour entendre les propositions de paix que faisait le roi d'Angleterre. J'en ai parlé plus haut avec détails.

En 1458, nouveaux États qui décident le maintien de la paix avec la Bourgogne et l'Angleterre.

Mais déjà les États n'ont plus crédit. Les rois ne les appellent plus à participer, même de loin, au gouvernement du royaume. Ils n'inspirent aucune confiance aux puissances étrangères qui traitent avec la France. Et si parfois, comme cela arrive, la parole royale leur paraît insuffisante, s'il leur faut des garanties supplémentaires, ce n'est pas aux États qu'elles s'adressent, c'est aux Parlements, création récente encore, mais qui, par la permanence même de ses membres, semblent propres à faciliter et procurer l'exécution d'un traité.

En 1480, Louis XI fiance son fils Charles avec Marguerite, fille de Maximilien, et passe avec lui un traité dont voici les clauses :

1° Paix et alliance ;

2° Mariage entre Marguerite, fille de l'archiduc, et le fils de Louis XI ;

3° Marguerite aura pour dot les comtés d'Artois, de Bourgogne, l'Auxerrois et les villes de Salins, Bar-sur-Seine, Noyers, etc.

4° Si le mariage ne se faisait pas, le roi de France rendra lesdites provinces.

« Les États de Flandre exigèrent que non-seulement le roi et le dauphin *jureraient* l'accomplissement du traité, mais qu'il serait *enregistré* dans les cours supérieures ; que les principales villes du royaume et l'Université de Paris en *garantiraient* l'exécution ; enfin que tous les princes du sang, et les ducs et comtes pairs ecclésiastiques *promettraient* par leurs lettres et scellés de maintenir le traité en tous ses points. »

De même, François I^{es} signe avec l'Angleterre, le 30 août 1525, six traités différents :

1° Ligue défensive ;

2°-3° Paiements d'argent pour pension échue et à échoir ;

4° Règlements de comptes pour pirateries et déprédations ;

5° Règlement de la question du trône d'Écosse ;

6° Règlement concernant le duc d'Albany.

« Tous ces divers traités, très importants dans les circonstances, furent ratifiés et jurés par la régente de France et *enregistrés* par les Parlements de Paris, Toulouse et Bordeaux. Les seigneurs et villes qui devaient servir de caution donnèrent leurs lettres d'obligation, et François, lui-même, en envoya la ratification écrite de sa main, en date du 28 de décembre (1). »

CARACTÈRES DE CET ENREGISTREMENT

§ 6. — On pourrait se demander ce que c'est que cette formalité de l'enregistrement. Remplaçant l'intervention des États, qui, elle, à n'en pas douter, était une condition de validité du traité (les termes de l'ordonnance de 1356

---

(1) De Flassan, op. cit. I, 242-348.

sont formels), elle pourrait être considérée aussi comme condition essentielle de l'existence de ces traités. On comprendrait, en effet, que les États, disparaissant de la scène politique, eussent été peu à peu remplacés par un pouvoir nouveau investi des mêmes prérogatives.

Malheureusement, il n'en est rien. Nous avons étudié l'origine des Parlements, délimité leurs attributions, et nous savons qu'ils n'ont jamais, en temps qu'institution distincte du conseil, participé au pouvoir législatif. Ils n'avaient donc aucun titre à remplacer les États, et à ajouter aux traités ce complément de validité, qui, en théorie, manquait encore après la parole royale donnée. Quand bien même les étrangers, frappés de la bonne organisation de cette institution nouvelle, et en espérant d'heureux résultats, eussent désiré les voir participer à la conclusion du traité, il n'eût pas été en leur pouvoir de le faire. La Constitution du royaume, si l'emploi de ce mot n'est pas prématuré, ne le permettait pas, et il faudrait, pour la changer, l'expression directe ou indirecte de la volonté du roi : ce qui ne se trouve nulle part.

Mais d'ailleurs, cette dissertation est superflue. Les conditions dans lesquelles l'enregistrement par les cours souveraines est demandé, ne laisse aucun doute sur la nature des effets qu'on en attendait. Les puissances, qui la réclament, ne sont préoccupées que de l'exécution des traités conclus. Elles savent, à n'en pas douter, que les Parlements n'ont pas le pouvoir de leur procurer cette exécution.

Mais ils peuvent la faciliter sous plus d'un rapport.

Depuis la suppression des États, ils ont, sans disposer des finances, une influence sur les impôts : ils enregistrent les édits bursaux. Et ils consentiront d'autant plus volontiers à les enregistrer que la communication préalable des traités leur aura, d'avance, indiqué le besoin d'argent qu'a le roi, et l'emploi certain qu'il fera des fonds accordés.

Peut-être aussi comptent-elles qu'une promesse, solennellement enregistrée dans toutes les cours du royaume, ne sera pas facilement violée, même par un Louis XI, qu'une semblable rupture de serment mettrait en suspicion auprès de ses sujets.

Si l'exactitude de ce double point de vue, et surtout du premier, pouvait être contestée, il n'y aurait qu'à lire notamment la partie du traité de 1480 qui, après avoir stipulé l'enregistrement dans les cours supérieures, exige « que les principales villes du royaume et de l'université de Paris en garantiraient l'exécution ; enfin, que tous les princes du sang, et les ducs et comtes, pairs ecclésiastiques, promettraient par leurs lettres et scellés de maintenir le traité en tous ses points. »

Sûrement, on n'entendait pas associer tant d'autorités à la conclusion d'un traité. Le traité est conclu par la seule signature du roi ; vient ensuite, comme mesure d'exécution, une quadruple garantie :

Le roi et le dauphin en *jurent* l'accomplissement ;

Les Cours souveraines l'*enregistrent* ;

Les principales villes du royaume et l'université en *garantissent*,

Les princes en *promettent* l'exécution.

CONTROVERSE SUR LE BUT DE CET ENREGISTREMENT

§ 6. — J'avoue cependant qu'il y a au moins un traité où ce caractère de l'enregistrement pourrait être contesté, c'est celui d'Utrecht, en 1713.

Pour comprendre le doute sur ce traité, il faut se reporter à l'époque où il fut conclu.

La France était depuis plus de soixante ans gouvernée par un roi absolu. Jamais il n'avait accordé à ses peuples la moindre participation au gouvernement de l'Etat, sous quelque forme que ce fût. Ses panégyristes trouvent que « l'Etat, c'est moi » est une formule d'amour, puisque le roi aimait l'Etat autant que lui-même ; je trouve que c'est tout au plus une formule d'égoïsme. Cette concentration de tous les pouvoirs en une main unique, surtout en une main despotique, qui avait cruellement fait sentir son omnipotence à toute l'Europe, s'alliait mal avec la conception qu'avaient du gouvernement ses deux plus cruels ennemis, l'Angleterre et les Provinces. La première de ces puissances vivait sous le régime parlementaire, l'autre était en République. Effrayées par une lutte de dix ans, irritées de la perfidie de 1678, les Provinces surtout voulaient des garanties non pas de l'observation du traité, elles avaient malheureusement le pouvoir de le faire exécuter, mais de l'*utilité* de ce traité ; elles réclamaient la convocation des Etats Généraux, pour intéresser la nation aux actes de son roi ; elles entendaient se délivrer pour l'avenir des craintes que leur inspirait son humeur belliqueuse (1). Elles voulaient que désormais le pays, qui n'a rien à gagner aux guerres de conquêtes, sût ce que rapporte en fin de compte la politique d'agression, et pût, à l'avenir, instruit par l'expérience, s'opposer au désir d'un roi qui voudrait suivre les errements passés. C'est dans cette intention qu'elles réclamaient la convocation d'Etats Généraux. Le roi refusa absolument de souscrire à cette condition. Devant son obstination, abandonnées d'ailleurs par l'Angleterre qui venait de

---

(1) « J'ai trop aimé la guerre, » disait Louis XIV à son lit de mort.

traiter séparément, elles durent renoncer à leurs prétentions. Le roi avait répondu que « l'autorité que les étrangers attribuent aux Etats n'est pas reconnue en France. »

Elles s'adressent alors à un pouvoir reconnu, aux Parlements. Et elles exigent l'enregistrement par eux du
traité à intervenir. Mais abandonnant l'idée de le soumettre à des Etats Généraux, dans les conditions de l'ordonnance de 1356, ont-elles abandonné leurs espérances
et leur plan d'avenir? Le roi s'est-il rallié à leurs intentions ? Toute la question en dépend.

Je n'ai pu trouver les preuves documentaires à l'appui
de ma thèse. Mais je suis convaincu que Louis XIV n'a
pas entendu, en soumettant le traité à l'enregistrement
desParlements, faire de cet enregistrement une condition de la validité du traité.

Jusqu'au jour de sa mort, il est resté imbu de ses idées
d'autorité ; il avait refusé de s'en départir quand il avait
unies contre lui les quatre puissances. Délivré de tout
souci du côté de l'Angleterre, il n'allait pas se montrer
plus conciliant avec les seules Provinces, et abdiquer son
pouvoir absolu en face d'un pouvoir rival,surtout des Parlements. Il aurait plutôt convoqué les Etats Généraux.

L'enregistrement du Parlement eut d'ailleurs un caractère différent de ce qu'il était autrefois.

Le roi en son conseil rendit un édit qui renvoyait à
l'enregistrement des cours souveraines les renonciations
réciproques de Philippe V, du duc de Berry et du duc
d'Orléans. Cet enregistrement se fit, comme eût été fait
celui *d'une loi du royaume*, et dans les conditions ordinaires de cet enregistrement. Il ne s'agissait en rien de
garantir un traité qui ne fut signé que postérieurement.

Puis ce traité fut ratifié par *lettres patentes* de Versailles,
du 18 avril 1713, que furent enregistrées alors, conformé-

ment aux lois du royaume, notamment à l'ordonnance
de Moulins de 1566, sur l'inaliénabilité du domaine de la
couronne.

TRAITÉS EN FORMES DE LETTRES PATENTES

§ 7. — En matière de traité, les lettres patentes ont eu
d'ailleurs une autre utilité que celle de déférer au Parlement pour être enregistré, un traité conclu. Les rois s'en
sont souvent servis pour résumer les clauses d'un traité
avec une puissance étrangère, traité dont ils ne donnaient
pas au Parlement plus ample communication. Cette forme
était l'indice du pouvoir royal, et la manifestation de sa
volonté. Elles devinrent surtout usitées à partir du jour où
les États furent supprimés.

Sous Louis XI, en août 1483, à la veille des États Généraux de 1484, je note un traité en forme de lettres patentes, passé avec la Hanse Teutonique, qui comprenait les
villes anséatiques. Il est intéressant surtout par son
objet.

Ces lettres portaient qu'il y aurait paix perpétuelle, amitié et bienveillance entre les rois de France et la Hanse
Teutonique ; que les privilèges de la Hanse seraient renouvelés et confirmés, que ses négociants ne seraient pas
plus chargés en France de droits d'entrée et de sortie que
les Français ;

Que le cas de guerre arrivant entre la Hanse et la
France, les sujets de celle-ci auraient un an pour empor-
ter leurs marchandises et exiger leurs créances ;

Qu'ils pourraient trafiquer sans obstacle, dans les pays
ennemis de la France, à condition que les Français joui-
raient de la réciprocité ;

« Que le roi nommerait, pour le maintien de la paix,
et la bonne harmonie entre les deux États, des *conserva-
teurs* qui seraient l'amiral et le vice-amiral de France, le

bailli de Rouen, les sénéchaux de Guyenne, du Lyonnais et du Ponthieu, les gouverneurs de la Rochelle, de Boulogne et d'Arras, lesquels seraient juges des procès et difficultés qui pourraient s'élever à l'avenir entre les sujets français et les proconsuls, marchands et habitants des villes de la Hanse;

Que les causes et appels seraient jugés sans procédure, etc. (1).

RÔLE SPÉCIAL DES ÉTATS

§ 8. — Cependant les Etats intervenaient encore de temps à autre, selon le bon plaisir des rois et l'utilité qu'ils en espéraient retirer; mais notons la différence. Dans l'esprit de l'ordonnance de 1356, les Etats concourent à la confection du traité; il ne sera valable que ratifié par eux. Ils doivent être convoqués à l'effet d'en recevoir communication et d'en approuver ou d'en rejeter les clauses. Désormais les traités sont conclus sans eux, et, quand on les convoque, s'ils argüent le traité de nullité, ils ne se basent pas sur le défaut d'observation de l'ordonnance de 1356, mais sur la violation d'une autre loi fondamentale de l'État.

Le 4 mai 1369, les États Généraux sont convoqués à Paris pour entendre : « le rapport de la cause des barons de la Guienne, appelans à la cour du roi des ordonnances rendues par le prince de Galles, lequel se prétendait souverain du pays, en conséquence de la cession qui lui en avait été faite par le traité de Brétigny. Cette cause était fort importante, tant parce qu'elle allait engager le royaume que parce que les stipulations du traité paraissaient entièrement opposées à la réception de cet appel. » — L'abbé de Choisy, l'historien de Charles V, est bien

---

(1) De Flassan, op. cit. I, 244.

embarrassé de soutenir l'éloge de son héros. « Cependant, dit-il en termes différents, c'était un acte d'excellente politique, et le roi, pour le bien du pays, dut se résoudre à recevoir cet appel. »

« Il l'avait, dit Boulainvilliers (1), ménagé avec une adresse non pareille, et il croyait avoir pris toutes les mesures nécessaires pour le soutenir et pour faire la guerre heureusement dans la circonstance de l'âge avancé du roi d'Angleterre ; mais il voulait en même temps se préparer une *bonne ressource en cas de besoin, dans la bonne volonté des peuples, et pour leur témoigner une confiance parfaite*, il assembla les États Généraux. »

Les États approuvent l'appel.

« Les Anglais entrèrent presque aussitôt en France, et comme leurs ravages dans la Picardie commencèrent à faire crier le peuple, on lui donna, pour le consoler, le spectacle des processions et des prières publiques, qui, jointes à la conclusion des États, faisaient penser qu'il n'y avait rien de si juste que cette guerre, et que les Anglais étaient presque des démons de demander l'exécution d'un traité juré et promis solennellement par les Français. »

En 1470, le 3 septembre, Louis XI obtient des notables réunis à Tours, une déclaration annulant le décret de Péronne. « Le roy, dit Savaron (2), voulait toujours procéder en grande solennité. Par quoi fit tenir les trois estats à Tours ès mois de mars et d'avril 1470, ce que *jamais n'avait fait ni ne fit depuis* ; mais il n'y appela que *gens nommés* et qu'il *pensait qu'ils ne contrediraient point à son vouloir* (3). »

---

(1) Op. cit. II, 300.

(3) Op. cit. page 18.

(2) J'ai cité, page 265, un exemple curieux de traité soumis aux États en 1439.

Une des plus jolies comédies en ce genre est celle qui se joua à Tours en 1506 entre Louis XII et les États Généraux. Le roi les avait convoqués pour l'aider à se dégager de la promesse faite à la maison d'Autriche et à rompre le mariage projeté entre sa fille Claude et l'archiduc Charles de Luxembourg, auquel ce mariage devait apporter la partie du royaume de Naples qui appartenait à la France.

« Monseigneur François de Valois, duc d'Angoulême, seconde personne de la couronne de France, fiança en la ville de Tours Madame Claude, fille aînée du roy Loys, pour lequel mariage faire, furent assemblez les Estats en ladite ville de Tours.

« Quoy entendant, ajoute naïvement Savaron, et *présupposant* que ses dits sujets lui voulaient parler de quelque grande matière comme il était vraisemblable, incontinent escrivit à tous les princes et seigneurs de son sang, lesquels ne faillirent point à s'y trouver (1). »

« Le roy prit l'avis des princes de son sang, des grands et des premiers magistrats du royaume. » Ils montrèrent que les serments que le roy avait pu prêter à l'Autriche et à l'empereur étaient annulés par un autre serment plus urgent et toujours subsistant, celui de son sacre.

On dressa ensuite un procès verbal de ce qui s'était passé, et Louis l'envoya dans toutes les cours de l'Europe.

En 1526, François Iᵉʳ, prisonnier à Madrid de Charles-Quint fait un traité, par lequel il lui abandonne, notamment, la province de Bourgogne, depuis quatre-vingts ans incorporée à la France. Il revient en France, jurant à l'empereur sur son honneur de gentilhomme d'observer le traité, et convoque les Etats Généraux.

___

(1) Op. cit., p. 8, s., d'après Seyffel.

« Lequel traicté de Madric mis en termes, lesdits Estats assemblés à Cognac, présent le vice-roi de Naples, le roy feit déclaration du vouloir des princes, barons et trois Estats n'accorder iceluy traicté, comme forcé et au grand préjudice du royaume de France (1). »

Les députés de Bourgogne, comme partie intéressée, furent les premiers entendus ; ils déclarèrent que, s'étant donnés à la France, ils avaient constamment formé, depuis ce temps, la première pairie du royaume ; que le roi, quelque puissant qu'il fût, d'ailleurs, n'avait pas le droit de les aliéner sans leur aveu, puisque le serment qui unit ses sujets au souverain et lie le souverain à ses sujets ne peut être détruit que par un consentement réciproque ; qu'au reste, ce lien n'unissait pas seulement les Bourguignons au roi, mais à tous les autres membres *de la monarchie qui avaient droit de s'opposer à un engagement contraire aux lois* et destructif de toutes libertés. Comme le roi insistait sur l'obligation où ils étaient d'accomplir le serment qu'il avait prêté à Madrid, les députés répondirent : « Ce serment est nul, *puisqu'il est contraire à un premier serment que vous prêtâtes à la nation* en recevant l'onction sacrée... Si, toutefois, vous persistez à rejeter des fidèles sujets ; si les Etats nous retranchent de leur association, il ne nous appartient plus de disposer de nous : rendus à nous-mêmes, nous adoptons telle forme de gouvernement qu'il nous plaira, et nous déclarons d'avance que nous n'obéirons jamais à des maîtres qui ne sont point de notre choix. »

Les autres députés joignirent leurs représentations à celle des Bourguignons, et supplièrent le roi de ne plus leur demander un consentement qu'ils ne pouvaient lui accorder. (*Garnier et du Bellay*).

---

(1) Savaron, op. cit., p. 7.

Il n'y a aucun doute à avoir sur le rôle des Etats dans cette cérémonie. « Il (le roi) *se fit*, dit Voltaire, *représenter* par les députés des Etats de Bourgogne qu'il n'avait pu aliéner son domaine. » C'était une vaine comédie, qui ne trompa personne, et n'eut d'autre but que de rendre plus méfiants ceux qui traiteront plus tard avec lui.

Le 18 août 1527, il paiera plusieurs traités avec Henri VIII d'Angleterre, qui ne faillit point à prendre ses précautions.

« Par ce traité, Henri VIII renonçait à tous les droits que ses prédécesseurs avaient eus sur la France.

« Ce traité devait être publié en forme de loi *perpétuelle*. De plus, tous les principaux prélats, les grands et les premières villes de France et d'Angleterre, s'obligeaient *sous l'hypothèque* de tous leurs biens et par serment à en maintenir l'exécution. »

Suivent les noms des plus grands seigneurs et des plus grandes villes.

Deux ans plus tard, épuisé par une nouvelle guerre, François Ier signait, le 5 août 1529, avec Charles-Quint, le traité de Cambrai, par lequel il abandonnait toutes prétentions sur l'Italie, ainsi que ses droits de suzeraineté sur l'Artois et la Flandre. Il eut beau faire des protestations secrètes contre ces concessions, elles ne servirent de rien. Il dut remplir avec exactitude les obligations qui lui étaient imposées. Il ratifia lui-même solennellement le traité, à Paris, le 20 octobre, en présence de deux envoyés de l'empereur ; *fit enregistrer le traité* dans les Parlements du royaume ; envoya des lettres de jussion à ceux qui s'y refusèrent, et fit encore ratifier et accepter le traité par les Etats des provinces et les villes principales de France.

Il paraît, d'après tant de ratifications multipliées, que

Charles-Quint, devenu très méfiant par la non-exécution du traité de Madrid, avait voulu s'assurer que celui de Cambrai aurait plus de solidité et une issue plus favorable (1).

Une dernière fois, les Etats vont exercer leur influence sur les affaires étrangères. En 1550, les cahiers, très remarquables, surtout ceux du Tiers, suppliaient Sa Majesté d'ordonner à ses ambassadeurs de solliciter pour les marchands français les prérogatives dont les étrangers jouissaient dans les ports de France, sinon de supprimer ces exemptions. Et, en 1564, un traité, conclu entre le roi Charles IX et la reine Elisabeth, déclarait, entre autres choses, « que le commerce était libre entre les sujets des deux Etats. »

Puis ils disparurent de la scène politique.

Désormais, au moins en notre nature, règne le pouvoir absolu.

C'est Henri IV qui ouvre la série : « En telles affaires, je ne communique mon pouvoir à personne, et à moy seul appartient en mon royaume d'accorder, traicter, faire guerre ou paix ainsi qu'il me plaira. Ce a esté une grande témérité aux officiers de ma dicte chambre de penser diminuer un iota de ce que j'ai accordé (2). »

Sous Louis XIV, la chose est encore plus incontestée. Picault écrit humblement : « Ainsi, bien que le roy ait droit de dénoncer la guerre et faire la paix, s'il veut étendre les limites du royaume, le Parlement luy peut civilement représenter les mauvaises suites de cette entreprise. »

Cela dura jusqu'en 1789, où la Nation reconquit les droits qu'elle avait perdus.

(1) De Plassan, op. cit. II, 356.
(2) Lettre à M. de Rosny, citée page 00.

§ 9. — Cependant, ce pouvoir absolu, concentré aux mains des rois, avait des inconvénients auxquels la Royauté ne devait pas se soustraire. Les rois avaient auparavant, comme garants de leur parole, les Etats Généraux. Participant à la conclusion du traité, engageant la foi de la France, les Etats étaient une caution certaine pour les puissances étrangères.

On pensait, en effet, que cette parole du Pays ne serait point violée, car il n'y avait aucun intérêt direct. Victorieux ou vaincu, le peuple porte toujours son bât. Les rois, au contraire, ont tout à gagner dans une guerre de conquêtes : la gloire, qui leur reste personnelle ; le domaine, qui leur profite pendant quelques années, et les richesses particulières qu'ils en détournent. Aussi, la parole royale n'est-elle pas d'un grand poids à l'étranger, et ce ne sont ni Louis XI, ni François Ier, ni Louis XIV qui la feront mieux respecter.

Les Etats disparus, on rend garant du traité qui on peut : les principales villes, les corps constitués, les grands du royaume. Mais tout cela est incertain comme résultat. Nul d'entre eux n'a le pouvoir d'empêcher le roi de violer sa promesse et de recommencer la guerre. Seuls, les Etats le pouvaient : de droit, en vertu de l'ordonnance de 1356, de fait, en refusant les subsides. Aujourd'hui, l'ordonnance de 1356 est morte, et les impôts, le roi les lève seul. Il n'y a plus de pouvoir en France qui puisse modérer le roi. Oui ! mais il n'y a plus de puissance à l'étranger qui ait foi en lui. Et c'est à Louis XIV qu'est arrivé l'outrage d'une insinuation de méfiance en sa parole royale.

Le 6/17 avril 1712, Bolingbroke répond aux ouvertures

de M. de Torci sur la paix entre la France et l'Angleterre :

« Or, monsieur, la reine croit que l'objection qui a été faite à votre première proposition aura, en quelque façon, lieu à l'égard de celle-ci ; car, dans aucun des cas que vous posez, comment l'Europe sera-t-elle assurée que cette option (à faire par l'héritier présomptif entre les deux couronnes de France et d'Espagne) se fera ? Toutes les puissances, direz-vous, *seront garantes de cet accord.* Une telle garantie pourra véritablement former une grande alliance. »

VALIDITÉ DES TRAITÉS PASSÉS PAR LES ROIS DANS LA PLÉNITUDE DE LEUR POUVOIR

§ 10. — Reste à élucider une dernière question. Les traités passés par le roi, dans la plénitude de sa puissance, sont-ils valables, s'ils portent atteinte aux lois fondamentales du Royaume. La question n'est pas nouvelle. Les États Généraux de 1506 représentaient à Louis XII, ceux de 1526 à François Ier, que les traités par eux passés n'avaient pu infirmer le premier serment qu'ils avaient prêté comme rois de France, le jour de leur sacre, serment de respecter les lois du Royaume. Dans l'impossibilité d'argumenter du défaut de concours des États à la conclusion de ces traités, puisqu'en fait l'ordonnance de 1356 était abrogée, on se retranchait derrière la violation d'une loi fondamentale.

Mais cet argument doit-il être admis ? Je sais bien que le roi, représentant de la France à l'extérieur, ne peut traiter valablement que dans les limites de sa souveraineté ; je sais encore qu'il a existé des lois fondamentales, lesquelles, œuvre des États, ne peuvent être changées ou abrogées que de leur volonté, et que, dès lors, elles peuvent faire échec à la volonté royale, mettre obstacle à leur pouvoir absolu. Tout cela est certain. Mais ces lois existent-elles au jour du traité ! Je sais encore que nous n'admettons pas en France l'abrogation tacite, que nous avons toujours soin de déclarer sans valeur en droit les lois qui le sont déjà en fait. Mais ne faut-il pas admettre une autre règle, quand l'autorité qui a créé ces lois et qui pourrait les abroger existe encore. Nous déclarons de nos jours abrogée une loi de la Convention. Et nous le pouvons. La Convention est morte et nous trouvons un pouvoir législatif égal au sien. Mais les États n'ont pas été supprimés. Ils ont seulement sommeillé. Au bout de cent quatre-vingts ans, on les a convoqués à nouveau, comme institution ancienne, conformément aux règles d'avant 1614. Donc l'institution existait encore. Donc elle seule avait qualité pour abroger les lois qu'elle avait faites. Nul autre qu'elle ne le pouvait.

Mais si, d'autre part, on considère qu'en somme les États ne sont qu'une émanation de la nation; qu'en l'absence des États, c'est la nation qui exprime directement sa volonté ; que pendant le long silence des États, elle n'a pas protesté contre les agissements royaux; qu'elle a ainsi approuvé et ratifié par son silence des actes contestables à l'origine, il semble qu'il faille admettre que les lois fondamentales étaient dénuées de toute valeur, et que les traités passés au mépris d'elles étaient pleinement valables.

C'est l'opinion de Vattel (1) : « Les États Généraux sont abolis en France par non usage et par le consentement tacite de la nation. Lors donc que ce royaume se trouve pressé, c'est au roi seul de juger des sacrifices qu'il peut faire pour acheter la paix, et ses ennemis traitent solidement avec lui... »

_____

(1) Op. cit. III, 175, s.

Un historien (l'abbé de Choisy, *Histoire de Charles V*) dit que « les lois fondamentales empêchent les rois de France de renoncer à aucun de leurs droits, au préjudice de leurs successeurs, par aucun traité ni libre, ni forcé. »

Les lois fondamentales peuvent bien refuser au roi le pouvoir d'aliéner ce qui appartient à l'État, sans le consentement de la nation, mais elles ne peuvent rendre nulle une aliénation ou une renonciation faite avec ce consentement. Et si la nation a laissé venir les choses en un tel état qu'elle n'a plus le moyen de déclarer expressément son consentement, son silence seul, dans ces occasions, est un consentement tacite. S'il en était autrement, personne ne pourrait traiter sûrement avec un pareil État.

En fait, Vattel a raison. En droit, il a tort. Les lois existaient ; elles n'étaient pas abrogées. Elles ne pouvaient pas l'être. La loi de l'inaliénabilité du domaine était antérieure aux États. Elle s'imposait aux rois qui en reconnaissaient l'existence, et qui savaient au besoin s'appuyer sur ses dispositions. Le domaine était inaliénable. Le temps écoulé n'a pas pu effacer ce défaut originel, car la loi le déclare en outre imprescriptible. Ces traités étaient donc nuls à l'origine et sont demeurés nuls.

Mais c'est là une discussion oiseuse. Qu'importe aujourd'hui cette nullité? Qu'en peut-on tirer ? Nous ne sommes pas en un pays où l'on invoque efficacement des lois du xv⁰ siècle. C'eût été et ce serait encore assez si la constatation de nos erreurs et de nos lâchetés politiques avait eu pour effet de nous préserver, dans la suite, d'erreurs et de lâchetés moins excusables.

GÉNÉRALITES

LA RÉVOLUTION, L'ASSEMBLÉE NATIONALE

§ I. — La monarchie absolue a duré jusqu'en 1789. Incontestée dans sa légitimité (1) et dans son étendue depuis la fin du xvie siècle, elle a duré sous cinq règnes pendant deux cents ans, sans que nul, roi ou sujet, ait consenti ou exigé des limitations à cette omnipotence. Il n'est pas toutefois que le pays n'ait souffert de ce mode de gouvernement et senti le besoin d'y apporter des modifications. On l'a bien vu lors de la convocation des notables de 1788, où, sur une foule de points essentiels, les cahiers se sont trouvés être unanimes.

Il se produisit alors un besoin de liberté, d'indépendance, de garanties surtout, qui se traduisit par une revendication énergique et peut-être exagérée ou hâtive des droits de la nation. Il semblait qu'à ce moment là, le poids de plusieurs siècles d'oppression fût retombé tout entier sur le peuple, que les souvenirs des plus an-

(1) On voit cependant quelques protestations isolées comme en révèlent les papiers saisis chez Latréaumont et ses complices.

ciennes souffrances, des plus vieilles querelles se fussent réveillées et devinssent autant d'arguments irrésistibles entre les mains des opprimés de la veille. L'énergie était à son comble. En face d'un roi que tous estimaient et que beaucoup aimaient, l'Assemblée nationale ne se laissait distraire de son but ni par les tracasseries qu'on lui suscitait, ni par les marques de respect qu'on exigeait d'elle. Et le 20 janvier, sur la proposition d'un modéré, Mounier, de Grenoble, elle déclarait qu'en quelque lieu qu'elle fût forcée de se réunir, là était toujours l'Assemblée nationale, que rien ne pouvait l'empêcher de continuer ses délibérations ; que, jusqu'à l'achèvement et l'affermissement de la Constitution, elle faisait le serment de ne se séparer jamais.

C'était encore la théorie des Etats Généraux de 1358, mais combien plus hardie et plus large !

BUT ET MOYENS

§ 2 — Elle avait devant elle un lourd travail. Que d'abus à corriger ! Que d'institutions à supprimer ! Et quel édifice à reconstruire !

Telle était l'immensité de sa tâche, si nombreuses étaient les modifications nécessaires, urgentes, indispensables, que ce droit si considérable, le droit de faire la guerre, de conclure les traités de paix et autres, fût, au début, passé sous silence. C'était, sous l'ancienne monarchie, un des droits royaux les moins contestés. C'était un attribut du Pouvoir exécutif. L'Angleterre l'avait constamment reconnu à ses souverains; ceux qui arrivaient aux Etats Généraux avec des idées préconçues ou des constitutions toutes faites, comme les Siéyès, les Malouet, les Maury, les Cazalès, entendaient justement calquer les prérogatives du Pouvoir royal sur celles que lui conférait

la Constitution anglaise; et c'était, sauf de rares exceptions, l'opinion unanime de l'Assemblée nationale.

Le 14 juillet, la nuit du 4 août, la contre-révolution
dans le Midi, tendirent davantage les rapports entre le
roi et les députés. Des tentatives de corruption multipliées,
dont quelques-unes furent dévoilées, aigrirent les esprits
de part et d'autre, et, en mai 1790, la situation de la
royauté n'était déjà plus intacte.

En vain Mirabeau dit à la reine en lui baisant la main :
« Madame, la monarchie est sauvée. » Il va se trouver,
lui, modéré et juste-milieu, en face des partis extrêmes,
et entre les amis imprudents de la royauté et les partisans
résolus des droits de la Nation, il arrivera tout au plus,
après une discussion interminable, au milieu des fureurs
de la populace qui veut le pendre, à faire adopter un
système qui sauvegarde à peine les prérogatives royales,
telles mêmes qu'on les conçoit depuis la liberté nouvelle,
et donne aux députés de la nation un pouvoir supérieur
à celui du roi.

CHAPITRE Ier

LA RÉVOLUTION ET L'EMPIRE

Constitution des 3-14 Septembre 1791

TITRE III, Chapitre III, Section I, art. 3 — Il appartient au Corps législatif de ratifier les traités de paix, d'alliance et de commerce ; aucun traité n'aura d'effet que par cette ratification.

TITRE III, Chapitre IV, Section III, art. 3. — Il appartient au Roi d'arrêter tous les traités de paix, d'alliance et de commerce et autres conventions qu'il jugera nécessaires au bien de l'État, sauf la ratification du Corps législatif.

L'ÉTUDE DES TRAITÉS INTERNATIONAUX EST A CETTE ÉPOQUE L'ÉTUDE DU DROIT DE PAIX ET DE GUERRE

§ 1. — La Constitution qui établit les pouvoirs respectifs du Roi et du Corps législatif fut votée les 3/14 septembre 1791. Mais ce n'est pas à cette date qu'eut lieu la discussion principale sur la matière. La loi de 1791 ne fit qu'introduire dans la Constitution les principes adoptés déjà depuis plus d'un an, en mai 1790.

C'est la discussion de cette époque qu'il faut étudier.

Elle s'était engagée non sur le droit de passer des traités, mais sur le droit de faire la guerre et de conclure la paix. La France, malheureusement, n'était pas à même de s'occuper d'autre chose. Elle était liée avec l'Angleterre, la puissance qui avait le plus d'intérêts commerciaux avec

nous, par le déplorable traité de 1786 (26 septembre).
Rompu de fait en 1792, officiellement le 1er février 1793,
ce traité fut le dernier grand traité étranger à des questions
de guerre que la France dût signer en Europe avant
25 ans.

L'Assemblée législative et celles qui la suivirent ont
émis sur la conclusion des traités des règles qu'elles ne
devaient pas appliquer. Seule, la Convention signa, en
1795, des traités de paix avec la Hollande, la Prusse et
l'Espagne. Le premier traité qui vient après ceux-là fut
celui de Campo-Formio. Nous touchons dès lors à l'histoire de Bonaparte consul et empereur, c'est-à-dire à la
période où l'on ne connaît d'autres traités que ceux de
paix et d'alliance (1).

Pour cette période de 1790 à 1814, l'étude des traités
sera donc l'étude du droit de paix et de guerre.

OPINIONS PRÉÉTABLIES AU SEIN DE L'ASSEMBLÉE NATIONALE.
TROIS SYSTÈMES.

§ 2. — La discussion s'ouvrit le 16 mai 1790. A qui
conférerait-on le droit de faire la guerre et de conclure la
paix ? L'Assemblée constituante n'avait pas d'opinion
arrêtée sur cette question. Au cours de cette longue discussion qui dura du 16 au 22 mai, elle fut, à plusieurs
reprises, après des discours éloquents, sur le point d'aller
aux voix et d'adopter des dispositions contraires à celles
qui furent définitivement admises.

L'Assemblée se trouvait, avant de prendre une décision,
en présence de deux théories absolument opposées.

L'abbé Maury, les ducs du Châtelet, de Lévis-Praslin
avaient soutenu, comme firent plus tard Louis XVIII dans

---

(1) Voir plus loin l'opinion du Premier Consul et de l'Empereur sur la politique commerciale que doit adopter la France.

le préambule de la Charte, et Monseigneur de Bonald et
ses disciples dans leurs ouvrages, que la Monarchie est
de droit divin et préexistante à la Constitution ; qu'aucun
pouvoir humain ne peut ni retirer, ni conférer à la royauté
des droits qui lui appartiennent par essence.

Une autre théorie, celle qui prévalut dans la *Déclaration
des Droits de l'Homme* et qui était déjà celle de tous les
membres du Tiers, est que la monarchie est de droit humain. Les États Généraux de 1355 l'avaient déjà déclaré,
et le Sénat de 1814 essaiera de le faire passer en principe
dans la Constitution. En vertu de cette théorie, tous les
droits appartenaient à la nation. Elle ne les exerçait pas
elle-même, mais par ses délégués. Ces délégués étaient,
comme l'admit plus tard la Constitution de 1791, les
députés et le roi.

Ceci posé, à qui la nation va-t-elle déléguer l'un de ses
droits, celui de faire la paix et la guerre, à ses représentants électifs ou à son représentant héréditaire, à l'assemblée ou au roi ? Les nombreux systèmes qui furent alors
présentés peuvent se ramener à trois :

Celui des doctrinaires partisans des pouvoirs de l'Assemblée ;

Celui des doctrinaires partisans de la monarchie absolue ;

Enfin le système de ceux qui, sans prendre parti en
doctrine, ne visaient que l'utilité et cherchaient à faire
entre les deux pouvoirs un partage convenable d'attributions.

PREMIER SYSTÈME : LES POUVOIRS DE LA NATION

§ 3. -- C'est par le premier système que débuta la
discussion.

Le 16 mai, le premier orateur inscrit, le curé Jallet,
commence par déclarer que la guerre offensive n'est pas

en question. Elle est contraire à tous les principes de l'Assemblée ; on mettra en tête de la Constitution qu'il est criminel d'attaquer les peuples voisins. Reste la guerre défensive ; pour celle-là, pour la défense du royaume, on permettra au roi l'emploi de la force publique ; mais toutes négociations tendant à déclarer la guerre, à conclure la paix et les alliances ne se pourront faire que du consentement de l'Assemblée.

Lameth vient appuyer son argumentation. La nation est souveraine ; elle pourrait déléguer sa souveraineté au roi, mais qui sait si elle n'aurait pas à s'en repentir ? Comment empêchera-t-elle le roi d'agir contre sa volonté et contre ce qu'elle croit l'intérêt du pays ? « On dira qu'il n'y a pas d'inconvénient à accorder l'exercice de ce droit au roi, parce que vous pourrez refuser des subsides ; mais cette objection est absurde et dérisoire ; c'est la ressource d'une insurrection qu'on vous propose, car le peuple est en insurrection quand il refuse les subsides pour l'exercice du pouvoir qu'il a confié. »

Le lendemain, 17 mai, Pétion reprend cette thèse, moins absolue pourtant. Il admet qu'on puisse faire une guerre offensive ; l'Assemblée peut seule la voter. Pour la guerre défensive, le roi convoque l'Assemblée, si elle n'est pas réunie ; mais, pendant les délais de convocation, il prend les mesures nécessaires et dispose des forces de la nation. Quant aux traités de paix et d'alliance, le roi les propose à l'Assemblée qui les modifie, les admet ou les rejette.

Robespierre, le 18, se rallie à l'opinion de Pétion.

Fréteau, bien que modéré, opine que la nation délègue son pouvoir à l'Assemblée pour en faire l'usage convenable et nécessaire.

§ 4. — Le deuxième système, celui de l'omnipotence royale en cette matière, fut soutenu tout aussi fermement.

Le 18 mai, le duc de Praslin s'éleva contre cette distinction de guerre offensive et défensive. On ne peut, en art militaire, séparer l'une de l'autre. Celui qui envahit a toujours soin de se poser comme étant attaqué. Frédéric de Prusse, pour se défendre, a fait une guerre offensive.

Quant aux traités de paix ou d'alliance, confier le soin de les négocier à une assemblée, c'est vouloir que les négociations n'aboutissent pas. Elles ont besoin de secret, de mystère, et quel secret que celui des cinq cents membres d'une assemblée législative ?

Et à qui s'en prendra-t-on de l'insuccès de la guerre ou des négociations ? Aux députés ? Mais ils n'ont aucune responsabilité. La responsabilité collective n'existe pas. Il n'y a dans l'État qu'une responsabilité facile à établir et à limiter, c'est celle des ministres, qui ont le droit et le devoir de l'assumer, parce qu'ils ont une habitude des affaires et une connaissance générale des intérêts de l'État qu'aucune assemblée ne peut avoir avoir ou même prétendre avoir.

Le duc de Châtelet vint ajouter de nouveaux arguments à ceux du précédent orateur.

Comment donner de semblables pouvoirs à une assemblée ? Ne sait-on pas le peu de consistance qu'elles présentent ? N'avons-nous pas toujours eu la moitié de la Diète en Suède et en Pologne à nos gages et à notre dévotion ?

Et en pratique, comment les choses fonctionneront-elles ? On élira un comité diplomatique ? Mais il communiquera à l'assemblée les documents diplomatiques, et, si vous avez le droit de divulguer les vôtres, à vos risques et périls, vous ne pouvez en faire autant de ceux des autres nations (1).

Le 21 mai, de Cazalès reprenait la thèse pour son compte :

Le Pouvoir exécutif comprend incontestablement le droit de faire la guerre. Il en a été toujours ainsi chez nous ; il en est encore de même chez les autres peuples. Quant aux traités de paix ou d'alliance, à quel titre peut-on prétendre qu'ils lui échappent ? Il faudrait, pour cela, les considérer comme des lois. Et il n'est pas un membre de cette Assemblée qui osât soutenir que faire un traité de paix, c'est faire une loi (2). La limite de ses concessions, c'est que le comité de la Constitution fixera les règles principales de l'exercice du droit de paix et de guerre, et les formes les plus sévères pour la responsabilité des ministres.

TROISIÈME SYSTÈME : DÉPARTITION DE POUVOIRS

§ 5. — Le troisième système eut pour interprètes les membres les plus remarquables de l'Assemblée. Malouet, dans la séance du 18, en avait posé les termes. Prenant un à un les arguments des orateurs précédents, attaquant d'avance ceux qui n'avaient pas encore été présentés, il avait essayé de concilier les exagérations des deux systèmes en présence.

Le roi devait avoir le droit de déclarer la guerre. Ce droit ne le rendait pas indépendant. Les députés pou-

---

(1) C'est exactement ce que disait un ministre d'Angleterre sous le second empire : « Nous sommes mal vus du Continent à cause de nos communications des documents diplomatiques au Parlement. »

(2) V. La Constitution des États-Unis d'Amérique et toutes les constitutions françaises depuis 1791.

vaient toujours lui refuser les subsides nécessaires à l'engager ou la poursuivre. S'il passait outre un refus de subsides, il se mettait hors la loi. C'est le système qui fonctionnait si heureusement en Angleterre. Il avait l'avantage d'assurer le secret et la rapidité des opérations. On comprendrait que la guerre offensive ne fût faite que du consentement de l'Assemblée, mais la défense exigeait la concentration de tous les pouvoirs aux mains du roi. Quant aux traités, une division analogue des pouvoirs donnait au roi le droit de les conclure tous, sauf ceux qui entraînent une augmentation ou une diminution de territoire, ou qui engagent les finances de l'Etat.

Après lui, le député d'Harambure proposa l'établissement d'un comité de cinq membres pris dans le sein de l'Assemblée, qui seraient adjoints au Conseil du roi et rendraient compte de tout à l'Assemblée. Ils auraient des fonctions permanentes et ne pourraient quitter Paris sans un congé en règle.

Les choses en étaient là quand intervinrent dans la lutte les deux orateurs qui la devaient terminer, Barnave et Mirabeau.

Déjà, dans la séance du 18, Mirabeau avait pris la parole. Il prétendait concilier l'action des deux Pouvoirs exécutif et législatif. Il démontrait que la guerre pouvait nous être faite sans déclaration, au loin, sur mer, dans nos colonies ; qu'il y avait, en de tels cas, besoin d'une action rapide et énergique, qui excluait la possibilité de consulter préalablement la nation. Et, après un habile appel à Siéyès, qui gardait le silence sur une aussi grave question, il déposait un vaste projet, étudié en ses détails, qui ne comprenait pas moins de dix articles. Il y était dit :

« Que le droit de faire la guerre et la paix appartient à la nation ; que l'exercice de ce droit sera délégué *concurremment* aux Pouvoirs législatif et exécutif de la manière suivante :

1° Que le soin de veiller à la sûreté extérieure du royaume, de maintenir ses droits et ses pouvoirs appartient au roi ; qu'ainsi, lui seul peut entretenir des relations politiques au dehors, conduire les négociations, en choisir les agents, faire des préparatifs de guerre proportionnés à ceux des Etats voisins, distribuer les forces de terre et de mer ainsi qu'il le jugera convenable, et en régler la direction en cas de guerre ;

2° Que, dans le cas d'hostilités imminentes ou commencées, d'un allié à soutenir, d'un droit à conserver par la force des armes, le roi sera tenu d'en donner, sans aucun délai, la notification au Corps législatif, d'en faire connaître les causes et les motifs, et de demander les fonds qu'il croira nécessaires ; et, si le Corps législatif est en vacances, il se rassemblera sur-le-champ ;

3° Que, sur cette notification, si le Corps législatif juge que les hostilités commencées sont une agression coupable de la part des ministres ou de quelque autre agent du Pouvoir exécutif, l'auteur de cette agression sera poursuivi comme criminel de lèse-nation ; l'Assemblée nationale déclarant, à cet effet, que la nation française renonce à toute espèce de conquête, et qu'elle n'emploiera jamais ses forces contre la liberté de tout un peuple ;

4° Que, sur la même notification, si le Corps législatif refuse les fonds nécessaires et témoigne son improbation de la guerre, le Pouvoir exécutif sera tenu de prendre sur-le-champ des mesures pour faire cesser ou prévenir toute hostilité, les ministres demeurant responsables des délais ;

5° Que la formule de déclaration de guerre et des traités de paix se fera de la part du roi et de la nation ;

6° Que, dans le cas d'une guerre imminente, le Corps législatif prolongera sa session pendant ses vacances accoutumées, et pourra être sans vacances pendant la guerre ;

7° Que, pendant tout le cours de la guerre, le *Corps législatif pourra requérir le Pouvoir exécutif* de négocier la paix, et que, dans le cas où le roi fera la guerre en personne, le Corps législatif aura le droit de réunir le nombre de gardes nationales et dans tel endroit qu'il trouvera convenable ;

8° Qu'à l'instant où la guerre cessera, le Corps législatif fixera le délai dans lequel les troupes extraordinaires seront congédiées et l'armée réduite à son état permanent ;

9° Qu'il appartiendra au roi d'arrêter et de signer avec les puissances étrangères toutes les conventions qu'il jugera nécessaires au bien de l'État et que *les traités de paix, d'alliance et de commerce* ne seront exécutés qu'autant qu'ils auront été ratifiés par le Corps législatif. »

Puis la discussion avait continué. Mille idées différentes se produisaient. L'Assemblée ne savait à quoi se résoudre. Barnave rassembla les opinions éparses, et, dans un discours d'une extraordinaire habileté, mena l'assaut du système qu'avait présenté Mirabeau. Il reconnaissait au roi l'exercice du Pouvoir exécutif, mais il limitait l'étendue de ce droit au profit de l'Assemblée. Son discours se résume dans le projet de décret qu'il soumet :

« Au roi, dépositaire suprême du Pouvoir exécutif, appartient le droit d'assurer la sécurité du pays, etc, de commencer les négociations, de nommer les ambassadeurs, de signer les traités, de proposer au Corps législatif, sur la paix et la guerre, les propositions qui lui paraîtront convenables. Mais le Corps législatif exercera exclusivement le droit de déclarer la guerre et la paix et de conclure les traités. »

Ce projet semblait rallier tous les esprits. On allait voter, quand de deux côtés, Cazalès et Mirabeau, demandent la continuation de la clôture au lendemain.

Le lendemain, 22 mai, Mirabeau répondit à Barnave. Un contemporain, Dumont, je crois, dit qu'on ne peut imaginer la puissance de son éloquence, la subtilité de sa dialectique, la finesse insinuante de son débit.

« Le Pouvoir exécutif, dit-il en terminant, dans tout ce qui tient à l'action, est certainement très distinct du Pouvoir législatif, même dans l'expression de la volonté générale.

« En effet, quel est l'organe de cette volonté, d'après notre Constitution? C'est tout à la fois l'Assemblée des représentants de la nation et les représentants du Pouvoir exécutif.

« Dans votre discours, vous attribuez l'énonciation de la volonté générale à qui? au Pouvoir législatif; dans votre décret, à qui l'attribuez-vous? au Corps législatif. Sur ce, je vous appelle à l'ordre. Vous avez forfait la Constitution... Et ne dites pas que cette distinction est vaine ; elle l'est si peu à mes yeux que, si vous voulez substituer dans votre décret à ces mots : Corps législatif, ceux-ci : le Pouvoir législatif, et définir cette expression en l'appelant un acte de l'Assemblée nationale, sanctionné par le roi, nous sommes d'accord. »

Là-dessus, on se dispose à voter sur l'article 1er du décret de Mirabeau, portant que :

Le Corps législatif aura le pouvoir d'empêcher la guerre ; que le roi aura l'initiative de la délibération du

Corps législatif ; quant à la paix et aux traités, le roi proposera, le Corps législatif ratifiera.

Cela revenait, dans cet article 1er, à supprimer simplement le mot *concurremment*, que Mirabeau y avait introduit pour exprimer mieux le droit co-existant des deux Pouvoirs.

Mirabeau se rallie à cette rédaction. Mais Lameth présente un second amendement plus explicite :

« La guerre ne pourra être décidée que par un décret du Corps législatif. » L'Assemblée reste indécise. Ce que voyant, Fréteau, combinant les deux idées, présente la rédaction suivante : « La guerre ne pourra être décidée que par un décret du Corps législatif, qui ne pourra lui-même être rendu que sur la proposition formelle du roi. » Cela ne suffit pas. Il ajoute : « Sur la proposition formelle, et nécessaire du roi, et qui sera consenti par lui. » Enfin, Mirabeau, reprenant tous ces amendements successifs, y introduit l'idée constitutionnelle de la sanction royale, omise jusque-là, et on arrive, enfin, à un vote affirmatif sur cette rédaction : « Sur la proposition formelle et nécessaire du roi et qui sera sanctionnée par lui. »

Ainsi, on avait adopté le système préconisé et proposé par Mirabeau. On adopte successivement les autres articles. Sur l'article 9, pour plus de garantie, on remania la rédaction primitive, de façon à la rendre plus claire.

De sorte qu'en définitive, le droit de déclarer la guerre et de conclure les traités de paix et autres, était, dans ses grandes lignes, ainsi compris :

« Le droit de faire la guerre et la paix appartient à la Nation.

« La guerre ne pourra être décidée que par un décret du Corps législatif, rendu sur la proposition formelle et nécessaire du roi et qui sera sanctionné par lui.

« Il appartiendra au roi d'arrêter et de signer avec les
puissances tous les traités de paix, d'alliance et de commerce, et autres conventions qu'il jugera nécessaires au
bien de l'Etat ; mais lesdits traités et conventions n'auront effet qu'autant qu'ils auront été *ratifiés* par le Pouvoir législatif. »

Ce sont ces principes qui, sous une autre forme, pas-
sèrent dans la Constitution de 1791.

INCIDENT DE RÉDACTION ET CONSÉQUENCES

§ 6. — Cette modification apportée à l'article 9 du projet de décret, semble avoir dépassé l'intention des auteurs.
Ils paraissent n'avoir réclamé un changement de rédaction que pour rendre plus claire la proposition de Mirabeau, ils l'ont rendue plus compréhensible. Par suite de
la nouvelle formule, aucun traité, de quelque nature qu'il
fût, n'échappait au contrôle du Corps législatif, tandis
que la rédaction primitive n'y soumettait que les traités
de paix, d'alliance et de commerce.

La variété des traités alors en usage n'était pas considérable ; outre ces trois traités principaux, on ne connaissait guère que les traités de prorogation, d'interprétation,
et les conventions de navigation. La royauté ne perdait
donc pas beaucoup à cette formule nouvelle.

Il n'en reste pas moins que là, comme en beaucoup
d'autres matières, la Révolution avait, du premier coup,
atteint la perfection, au point de vue des garanties du
Pouvoir législatif contre le Pouvoir exécutif. Jamais,
depuis la Révolution, il n'eut une aussi efficace protection. De nos jours, la loi qui nous régit est moins rigoureuse. Il faut, pour retrouver une réglementation semblable, envisager la Constitution de 1848 et la période de
1871 à 1875, où la loi du 31 août 1871 attribuait à l'Assemblée nationale, élue, elle aussi, comme sa devancière

de 1789, en des jours de révolution et de désastres, un pouvoir qui primait et absorbait celui de l'Exécutif.

D'ailleurs, la royauté ne devait point avoir à souffrir, le Pouvoir exécutif à jouir de cette limitation. La Constitution de 1791 fut abrogée deux ans après, ne fut en vigueur effectivement que pendant une seule année, et pendant ce court laps de temps, aucun traité ne fut conclu entre la France et les puissances étrangères.

SECTION II

Constitution du 24 Juin 1793

Art. 53.—Le Corps législatif propose des lois et rend des décrets·
Art. 55. — Sont compris sous le nom particulier de décret les actes du Corps législatif concernant la ratification des traités.
Art. 62.—Il y a un Conseil exécutif de vingt-quatre membres.
Art. 70. — Il négocie les traités.

Un décret du 10 avril 1792 avait suspendu le roi de ses fonctions et organisé un gouvernement provisoire. Dès lors la constitution de 1791 n'était plus d'accord avec les faits. D'autre part, à l'Assemblée législative succède une autre Assemblée convoquée par décret du 13 août 1792, et le 21 août de la même année, un décret de cette Assemblée nouvelle proclame qu'il ne peut y avoir de Constitution que celle qui est acceptée par le peuple. Le 21 septembre, la royauté est abolie ; le 25, la République, une et indivisible, est proclamée. Dès lors, la Constitution de 1791 n'a plus d'existence ni de raison d'existence, et elle est remplacée par celle du 24 juin 1793.

En ce qui touche à notre matière, elle ne diffère pas sensiblement, au moins en apparence, de celle de 1791. Elle comporte un Conseil exécutif de vingt-quatre membres, lequel négocie les traités, de quelque nature qu'ils puissent être, et les soumet à la ratification du Corps législatif, de la Convention. C'était identiquement la procédure à suivre par le roi et l'Assemblée législative.

Ce Conseil exécutif n'avait pas l'indépendance nécessaire; il était aux ordres de l'Assemblée dont il était émané, et n'avait d'autre initiative que celle qu'ont de nos jours les Commissions élues par les Chambres pour étudier telle affaire, et dresser un rapport dont elles adopteront les conclusions si bon leur semble.

Bien mieux, il se trouva de bonne heure subordonné à un autre pouvoir. Avant même la Constitution du 24 juin, au lendemain de la trahison de Dumouriez, la Convention avait créé et tiré de son sein un Comité de salut public. Ce comité était chargé du soin des opérations militaires. Lors des terribles désastres de nos armées, en juillet et août 1793, elle le renouvela et l'investit de pouvoirs illimités. Il était composé des hommes les plus énergiques, des patriotes les plus renommés, des politiques les plus fanatiques : Couthon, Barrère, Jean-Bon-Saint-André, Saint-Just, Lindet, Robespierre, Carnot, etc. Et le 10 octobre de la même année, elle rendit un décret qui plaçait sous la surveillance de ce comité les corps constitués, les généraux et le Conseil exécutif. « Par ce décret, le Comité disposa de tout sous le nom de la Convention qui lui servait d'instrument. Et c'est lui qui, de sa seule autorité, signa avec la Prusse la glorieuse paix de Bâle (5 avril 1795), par laquelle la République gardait la rive gauche du Rhin.

La Constitution était donc, non pas violée, car la Convention, Pouvoir législatif, avait ordonnné ces altérations, mais elle était faussée. Ce sera le sort de toutes celles que nous étudierons jusqu'en 1815.

SECTION III

Constitution du 5 fructidor an III (22 août 1795)

Art. 331. — Le Directoire exécutif arrête ou fait signer avec les puissances étrangères tous les traités de paix, d'alliance, de trève, de neutralité, de commerce, et autres conventions qu'il juge nécessaires au bien de l'État.

Art. 333. — Les traités ne sont valables qu'après avoir été examinés et ratifiés par le Corps législatif.

A la Convention, pouvoir unique, a succédé une autre organisation gouvernementale. La Convention avait elle-même changé la Constitution et pris soin de la faire exécuter. Le Pouvoir législatif était confié à deux corps distincts : l'un était le Conseil des Cinq-Cents, chargé de la préparation des lois ; l'autre, le Conseil des Anciens, chargé de leur sanction. Le Pouvoir exécutif était confié à cinq membres élus par les Conseils, c'était le Directoire ; il agissait par des ministres responsables.

C'était encore, quant aux traités et à leur conclusion, le système de la Constitution de 1791 et de 1793.

Malheureusement, pas plus que les autres, la Constitution de 1795 ne devait être respectée. A peine installé, le Directoire se trouva en face d'un pouvoir rival qui, dès le début le tint en échec : je veux dire le général Bonaparte.

La désorganisation morale de la France, la mobilité et la faiblesse d'un gouvernement forcé de compter avec elle, des victoires éclatantes et inespérées lui donnèrent immédiatement un pouvoir supérieur à celui du gouvernement réel. C'est ainsi qu'il put, le 28 avril 1796, accorder à l'armée autrichienne l'armistice de Cherasco, pratique très régulière si, dans sa pensée, comme dans la nécessité des circonstances, cette armistice n'eût été le *prélude obligé d'un traité de paix*.

Bien plus, après la campagne de 1797, il signe la paix contre les instructions du Directoire.

Le Directoire voulait que l'Italie fût affranchie jusqu'à l'Isonzo, jusqu'au golfe de Trieste. Mais Bonaparte, qui désirait la paix, parce que la paix lui donnait plus de crédit près du pays, continua les négociations sur les bases qu'il avait fixées. Pour mieux témoigner que les conditions qu'il impose dans les préliminaires sont irrévocables, il fonde et organise de sa seule initiative des gouvernements nouveaux et leur donne une constitution calquée sur celle la France. Le Directoire lui enjoint de poser à l'Autriche les conditions relatives à l'Italie. Il refuse et offre sa démission. Elle est refusée ; on l'autorise à traiter à la seule condition de ne pas sacrifier Venise. Il n'en tient pas compte, donne à l'empereur Venise même, au Pape des débris de la République vénitienne, et signe la paix connue sous le nom de Traité de Campo-Formio (17 octobre 1797).

Deux ans après, au 18 brumaire (11 novembre 1799), il renversait ce même gouvernement et en fondait un nouveau : le Consulat.

SECTION IV

Constitution du 22 frimaire an VIII (13 décembre 1799)

Art. 49. — Le gouvernement entretient des relations politiques au dehors, conduit les négociations, fait les stipulations préliminaires, signe, fait signer et conclut tous les traités de paix, d'alliance, de trève, de neutralité, de commerce et autres conventions.

Art. 50. — Les déclarations de guerre et les traités de paix, d'alliance et de commerce sont proposés, discutés et promulgués comme des lois.

Cette constitution, célèbre dans l'histoire de notre organisation intérieure, n'a que peu d'importance dans notre matière, car elle n'y fut jamais qu'imparfaitement appliquée. Le premier Consul n'allait pas abandonner la pratique inaugurée par le général Bonaparte, et soumettre sa conduite au contrôle du Pouvoir législatif.

Le seule chose qu'il convienne de remarquer, c'est que sous cette constitution, et, pour la première fois depuis 1789, il se trouve certains traités qui, si elle eût été appliquée, eussent échappé au contrôle du Pouvoir législatif. La constitution de l'an VIII revenait ainsi aux idées primitivement émises par Mirabeau : « Le roi signe seul les traités, et ce sont seulement certains traités d'une importance particulière (traités de paix, d'alliance et de commerce) que le Corps législatif doit ratifier. » La constitution de l'an VIII avait identiquement copié cette distinction.

C'est du moins ce qui ressort des termes de l'article 49, et de l'esprit tout entier de cette constitution, où le législateur a pris comme maxime que le pouvoir doit venir d'en bas et la confiance d'en haut. D'après cela, il semblerait que le rôle du Pouvoir exécutif se dût borner à négocier et à signer les traités qui doivent être soumis au Pouvoir législatif. Le mot « conclure » a bien un sens plus large, et peut-être implique-t-il aussi le droit de ratifier. Mais que devient la ratification et quelle valeur a-t-elle dans une constitution où le dernier mot appartient, pour ces traités, au Pouvoir législatif?

C'est cependant ce sens du mot « conclure » qui prévalut. Le premier Consul y avait tout intérêt. Il ratifiait les traités ; et, peu à peu, cela le conduisit à faire considérer de toutes les puissances co-contractantes sa ratification comme condition nécessaire et suffisante à leur validité. Plusieurs traités ne furent jamais soumis au Pouvoir législatif, et le plus grand nombre fut universellement considéré comme parfait, aussitôt après leur ratification par le premier Consul. On peut se demander pourquoi le premier Consul avait limité cet article 50, et n'avait pas soumis théoriquement au contrôle du Pouvoir législatif les quelques autres traités qui y échappaient (neutralité, navigation, etc.), quand il était d'avance résolu à n'en pas tenir compte.

Peut-être ne se trouva-t-il pas encore assez fort pour afficher son horreur de toute entrave. La constitution de l'an VIII n'était pas son œuvre personnelle. Elle émanait presque entière du plus grand théoricien de la Révolution, de Sieyès, collègue de Bonaparte au Consulat, personnage politique considérable dont l'influence incontestée l'avait évidemment forcé d'ajourner ses projets autoritaires. La seule grave discussion qu'avait soulevée entre eux la constitution proposée par Sieyès était intervenue à propos du Grand Électeur, dont Bonaparte avait complétement fait remanier le rôle, notamment par la suppression du *principe d'absorption*. Quant au reste, et surtout quant à la confection des lois et la conclusion des traités, Sieyès avait tout organisé sans contestation.

Les lois devaient être préparées en Conseil d'État et votées par le Corps législatif, après l'intervention très compliquée et simultanée du Conseil d'État et du Tribunat. Et c'était le même mode de pratique qui devait être employé pour les traités internationaux.

— C'est sous l'empire de cette constitution que furent conclus les deux traités considérables de Lunéville et d'Amiens. Inutile de dire que la constitution fut positivement violée dans son article 50. Cependant, lors de la paix de Lunéville, il y eut à deux reprises un simulacre de consultation des corps constitués, et celle d'Amiens fut soumise au Corps législatif.

L'empire d'Autriche avait depuis plusieurs mois entretenu des négociations avec la France, en août 1800. Un projet de traité avait même été signé par M. de Talleyrand et M. de Saint-Julien, représentant de l'empereur. Mais cet officier, parti à Vienne pour obtenir la ratification de son souverain, fut publiquement désavoué et envoyé en exil. Ce n'étaient pas tant les conditions mêmes du traité qui avaient indisposé l'empereur, que la crainte du mécontentement de l'Angleterre, si elle venait à être instruite de ses agissements. Aussi proposait-il la reprise des négociations, et l'ouverture d'un congrès, où serait admise l'Angleterre, à Schlestadt ou à Lunéville.

Le premier Consul, en ces circonstances, imagina de s'adresser au Conseil d'État. Ce grand corps était alors un vrai Conseil de gouvernement. Le ministre (M. de Talleyrand) lui adressa un rapport détaillé. « Le premier Consul, disait-il dans ce rapport, *a jugé à propos* de convoquer extraordinairement le conseil d'État, et se confiant à sa discrétion comme à ses lumières, il m'a chargé de lui faire connaître tous les détails les plus particuliers de la négociation qui a été suivie avec la cour de Vienne. » Il exposa cette négociation comme on aurait pu le faire devant un conseil de ministres.

C'était légal et conforme même à l'esprit, sinon à la lettre de la constitution ; mais c'était insuffisant. Le traité était signé ; il l'avait été par le Pouvoir exécutif dans la plénitude de ses pouvoirs : la ratification appartenait au Pouvoir législatif. Ici la ratification, il est vrai, n'était pas demandée, puisque le co-signataire du traité refusait la sienne. Mais si l'on faisait aux organes du Pouvoir législatif communication de l'état des négociations, on ne devait pas se borner au seul Conseil d'État : le Corps législatif, le Tribunat aussi devaient en être informés dans les conditions prescrites par la constitution.

C'était donc irrégulier. Aussi le premier Consul n'avait-
il nullement entendu agir aux termes de la constitution.
Il avait voulu simplement forcer la main à l'Autriche.
« Il voyait avec chagrin la paix s'éloigner. Il apercevait
surtout, dans la présence de l'Angleterre au milieu de la
négociation, une cause de délais interminables ; car la
paix maritime était bien plus difficile à conclure que la
paix continentale. Dans le moment, et sous l'empire d'une
première impression, il voulait faire un éclat, dénoncer
l'Autriche, comme ayant manqué à la bonne foi, et recommencer les hostilités sur-le-champ (1). »

Même pratique en janvier 1801. L'Autriche tergiverse
encore. « Comme le Premier Consul connaissait la manière de traiter les Autrichiens, il voulut couper court à
beaucoup de difficultés et il imagina une manière nouvelle de signifier son ultimatum. Le Corps législatif venant
de s'assembler, on lui proposa le 2 janvier (12 nivôse) de
déclarer que les quatre armées commandées par Moreau,
Brune, Macdonald et Augereau avaient bien mérité de la
patrie. Un message, joint à cette proposition, annonçait
que M. de Cobentzel (le plénipotentiaire autrichien) venait
enfin de s'engager à traiter sans le concours de l'Angleterre. Le message ajoutait que dans le cas où les conditions posées ne seraient pas acceptées, on irait signer la
paix à Prague, à Vienne et à Venise (2). »

— La constitution n'était pas mieux respectée dans ses
autres prescriptions. Sur sa route de Marseille en Égypte,
le premier Consul avait conquis Malte. Désespérant de la
garder, il en fit don, de sa propre autorité, à l'empereur
de Russie, Paul Ier, qui accepta.

---

(1) Thiers, op. cit., livre VI.
(2) Thiers, op. cit., livre VII.

Nulle part les divers pouvoirs constitutionnels n'apparaissent dans la pratique des relations internationales. Tout s'efface derrière la personnalité du premier Consul. « *J'ai* perdu Malte, dit-il quand les Anglais l'eurent prise, mais *j'ai* placé la pomme de discorde entre les *mains* de *mes* ennemis ! »

La paix de Lunéville est enfin signée. Le général Bellavène, chargé de porter le traité, part le 9 février au soir de Lunéville. Dans la journée du 10, le traité est inséré au *Moniteur*, sans qu'on eût un seul instant songé à le soumettre au Pouvoir législatif, et l'historien du Premier Consul dit qu'on lui « rendit mille actions de grâce pour cet heureux résultat de *ses* victoires et de *sa* politique. »

Dans les négociations qui précèdent la paix d'Amiens, même envahissement de tous les pouvoirs par le Premier Consul. « Voulant appeler à son secours l'opinion de l'Angleterre et de l'Europe elle-même, il joignait aux notes de son négociateur, qui ne s'adressaient qu'aux ministres anglais, des articles au *Moniteur* qui s'adressaient au public européen tout entier. »

Le 1er octobre 1801, les préliminaires de la paix sont signés. Le 3, un courrier extraordinaire en apporte la nouvelle à la Malmaison. « Le premier Consul y *donna immédiatement sa ratification,* » et chargea son aide de camp Lauriston de la porter à Londres. Quand son arrivée fut connue dans cette ville, bien que le Pouvoir législatif n'eût pas encore donné son approbation à ce traité (1), le peuple entier se livra à des transports indicibles ; on

(1) Ce traité ne fut, en effet, transformé en loi que le 27 mai 1801, après l'épuration du Tribunat, et le Corps législatif, pour agir sur l'esprit du Pouvoir législatif, et comme préliminaire des mesures qui allaient conférer au général Bonaparte le Consulat à vie.

criait et on affichait : « Paix avec la France, Vive Bonaparte!» Et en France, quand fut conclue la paix générale, la fête de la Paix fut fixée au 18 brumaire.

La nation avait abdiqué.

SECTION V

Constitution du 16 thermidor an X (4 août 1802)

Art. 58. — Le Premier Consul ratifie les traités de paix et d'alliance après avoir pris l'avis du Conseil privé. Avant de les promulguer, il en donne connaissance au Sénat.

Art. 57. — (Le) Conseil privé (est) composé des consuls, de deux ministres, de deux sénateurs, de deux conseillers d'État et de deux grands officiers de la Légion d'honneur. Le Premier Consul désigne, à chaque tenue, les membres qui doivent cómposer le Conseil privé.

L'apparence de liberté qui subsistait encore sous la Constitution de l'an VIII gênait le Premier Consul. Il aspirait au Pouvoir suprême ; mais au pouvoir pour lui-même et non aux marques extérieures et à de vains titres. C'est ce qui explique que, pouvant se faire empereur, il préféra se laisser décerner le Consulat à vie. En apportant quelques modifications à la Constitution, modifications faciles à obtenir du Sénat, qui était devenu une sorte de pouvoir constituant, il était possible de créer une vraie souveraineté sous un titre républicain.

La Constitution de l'an VIII, amendée en ce sens, concentra, en effet, presque tous les pouvoirs publics entre ses mains. Spécialement en ce qui concerne le droit de traiter, l'intervention du Pouvoir législatif était écartée. Le Premier Consul signait et ratifiait tous les traités ; il lui fallait, il est vrai, aux termes de l'article 58, prendre l'avis du Conseil privé, et en donner connaissance au

Sénat. Mais l'article 57 qui détermine la composition du Conseil privé, parait à tout danger ou à toute velléité de résistance de ce côté. Le Conseil privé était composé de gens forcément dévoués au Premier Consul, et celui-ci pouvait, par surcroit de précautions, écarter, à chaque séance, ceux qui lui paraissait hostiles aux projets soumis. De plus, ce Conseil ne donnait qu'un avis, qui ne liait en rien le Pouvoir exécutif. La seconde formalité de l'article 58, qui exigeait la communication au Sénat du traité signé, n'était guère plus gênante. Le Sénat était devenu, même avant le 16 thermidor, un instrument docile aux mains du Pouvoir. Il s'était, de fort bonne grâce, prêté à l'épuration du Corps législatif et du Tribunal ; il ne voulait point se départir désormais d'un si beau zèle ; et l'eût-il voulu, une pensée vigilante avait prévenu l'effet de cette volonté. On avait, en effet, prudemment supprimé dans la Constitution de l'an X l'article 21 de celle de l'an VIII, aux termes duquel le Sénat « maintient ou annule tous les actes qui lui sont déférés comme constitutionnels *par le Tribunat* ou par le Gouvernement. »

Le Premier Consul pouvait désormais agir dans la plénitude de sa volonté. Nul obstacle, nulle entrave. La Constitution de l'an XII qui le fera empereur ne pourra rien ajouter à sa puissance.

———

SECTION VI

Constitution du 28 floréal an XII (18 mai 1804)

Art. 53. — Le serment de l'empereur est ainsi conçu : « Je jure de maintenir l'intégrité du territoire de la République, de ne lever aucun impôt, de n'établir aucune taxe qu'en vertu de la loi... (1).»

Cet article unique doit être combiné avec ceux des

---

(1) Constitution de l'an X, art. 44. Le serment (des consuls) est

Constitutions de l'an VIII et de l'an X qui ne seront pas abrogés ou en opposition avec les dispositions de la Constitution nouvelle. Il est même curieux d'observer, pour arriver d'ailleurs à un résultat purement théorique, que cette Constitution protége mieux les droits du Pays que ne le faisaient les précédentes. Le serment de maintenir l'intégrité du territoire, qui embrasse le territoire continental et les colonies, ne se trouve dans aucune autre Constitution; et l'on a vu, sous celle de 1795, Bonaparte, premier consul, faire don à l'empereur Paul Ier de l'île de Malte.

De plus, l'empereur s'interdit le droit de lever aucun impôt, d'établir aucune taxe, autrement qu'en vertu d'une loi; l'on sait pourtant quel cas il fit d'une prescription semblable sous la Constitution de l'an VIII pour rétablir les finances.

Mais ces concessions sont très platoniques. L'Empereur sentant croître encore sa puissance, et s'abaisser davantage, s'il est possible, les pouvoirs que la Constitution avait placés près de lui comme des barrières légales, ne dédaigne pas de poser lui-même des limites à son omnipotence; soit qu'il sache la valeur des constitutions pour les avoir maintes fois violées, soit qu'il juge utile, pour apaiser les mécontents, de faire preuve de modération.

En ce cas, ce serait une satisfaction très passagère qu'il leur aurait accordée. Son histoire est l'histoire même de l'autorité absolue. Le Pouvoir législatif fut annihilé; les décrets de l'empereur datés de toutes les capitales de

---

ainsi conçu : « Je jure de maintenir la constitution, de respecter la liberté des consciences, de m'opposer au retour des institutions féodales, de ne jamais faire la guerre que pour le bonheur du peuple de qui et pour qui je l'aurai reçu. » Celui de l'empereur offre plus de garantie, en théorie.

l'Europe ont remplacé les lois. Quel langage il tient en 1814, quand le Corps législatif veut lui faire d'humbles observations! « Que faut-il en ce moment à la France? Ce ne sont pas des assemblées, ce ne sont pas des orateurs, c'est un général. Y en a-t-il parmi vous? La France me connaît, vous connait-elle? Et puis, où est votre mandat? Elle m'a élu deux fois pour son chef par plusieurs millions de voix, et vous, elle vous a, dans l'enceinte étroite des départements, désignés par quelques centaines de suffrages pour *venir voter des lois que je fais et que vous ne faites point.* »

Quant à la conclusion des traités, inutile de dire que jamais le Sénat et le Conseil privé n'eurent aucune influence sur les décisions de l'Empereur. Ces traités, d'ailleurs, étaient peu nombreux, et de nature peu variée. C'étaient toujours des traités d'alliance, de neutralité et de paix. Quelques rares traités de navigation. Quant aux traités de commerce, il n'y en avait pas. Le Premier Consul et l'empereur avaient des idées spéciales sur ce point.

En août 1800, il s'était agi de passer un traité de commerce avec les Etats-Unis. Des délégués étaient arrivés à Paris. Les négociations entamées n'avançaient point : « Le premier obstacle au rapprochement était l'article du traité de 1778, par lequel l'Amérique avait promis de faire partager à la France les avantages commerciaux accordés par elle à toutes les nations. Cette obligation de ne rien faire pour les autres sans le faire en même temps pour nous, causait aux Américains d'assez grands embarras. Leurs négociateurs ne se montraient pas disposés à céder sur ce point, mais ils paraissaient prêts à reconnaître et à défendre le droit des neutres et à rétablir, dans leurs stipulations avec la France, les principes dont ils avaient fait l'abandon en traitant avec l'Angleterre. Le

Premier Consul *qui tenait beaucoup plus aux principes de la neutralité maritime qu'aux avantages commerciaux du traité de 1778*, devenus illusoires dans la pratique, enjoignit à son frère (Joseph, négociateur français) de passer outre et de conclure un arrangement avec les envoyés Américains (1). »

En une autre circonstance, en octobre 1801, au lendemain du traité d'Amiens, M. Cambacérès dit au Premier Consul : « Maintenant que nous avons fait un traité de paix, il faut faire un traité de commerce, et tout sujet de division sera écarté entre les deux pays. — N'allons pas si vite, lui répondait le Premier Consul avec vivacité. La paix politique est faite, tant mieux ; quant à la paix commerciale, nous la ferons si nous pouvons. Mais je ne veux, à aucun prix, sacrifier l'industrie française ; je me souviens des malheurs de 1786. »

C'est là une thèse économique très soutenable, et qui était probablement la seule admissible à l'époque.

— Cependant l'Empire s'avançait, à travers des victoires nouvelles, à cette époque fatale où le vainqueur lui-même eut besoin de la paix.

L'empereur n'usait pas de sa prérogative pour la conclure. Il la refusait à Dresde, il la refusait à Prague. Et cependant, le pays la désirait et osait déjà la réclamer. L'empereur n'accueillait pas ces vœux, si timidement qu'ils fussent exprimés.

« Sire, lui disait le Sénat, dans une adresse en 1813, après la bataille de Hainau, la France vous a vu avec plaisir sur sa frontière. »

L'année suivante, le Corps législatif réuni par l'empereur, qui « voulait s'en servir pour réveiller l'opinion

---

(1) Thiers, op. cit., livre VI.

publique, pour la ramener à lui, et, s'il ne pouvait pas, pour la forcer au moins de se préoccuper des périls de la France, menacée en ce moment d'un affreux désastre, » le Corps législatif vote une adresse de M. Raynouard, « destinée à mettre aux pieds de l'empereur le vœu du peuple pour la paix. » Puis une commission, nommée dans son sein, charge M. Lainé de faire un rapport sur l'état et les vœux du pays, sur les mesures à prendre. M. Lainé le fit en termes très modérés. Il constatait que « c'est, d'après nos institutions, au gouvernement à proposer les moyens qu'il croira les plus prompts et les plus sûrs à repousser l'ennemi et à avoir la paix sur des bases durables. Ces moyens seront efficaces, si les Français sont persuadés que le gouvernement n'aspire plus qu'à la gloire de la paix. » Ce langage si respectueux et si conciliant déplut à l'empereur ; il adressa à la députation du Corps législatif la verte semonce que j'ai rapportée plus haut. Il défendit l'impression du rapport : « Bientôt je vais me mettre à la tête de l'armée, je rejetterai l'ennemi hors du territoire, je concluerai la paix, quoi qu'il en puisse coûter à ce que vous appelez mon ambition. Je vous rappellerai auprès de moi. » En attendant, il les ajourna. Quelques jours après, il tenait au Sénat un langage plus conciliant : « Je dois expier le tort d'avoir trop compté sur ma fortune, et je l'expierai. Je ferai la paix, je la ferai telle que la commandent les circonstances, et cette paix ne sera mortifiante que pour moi. Partez donc, Messieurs ; annoncez à vos départements que je vais conclure la paix, que je veux traiter, mais sur la frontière. Partez et portez à la France l'expression vraie des sentiments qui m'animent. »

Cette modération l'eut-elle conduit, après une victoire, à accorder au pays des institutions plus libérales ? J'en

doute ; il fallut sa terrible campagne de France, l'abdication forcée, l'île d'Elbe et l'attitude de la France entière
en avril 1815 pour lui suggérer l'idée de se résigner au
rôle de monarque constitutionnel.

SECTION VII

Acte additionnel des 22-23 avril 1815

Titre I, art. 2.— Le Pouvoir législif est exercé par l'Empereur
et par les deux Chambres.

Titre III, art. 35. — Aucun impôt direct ou indirect en
argent ou en matière, ne peut être perçu, aucun emprunt ne
peut avoir lieu, aucune inscription de créances au grand livre de
la dette publique ne peut être faite, aucun domaine ne peut être
aliéné ou échangé, aucune levée d'hommes pour l'armée ne peut
être ordonnée, aucune portion d'un territoire ne peut être échangée
qu'en vertu d'une loi.

L'empereur, revenu de l'île d'Elbe, se trouva à Paris en
face d'un peuple différent de celui qu'il avait quitté en
1814. Une froideur générale l'accueillit. Il sentit percer la
crainte d'un avenir semblable au passé, et comprit la nécessité de ramener la confiance par des réformes énormes
sur l'état de choses d'avant 1814, par la concession de libertés considérables et de garanties sérieuses. Il appela
Benjamin Constant, « le politicien le plus consommé, la
plume la plus habile de ce temps, » et le chargea de faire
le plan d'une constitution qu'il voulait octroyer à ses
sujets. C'est cette constitution, débattue entre le souverain
et le rédacteur, qui devint le célèbre *Acte Additionnel
de 1815*.

Le titre indiquait qu'il était une modification aux constitutions impériales, et le préambule constatait que ces

modifications avait été faites en « donnant au système représentatif toute son extension, en combinant en un mot
le plus haut point de liberté politique avec la force nécessaire pour faire respecter par l'étranger l'indépendance
du peuple français et la dignité de la Couronne. »

Il convient de remarquer que, même après les deux
Constitutions d'avril et de juin 1814, le droit de traiter avec
les puissances étrangères n'avait pas été règlementé plus
strictement. Le Pouvoir exécutif, l'empereur, avait toujours l'initiative des négociations, le droit de signer et de
ratifier tous traités. Cette ratification était une condition
suffisante à la validité du traité. Les co-signataires étaient
liés de part et d'autre par cette ratification. Le traité était
fait.

Mais la garantie souveraine, celle qui eût tenu en échec
les desseins de l'empereur contraires à la constitution,
c'étaient les prescriptions de l'article 35. L'empereur avait
pu signer des traités ; mais en tant qu'ils engageaient les
finances ou le territoire de l'État à quelque titre que ce
fût, il n'en pouvait procurer l'exécution sans le concours
du Pouvoir législatif.

Là était la garantie, le palladium. Ainsi les déclarations
de guerre lui étaient encore permises, mais il ne pouvait
ordonner aucune levée d'hommes. Les traités d'alliance,
il pouvait les faire, mais il n'avait à sa disposition ni
armée nouvelle, ni argent. De même les traités de paix
étaient valables par sa seule ratification, mais il n'avait
le droit de disposer ni du territoire, ni des finances du
pays. Les traités de commerce lui échappaient également
en tant qu'ils modifiaient les tarifs, établissaient des droits
nouveaux, ou supprimaient les anciens.

C'était une complète révolution. L'empereur n'eut
jamais à appliquer cette constitution nouvelle. Les ter-

ribles événements de juin 1815 le rejetèrent hors du pouvoir et du sol national, et les Constitutions impériales furent remplacées par la Charte royale.

CHAPITRE II

LA CHARTE CONSTITUTIONNELLE

......

SECTION PREMIÈRE

Constitution des 6-9 avril 1814

Art. 4. — Le Pouvoir exécutif appartient au Roi.
Art. 5. — Le Roi, le Sénat et le Corps législatif concourent à la formation des lois. Les projets de lois.... relatifs aux contributions, ne peuvent l'être (proposés) que dans le Corps législatif.
Art. 15. — Aucun impôt ne peut être établi ni perçu, s'il n'a été librement consenti par le Corps législatif et par le Sénat.

L'Empire était tombé. Les Bourbons allaient rentrer en France. Les institutions impériales étaient menacées. Le Sénat, qui, au commencement même de 1814 était si soumis à Napoléon, s'empressa de prendre les devants et de confectionner une constitution qui laissait debout les corps constitués de l'an XII, Corps législatif et Sénat (1) et donnât en même temps satisfaction aux vœux de la France.

Faite rapidement, alors que le comte d'Artois se hâtait vers Paris où il devançait les alliés, cette constitution ne

_____

(1) Le Tribunat avait été supprimé en 1807.

státuait que sur les points généraux. C'était un programme que l'on entendait imposer aux Bourbons. Ils l'éludèrent d'ailleurs; les négociations qu'on tenta d'engager avec eux furent déclinées, et le roi put rentrer à Paris sans être lié envers le pays, et lui *octroyer* librement une Charte Constitutionnelle.

La Constitution sénatoriale, qui fut tant attaquée par les royalistes, n'avait pas statué sur la conclusion des traités. Mais des articles 4, 5 et 15 combinés, résultait une théorie complète qui prévalut en partie pendant 40 ans, et qui s'analysait ainsi:

Le roi a le pouvoir exécutif. Il en tire le droit de signer et de ratifier les traités. Cette ratification est la condition nécessaire et suffisante de la validité des traités. Toutefois la prérogative royale est limitée par les pouvoirs du Corps législatif et du Sénat.

1° La loi ne peut être faite que par la volonté concomitante du Roi, du Sénat et du Corps législatif. Dès lors, tout traité qui modifie une loi ou en introduit de nouvelles doit être soumis à l'approbation des Chambres.

2° Aucun impôt ne peut être établi ou perçu, s'il n'a été librement consenti par le Pouvoir législatif. En conséquence, tout traité qui engage les finances de l'État n'est valable qu'après l'assentiment de ce Pouvoir. De plus, l'assentiment de l'une des chambres est insuffisant.

— Cette constitution laissait donc au roi des pouvoirs très larges, plus larges de beaucoup que ceux que donnaient en théorie au Premier Consul les Constitutions de l'an VIII et de l'an X, et à l'empereur l'Acte Additionnel de 1815. Même celle de 1804 était plus stricte sur certains points: L'empereur avait juré de respecter l'intégrité du territoire. Pareille limitation n'était pas apportée ici au Pouvoir royal. En définitive, le roi pouvait seul, sans le concours des Chambres, passer les traités:

1° D'alliance, qui n'impliquaient aucun secours d'argent.

2° De paix, lorsqu'il n'y avait aucun tribut ou indemnité de guerre à payer.

3° De commerce, lorsqu'il n'était pas besoin de lois propres à en assurer l'exécution.

4° De neutralité, navigation, etc.

Au contraire, il lui fallait le concours des Chambres, toutes les fois que les finances de l'État étaient en jeu, ou qu'il y avait lieu d'établir quelque loi civile ou pénale, pour procurer l'exécution du traité.

D'ailleurs aucun traité ne fut signé sous l'empire de cette constitution. Car si elle dura jusqu'au 4 juin 1814, en réalité elle ne fut jamais reconnue, et fut, de fait, annulée par l'arrivée de Louis XVIII (2 mai) à Compiègne.

SECTION II

Constitution des 4-10 juin 1814

Art. 14. — Le Roi est le chef suprême de l'État, il commande les forces de terre et de mer, déclare la guerre, fait les traités de paix, d'alliance et de commerce, nomme à tous les emplois d'administration publique, et fait les règlements et ordonnances nécessaires pour l'exécution des lois et la sûreté de l'État.

Art. 15. — La puissance législative s'exerce collectivement par le Roi, la Chambre des pairs et la Chambre des députés des départements.

Art. 48. — Aucun impôt ne peut être établi ni perçu, s'il n'a été consenti par les deux Chambres et sanctionné par le roi.

ORIGINES DE LA CONSTITUTION DE 1814. POUVOIRS ABSOLUS
DU ROI

§ 1. — Le 2 mai 1814, Louis XVIII est à Compiègne.

Le Sénat conservateur, qui avait fait une constitution et prétendait la lui imposer, est présenté au roi par Talleyrand. « Sire, lui dit-il, la Nation et le Sénat, pleins de confiance dans les hautes lumières et dans les sentiments magnanimes de Votre Majesté, *désirent* avec Elle que la France soit libre, pour que le roi soit puissant. »

« Dans la situation embarrassée du Sénat, c'était reconnaître aussi explicitement que possible que les institutions libérales devaient émaner de la volonté spontanée, c'est-à-dire du bon plaisir du roi. C'est à quoi tenait Louis XVIII. »

Il ne se hâta pas d'ailleurs de donner cette Constitution. L'empereur Alexandre de Russie, qui se repentait déjà d'avoir contribué à ramener les Bourbons, tâchait d'agir sur l'esprit du roi dans un sens libéral. Le roi souffrait de cette ingérence; il retardait, autant que possible, pour échapper à son influence, la convocation de la chambre, la publication des traités de paix, et celle de la Charte. Les traités étaient signés depuis le 30 mai, et l'empereur pressait le roi de réunir les chambres. La convocation fut, à sa prière, avancée de 10 jours et fixée au 1er juin, au lieu du 10. Puis, comme les souverains quittaient Paris l'un après l'autre, on la retarda jusqu'au 4, pour ne pas délibérer en leur présence.

Cependant, dès le 10 mai, une commission avait été nommée par le roi, chargée de préparer la rédaction de la Charte. Elle se composait de membres du Corps législatif et du Sénat, choisis en tant que *notables*, et non à raison de leurs fonctions.

Cette Charte devait être, ne l'oublions pas, dans la pensée de ses rédacteurs, une œuvre de réaction sur les principes de la Révolution. C'était une concession faite aux circonstances, mais purement passagère et certainement illusoire ; on l'espérait, du moins. Il importe de se rappeler ces particularités, pour l'interprétation des articles obscurs et douteux, laquelle doit légalement toujours être faite dans le sens des pouvoirs du Roi.

C'est ce qui ressort jusqu'à l'évidence de la discussion qui s'engage sur l'article premier du projet : « Le gouvernement français est monarchique et héréditaire de mâle en mâle, à l'exclusion des femmes. » M. de Montesquieu fait remarquer que « cet article semblait nier le droit héréditaire du Roi, tout en le reconnaissant. » Or, ce droit *antérieur* n'a pas besoin d'être reconnu. Et M. de Fontanes termine la discussion en s'écriant : « Un pouvoir supérieur à celui des peuples et des monarques fit les sociétés et jeta sur la face du monde des gouvernements divers... Le sage les respecte et baisse la tête devant cette auguste obscurité qui doit couvrir le mystère social comme le mystère religieux. »

Sur l'article 7, un député proclame « qu'il ne se sentirait pas libre là où la presse le serait. »

Et, dans le projet des commissaires royaux, les députés devaient être désignés *par le Roi*, sur une liste double proposée par les colléges électoraux. C'était le système de l'empire, sauf que le roi remplaçait le Sénat.

Relativement à notre matière, le roi avait les pouvoirs les plus larges. Il avait le droit incontesté de déclarer la guerre, de passer les traités de paix, d'alliance et de commerce, et il pouvait disposer du territoire national.

POUVOIRS CONTESTÉS PAR LES CHAMBRES EN 1826

§ 2. — Ces pouvoirs exorbitants ont été contestés depuis.

1° On a prétendu que le roi avait bien le droit de faire la guerre (1) et la paix, mais que par les traités de paix,

---

(1) C'est également une des prérogatives de la Couronne, en

il ne pouvait aliéner le territoire national. On a argumenté de ce qu'il ne pourrait disposer de la plus petite somme sans le concours du Pouvoir législatif, et qu'il serait ridicule de lui reconnaître un droit autrement important et autrement dangereux. Benjamin Constant, dans son *Cours de Politique Constitionnelle*, dit que la Cons-

---

Angleterre, et pour cela, le consentement formel du Parlement n'est pas exigé par la Constitution.

Mais. d'autre, part le refus de subsides que peut faire le Parlement et le contrôle qu'il exerce sur l'armée et la marine en vertu de l'*Annual Mutiny Act,* suffisent à corriger ce que ce pouvoir du roi a d'exagéré.

Il est vrai que les subsides ne peuvent pas toujours être refusés. J'ai noté ailleurs la pratique de nos rois qui s'adressaient toujours aux États pour les obtenir, une fois la guerre commencée. Et ceux-ci les accordaient de mauvaise grâce peut-être, mais enfin les accordaient pour soutenir l'honneur de leur nation.

C'est aussi la pratique anglaise. En 1854, la guerre est déclarée à la Russie bien avant que le Parlement ait été consulté. La reine lui adresse un message pour demander son concours financier, et M. Disraëli, alors chef d'opposition, déclare qu'il faut « l'accorder sans faire de politique » (*Hansard*, vol. 132, p. 241 et vol. 173, p. 97). Dans les mêmes circonstances, lord Palmerston gourmande sir John Bright, et lui reproche de « chicher sur la dépense, quand l'honneur anglais est engagé.» (*Annuaire des Deux-Mondes* 1854-1855, p. 349). « Cependant, il a toujours été convenable de consulter le Parlement. Toute communication qui lui est faite sur les hostilités, et les négociations de paix, l'invite à formuler son opinion. Cette opinion peut être défavorable à la politique du ministre, et son assistance indispensable peut être retirée. » Ainsi, pendant la guerre d'Amérique, la Chambre des Communes tint, le 4 mars 1782, une séance où il fut déclaré que « tous ceux qui conseilleraient la continuation de la guerre avec l'Amérique, sont à considérer comme des ennemis du roi et du pays, » déclaration qui amena la fin de la guerre, contre la volonté du roi.

De même en 1791, Pitt est obligé d'abandonner la guerre contre la Russie, à la suite d'un vote contraire du Parlement.

titution ne soumet pas aux représentants la ratification
des traités de paix, sauf le cas d'échange d'une portion
du territoire (1). »

Mais bien que son ouvrage soit daté de 1815, je ne puis
croire qu'il visât la constitution de 1814, qui est très nette
à ce sujet, mais plutôt l'Acte Additionnel du commencement de 1815, où, en effet le territoire national n'est pas
à la disposition de l'empereur.

Berriat-Saint-Prix, dans son commentaire sur la Charte,
est formel.

« Si les traités de paix n'avaient jamais d'autre effet
que de mettre fin aux hostilités, on n'aurait pas lieu de
regretter que la faculté de les conclure ait été confiée au
Pouvoir exécutif.

« Mais ils peuvent renfermer des obligations plus ou
moins onéreuses pour les parties contractantes. Sous ce
rapport, le droit de faire des traités est un véritable
démembrement de la puissance législative. »

Et plus loin :

« Une aliénation de territoire est une clause bien plus
importante qu'un engagement pécuniaire ; cependant, je
n'aperçois dans la Charte aucune disposition de laquelle
on puisse argumenter pour obliger les ministres à demander l'autorisation des Chambres en pareil cas. Il
faut recourir aux lois secondaires qui défendent d'aliéner
les forêts et autres biens de l'Etat, autrement qu'en vertu
d'une loi.

« On peut aussi invoquer l'article 35 de l'Acte additionnel : Aucune portion du territoire ne peut être échangée qu'en vertu d'une loi. »

Mais je ne saurais tomber d'accord avec lui sur ce der-

(1)2 vol. in-8°, 1815, I, p. 10

nier point. L'Acte additionnel, aux yeux des Bourbons, était un acte sans valeur, à bien meilleur titre que les autres actes de la puissance impériale. Les Cent-Jours n'étaient pour elle qu'une période insurrectionnelle, et les principes généraux du droit constitutionnel sur les insurrections, comme aussi l'opinion arrêtée du roi Louis XVIII, étaient d'accord pour déclarer non-valables les divers actes, législatifs et autres, passés à cette époque. Il est bien vrai qu'il avait été soumis à l'acceptation de la nation. Mais cette acceptation même est un argument de plus en faveur des prétentions royales. Car sur 5 millions de français, 1,300,000 à peine avaient voté oui.

Et qu'on n'argumente pas de ce que l'Acte additionnel ne fut jamais positivement abrogé, comme c'est l'usage constant en France. Le gouvernement régulier ne pouvait admettre que la Charte de 1814 pût être modifiée par un pouvoir autre que lui, et ne pouvait non plus abroger les actes de ce prétendu pouvoir, ce qui eût été lui reconnaître une existence quelconque.

En fait, bien que je ne prétende pas en tirer argument, sous la première Restauration la pratique constante avait été conforme à la théorie que j'avance. Le traité du 20 novembre 1815 avait détaché de la France le département du Mont-Blanc sans la sanction législative, et c'est une simple ordonnance royale qui avait, en 1825, reconnu l'indépendance de Saint-Domingue. Il est vrai que, dans ce dernier cas, on prétend que l'île de Saint-Domingue, ne faisant pas partie du territoire continental, put être, par exception, aliénée par simple ordonnance. Mais, si l'on s'appuie sur la Constitution de 1814, le raisonnement est inadmissible, et, sur l'Acte additionnel, il repose sur une distinction que le texte ne comporte pas.

D'ailleurs, les auteurs de la Charte, je l'ai dit, ont travaillé en vue de l'extension du pouvoir royal. La seule Constitution dont ils peuvent s'inspirer est celle d'Angleterre. Et en Angleterre, une pratique constante permettait au pouvoir royal de passer et ratifier valablement tous traités, quels qu'ils fussent.

« C'est une forme particulière de la souveraineté, dit Alpheus Tood (1), de faire des traités; et, d'après le droit des gens, il est essentiel à la validité d'un traité, qu'il soit fait par le souverain pouvoir, car, alors, il lie la communauté entière. En Angleterre, le souverain pouvoir repose exclusivement dans la Couronne, agissant sous l'avis et la responsabilité de ministres responsables. Quelque contrat ou engagement qu'il ait souscrit, aucun autre pouvoir dans le royaume ne peut légalement l'attaquer, l'entraver ou l'annuler. »

C'est en vertu de cette théorie que, récemment encore, l'Angleterre cédait, sans consulter le Parlement, les îles Ioniennes, et, en Afrique, un territoire le long du fleuve Orange.

2° On a contesté aussi, avec plus de raison peut-être, le droit du roi de faire seul les traités de commerce. Ce fut, sous la Restauration, une attaque des plus vives engagées avec la Couronne par le Pouvoir législatif.

La prérogative royale s'était, jusqu'en 1826, exercée librement sur ce terrain. Le gouvernement avait, à diverses époques, conclu des traités de commerce avec différentes puissances étrangères, quand, en cette année 1826, un traité passé avec l'Angleterre souleva les plus vives réclamations.

C'était une convention de navigation conclue à la date

---

(1) *Parliamentary Government*, 2 vol. in-8°, 1867.

du 26 janvier, à Londres. Elle avait pour but de mettre sur le pied d'égalité, dans les deux pays, les conditions du commerce et les droits de port.

Auparavant, les navires français qui faisaient le commerce entre la France et l'Angleterre ne payaient, à leur sortie des ports nationaux, aucun droit du tonnage, mais en Angleterre, ils payaient, comme les navires anglais eux-mêmes, tant au gouvernement qu'aux corporations maritimes, des droits qui, pour un navire de 200 tonnes, s'élevaient à 2,675 francs. Le traité avait pour but de réduire ce droit considérable, et même de le supprimer entièrement, s'il se pouvait. Mais, comme le gouvernement anglais ne pouvait, sans une entente préalable, supprimer, par traité, les droits payés aux corporations maritimes, la diminution ne portait que sur ceux qui étaient perçus pour son compte et ne profitait qu'aux seuls navires français. En conséquence, et en attendant qu'un arrangement général fût conclu, les navires français devaient payer, à leur sortie de France, un droit de 848 francs, somme égale à celles dont le traité les déchargeait en Angleterre, et l'égalité entre les deux marines se trouvait rétablie.

En résumé, cela aboutissait à créer sur les navires français un impôt, ce qui avait été fait par ordonnance royale du 8 février 1826, sans le concours du Pouvoir législatif. Le gouvernement avait-il ce droit?

Casimir Périer soutint qu'il ne l'avait pas. Dans la séance du 17 avril, il développa son opinion, origine de longues controverses, où le gouvernement devait être battu.

« Je déclare, dit-il, qu'en attaquant l'ordonnance du 8 février, je n'entends nullement, en faisant, d'ailleurs, toute réserve, demander communication de la convention diplomatique du 26 janvier. Je déclare que je reconnais, dans toute son étendue, le droit appartenant à la Couronne de signer des conventions. »

Il invoqua ensuite l'article 34 de la loi du 17 septembre 1814, et soutint que les lois rendues en matière de douane ne pouvaient être modifiées qu'en l'absence des Chambres et provisoirement. « L'ordonnance du 8 février impose un droit de 848 francs aux bâtiments français qui ne payaient aucun droit de tonnage avant ladite ordonnance. Ainsi, une perception a lieu sans votre concours. Cependant, les Chambres sont assemblées et on ne nous présente pas de loi sur cette perception. Donc, on croit avoir un droit supérieur à celui de la loi de 1814. »

« On objecte, poursuit-il, qu'il y a, en fait, dégrèvement et non demande de subsides. Mais, dans la loi de finances de 1826, il y a un article ainsi conçu : « Toutes contributions directes ou indirectes autres que celles autorisées ou maintenues par la *présente loi*, à quelque titre et sous quelque dénomination qu'elles se perçoivent, sont formellement interdites, à peine contre les autorités qui les ordonneraient, contre les employés qui confectionneraient les rôles et tarifs, et ceux qui en feraient le recouvrement, d'être poursuivis comme concussionnaires. »

« Il y a dégrèvement, dit-on ? En résultat définitif, oui, parce que les propriétaires de navires paient moins, mais il y a impôt, et le gouvernement perçoit plus. »

Il proposait donc d'établir, par une décision spéciale, que toutes fois que le gouvernement aurait usé de la faculté que lui avait concédée la loi de 1814 de suspendre ou de modifier le tarif des douanes, l'ordonnance en vertu de laquelle auraient eu lieu les modifications serait présentée aux Chambres pour être convertie en loi, non plus dans le cours de la prochaine session, mais à son ouverture.

M. de Syrieys, directeur d'un département de l'intérieur, répondit à Casimir Périer ; après lui, M. de Saint-Cricq ; puis, enfin, le président du Conseil, M. de Villèle. Les arguments invoqués par ces divers orateurs peuvent se formuler ainsi :

1° La Charte a accordé au roi, dans son article 14, la faculté de conclure les traités de commerce. Aucune limitation n'a été apportée à ce droit. Aucune ne pouvait y être apportée. La Charte n'a pas été imposée au Pouvoir royal ou discutée avec lui. Elle a été octroyée gracieusement par Sa Majesté, qui a su et a pu ce qu'elle a voulu. Si donc elle a placé dans la prérogative royale le droit de conclure un traité de commerce, elle l'a fait valablement ;

2° Si on prétend que le gouvernement ne peut, seul, valablement modifier les tarifs de douane : « Concevez-vous, dit M. de Saint-Cricq, un traité de commerce, un seul, d'où puisse ne pas résulter des perceptions ? Et, si toute perception est à vos yeux un impôt ; si, à ce titre, elle doit être autorisée par les Chambres, ne déclarez-vous pas, par là même, que le roi fait les traités de commerce, mais que les Chambres les ratifient, c'est-à-dire que le roi ne fait pas seul les traités de commerce, c'est-à-dire encore que l'article 14 de la Charte cesse d'exister. »

3° Mais un droit de douane n'est pas un impôt. Un impôt, c'est une charge imposée au peuple en vue de subvenir à des besoins publics.

Les droits de douane ne sauraient être des impôts proprement dits ; ce n'est qu'une combinaison plus ou moins bien entendue, tendant à protéger le travail du pays, soit qu'il s'applique à l'agriculture ou aux fabriques. Et ils ont cela de remarquable que plus il s'élèvent, moins ils enrichissent le (1) trésor, et moins, par conséquent, peut leur appartenir le caractère d'impôt.

4° J'omets un argument ridicule que présentait M. de Syriez. Dans un port considérable de France, on avait établi un impôt sur les navires français et étrangers pour les objets de consommation qu'ils renferment. « Une municipalité avait donc pu faire ce que ne pourrait faire le roi. » Mais il oubliait de dire qu'il avait fallu pour cela un vote du Conseil municipal et la sanction de l'autorité supérieure ;

5° Enfin, M. de Villèle invoquait les précédents : « Le traité passé avec les Etats-Unis, encore en vigueur, a trois ans de date ; il entraîne pour la France quelque chose de plus particulier, car nous sommes obligés de rendre aux bâtiments américains une partie des droits que les bâtiments étrangers paient à divers titres dans les ports du royaume. Ce traité avait été fait par le roi et publié sans qu'il existât aucune réclamation. »

— Parmi ces divers arguments, quelques-uns paraissent sans réplique. Il semble, en effet, que lors de la confection de la Charte, le roi ait eu le pouvoir de s'attribuer tel pouvoir qu'il lui plaisait. Mais se l'était-il attribué ? Là

---

(1) Traité de commerce des États-Unis, 26 juillet 1820. « A dater de la publication de la présente ordonnance, les droits de tonnage qui se perçoivent sur les navires étrangers à l'entrée des ports de notre royaume situés en Europe, sont remplacés, pour les navires appartenant aux États-Unis d'Amérique, par un droit de 90 francs par tonneau sans préjudice des centimes additionnels.» « Cette ordonnance a porté à 90 francs la taxe qui n'était qu'à 5 francs. A-t-elle établi un impôt ? Non, elle a détruit l'impôt de 5 francs, car sous l'empire de cette ordonnance, aucun navire américain n'est entré dans nos ports. » (*Discours de M. de Villèle*).

était la question. J'ai déjà dit que la Charte était une
œuvre de réaction, mais de réaction par rapport seulement aux Constitutions de la période révolutionnaire. Le
modèle qui l'avait inspirée était vraisemblablement la
Constitution anglaise. Or, cette Constitution donnait au
roi le pouvoir de faire la paix et la guerre, et tous les
traités. Ceci est en toutes lettres dans la déclaration de la
reine Anne, en 1713, par laquelle elle communiqua au
Parlement la paix d'Utrecht. Et cependant ce même Parlement s'était reconnu le pouvoir de rejeter le traité de
commerce adjoint au même traité de paix.

De plus, il faut bien le dire, quel que pût être la puissance du roi en 1814, il était peut-être moins réaction-
naire que les rédacteurs même de la charte, et, en tout
cas, obligé de compter avec les divers partis de la France,
qui, depuis plus de vingt ans, étaient déjà familiers aux
idées de liberté.

La distinction entre l'impôt et le tarif de douane paraissait bien subtile. Quel que fût le motif qui dictât l'un
ou l'autre, il n'en apparaissait pas moins qu'une perception était faite sans le concours des Chambres, au profit du trésor royal ; ce qui constituait une violation formelle de l'article 48 de la Charte.

Que si l'on s'appuyait sur l'heureux résultat de ce
traité pour y asseoir une doctrine parlementaire, si l'on
invoquait, ainsi que disait Royer-Collard, la bonne besogne
que l'on avait faite comme argument juridique, il n'y
avait rien à répondre : de pareils raisonnements sont en
effet sans réplique. Pourtant, ce résultat n'était pas si
brillant, puisque jusqu'à nouvel ordre, les navires de nos
compatriotes payaient, en somme, autant qu'auparavant.

M. de Villèle, qui parla le dernier, sentit bien toute la
faiblesse des arguments mis jusque-là en avant. Car,

après avoir reconnu, ce dont Casimir Périer prit acte, que tout traité qui impliquerait des subsides devait être soumis aux Chambres, il finit par faire cette déclaration : « Nous ne vous avons pas soumis le tarif relatif aux navires français, parce que nous avons jugé qu'il n'y avait pas impôt dans l'acte du 8 février... et ce qui nous porte à croire qu'il n'y avait pas impôt, c'est que le traité stipule un droit moindre que celui qui existait auparavant. »

La Chambre accueillit ironiquement cet aveu.

« Il fallait donc le dire, » s'écria-t-on de tous les bancs.

On alla aux voix. M. Mestadier présenta un amendement auquel s'était rallié M. Casimir Périer, aux termes duquel les droits édictés par l'ordonnance du 8 février « seraient perçus à dater de la publication de la présente loi de finances, et non à partir du 5 avril, comme l'avait décidé l'ordonnance du 8 février. » La Chambre l'adopta.

PRATIQUE DE LA CHARTE

§ 3. — Les rapports entre le Roi et le Pouvoir législatif, en ce qui touche aux traités internationaux, étaient, sous l'empire de la Charte, très simples et modelés à peu près sur ceux qu'établissait la Constitution anglaise entre le roi et son Parlement.

Le roi signait tous les traités. Il les ratifiait seul. Cette ratification pouvait être donnée sans consulter les Chambres, même dans les cas où le traité impliquait, pour sa mise à exécution, le concours des Chambres (1).

Bien plus, quand ce concours n'était pas nécessaire, il

(1) En Angleterre on ne soumet pas d'habitude des traités non ratifiés ; Cf. cependant, sur un traité de commerce, *Hansard*, 1165 ; sur un exemple frappant d'abstention volontaire du Parlement, voyez Hansard, 1839, vol. 175, p. '1279-1286 ; 1924-8, à propos

n'était pas obligatoire même de communiquer les traités au Parlement. Le 17 avril 1826, Casimir Périer s'exprime ainsi :

« Je déclare qu'en attaquant l'ordonnance du 8 février, je n'entends nullement, en faisant d'ailleurs toute réserve,

---

d'un bill sur le *Portuguese slave Trade*, rejeté par la Chambre des Lords, à l'instigation de Wellington, sur ce motif que « le Parlement ne doit pas être appelé à agir en une matière qui doit naturellement être exécutée par négociation et par action du Pouvoir exécutif. » Puis à la suite de ce vote, adresse à la Couronne. Cf. également *Hansard*, vol. 174, année 1864, séance du 11 avril : « M. Horsmann. — « J'ai une question à poser au noble Lord qui est à la tête du gouvernement, en ce qui touche la conférence prochaine sur les affaires du Danemarck. Il se peut que dans cette conférence nos représentants prennent certains engagements au nom de l'Angleterre, lesquels ne seront valables qu'après ratification par la Couronne dans l'exercice de ses prérogatives, sous le conseil de ses ministres responsables. La question que j'ai à poser est celle-ci : Si les ministres, avant de déterminer quel avis ils donneront à la Couronne, soumettront ces engagements à l'examen du Parlement, de façon à obtenir son consentement avant la ratification par la Couronne. »

Vicomte Palmerston. — Messieurs, mon honorable ami sait, sans aucun doute que, dans une Constitution mêlée comme la nôtre, chaque branche a ses pouvoirs séparés, quoique ces pouvoirs soient très souvent si embrouillés l'un avec l'autre, qu'il est très difficile de tirer entre eux une ligne exacte de démarcation. — Mais il y a des matières quant auxquelles cette ligne est distincte, précise, admise et reconnue. Tel est le cas, quant au pouvoir de négocier et de conclure des traités avec les puissances étrangères. Ce pouvoir appartient, de science certaine, à la Couronne, agissant sous l'avis de ses ministres reponsables, et, si se présente le cas qu'envisage mon honorable ami, ce que je ne sais pas du tout, nous considérerions de notre devoir de nous en tenir strictement à l'esprit et à la pratique de notre constitution. »

« Mais, fait remarquer M. Horsmann, la Couronne agit sous votre avis, et vous, vous agissez sans le contrôle et l'avis du Parlement.

demander communication de la Convention diplomatique
du 26 janvier, je déclare que je reconnais dans toute son
étendue le droit appartenant à la Couronne de signer
ces conventions (1). »

Et Benjamin Constant (2) :

« Notre Constitution contient sur ce point toutes les dispositions nécessaires et les seules dispositions raison-
nables.

« Elle ne soumet pas aux représentants du peuple la
ratification des traités de paix, sauf le cas d'échange
d'une portion du territoire et avec raison (3).

« Cette prérogative accordée aux Assemblées ne sert

Je désire donc savoir si, avant de donner votre avis à la Couronne,
vous donnerez au Parlement l'occasion de l'examiner.

Vicomte Palmerston. — « Je pensais que ma réponse avait
précisément touché ce point. Il n'est ni dans la pratique, ni dans
les règles formulées de la Constitution que la Couronne demande
l'avis de son Parlement sur les engagements qu'il peut y avoir lieu
de conseiller comme utiles à prendre. J'aurais peut-être dû ajouter quelque chose pour répondre à cette question de mon honorable
ami, si, dans le cas où les plénipotentiaires anglais à la conférence
souscrivaient *tel engagement qui dût, après coup, être ratifié par
la Couronne*, le Parlement serait consulté entre ces deux évène-
ments, etc.

(1) Le système constitutionnel anglais exige que le Parlement
soit informé de temps en temps de tout ce qui est nécessaire à
expliquer la conduite et la politique du gouvernement, soit à l'intérieur, soit à l'étranger, de façon à ce qu'il puisse donner son
avis, son aide ou ses remontrances. « Il y a intérêt à ceci pour
les affaires étrangères, l'opinion publique soutenant aussi la politique de la Couronne. Mais cette pratique de tout communiquer
au Parlement met nos représentants en suspicion sur le continent. » (Disraéli, *Hansard*, 157, p. 479).

(2) Op. cit., p. 105.

(3) J'ai déjà démontré l'erreur de la fin de cette proposition.

qu'à jeter sur elles de la défaveur. La connaissance des faits manque toujours à une Assemblée. Elle ne peut, en conséquence, être juge de la nécessité d'un traité de paix.

« Quand la Constitution l'en fait juge, les ministres peuvent entourer la représentation nationale de la haine populaire. Un seul article jeté avec adresse au milieu des conditions de la paix place une Assemblée dans l'alternative ou de perpétuer la guerre, ou de sanctionner des dispositions attentatoires à la liberté ou à l'honneur. »

Enfin, quand il y avait dans un traité des clauses qui impliquaient le concours législatif ou financier, le traité était forcément soumis aux Chambres.

Le rôle des Chambres était alors très limité. Il ne pouvait que rejeter le projet du traité ou l'admettre, non le discuter et l'amender (1).

---

(1) « Si un traité réclame une action législative, il doit être soumis à la plus pleine discussion devant les Chambres, spécialement celle des communes. Mais le Parlement, qui peut refuser d'accepter les mesures à lui soumises dans le but d'assurer l'exécution du traité, n'a pas de pouvoir pour changer ou modifier, en aucun sens, le traité même. « (Alpheus Todd, op. cit.). Voyez plus haut, page 178-179, en note.

De même : « Les négociations commerciales entre la France et l'Angleterre ont amené la Chambre des Communes à discuter, hier soir, une délicate question de droit constitutionnel en matière de traités de commerce. Sir H. D. Wolff a demandé au gouvernement s'il réserverait au Parlement son *droit légitime de contrôle* sur le traité qui pourrait être conclu et sur les modifications qui pourraient être apportées aux tarifs fixés par le traité de 1860. M. Gladstone a répondu en substance que, si le nouveau traité contenait des clauses augmentant ou réduisant le tarif des droits d'entrée actuellement perçus par le fisc anglais, en vertu des conventions de 1860, évidemment ces clauses devraient être soumises à la sanction du Parlement ; mais si, comme il est probable, il s'agissait seulement de modifier la perception et le taux des

Que si les Chambres désapprouvaient le traité, et en général la conduite des affaires extérieures, elles n'avaient d'autre moyen de le témoigner au roi qu'une adresse. La Constitution établit bien la responsabilité des ministres ; mais jamais il n'a été, en France, fait application de cette disposition sur le seul fondement d'une gestion mauvaise des affaires extérieures (1).

En résumé, le roi fait seul les traités ; il les ratifie. Il les communique à son gré au Parlement. Il lui demande obligatoirement son concours financier et législatif quand il en est besoin pour la mise à exécution du traité. Le Parlement n'est pas lié par les actes du roi, en ce sens qu'il peut refuser le vote des lois qu'on lui demande, et en réservant la controverse que j'ai étudiée dans la première partie.

Il ne peut d'ailleurs pas discuter le traité qui lui est soumis. Son seul droit est de l'adopter ou de le rejeter, non de l'amender. Son seul recours envers le roi est le vote d'une adresse, où il le supplie sans le conseiller.

---

droits à prélever en France sur les marchandises anglaises, le gouvernement pourrait prendre des engagements avec le cabinet français, sans les soumettre au contrôle de la Chambre des communes, et sous sa responsabilité personnelle. » (Journal *le Temps* du 30 juillet 1881).

(1) « Le Parlement a d'ailleurs trois voies pour indiquer son opinion sur les affaires extérieures : 1° refuser de voter des lois si on lui réclame des subsides, ou s'il est besoin d'un acte législatif pour donner force et effet au traité, comme par exemple s'il consiste en un changement à une loi criminelle ou civile, ou si on lui propose de changer les tarifs de commerce ; 2° Ensuite chaque chambre a le droit d'exprimer à la Couronne, au moyen d'une adresse, son opinion à l'égard du traité ou d'une partie d'un traité déposé au Parlement ; 3° Enfin, on peut agir contre les ministres responsables par voie de blâme ou d'accusation, suivant les cas. (A. Todd, op. cit.). »

CHAPITRE III

Constitution du 14 août 1830 (1)

Art. 13. — Le roi est le chef suprême de l'État. Il commande les forces de terre et de mer, déclare la guerre, fait les traités de paix, d'alliance et de commerce... et fait les règlements et ordonnances nécessaires pour l'exécution des lois, sans pouvoir jamais ni suspendre les lois elles-mêmes, ni dispenser de leur exécution.

Art. 14. — La puissance législative s'exerce collectivement par le roi, la Chambre des pairs et la Chambre des députés.

Art. 40. — Aucun impôt ne peut être établi ni perçu s'il n'a été consenti par les deux Chambres et sanctionné par le roi.

MODIFICATIONS A LA CHARTE DE 1814

§ 1. — La Révolution de Juillet 1830 avait renversé la branche aînée des Bourbons. Le duc d'Orléans avait été proclamé lieutenant-général du Royaume, par le comité Laffitte, en même temps que le roi Charles X lui conférait cette même dignité. La Chambre des députés, convoquée le 4 août par le régime déchu, puis prorogée à une date incertaine, fut réunie par le nouveau à la date indiquée.

Le lieutenant-général ouvrit la session par un discours où il invitait les députés à réorganiser le gouvernement.

Dans la séance du 6 août, un député, M. Bérard, proposa de procéder immédiatement à la révision de la Charte. Il établit que la Chambre en avait le droit ; que l'abdication faite par le précédent roi et par l'héritier présomptif en faveur de Louis-Philippe d'Orléans, n'avait

---

(1) Cette Constitution était encore appelée Charte. J'ai cru devoir employer le mot de Constitution pour indiquer la différence d'origine qu'elle a avec celle de 1814.

aucune valeur; qu'en réalité, le trône était vacant, qu'il appartenait au Pouvoir législatif d'en disposer; que, dans ces circonstances, il était investi en même temps du droit de mettre à la concession qu'il ferait au Pouvoir royal telles conditions qu'il lui plairait, et, notamment, de modifier la Charte, laquelle serait, par le peuple français, soumise à l'acceptation du futur roi.

La Chambre adopta cette opinion. C'était renverser complétement les prétentions royales de 1814.

Séance tenante, M. Bérard proposa de modifier divers articles particulièrement dangereux ou vexatoires, entre autres l'article 14. C'était celui qui réglait les pouvoirs du Roi. J'en rappelle la rédaction :

« Le Roi est le chef suprême de l'État, il commande les forces de terre et de mer, déclare la guerre, fait les traités de paix, d'alliance et de commerce, nomme à tous les emplois d'administration publique et fait *les ordonnances nécessaires pour l'exécution des lois et pour la sûreté de l'État.* »

Les derniers mots de cet article avaient été, en plusieurs circonstances, invoqués par le gouvernement précédent qui en prétendait tirer argument pour modifier, remplacer et suspendre les lois.

Déjà en 1826, Casimir Périer avait, à propos du traité de commerce avec l'Angleterre, dénoncé une ordonnance Royale qui modifiait le tarif douanier. Et récemment, les fameuses Ordonnances du ministère Polignac avaient montré comment on pouvait se servir d'expressions peu précises. Aussi proposait-on de supprimer les derniers mots « pour la sûreté de l'État, » qui laissaient la porte ouverte à l'arbitraire, et de les remplacer par ceux-ci : « Le tout sous la responsabilité des ministres. »

Casimir Périer proposa, au contraire, de différer ces

modifications, qui demandaient à être faites avec soin, et d'en renvoyer l'étude à une commission, par exemple à la commission de l'adresse. D'autres demandèrent la nomination d'une commission spéciale. C'est ce qui prévalut. Et la Chambre s'ajourna à une séance du soir. A cette séance, nouvelle affirmation des droits de la Chambre de corriger et modifier la Charte. M. Guizot, commissaire provisoire du gouvernement à l'intérieur, transmit officiellement à la Chambre l'acte d'abdication du roi Charles X. La Chambre refusa d'en prendre connaissance. « Ce serait, dit un député, lui donner une valeur qu'elle n'a pas. » La Chambre n'ordonna pas le dépôt de cette pièce dans les archives et passa à l'ordre du jour. Ensuite elle écouta la lecture du rapport de M. Dupin sur les modifications à faire à la Charte. Parmi les changements à y apporter, un des plus importants était celui qui concernait l'article 14.

« Déjà, disait ce rapport, le lieutenant-général avait parlé de l'article 14, *odieusement interprété*. Votre commission a rendu le doute impossible à l'avenir, et ne retenant de cet article que ce qui doit en être conservé dans le juste intérêt d'une prérogative que vous voulez, non pas anéantir, mais régler, tout en maintenant la Couronne dans le droit incontestable de faire les règlements et ordonnances nécessaires pour l'exécution des lois, nous avons ajouté que c'était sans pouvoir jamais ni suspendre les lois, ni dispenser aucunement de leur exécution. »

Il proposait donc de modifier cet article et de remplacer les mots « pour la sûreté de l'État » par ceux-ci : « sans jamais ni suspendre les lois elles-mêmes, ni dispenser de leur exécution. »

Le lendemain, discussion sur ce rapport. L'article 14,

ainsi modifié, fut adopté à la presque unanimité. Il ne modifiait en rien, d'ailleurs, la prérogative royale en ce qui touche les relations extérieures, le droit de signer et de ratifier seul les traités quels qu'ils fussent. La Chambre de 1830, bien qu'animée d'intentions libérales, ne songea en rien à restreindre, sur ce point, les pouvoirs du Roi. L'addition des mots qui terminaient l'article ainsi voté avait été suggérée par le souvenir, encore très-vif, d'événements récents et par la haine des fameuses Ordonnances. Mais bien certainement, personne ne songea qu'ils pussent restreindre la prérogative royale dans l'exercice de la souveraineté extérieure. Le même conflit qui s'était engagé en 1826 pourrait donc se reproduire encore. Et si quelque doute subsistait encore à cet égard, il suffirait de lire le *Moniteur* du 8 août 1830. A cette même séance du 7, où fut adopté sans discussion l'article 14 modifié, un député, M. Sappey, s'écria : « Je demande que les traités de paix, d'alliance et de commerce soient soumis à l'approbation des Chambres. » Et le *Moniteur* insère au compte-rendu : « Cette proposition est vivement repoussée. » Personne ne l'appuie (1).

PRATIQUE DE LA CONSTITUTION

§ 2. — Cette Constitution de 1830 a été le type des

---

(1) L'autorité du *Moniteur* peut, en nombre de cas, être contestée. C'est ainsi que Michelet a pu justement accuser MM. Thiers et Louis Blanc de n'avoir pas suffisamment contrôlé les assertions d'un journal qui, œuvre du gouvernement, a souvent été amendé et épuré par ses ordres. Mais il ne semble pas qu'ici rien de semblable ait été fait, et que cette proposition de M. Sappey ait été accueillie autrement que ne le mentionne le *Moniteur*. Les commentateurs contemporains de la Charte ne le laissent pas soupçonner.

Constitutions modelées sur celles de l'Angleterre. La prérogative royale était la même dans les deux pays.

L'initiative des négociations, la signature et la ratification des traités appartiennent au roi. Il est seul juge de l'opportunité et de l'utilité de ces traités ; il peut les soumettre aux Chambres s'il le juge convenable ; mais rien ne lui en fait une obligation, sauf la nécessité qui s'impose à tout gouvernement parlementaire d'entretenir des rapports faciles avec le Pouvoir législatif. La ratification des traités peut être donnée avant toute consultation des Chambres. Cette ratification, sauf la controverse soulevée plus haut, ne les lie pas. Elles peuvent se refuser à accorder au Pouvoir exécutif les mesures financières ou législatives destinées à procurer l'exécution du traité signé.

Leur seul recours contre le gouvernement, s'il ne suit pas une politique extérieure conforme au sentiment des Chambres et au vœu du pays, consiste dans un refus de coopération, dans la rédaction d'une adresse, et dans la mise en accusation des ministres.

Tous ces rapports, tels que je les décris, ont effectivement existé entre les deux Pouvoirs législatif et exécutif, sous l'empire de cette constitution. Le gouvernement et les députés ont, de part et d'autre, et à maintes reprises, affirmé leurs droits respectifs.

En 1840, un traité fut signé le 29 octobre, avec Buenos-Ayres Ce traité signé fut, le 2 février 1841, l'occasion d'une interpellation parlementaire sur la politique extérieure.

Il n'avait pas encore été communiqué aux Chambres. Un député, M. Auguès, le fit remarquer et demanda qu'on ajournât l'interpellation à l'époque où elles en seraient régulièrement saisies.

M. le Ministre des affaires étrangères monta alors à la tribune et fit une déclaration formelle des principes constitutionnels, qui régissaient les rapports de la royauté et des Chambres et qu'il entendait appliquer.

« J'ai, dit-il, une observation à faire sur ce que vient de dire l'honorable M. Auguès. Je ne pense pas qu'à aucune époque, la Chambre doive être saisie du traité. Ce traité n'exige aucune mesure législative; il n'entraîne aucune disposition qui doive être soumise à la Chambre; il est donc complétement dans la prérogative de la Couronne. Ce n'est qu'indirectement et par voie d'interpellation que le débat peut s'ouvrir à ce sujet, et le traité ne peut jamais tomber sous le contrôle de la Chambre.

M. de Combarel. — Et le traité avec la Hollande?

Le Ministre. — Le traité avec la Hollande entraîne des mesures qui doivent être soumises à la Chambre.

M. Lherbette. — Dans ce traité de Buenos-Ayres, n'y a-t-il pas des stipulations financières?

Le ministre. — Aucune. C'est pour cela que le traité ne tombe pas dans le domaine de la Chambre. »

M. Auguès explique qu'il y a non des stipulations financières, mais des conditions financières au compte de la République de Buenos-Ayres; il y a des réclamations de la part de plusieurs maisons françaises.

« Je ne demande pas, ajoute-t-il, la production du traité; je sais que, la France n'étant pas financièrement engagée, *peut-être ne devons-nous pas* en connaître législativement.

M. le Ministre.—Le traité ne viendra sous les yeux de la Chambre que lorsque, *après sa ratification*, on demandera les fonds nécessaires pour pourvoir aux dépenses auxquelles l'expédition a donné lieu.

« Cependant, je suis tout prêt à donner les explications

qui me paraîtront possibles dans l'état actuel de l'affaire. Mais je le répète, je n'irai pas plus loin ; le traité n'est pas ratifié ; la discussion serait nécessairement très incomplète. »

M. Isambert objecte qu'on a bien communiqué le traité de la Quadruple Alliance. Cependant il ne contenait point de stipulations financières, mais seulement des éventualités.

M. le Ministre. — On communique les traités si cela est convenable ; la Couronne est libre. »

Le 20 février suivant, les orateurs *conjurent* le Gouvernement de *ne pas ratifier*. On voit qu'ils n'étaient pas aussi respectueux des prérogatives de la Couronne que le duc de Wellington (voir la note, page 404). Il n'en faudrait d'ailleurs pas tirer argument pour chercher une autre explication de la constitution de 1830, que celle que je donne. Ni le texte, ni les traditions ne le comporteraient. Tout ce qu'on peut dire, c'est que ces traditions, par leur nature même, ne sont ni certaines ni invariables, et que la mesure des droits de chaque Pouvoir (législatif ou exécutif) est déterminée en partie par leur confiance réciproque.

C'est ce qui ressort des termes légèrement dubitatifs qu'emploient les divers orateurs quand ils revendiquent un droit prétendu.

Ainsi, dans la discussion que j'ai rapportée plus haut ; ainsi dans celle de 1842, à propos du fameux traité de 1840, sur la répression de la Traite (*Moniteur*, 1842, 165) : M. Dupin constate que le traité n'a pas été communiqué aux Chambres ; à quoi un autre orateur répond qu'on n'a sans doute rien caché aux Chambres, mais qu'il « pense qu'on en avait le droit. »

C'est, je le répète, la jalousie de la Chambre des députés, et l'esprit de conciliation chez les ministres qui influent le plus sur la nature, la fréquence et le moment des communications. Mais rien dans la constitution ne les prescrit. Et on n'aurait même pas la ressource d'alléguer telle pratique différente en Angleterre, car la Charte ne peut pas être rigoureusement considérée comme émanée ou inspirée de la constitution anglaise.

CHAPITRE IV

Constitution du 4 novembre 1848

Art. 52. — Il (le Président de la République) négocie et ratifie les traités. Aucun traité n'est définitif qu'après avoir été approuvé par l'Assemblée nationale.

Art. 51. — Il ne peut céder aucune portion du territoire.

La constitution de 1848, venant après la Charte de 1830 et les revendications qui avaient retenti pendant les dernières années du précédent règne, ne pouvait qu'être conçue dans un sens libéral. Elle revenait purement et simplement au système de 1791.

L'art. 52 donnait du rôle du Président de la République et de l'Assemblée une idée très complète. Il paraît que la rédaction première ne comportait pas le deuxième alinéa de cet article. Mais un député, M. Combarel de Leyval, qui avait appartenu aux assemblées de la monarchie, ayant soutenu que tous les traités signés et ratifiés par le Président de la République étaient définitifs et liaient la nation, sauf s'ils contenaient des engagements financiers au nom de la France, on crut indispensable d'ajouter l'alinéa qui termine l'art. 52.

Dans ces conditions, la ratification que donne le Président de la République aux traités qu'il a signés, ne saurait avoir l'effet que lui assignait une opinion, sous l'empire de la Charte de 1830, de lier la communauté. Le Président serait même coupable de ratifier un traité avant l'assentiment des Chambres, et la nation contractante ne saurait en prétendre prendre avantage contre le pays, en vertu de l'axiome : « Qui cum alio contrahit conditionis ejus non ignarus esse debet. »

Cette ratification n'est plus un complément nécessaire à la validité du traité. Elle n'est autre chose qu'une attestation au Corps social et au Gouvernement co-contractant de l'approbation qu'a donnée au traité le Pouvoir législatif.

D'autre part, le droit de l'Assemblée sur les traités que lui présente le Pouvoir exécutif est autrement large que sous la Charte. Elle peut les admettre, les rejeter ou les modifier, et *inviter* (1) directement, par un vote formel, le gouvernement à engager de nouvelles négociations à cet effet avec l'autre partie.

L'article 54 semble dans ce système, une superfétation. Il paraît, en effet, inutile de dire que le Président de la République ne peut céder aucune portion du territoire, puisque tous traités passés par lui n'ont d'effet qu'après l'approbation de la Chambre à laquelle, en définitive, appartient le dernier mot.

On prétend qu'on a voulu parer à une pratique semblable à celle des précédents gouvernements, qui disposaient à leur gré du territoire non continental de la France, comme fit le premier Consul pour Malte, et le roi Louis XVIII pour Saint-Domingue.

---

(1) Cf. art. 7 du projet de décret de Mirabeau, en 1790, et l'article 1ᵉʳ de la loi du 31 août 1871.

Certains auteurs, entre autres Berriat-Saint-Prix (1), tirent de cet article 51 une conclusion imprévue. Il le fait, il est vrai, avec certaines réticences : « Le Président peut-il par sa seule volonté opérer une acquisition de territoire? On serait tenté de le penser, parce que le texte ne le défend pas, et que l'accroissement semble un avantage manifeste. Néanmoins j'exigerais le consentement de l'Assemblée quand même l'acquisition serait gratuite et s'opérerait sans conclure un traité. »

Les raisons qu'il en donne sont que, même gratuite, toute acquisition de territoire entraîne forcément des dépenses nouvelles ; que, d'autre part, cela peut amener des complications politiques avec les puissances étrangères. Mais ce raisonnement ne me parait pas fondé. Le texte y est contraire. On ne peut restreindre les droits du Pouvoir exécutif au-delà de ce que comportent la lettre et l'esprit de la Constitution. Or elle a voulu empêcher que le Président de la République ne pût, malgré le pays, engager ses finances et sa politique. En dehors de ces limitations, il a plein pouvoir, surtout pour accroître le territoire national. D'ailleurs ces accroissements de territoire ne se peuvent guère produire que par un traité. Les cas peu fréquents où il en est autrement, sont ceux où le territoire qu'il s'agit d'adjoindre au nôtre n'appartient pas à une puissance ayant le caractère reconnu de personne du droit des gens, ou ne se trouve pas sous son protectorat. Si de tels cas se présentaient, un traité proprement dit n'interviendrait pas pour régler les conditions de l'adjonction, incorporation ou protectorat; l'accord conclu échapperait aux prescriptions de l'article 50, et c'est alors qu'il y aurait intérêt à pouvoir tirer de l'art. 51

---

(1) *Théorie du Droit constitutionnel français.*

les conclusions qu'on en veut tirer. J'ai dit pourquoi cela me semblait impossible. Tout au plus le jour où on réclamerait son concours par des mesures financières ou législatives, l'Assemblée pourrait-elle le refuser, et indiquer très nettement qu'elle désapprouve la politique présidentielle.

C'est, je crois, cette pratique qui a prévalu, notamment en Afrique, où l'extension de notre domination s'est faite, jour par jour, sans l'intervention du Pouvoir législatif ; sauf son droit de contrôle le jour où l'on érigeait le territoire conquis en *territoire civil* ou militaire, administré par des agents à notre solde et protégé par nos armées.

CHAPITRE V

SECOND EMPIRE

SECTION PREMIÈRE

Constitution du 14 janvier 1852

Art. 6. — Le Président de la République est le chef de l'État ; il commande les forces de terre et de mer, déclare la guerre, fait les traités de paix, d'alliance et de commerce.

Art. 26. — Le Sénat s'oppose à la promulgation :

1º Des lois qui seraient contraires ou qui porteraient atteinte à la Constitution, à la religion, à la morale, à la liberté des cultes, à la liberté individuelle, à l'égalité des citoyens devant la loi, à l'inviolabilité de la propriété et au principe de l'inamovibilité de la magistrature.

2º De celles qui pourraient compromettre la défense du territoire.

Art. 29. — Le Sénat maintient ou annule tous les actes qui lui sont déférés comme inconstitutionnels par le gouvernement ou dénoncés pour la même cause par les pétitions des citoyens.

Art. 39. — Le Corps législatif discute et vote les projets de loi et l'impôt.

Sénatus-Consulte du 23-30 décembre 1852

Art. 3. — Les traités de commerce faits en vertu de l'article 6 de la Constitution ont force de loi pour les modifications de tarifs qui y sont stipulées.

ORIGINE ET NATURE DE CETTE CONSTITUTION

§ 1. — La Constitution de 1852, au lendemain du déplorable coup d'État de décembre 1851, fut une œuvre, non de réaction, mais de despotisme. J'entends que le Président de la République, qui devait quelques mois plus tard échanger son titre contre celui d'Empereur, était imbu d'idées d'absolutisme, qu'il prétendait concilier avec les idées de progrès qui avaient, malgré tout, prévalu depuis 1789.

Elle était un retour complet à l'état de choses qu'avaient créé la Constitution de l'an VIII et celle de l'an XII. Le Président de la République avait hautement proclamé que son oncle, fondateur de la dynastie, était le modèle qu'il se proposait, et si quelque article était douteux dans cette constitution, on devrait, autant que possible, l'interpréter par les articles analogues de ses devancières.

D'autre part, le Président de la République l'avait *octroyée* de sa seule autorité et sans contrôle. Il prétendait sauver la société menacée par les principes révolutionnaires de 1848. Ce doit être encore une règle d'interprétation que d'interpréter par antinomie des prescriptions de la constitution de 1848, et dans le sens de la toute puissance du Pouvoir exécutif.

POUVOIR ABSOLU DE L'EMPEREUR EN MATIÈRE DE TRAITÉS

§ 2. — L'Empereur, et désormais j'emploierai cette dénomination, puisque le Sénatus-Consulte organique du

2 décembre 1852 ne changea rien à la constitution de janvier 1852, avait aux termes de cette constitution un pouvoir presque absolu.

Il faisait les traités de paix, d'alliance et de commerce. L'article 6 ne mentionne pas les autres conventions parce que ce sont là les traités les plus importants, et que le droit de les conclure embrasse le droit de conclure tous les autres.

L'article 51 de la constitution de 1848 n'a pas d'équivalent dans celle de janvier 1852 ; l'Empereur peut céder un territoire, sans distinguer s'il appartient au territoire continental ou non.

Cette prérogative, la plus exorbitante, a été contestée. Mais les arguments ne portent pas. Ce sont des arguments de sentiment et non de droit. Il suffit de se reporter aux origines et aux tendances de la constitution pour n'avoir aucun doute à cet égard.

M. Arthur Desjardins (1) soutient le contraire :

« Néanmoins, sous l'empire de ce second système (1814, 1830, 1852), nous croyons qu'aucune cession de territoire, dans un état monarchique, ne peut être *raisonnablement* consentie par le roi sans le concours de la puissance législative. Un traité, c'est un acte ordinaire de la vie d'un peuple ; une aliénation du domaine international, c'est un acte anormal et prodigieux. Si le premier devoir de la nation est de se conserver elle-même, comment refuser aux Chambres le droit de contrôler les aliénations du domaine national ? »

Il est vrai que cet auteur ne semble viser que les Constitutions de 1814 et 1830, il ne parle que du roi. Mais

---

(1) *De l'aliénation et de la prescription des biens de l'État*, 1866, 536, s.

son livre est écrit en 1866; il ne spécifie pas lui-même quelle Constitution il commente. Le principe qui régit la matière est le même sous les trois Constitutions, et les fonctions mêmes de M. Desjardins, à cette époque, ont pu lui interdire de commenter en particulier celle de 1852.

Tous les autres auteurs sont unanimes en sens contraire. Dufour (1) s'exprime ainsi : « L'empereur résume en lui la puissance publique, c'est l'État personnifié.

« Dans ses rapports avec les gouvernements étrangers, l'indépendance du chef de l'État n'est pas moins absolue dans son mode d'exercice que dans son principe. »

Et plus loin (2) :

« La loi du 2 mars 1832, en déclarant (art. 25) que « tous les biens, meubles et immeubles acquis par droit de guerre ou par des traités patents ou secrets appartiendront à l'État », fait de la conquête un moyen d'accroissement pour le domaine.

« Le dépositaire du droit de souveraineté, voilà *donc* l'unique appréciateur et juge de la validité, de la force, du sens et de la portée des actes d'occupation, et, en général, de toute convention diplomatique. De là, la nécessité de les réserver non point à l'autorité administrative ou judiciaire procédant comme juge, mais à l'empereur statuant en qualité de chef suprême de l'État. »

Gaudry (3) trouve le germe de ce pouvoir dans l'article 6 de la Constitution de 1852.

« Il est dans la nature des choses qu'il en soit ainsi. En effet, tout en protestant contre une doctrine qui rendrait le souverain maître des personnes et des biens de

---

(1) *Traité général de droit administratif appliqué*, I, p. 3.
(2) V. p. 95, s.
(3) *Traité du Domaine*, 1862, II, § 332.

ses sujets, il n'est pas moins incontestable que le Prince est le chef suprême du Pouvoir exécutif, et qu'il est chargé de la défense de l'État. Il est indispensable qu'il puisse le défendre par tous les moyens imaginables.

« Dès lors le souverain a le droit de signer les traités avec une nation voisine, sans qu'il soit nécessaire d'en référer au Corps législatif. Il n'y aurait d'exception que pour l'établissement d'un tribut grevant individuellement les citoyens.

« Ainsi, toutes les acquisitions et toutes les aliénations domaniales, résultant de traités politiques, saisissent et dessaisissent également l'État des biens compris dans ces traités, lorsqu'ils ont été consentis par le chef de l'État. »

Et Pradier Fodéré (1) :

« L'article 6 de la Constitution du 14 janvier 1852 est revenu aux errements de l'ancienne monarchie.

« D'après le droit public actuel de la France, l'indépendance de l'empereur, dans ses rapports avec les gouvernements étrangers, n'est pas moins absolue dans son mode d'exercice que dans son principe. Maître de stipuler les traités internationaux, et chargé de pourvoir à l'exécution des actes qui les consacrent, l'empereur jouit, pour accomplir cette double mission, d'un pouvoir qui échappe à toutes les prévisions et à toutes les entraves de la législation. »

C'est en vertu de ces pouvoirs que l'empereur Napoléon III fit la paix de Villafranca. Le 11 juillet 1859, les deux empereurs de France et d'Autriche eurent une entrevue à Villafranca. La suspension d'armes était déjà signée ; ils signèrent eux-mêmes la paix.

« Soldats, disait la proclamation du 13 juillet, à Desen-

(1) Sous Vattel, III, 179.

zano, les bases de la paix sont arrêtées avec l'empereur d'Autriche, le but de la guerre est atteint. » Or, ces bases de la paix comprenaient, entre autres, la cession de la Lombardie par l'Autriche à la France, qui la remettait à l'Italie. Une cession semblable, en vertu de la loi du 2 mars 1832 (art. 25), rendait la France propriétaire souveraine de la Lombardie, et l'Empereur puisait dans l'article 6 le droit de céder à l'Italie cette nouvelle acquisition, que sa seule volonté avait suffi à réaliser. C'est ce qu'annonçait à la France la laconique dépêche suivante, adressée le soir même de la signature de la paix par l'Empereur : « L'empereur d'Autriche cède ses droits sur la Lombardie à l'empereur des Français qui les remet au roi de Sardaigne. » Cette cession était valable, sans qu'il y eût même besoin d'une prise de possession. M. Desjardins, qui, cette fois, est d'accord avec moi, semble distinguer cette question de celle qu'il a résolue plus haut. Pratiquement, elle est différente en effet. Théoriquement, elle ne l'est pas : la Lombardie a été territoire français un instant de raison.

LIMITES DE CE POUVOIR QUANT AUX LOIS

§ 3. — Ces pouvoirs, que l'empereur tenait de l'article 6, n'étaient pas cependant assez vastes pour lui permettre d'abroger des lois en vigueur.

Pouvant passer tous traités, sans le concours des Chambres, il n'avait pas pour cela la faculté de modifier les lois existantes. L'article 39 le lui interdit formellement.

C'est aussi, je crois, l'opinion de Dufour, cependant il s'exprime de façon ambiguë (1). Selon lui, l'empereur résume en lui la puissance publique ; c'est l'État person-

(1) Op. loc. cit.

nifié. « Dans cette sphère supérieure, les actes du pouvoir impérial restent *étrangers au gouvernement intérieur...* Rien ne lui échappe que les finances. Ces traités sont des lois de l'État, et la seule question qui s'élève est celle, non de leur validité, mais de l'autorité qui doit les interpréter et les appliquer. »

GARANTIES DE LA NATION CONTRE CE POUVOIR

§ 4. — En présence de ces pouvoirs exorbitants, que la Constitution confère à l'empereur, quelles garanties avait la nation ? Elle en avait trois, d'inégale valeur : Le Conseil privé, le Sénat, le vote de l'impôt.

1° Le Conseil privé avait été institué par décret de l'empereur. Les membres en étaient choisis par lui. Il le réunissait quand il lui plaisait, et lui soumettait les questions que bon lui semblait. L'avis qu'il en recevait ne le liait pas.

En 1859, à la veille de la guerre d'Italie, l'Angleterre avait offert sa médiation. « Le gouvernement français ne rejeta point *a priori* cette proposition, et l'Empereur, avant d'y faire une réponse définitive, voulut s'entourer de toutes les lumières. Les membres du Conseil privé furent convoqués en même temps que ceux du cabinet et et une longue et laborieuse délibération eut lieu sous la présidence de Napoléon III. Les Conseils de l'Empereur furent d'avis qu'il était impossible d'agréer la médiation sur ces bases. » Cette garantie était illusoire (1).

2° Le Sénat avait été institué par la Constitution même. Son rôle était considérable. L'article 26 lui conférait le droit de s'opposer « à la promulgation des lois qui porteraient atteinte à la Constitution... ou qui pourraient com-

_____

(1) *Annuaire des Deux-Mondes*, 1859, p. 33.

promettre la défense du territoire. » L'article 29 lui permettait d'annuler « tous les actes qui lui étaient déférés
comme inconstitutionnels par le gouvernement ou dénoncés pour la même cause *par les pétitions des citoyens.* »
Cela pouvait s'appliquer aux traités passés par l'Empereur
à plusieurs titres :

1° Ils étaient lois de l'État, et, comme tels, tombaient
sous le coup de l'article 26.

2° A supposer qu'on leur contestât, je ne sais trop
comment, ce caractère, l'article 39 était applicable.

Les motifs qui permettaient de les attaquer étaient
nombreux à raison de la rédaction vague de ces articles :
atteinte à la Constitution, ce qui pouvait s'entendre par
exemple d'un changement dans les lois aux termes de
l'article 39 ; danger pour la défense du territoire, etc.

De plus, le Sénat pouvait être saisi par les pétitions des
citoyens, ce qui était indispensable pour assurer le fonctionnement régulier de ces articles.

Malheureusement, ce qui annulait ces sages dispositions, c'est le mode même de nomination des Sénateurs
qui, nommés par l'empereur, étaient forcément soumis à
son influence.

3° Une autre garantie, la seule efficace peut-être, est
la faculté réservée au seul Corps législatif de voter l'impôt. Celle-là semblait être vraiment sérieuse. Que peut
faire le souverain le plus absolu, s'il ne dispose pas des
finances de l'État? Ç'avait été pendant deux siècles la
pierre d'achoppement de la monarchie, qui ne devint
absolue que par la main mise sur les finances, à partir
de Louis XIV. L'Empereur avait eu, en fait, l'autorité la
plus incontestée en cette matière, et il fallut les progrès
qu'avait fait faire au pays, dans la vie constitutionnelle,
la pratique parlementaire de 1814 à 1852, pour empêcher
Napoléon III de revenir aux errements de son oncle.

Cependant, cette garantie n'était pas aussi sérieuse qu'elle le semblait. Outre les pratiques de comptabilité publique et l'augmentation possible de la dette flottante, il y en avait d'autres qui permettaient presque d'anéantir l'obstacle apporté par l'article 39.

J'ai déjà noté l'insuffisance de cette prescription. Les publicistes de la Restauration l'avaient proclamée. Le gouvernement de Napoléon III devait la prouver plus clairement encore.

Le 26 avril 1859, avant la guerre d'Italie, il y eut une double communication de l'état des négociations « faite au Corps législatif par M. le comte Walewski, ministre des affaires étrangères, au Sénat par M. Fould ; cet exposé de faits fut suivi, au Corps législatif, par la présentation de deux projets de loi ayant pour objet, l'un, de porter à 140,000 hommes le contingent de la classe de 1858, l'autre, d'autoriser le ministre des finances à contracter un emprunt de 500 millions. Pour la première fois, les députés formant l'Assemblée élective étaient appelés à délibérer sur la question de guerre, qui, depuis trois mois, était présente à tous les esprits et préoccupait tous les intérêts : cette question leur arrivait *résolue d'avance*, en vertu de la prérogative impériale ; on ne s'adressait à leurs lumières et à leur patriotisme que pour obtenir les voies et les moyens, des hommes et de l'argent.

« Il n'y avait plus à hésiter : *la parole de la France était engagée par le chef de l'Etat, et il fallait y faire honneur* (1). Toutes les objections, inspirées, d'ailleurs, par

---

(1) Cf. F. Laghi, op. cit.. p. 112, I ; et p. 181 du présent ouvrage. Voyez aussi la discussion du droit de paix et de guerre en 1791 : Objections de Lameth.

un vif sentiment des intérêts français, devaient s'évanouir devant un intérêt suprême, et, placée en face de l'étranger, la nation ne pouvait avoir qu'un sentiment : la gloire du drapeau (1). »

Comment le Reichstag pourrait-il aujourd'hui refuser à M. de Bismark les subsides nécessaires à une guerre, quelle qu'elle fut ?

EXTENSION DE CE POUVOIR AUX MODIFICATIONS DE TARIFS

§ 5. — Cependant, malgré tant de pouvoirs, la situation faite à l'empereur par la constitution de 1852, ne paraissait pas complète. Le même obstacle qui avait arrêté, en 1826, le gouvernement de la Restauration se dressait en matière de traité de commerce. L'article 6 conférait à l'Empereur le droit de conclure ces traités. En 1852, un traité fut en conséquence signé et ratifié par lui avec le roi de Sardaigne, traité qui modifiait le traité douanier. On fit à ces modifications le même reproche qu'avait élevé en 1826 Casimir Périer.

Le Président de la République passa outre. Mais, devenu empereur, il réclama du Sénat un Sénatus-Consulte qui déterminât de façon incontestée ses attributions et ses pouvoirs.

Cela fut fait par le Sénatus-Consulte des 23-30 décembre 1852, art. 3 :

« Les traités de commerce faits en vertu de l'article 6 de la constitution, ont force de loi pour les modifications de tarifs qui y sont stipulées. »

Tout d'abord, la question se posa si le Sénat avait compétence pour déférer au désir de l'Empereur. Troplong se hâta, dans son rapport, de le rassurer.

---

(2) *Annuaire des Deux-Mondes*, 1859, p. 49.

« Quand, dit-il, le gouvernement vous demande de voter l'article 3, est-ce une disposition additionnelle qu'il vous propose? Non, c'est plutôt une interprétation de la Constitution.

« L'article 27 de la Constitution vous donne qualité pour interpréter, et c'est ici une interprétation. »

Il montra qu'il fallait se reporter à la Constitution de l'an VIII et de l'an X. L'article 50 de la Constitution de l'an VIII, incompatible avec les progrès que le Pouvoir exécutif fit dans les mains du Premier Consul, fut remplacé lors du Consulat par l'article 58 de la loi du 16 thermidor, an X, aux termes duquel le Premier Consul signe et ratifie tous traités. Si le Sénat de 1802 intervient, c'est pour recevoir communication des traités; il n'est pas appelé à les discuter. Il enregistre, mais il ne fait pas de remontrances.

L'Empire eut les mêmes droits que le Consulat.

Puis il rappela l'origine de la Constitution de 1852, la toute puissance de l'auteur de cette Constitution à l'époque où il la fit, la vraisemblance qu'il y a de son intention de se rattacher complétement à la tradition Napoléonienne.

Il invoqua même un texte d'Ulpien (1) aux termes duquel les dispositions accessoires se rattachent de plein droit aux principales; et il prouvait par là même, que se donnant le droit de passer seul les traités de commerce, le Président, l'Empereur avait dû se donner le droit de modifier les tarifs. Sans quoi, il n'y a pas de traité de commerce qui puisse être conclu en dehors du Pouvoir législatif, ce qui est contraire à l'esprit comme à la lettre

---

(1) L. 13 de Legibus, ff : « Nam, ut ait Pedius, quotiens lege aliquid, unum vel alterum introductum est, bona occasio est, cætera quæ tendunt ad eamdem utilitatem, vel interpretatione, vel certe juridictione suppleri. »

de la Constitution. Par là, il se rattachait aux traditions de la Restauration ; il rapporta même la discussion de la chambre des députés de 1826.

Cette argumentation qui, j'ai le regret de le dire, était, selon moi, indiscutable, prévalut, et l'article fut voté. L'empereur eut le droit de conclure tous traités de commerce, et de modifier en même temps les tarifs douaniers. Il en profita pour conclure le traité de commerce de 1860 avec l'Angleterre. C'est ici le moment d'étudier cet acte célèbre, où se résume d'ailleurs toute la pratique constitutionnelle du second empire, en ce qui touche la conclusion des traités internationaux.

HISTORIQUE DU TRAITÉ DE 1860

§ 6. — Le 5 janvier 1860, alors que des négociations en vue d'aboutir à un traité de commerce étaient déjà engagées avec le gouvernement anglais, l'empereur adressa au ministre d'État une lettre d'où je détache ce passage : « L'encouragement au commerce par la multiplicité des moyens d'échange viendra alors comme conséquence naturelle des mesures précédentes. » C'était le prélude du traité de commerce.

Il fut conclu et signé le 23 janvier 1860, ratifié le 4 février, et publié le 10 mars.

Il est à remarquer que le 15 janvier, au lendemain de ce grand événement commercial, le Parlement anglais était convoqué pour le 24 janvier, et que ce jour-là on lui lut un message de la reine qui disait : « Je suis en communication avec l'empereur des français dans le but d'étendre les relations commerciales entre les deux pays, et de resserrer davantage les liens d'une alliance amicale entre eux. » Elle ne parlait pas encore de la conclusion du traité, quoiqu'elle eût eu lieu la veille.

Mais, pour se conformer aux usages, qui veulent que le Parlement soit informé des affaires extérieures, dès que faire se peut, dans la même séance, Lord Palmerston annonçait la signature de cet acte si important.

En France, le Corps législatif et le Sénat avaient été convoqués par lettre de l'empereur, en date du 18 janvier, pour le 24 janvier, puis pour le 1er février.

Le discours de l'Empereur prononcé à la séance d'ouverture, annonçait la conclusion du traité : « J'ai pris sur moi, disait-il, la responsabilité de cette grande mesure. Afin que ce traité puisse produire ses meilleurs effets, je réclame votre concours le plus énergique pour l'adoption de lois qui doivent en faciliter la mise en pratique. »

Cette phrase ne doit pas faire illusion. La pensée de l'Empereur était illustrée et commentée par celle-ci qui venait un peu plus loin :

« J'appelle votre attention sur les voies de communication, qui, seules, par leur développement, peuvent nous permettre de lutter avec l'industrie étrangère. »

Et cette interprétation était confirmée, si besoin était, par le discours du comte de Morny, le 2 mars suivant : « Nos ouvriers sont aussi habiles que les ouvriers étrangers ; ce qui constitue notre infériorité, c'est le prix élevé des matières premières et des moyens de transport. »

Cependant le Corps législatif n'était pas encore saisi du texte du traité. Il n'en avait reçu aucune communication officielle. L'acte le plus considérable de l'empire au point de vue des intérêts commerciaux avait pu être consommé sans l'intervention des députés de la Nation ; et, à la même époque, il fallait une loi pour approuver, par exemple, une convention passée entre le ministre de l'agriculture et la compagnie des chemins de fer de Graissessac à Béziers.

L'opinion publique n'était pas indifférente à l'anomalie et à l'exorbitance de pareils résultats. La presse, surtout, parlait en termes amers de la situation faite au pays par cet article 6 de la Constitution de 1852.

« M. Disraéli a dit hier (24), publiait le journal des *Débats* du 25 janvier, qu'à ses yeux le traité de commerce était inutile parce que le gouvernement français avait déclaré qu'en juillet 1861 le régime commercial de la France devait changer, Donc, on n'a que faire d'un traité de commerce pour opérer ce changement. M. Disraéli ne connaît sans doute qu'imparfaitement le jeu de nos institutions. La déclaration du gouvernement français, qui annonçait pour 1861 une nouvelle politique commerciale, ne pouvait suffire à mettre cette politique en vigueur, ni avoir les mêmes effets qu'un traité de commerce. En effet, pour porter ses fruits, cette déclaration aurait dû être convertie cette année en projet de loi, et ce projet de loi aurait dû, à son tour être soumis à la sanction législative. On eût rencontré sur ce chemin des lenteurs ou des incertitudes qu'un traité de commerce a eu l'avantage d'éviter. C'est ce que M. Disraéli paraît ignorer, lorsqu'il affirme que la simple déclaration du gouvernement français aurait eu toute l'efficacité d'un traité de commerce, pour opérer un changement si considérable dans la politique commerciale de la France. » (Prévost-Paradol).

Ce fut par voie d'incident que la Chambre put enfin s'occuper du traité de commerce. Dès le début de la session, le gouvernement avait présenté un projet de loi pour la suppression des droits de douane qui frappaient les principales matières employées dans l'industrie, laine, coton, etc.

La Chambre avait pu lire, au *Moniteur* du 10 mars, les clauses du traité de commerce et les modifications qu'il avait apportées au tarif des douanes. Rapprochant ce projet de loi et les changements de tarifs, on attaqua la constitutionnalité du traité. On reprochait au gouvernement d'avoir abusé du droit de conclure les traités pour arriver indirectement à une réforme douanière.

Cependant, la commission nommée dans la Chambre pour examiner ce projet de loi, avait demandé à entendre M. Baroche, président du Conseil d'État. Celui-ci avait donné toutes les explications demandées et, le 23 avril, M. Pouyer-Quertier put lire, au Corps législatif, son rapport.

« L'interprétation de l'article 13 du traité de commerce, y disait-il, a donné lieu, dans le sein de votre Constitution, à de longues et intéressantes discussions. Au moment ou elle nommait son rapporteur, elle était presque unanime pour croire qu'en dedans des limites *maxima* fixées par le traité, il appartenait à la France seule d'établir ses tarifs, et que ces modifications devaient alors recevoir la sanction législative.

« Cependant, elle n'a point voulu résoudre ces graves questions de sa propre autorité. Elle a entendu, sur ce point, M. le président et MM. les commissaires du gouvernement, dont les déclarations lui ont fait regretter que le gouvernement se croie renfermé dans des limites beaucoup plus étroites qu'elle ne l'avait supposé.

« M. le président a déclaré que les termes, et surtout l'esprit du traité, obligeaient le gouvernement Français à admettre les délégués de l'Angleterre dans le sein de la commission qui doit discuter et fixer les conditions de protection de l'industrie française...

« D'ailleurs, le maximum, a dit M. le président du Conseil d'État, n'a été fixé à 30 0/0 que pour ne pas retarder les négociations. Une commission de ce genre ne peut rester longtemps en suspens, et s'il avait fallu fixer immédiatement dans le traité les droits sur tous les articles, il eût été indispensable de se livrer à des enquêtes, à des discussions fort longues qui auraient retardé l'heureuse solution à laquelle les négociateurs et le gouvernement se félicitent d'être arrivés dans cette circonstance. Si les chiffres avaient été posés dans le traité, *les Chambres n'auraient pas eu à les discuter*, parce qu'ils dériveraient de la prérogative que l'empereur tient de la Constitution, de faire des traités de commerce *même en modifiant les tarifs.*

« Le gouvernement ne peut pas avoir pris la détermination de n'agir, à l'avenir, que par la voie dangereuse des traités de commerce à l'égard de toutes les nations du monde, et de transformer ainsi tous les articles de vos tarifs de douane, sans soumettre ces modifications à la sanction législative. *Que deviendraient alors les pouvoirs qui vous ont été conférés par la Constitution en matière de finances, et ceux que vous tenez de la loi du 17 décembre 1814 qui est toujours en vigueur?* »

D'ailleurs, ces critiques ne portaient pas sur le droit de passer les traités de commerce et de modifier les tarifs, mais seulement sur l'exercice de ce droit et l'abus qu'on en pouvait faire.

Dans la séance du 28 avril, M. le comte de Flavigny plaça plus haut la question.

« Le Sénatus-Consulte de 1852 porte que les modifications de tarifs opérées par des traités de commerce, ont force de loi ; mais il ne dit pas que toutes les prohibitions, à l'entrée ou à la sortie, peuvent être levées par des traités de commerce. Il n'était pas dans la pensée ni de ceux qui ont édicté le Sénatus-Consulte, ni de ceux qui l'ont voté, d'autoriser une telle révolution commerciale sans le moindre concours des pouvoirs législatifs. *En admettant même la validité du Sénatus-Consulte dans toute son étendue*, on aurait encore le droit de rechercher si la portée n'en a pas été exagérée, et s'il était prudent d'en faire un usage aussi considérable. »

A quoi M. Baroche répondit victorieusement qu'aux termes des Sénatus-Consultes organiques, l'empereur avait le droit de faire les traités, quels qu'ils fussent. Le Sénatus-Consulte du 14 février 1852 (article 6) porte que le Président peut faire les traités de paix, d'alliance et de commerce.

En 1852, on avait fait un traité de commerce avec la Sardaigne. On avait pu discuter s'il était parfait par la seule signature du souverain. Pour prévenir le retour de semblables discusssions, on a fait le Sénatus-Consulte du 23 décembre 1852, dont l'article 3 porte que « Les traités fait en vertu de l'article 6 de la Constitution ont force de loi pour les modifications qui y sont contenues. »

C'est une disposition très claire, d'un sens indiscutable, et d'une portée considérable ; on n'en peut faire sortir aucune limitation aux droits de l'empereur.

« S'il en était autrement, on ne pourrait pas dire que c'est le chef de l'Etat qui fait les traités de commerce, puisque ces traités pourraient être anéantis par la Chambre, à laquelle ils seraient soumis. Il faudrait donc dire qu'ils sont faits concurremment par l'Empereur et le Corps législatif.

« Sans doute on pouvait procéder par une loi ; mais le gouvernement avait le droit de procéder autrement, et il en a usé ».

Telle fut l'argumentation de M. Baroche. Il remporta un succès parlementaire considérable. Les organes de l'opposition constatèrent que dès lors la discussion était

close, que les raisons données étaient hors de toute
atteinte.

Cependant, à la séance du 1er mai, un député, M. Plichon, prononça un discours très étendu dans lequel il
prétendit en substance que :

« La thèse soutenue au nom du gouvernement lui
paraissait contraire aux principes de notre droit public.
Avant le 23 décembre 1852, le Pouvoir exécutif avait le
droit de faire les traités ; mais les traités n'engageaient
le pays que lorsque le Pouvoir législatif avait couvert de
sa ratification celles des dispositions de ces traités qui
portaient atteinte aux lois existantes, aux tarifs, ou qui
impliquaient une question de finances.

« L'art. 6 est la reproduction de l'art. 13 des Constitutions
de 1814 et de 1830, et sous ces Chartes la pratique constante
a été de présenter à la sanction législative des Chambres
les dispositions portant modifications de tarifs ou de lois
existantes. Cela a paru insuffisant à l'Empereur, qui a
fait faire l'art. 3 du Sénatus-Consulte du 23 décembre
1852. Notre industrie était protégée contre la concurrence
étrangère et par des *prohibitions* et par des *droits réglés
par des tarifs*. Que fait l'art. 3 ? Autorise-t-il la Couronne
à lever des prohibitions ? Non, le seul pouvoir qu'il lui
donne, c'est de modifier les tarifs.

« Et, si cet article 3 était douteux, il devrait être interprété restrictivement, car il déroge aux principes de notre
droit public, qui place sous l'égide de la loi la propriété,
l'industrie, les finances de l'Etat. »

Cette argumentation très séduisante, à laquelle je crois
avoir suffisamment répondu d'avance, ne fut pas écoutée.
On était encore dans la période de l'empire autoritaire
La voix de M. Plichon ne trouva pas d'écho. Son discours
fut même laissé sans réponse, le gouvernement le ju-

geant, sans doute, peu dangereux, après les déclarations de M. Baroche et la faveur qui les avait accueillies.

La Chambre des députés vota ensuite les lois qu'on lui avait demandées, sans formuler d'autres critiques que celles que j'ai rapportées, et sans leur donner la consistance d'un vote, ou tout au moins d'un vœu.

Elle reconnaissait ainsi l'exactitude de la théorie de M. Baroche. Elle consentait à ne pas mettre en doute l'étendue des pouvoirs de l'Empereur, malgré les arguments spécieux que plusieurs orateurs avaient fait valoir. Fût-elle touchée de la valeur juridique des raisonnements présentés au nom du gouvernement, ou entraînée par sa déférence habituelle aux désirs du pouvoir impérial ? Il y eut, sans doute, réunion de ces divers motifs pour asseoir son opinion. Il fallut, plus tard, la volonté formelle de l'Empereur pour faire prévaloir, au sein de son Conseil, les idées de restriction de ses pouvoirs.

SECTION II

Constitution du 21 mai 1870

Art. 14. — L'Empereur est le chef de l'État. Il commande les forces de terre et de mer, déclare la guerre, fait les traités de paix, d'alliance et de commerce.

Art. 18. — Les modifications apportées à l'avenir à des tarifs de douane ou de poste par des traités internationaux ne seront obligatoires qu'en vertu d'une loi.

Art. 33. — Le Corps législatif discute et vote les projets de loi.

Art. 12. — L'initiative des lois appartient à l'Empereur, au Sénat et au Corps législatif.

Les projets de loi émanés de l'initiative de l'Empereur peuvent, à son choix, être portés soit au Sénat, soit au Corps législatif.

Néanmoins, toute loi d'impôt doit être d'abord votée par le Corps législatif.

Cette Constitution, inspirée à l'empereur par la connaissance assez exacte des sentiments de la nation qui se réveillait à la liberté, ne fut appliquée que peu de temps. Moins de deux mois après, la guerre éclatait entre la France et la Prusse, et le gouvernement impérial s'effondrait.

On voit qu'en ce qui concerne les conclusions des traités, les dispositions restaient les mêmes, sauf pour les traités de commerce, où l'empereur se dépouillait du droit que lui conférait autrefois l'article 3 du Sénatus-Consulte du 23 décembre 1852.

Les droits de la Chambre s'en trouvaient augmentés d'autant. Et comme, soit par nécessité, soit par conviction, l'empereur semblait incliner à concéder à la nation des libertés nouvelles, il aurait fallu se montrer, désormais, très strict, et, notamment, interdire au Pouvoir exécutif la cession de portions du territoire continental, laquelle impliquait forcément des modifications de douanes. D'ailleurs, on n'eut pas, je le répète, l'occasion d'appliquer cette Constitution.

CHAPITRE VI

SECTION PREMIÈRE

Constitution du 31 août 1871

Résolution du 17 février 1871.

L'Assemblée nationale, dépositaire de l'autorité souveraine,
Considérant qu'il importe, en attendant qu'il soit statué sur les institutions de la France, de pourvoir immédiatement aux nécessités du gouvernement et à la conduite des négociations,
Décrète :
M. Thiers est nommé chef du pouvoir exécutif de la République

française ; il exercera ses fonctions, sous l'autorité de l'Assemblée nationale, avec le concours des ministres qu'il aura choisis et qu'il présidera.

Loi des 31 août-3 septembre 1871

Art. 1er. — M. Thiers continuera d'exercer, sous le titre de Président de la République, les fonctions de chef du pouvoir exécutif, telles qu'elles lui ont été déférées par le décret du 17 février 1871.

Art. 2. — Les pouvoirs attribués à M. Thiers auront la même durée que ceux de l'Assemblée nationale, et si celle-ci venait à se dissoudre, il les conserverait jusqu'à la réunion de l'Assemblée nouvellement élue.

ORIGINES DE CETTE LOI. — RÉSOLUTION DU 17 FÉVRIER 1871

§ 1. — La loi du 31 août, on le voit, n'est pas une Constitution. Rien n'est prévu, rien n'est réglé quant aux rapports des pouvoirs publics entre eux.

Il y a une Assemblée nationale, laquelle concentre en soi tous les pouvoirs. Il y a un Pouvoir exécutif qui agit sous son autorité. Aucune limite n'est apportée à l'omnipotence de l'Assemblée. Aucuns droits ne sont réservés spécialement au chef du Pouvoir exécutif.

Cette loi de 1871 donnait une sorte de règlement définitif dans le provisoire à la situation qui durait depuis la réunion de l'Assemblée à Bordeaux et renvoyait à une résolution de cette même Assemblée, en date du 17 février 1871.

Cette résolution avait été proposée par MM. Dufaure, Grévy, Vitet, etc.

Le texte primitif portait : « Il exercera ses pouvoirs sous le *contrôle* de l'Assemblée nationale, avec le concours des ministres qu'il présidera et qu'il aura choisis. »

Ce texte, très vague d'ailleurs, semblait impliquer la délégation au chef du Pouvoir exécutif d'une certaine somme de pouvoirs qu'il exercerait au nom du pays, de sa propre initiative, sous le simple contrôle parlementaire de l'Assemblée. Notamment en ce qui concerne le droit de traiter avec les puissances étrangères, cette rédaction lui aurait laissé l'initiative des négociations, la faculté de les engager, de les poursuivre, de les rompre, de signer les traités et de les ratifier, sauf approbation ultérieure par l'Assemblée de ces traités, quels qu'ils fussent.

Une telle rédaction parut, sans doute, donner trop de liberté au chef du Pouvoir exécutif. La commission que l'Assemblée avait nommée en modifia les termes. Pour mieux préciser sa pensée et fixer quels étaient ses droits, selon elle, elle fit précéder ce projet de résolution de considérants particulièrement explicites : « L'Assemblée nationale, *dépositaire de l'autorité souveraine*, considérant qu'il importe, en attendant qu'il soit statué sur les institutions de la France, de pourvoir immédiatement aux nécessités du gouvernement et à la conduite des négociations, décrète : M. Thiers est nommé chef du Pouvoir exécutif de la République française. Il exercera ses pouvoirs *sous l'autorité* de l'Assemblée nationale. »

Ainsi, l'Assemblée avait parfaitement déclaré qu'en elle seule résidait le Pouvoir souverain ; qu'à elle seule étaient délégués, en vertu des élections de février, les droits de la nation, qu'elle entendait s'en réserver même l'exercice, et qu'elle se contentait de nommer un mandataire qui, tenu par les termes même du mandat, agirait sous son autorité, ne ferait que ce qu'elle aurait positivement ordonné, et serait impuissant à lier la communauté par des actes émanés de sa seule initiative.

C'est bien ainsi que le comprenait M. Thiers. La période des six mois précédents avait soulevé chez tous la haine de la dictature ; on n'avait pas encore rendu justice aux efforts de celui qui l'avait prise ; M. Thiers lui-même en avait conçu une horreur particulière. Et, pour mieux marquer sa répulsion, pour bien indiquer que, désormais, la volonté du pays prévaudrait, qu'exprimée par ses mandataires légaux, elle serait et devait être la règle, la loi de sa conduite ; il disait, dans la séance du 19 février : « Messieurs, me voici à votre appel, à vos ordres, si je puis dire, *prêt à vous obéir.* »

Une phrase du considérant qui précède la résolution, telle qu'elle fut votée par l'Assemblée, pourrait permettre d'en limiter le champ d'application. « Considérant qu'il importe, portait-elle, de pourvoir immédiatement aux nécessités du gouvernement *et à la conduite des négociations...* » De là, on pouvait induire que les règles qu'elle prétendait faire prévaloir étaient, aux yeux de l'Assemblée, limitées, *dans le temps*, à cette période des négociations engagées en vue d'arriver à la paix. Passé cela, il pourrait y avoir lieu d'organiser d'autres règles, et, en leur absence, de recourir peut-être aux règles généralement en usage dans les gouvernements parlementaires sur les relations des pouvoirs publics entre eux, et la prérogative du Pouvoir exécutif en matière de conclusion de traités.

CONDITIONS DE LA LOI DU 31 AOUT 1871

§ 2. — Cet état de choses dura jusqu'au 31 août. A cette époque, la résolution du 17 février parut empreinte d'un caractère par trop provisoire. D'autre part, en vertu du pacte de Bordeaux, on continuait à considérer la République comme le gouvernement actuel et seul possible. Il fallait, au moins, conférer au chef du Pouvoir exécutif le titre de Président de la République, et, en

même temps, organiser ses pouvoirs. C'est à quoi pour-
vut la proposition Vitet.

Il est permis de croire que l'auteur de cette proposition qui était, lors du 17 février, l'un des signataires du
projet de résolution, avait abandonné une partie des
intentions gouvernementales teintes de libéralisme, que
révélait, ainsi que je l'ai dit plus haut, la rédaction première de cette résolution. Le rapport, dont le soin lui fut
confié, indique, tout au moins, qu'il s'était pleinement
rallié aux considérants ajoutés, je le rappelle, par la
Commission ; qu'il regardait l'Assemblée comme investie
de la toute-puissance législative et constituante, et qu'il
entendait réserver à cette Assemblée l'exercice des droits
que la nation lui avait confiés, sans en vouloir déléguer
au Président de la République une portion quelconque,
sans lui permettre une initiative propre.

L'article 1er de cette loi du 31 août conférait au chef du
Pouvoir exécutif le titre de Président de la République,
pour en exercer les fonctions dans les conditions du
décret du 17 février 1871.

Aussi, l'on n'entendait rien changer au rôle de Président de la République. La méfiance que lui témoignait
une partie de l'Assemblée suffit à expliquer cette volonté.
L'Assemblée se prétendait, malgré les contradictions formelles de MM. Pascal Duprat, Louis Blanc, Gambetta,
investie de pouvoirs illimités, chargée par la France de
lui donner une Constitution, de réorganiser le pays ; elle
se montrait, à l'excès, jalouse de ses droits, défiante de
l'Exécutif, et, tout en accordant au chef du Pouvoir un
titre nouveau, qui donnait à l'institution un caractère
plus stable, elle lui refusait tout supplément, tout accroissement d'autorité et d'initiative.

« Tout ce qui semblait, dit le rapporteur, altérer ou

restreindre le droit de l'Assemblée, nous l'avons repoussé. Et plus loin :

« Une atteinte, une infraction quelconque à la moindre de vos prérogatives, je défie bien qu'on l'y trouve. »

Ainsi, l'Assemblée avait persévéré dans ses sentiments de février. La loi d'août 1871 n'innovait en rien. On substituait un titre à un autre, on nommait président de la République celui qui auparavant était chef du Pouvoir exécutif. A cela se bornait le changement. C'est ce que constatait, pour démontrer l'utilité et l'imperfection de cette loi, un orateur de gauche, M. Lamy :

« Messieurs, disait-il, pour que le changement fût efficace, il faudrait qu'il donnât à M. Thiers, non un titre, mais une autorité nouvelle, qu'il lui donnât le moyen de gouverner *sans* l'Assemblée, *malgré* l'Assemblée. »

PRATIQUE DE CETTE LOI

§ 3. — Le rapporteur, M. Vitet, l'avait dit, c'était un régime sans précédent. Jamais, à aucune époque, le Pouvoir exécutif n'avait été plus étroitement lié, par les termes d'une Constitution, à la volonté du Pouvoir législatif. Il n'y avait pas là une série de règles heureuses qui déterminent les droits respectifs de deux pouvoirs rivaux. Il y avait absorption de l'un par l'autre, annihilation du premier au profit du second. Le chef du Pouvoir exécutif, était bien plus exactement que Louis XVI, pour employer le langage d'une autre époque, le « commis de l'Assemblée. »

Tous les attributs ordinaires du Pouvoir exécutif étaient concentrés dans les mains de l'Assemblée nationale. Les rares concessions qui étaient faites au Pouvoir exécutif l'étaient *honoris causa*.

Il semble bien qu'il dût avoir le droit d'engager les négociations. Et il ne pouvait en être autrement. Mais il

semble également que sous l'empire de cette loi bizarre
et irrégulière, l'Assemblée pût prendre également l'initiative des négociations, et non-seulement inviter le Pouvoir
exécutif à en entamer avec telle puissance pour tel objet,
mais même le lui enjoindre (1). Je ne vois rien qui limite
le droit de l'Assemblée. Et si l'on objecte l'usage et les
précédents, je répondrai par les termes mêmes du rapporteur, qui qualifiait cette organisation de « régime sans
précédent. »

Le président de la République pouvait également signer
les traités. Mais là s'arrêtait son droit. Et il était bien
limité. Car, même en admettant l'opinion que j'ai com-
battue, qu'un chef du Pouvoir exécutif quelconque, sous
un régime constitutionnel, puisse lier la communauté à
l'égard de l'étranger, il serait contraire au bon sens, sous
l'empire de cette loi, de prétendre attribuer pareil effet à
la signature du président de la République, mise au bas
d'un traité.

La ratification lui appartenait peut-être encore. Mais
qu'était-elle sous un tel régime? Les Constitutions libérales qui avaient précédé avaient confié la ratification au
Pouvoir législatif, comme celle de 1791, ou au président
de la République, comme celle de 1848. Peu importe au
fond. Il n'y a qu'une différence de terminologie. Le
pouvoir de rendre valable le traité appartient, sous de
telles conditions, au seul Pouvoir législatif. Qu'on l'accorde au Corps législatif, ratification signifie, ainsi que
je l'ai établi plus haut, un complément de validité ajouté
au traité signé ; au président de la République, ce n'est
plus que l'attestation, fournie par lui, que ce complément
de capacité a été donné par le Pouvoir législatif.

---

(1) Cf. le mot. « *requérir* » de l'article 7 du décret proposé par
Mirabeau, p. 366. supra.

A fortiori, sous l'empire de la loi de 1871, la ratification, si on l'accorde au président de la République, doit
être prise dans son second sens ; ce droit lui est attribué
honoris causa ; au fond, il n'est que l'humble instrument
de l'Assemblée, moins que cela, le secrétaire de ses commandements. En résumé, la loi du 31 août 1871 réserve
l'autorité souveraine à l'Assemblée. Le Pouvoir exécutif ne
garde que ce qu'on ne peut absolument pas lui enlever ; et
aucun traité, de quelque nature qu'il soit, n'est valable,
s'il n'est soumis au vote de l'Assemblée nationale.

SECTION II

Loi des 16-18 juillet 1875

Art. 8. — Le Président de la République négocie et ratifie les
traités. Il en donne connaissance aux Chambres aussitôt que
l'intérêt et la sûreté de l'État le permettent. Les traités de paix,
de commerce, les traités qui engagent les finances de l'État, ceux
qui sont relatifs à l'état des personnes et au droit de propriété des
français à l'étranger, ne sont définitifs qu'après avoir été votés
par les deux Chambres. Nulle cession, nul échange, nulle adjonction de territoire ne peut avoir lieu qu'en vertu d'une loi.

PRÉCÉDENTS. — LOI DU 25 FÉVRIER 1875.

§ 1. — L'Assemblée nationale, élue en février 1871,
s'était déclarée Constituante. Elle ne devait se séparer
qu'après avoir donné à la France une Constitution. Une
Commission dite des Trente, fut spécialement chargée de
l'étude et de la préparation des lois constitutionnelles.
Cette Commission soumit d'abord à l'Assemblée un projet
de loi qui fut voté en date du 25 février 1875, sous le
titre de « loi relative à l'organisation des pouvoirs publics. »

Cette loi, très incomplète, œuvre lente et pleine de réticences de législateurs légiférant contre leur gré, avait pour

but de mettre enfin un terme à ce mélange bizarre des fonctions législatives et exécutives que s'était conférées l'Assemblée. Elle tendait à détacher de son autorité souveraine certains attributs, propres jusque-là au Pouvoir exécutif, et qui devaient lui faire retour, pour qu'il pût en user sans contrôle, en dehors de l'autorité de l'Assemblée.

L'article 3 de cette loi était ainsi conçu :

« Le Président de la République a l'initiative des lois, concurremment avec les membres des deux Chambres ; il en surveille et en assure l'exécution...

« Il dispose de la force armée. Il nomme à tous les emplois civils et militaires... Les envoyés et les ambassadeurs des puissances étrangères sont accrédités auprès de lui. »

Cet article n'accordait pas au président de la République le pouvoir de faire les traités. Est-ce un silence intentionnel? Je ne sais. Dans la pensée des rédacteurs de cette loi, elle ne devait avoir de durée maximum que la durée même des pouvoirs de l'Assemblée. La dissolution planait au-dessus d'elle et menaçait en même temps les législateurs et leurs lois. On peut supposer que l'incertitude, la crainte, le dépit jouèrent leur rôle pour amener la Commission et, après elle, l'Assemblée à ne pas conférer au Pouvoir exécutif le droit de conclure les traités. Si le mot n'était trop léger en aussi grave matière, je dirais presque que c'est une niche qu'on fait à l'Exécutif. Et encore ne serait-ce pas tout à fait exact. Le titulaire du Pouvoir exécutif était alors un homme sympathique à l'Assemblée, et en particulier à la Commission des lois constitutionnelles. Ce n'était donc pas contre lui qu'était dirigée cette conspiration du silence : c'était plutôt contre l'institution même de la République, dont il était le président.

Je ne suis point d'accord ici avec l'auteur très logique

et très consciencieux du récent mémoire intitulé « *Du défaut de validité de plusieurs traités diplomatiques.* » M. Clunet, qui voit dans ce silence de l'art. 3 de la loi du 25 février 1865, la preuve du regret qu'avait l'Assemblée à abandonner « les attributs de la souveraineté qu'elle avait retenus seule pendant plusieurs années. » La nuance qui sépare mon opinion de la sienne est à peine sensible. Il voit l'Assemblée désireuse de se perpétuer dans son omnipotence. Je la vois jalouse d'avance du pouvoir qui pourra lui succéder et tâchant moins de diminuer ses attributions que d'en retarder la constitution définitive, en sorte que le jour où elle verra qu'elle ne peut la retarder plus longtemps, elle fera, de mauvaise grâce, il est vrai, mais elle fera les concessions qu'il est utile de faire : avarices de vieillard qui se résolvent en un testament libéral. De cette divergence de vues au début sortira une différence très notable d'opinion dans la suite.

LOI DU 16 JUILLET 1875. — PROJET DU GOUVERNEMENT. — MODIFICATIONS DE LA COMMISSION

§ 2. — Coupable de négligence ou d'omission volontaire, la loi de février fut remplacée par celle du 16 juillet 1875.

Le gouvernement avait pris l'initiative de cette loi « sur les rapports des pouvoirs publics. »

M. Dufaure, ministre de la justice, qui présenta à l'Assemblée l'exposé des motifs, s'exprime en ces termes :

« En énumérant les attributions du président de la République, l'article 3 de la loi du 25 février 1875 sur l'organisation des pouvoirs publics, n'avait pas compris le droit de négocier et de traiter avec les puissances. Le droit du Président ne peut être absolu ; il est limité et tempéré par le droit des Chambres. Nous avons cherché à faire ce partage par l'article 7.

Article 7. — Le président de la République négocie et ratifie les traités. Il en donne connaissance aux Chambres aussitôt que l'intérêt et la sûreté de l'Etat le permettent.

« Les traités de commerce et les traités qui engagent les finances de l'État ne sont définitifs qu'après avoir été votés par les deux Chambres. Nulle cession, nul échange, nulle adjonction de territoire ne peut avoir lieu qu'en vertu d'une loi. »

Le projet du gouvernement fut renvoyé à une commission, la commission des lois constitutionnelles. Celle-ci le rapporta à l'assemblée profondément modifié. La commission exigeait le vote des deux Chambres, non-seulement pour les traités de commerce et ceux qui engagent les finances de l'État, mais encore pour les traités de paix et ceux qui sont relatifs à l'état des personnes et au droit de propriété des Français à l'étranger.

M. Laboulaye, rapporteur, s'exprimait ainsi : « L'article 8 a paru rédigé de façon incomplète, la commission en a modifié le deuxième paragraphe. Nous reconnaissons au Président le droit de négocier et de ratifier les traités. Nous admettons, suivant l'usage de tous les Parlements, qu'il en doit donner connaissance aux Chambres, aussitôt que l'intérêt et la sûreté de l'État le permettent. Nous le laissons juge des cas qui exigent le secret. *Mais conformément à la jurisprudence des pays libres*, nous demandons que les traités de paix qui ne figurent pas dans le texte du projet, ne soient définitifs qu'après avoir été votés par les deux Chambres. Nous y ajoutons les traités qui sont relatifs à l'état des personnes et au droit de propriété des Français à l'étranger. C'est ainsi qu'on l'a toujours entendu. On nous a soumis dernièrement des conventions d'extradition conclus avec la Belgique. Une commission examine en ce moment les capitulations d'Égypte et les Chambres de l'empire ont voté à diverses reprises des traités relatifs à la propriété littéraire. Nous croyons que c'est par pure omission que ces dispositions ne figurent pas dans la rédaction du gouvernement. »

La loi fut discutée et votée le 22 juin, en première délibération, le 7 juillet et le 16 juillet en deuxième et troisième délibération, les deux dernières sans discussion.

PRÉCÉDENTS, ANALOGIE ET INTENTIONS DE CETTE LOI

§ 3. — Ce que M. Laboulaye estimait être une pure omission dans le projet du gouvernement, était, au contraire, je crois, le résultat d'une intention très arrêtée. Il n'est pas téméraire de croire qu'au sein du Conseil, M. Dufaure dut à sa grande habitude des usages parlementaires, à sa profonde connaissance des textes et des traditions du droit constitutionnel, d'être sinon le rédacteur, du moins l'inspirateur constant et prépondérant de cet article 7 du projet qui devint l'article 8 de la loi. Or, M. Dufaure était un parlementaire de la vieille école. Il avait été ministre sous la monarchie de Juillet. Il connaissait l'étendue de la prérogative royale et avait vraisemblablement modelé l'article 7 sur l'article 13 de la Charte de 1830, en le mettant d'accord avec les nécessités présentes, et en éliminant les obscurités qu'avait révélées la pratique. C'est ainsi qu'il exigeait pour les traités de commerce le vote des deux Chambres, en souvenir de la discussion de 1826, et de l'art. 3 du Sénatus-Consulte du 23 décembre 1852. Il faisait de même pour les traités qui engagent les finances de l'État, conformément aux traditions monarchiques de 1814 et de 1830. Mais il n'y mentionnait ni les traités de paix ni ceux qui intéressaient l'état ou la propriété des Français à l'étranger, qu'avaient ou ignorés ou réservés au seul Pouvoir exécutif les régimes précédents.

L'article ainsi rédigé fut renvoyé à la commission des lois constitutionnelles. Cette commission comptait dans le moment parmi ses membres et parmi les plus influents M. Laboulaye. Il devait à sa qualité de professeur de droit comparé au Collége de France, à ses études antérieures sur les constitutions, notamment sur celle des États-Unis, à sa réputation considérable de savant, de jurisconsulte, et aussi de conservateur libéral, une influence très légitime. Versé dans la science du droit constitutionnel, il ne pouvait manquer d'apercevoir les imperfections du projet du gouvernement. Vraisemblablement il en fut, au sein de la commission, le dénonciateur éloquent. Il dut proposer à ses collègues d'autres modèles que ceux, un peu vieillis et démodés, de 1814 et de 1830, sans toutefois s'inspirer des constitutions absolues telles que celles de 1848, où le Pouvoir exécutif était envahi par le Pouvoir législatif, et que son esprit conservateur devait lui faire redouter. Une phrase de son rapport semble clairement indiquer les constitutions dont il s'inspira. « *Conformément à la jurisprudence des pays libres,* dit-il, nous demandons, etc. » Ces pays libres, quels étaient-ils? Ce n'étaient à coup sûr ni l'Angleterre, ni les États-Unis, dont les gouvernements ont, avec ceux de 1814 et de 1830, des rapports trop intimes. Non, il dut naturellement, après tant d'illustrations, après les Rœnne, les Gneist, les Meier, les Holtzendorf et d'autres, il dut viser les constitutions d'un type plus récent, telles que celles de Belgique, d'Italie, de Prusse, d'Allemagne, d'Autriche, qui, faisant un grand progrès, avaient soumis certains traités déterminés à l'approbation préalable du Pouvoir législatif, et en avaient fait une condition essentielle de leur validité (1).

_____

(1) V. p. 223 et suivantes la note où sont expliquées ces constitutions.

Et, d'après ces constitutions, les traités qu'il fallait soumettre à l'approbation des Chambres, c'étaient précisément les mêmes pour lesquels M. de Laboulaye réclamait des garanties analogues (1). L'emprunt de formules tout entières fait à ces constitutions ne laisse aucun doute à cet égard.

Il en résulte que les citations qui terminent la partie de son rapport que j'ai transcrite plus haut ne doivent être prises que comme des arguments nouveaux à l'appui de cette thèse, et non comme un commencement d'énumération des diverses espèces de traités à soumettre aux Chambres. M. Laboulaye estime, et cela peut se soutenir(2),

---

(1) Allemagne, 16 avril 1871, art. 2. « L'empereur représente l'Empire dans les relations internationales, déclare la guerre et fait la paix au nom de l'Empire, conclut les alliances et les autres conventions avec les États étrangers. Si les traités avec les États étrangers se rapportent à des objets qui, d'après l'article 4, appartiennent au domaine de la législation de l'Empire (Constitution, douane, commerce, impôts, brevets d'invention, propriété littéraire et artistique) le consentement du conseil fédéral est nécessaire pour leur conclusion, et l'approbation du Reichstag pour leur validité.

Autriche, 21 décembre 1867, article 6. « L'empereur conclut les traités politiques. Les traités de commerce et ceux des traités politiques qui imposent des obligations à l'une de ses parties ou à des particuliers doivent, pour leur validité, obtenir l'approbation du Reichsrath.

Belgique, 7 février 1831, article 8. « Le roi commande les forces de terre et de mer, déclare la guerre, fait les traités de paix, d'alliance et de commerce.... Les traités de commerce et ceux qui pourraient grever l'État ou lier individuellement les Belges n'ont d'effet qu'après avoir reçu l'assentiment. Nulle cession, nul échange, nulle adjonction de territoire ne peut avoir lieu qu'en vertu d'une loi.

(2) L'opinion contraire a été soutenue à la Chambre par M. Le Royer, garde des sceaux, et M. Bertauld, procureur général, 4 avril 1879.

que l'extradition intéresse l'état des personnes ; les capitulations d'Égypte étaient soumises en ce moment aux Chambres, mais en vertu d'une loi formelle, celle du 31 août 1871, encore en vigueur, laquelle exigeait le vote de tout traité, quel qu'il fut, par les deux Chambres, et qu'il s'agissait de réformer ; elles pourraient d'ailleurs, à la rigueur, par l'organisation de juridictions consulaires, être considérées comme des conventions touchant au commerce. Enfin les traités relatifs à la propriété littéraire et industrielle rentraient justement dans la catégorie des traités que les constitutions étrangères précitées soumettaient obligatoirement au vote du Pouvoir législatif.

Ainsi, toute la pensée de M. Laboulaye, et par suite de l'assemblée, qui adopta cet article 8 sur sa rédaction, est contenue en cette phrase : « Conformément à la jurisprudence des pays libres, » laquelle a été traduite en pratique dans l'énumération limitative de l'article 8 de notre Constitution.

Il est donc incontestable, selon moi, que devaient être soumis au vote des deux Chambres :

1° Les traités de paix ;

2° Les traités de commerce ou qui engagent les finances de l'État ;

3° Ceux qui intéressent l'État des personnes ;

4° Ceux qui intéressent la propriété des Français à l'étranger.

Tous ceux qui, pour un motif quelconque, peuvent être rangés dans cette catégorie, doivent être approuvés par les deux Chambres.

Tous autres sont valables par la seule ratification du Président de la République ; notamment les traités :

1° D'alliance ;

2° De pure politique ;

3° D'extradition ;

4° De pure administration, s'ils n'intéressent pas les finances de l'État, activement ou passivement.

Il est vrai que, la loi de 1875 votée, des traités absolument en dehors des termes de la Constitution, et pour lesquels la lettre même de l'article 8 n'exigeait pas le vote des deux Chambres, leur ont été soumis. Et on argumente de ces procédés du gouvernement, qu'on qualifie « d'interprétation vivante de la Constitution, » pour en induire un sens quelconque plus large de l'article 8. On oppose la lettre à l'esprit. Je ne vois pas comment cette manière d'agir du gouvernement peut influer sur le sens d'un article une fois rédigé. Qu'on examine les antécédents, d'accord ; mais les conséquents, si je puis parler ainsi, qu'en peut-on conclure? Le gouvernement de Juillet a maintes fois donné aux Chambres communication de traités non encore ratifiés ; il a refusé sa ratification à un traité sur les observations de la Chambre des députés. En concluera-t-on à un sens plus large de l'article 13, très net et très clair, de la charte de 1830. Le gouvernement de l'Empire avait, en vertu de l'article 6 de la Constitution de 1852, le droit de faire tous les traités. Cependant, au rapport de M. Laboulaye lui-même, le gouvernement impérial a soumis aux Chambres des traités sur la propriété littéraire et industrielle. De même la loi de 1871 a restreint à l'excès les pouvoirs de l'Exécutif, qui, de son côté, a omis, en plusieurs circonstances, de demander la ratification de l'Assemblée à des traités ou conventions divers. Irai-je conclure de cette procédure illégale à l'extension du sens de l'article 1er de la loi et du décret de février 1871.

Laissons donc de côté cet argument et suivons la discussion. On veut s'appuyer sur la tradition libérale en

France pour limiter les pouvoirs de l'Exécutif. Et on veut rattacher l'article 8 de la Constitution de 1875 à celles de 1791, de 1795 et à celle de 1848. Mais je ne trouve aucune trace de cette filiation. L'article 3, section III, chapitre IV de la Constitution de 1791, confie la *ratification au Corps législatif*. L'article 333 de la Constitution de 1795 déclare que les traités ne sont valables qu'après avoir été examinés et *ratifiés par le Corps législatif*.

Et l'article 53 de la Constitution du 4 novembre 1848 s'exprime encore plus affirmativement. « Il (le président de la République) négocie et ratifie les traités ; *aucun traité* n'est définitif qu'après avoir été approuvé par l'Assemblée nationale. »

On prétend relier l'art. 8 de 1875 à ces différentes Constitutions. Et pour moi, je ne vois que des différences. Les deux Constitutions de 1791 et de 1795 donnent la ratification au Corps législatif. Celle de 1875 la donne au président de la République. On prétend alors que cette ratification n'est qu'une vaine prérogative, considérée comme un hochet de vanité, *honoris causa*. Et on argumente de la Constitution de 1848. Mais justement cette Constitution de 1848 déclare en termes formels *qu'aucun* traité ne peut être définitif qu'après avoir été soumis à l'Assemblée nationale, et celle de 1875 ne réclame à la lettre le vote de deux Chambres expressément que pour différents traités déterminés.

Cet argument est donc encore dénué de valeur. Non, s'il y a une filiation à établir, c'est avec les Constitutions récentes des puissances étrangères, notamment de la Belgique et de l'Allemagne. Pour quelles catégories de traités réclame-t-on chez nous, par l'article 8 de la loi de 1875, le vote des Chambres ? Pour les mêmes qui touchent à des matières dites en Allemagne « législation de l'Empire : douanes, commerce, impôts, brevets d'invention, propriété des œuvres de l'esprit.

Et de l'article 68 de la Constitution belge de 1831, j'extrais deux phrases qui ont été intégralement reproduites dans notre Constitution : « Il en donne connaissance aux Chambres aussitôt que les intérêts et la sûreté de l'Etat le permettent... Nulle cession, nul échange, nulle adjonction de territoire ne peut avoir lieu qu'en vertu d'une loi. »

Là, oui, mais là seulement l'imitation est visible, la chaîne est renouée, et, si l'on se reporte maintenant à la phrase du rapport que j'ai notée plus haut, on voit quelles règles d'interprétation il convient d'appliquer.

Je résume cette discussion trop longue. L'article 8 de la Constitution de 1875 est inspiré des Constitutions récentes de diverses puissances étrangères, conçues dans un esprit libéral de départition de pouvoirs entre l'Exécutif et le Législatif. L'énumération des traités qu'il convient de soumettre au vote des deux Chambres est à peu près la même que dans ces Constitutions. Comme dans ces Constitutions elle est limitative. Tous autres traités que ceux qui rentrent dans les termes de cette énumération sont dispensés de ce vote des deux Chambres et valables par la seule ratification du président de la République.

RÉSUMÉ

§ 1er. — Arrivé au terme de cette étude, je crois utile de jeter un regard en arrière et d'embrasser l'ensemble des résultats obtenus.

Dans une première partie, j'ai étudié la conclusion des traités au point de vue théorique.

J'ai démontré, je crois, que la négociation et la conclusion des traités sont soumises, quant à leurs formes extérieures, à des règles pratiques et générales de droit international ; quant à leur validité, à des règles théoriques et particulières de droit constitutionnel.

Chemin faisant, avant d'arriver à cette règle dernière, j'ai, dans la conclusion d'un traité, distingué différentes périodes et différentes opérations. J'ai établi séparément le droit de négocier, de signer et de ratifier les traités.

J'ai discuté les conditions que devait présenter un gouvernement pour être autorisé à traiter au nom d'un pays.

Passant à la ratification, j'ai étudié l'utilité et la valeur obligatoire de cette formalité. Cette question, vivement controversée, se résout finalement en deux systèmes qui aboutissent à des résultats pratiques presque identiques. Obligatoire ou non en théorie, la ratification est, en pratique, toujours réservée, accordée, si le traité convient aux deux parties, refusée s'il déplaît à toutes les deux ou à une seule.

Enfin j'ai cherché quelle est l'autorité gouvernementale chargée de ratifier les traités, et établi, après controverses, que cette autorité est désignée seulement par la Constitution de chaque pays.

Passant ensuite à l'examen de la valeur d'un traité
signé et ratifié par l'autorité compétente, j'ai recherché
quelle était la valeur obligatoire d'un pareil traité et pour
le Pouvoir exécutif qui l'a signé, et pour le pays que gou-
verne le chef de ce pouvoir.

Après des controverses nombreuses et des questions
de détail, j'ai démontré que la traité conclu et ratifié ne
lie pas le Pouvoir exécutif qui l'a conclu, et moins
encore le pays. Toutefois, j'ai indiqué quelles seraient
les conséquences d'une théorie aussi absolue, et quels
doivent en être les tempéraments.

RÉSUMÉ DE LA DEUXIÈME PARTIE : ANCIEN RÉGIME

§ 2. — Dans une seconde partie, consacrée à l'étude de
la pratique, j'ai cherché les résultats que donne l'application des principes précédemment posés. Et j'ai porté
mes recherches sur notre seul pays, qui, à raison de sa
longue existence en tant que nation civilisée, et qu'État
organisé, a successivement connu les divers régimes
constitutionnels.

Cette seconde partie contient deux sections, l'une consacrée à l'ancien régime, l'autre au régime nouveau.

L'étude de l'ancien régime et des institutions qui ont
précédé et accompagné le Pouvoir Royal n'a fait que ré-
véler mieux, sauf quelques rares et courtes périodes,
l'absence de contrôle et de limites de ce pouvoir; et
surtout elle a démontré que si ce pouvoir a parfois été
limité et contrôlé, ce n'a jamais été par suite de l'application naturelle de principes gouvernementaux ou par le
jeu prévu des institutions monarchiques. Nul principe,
nulle institution n'a eu pour *but* de limiter la puissance
absolue des rois.

Les États généraux, les Parlements, le Conseil d'État,

les Lois dites fondamentales, rien n'a triomphé de la puissance matérielle ou de la force d'inertie de la Royauté.

Notamment en ce qui touche le droit de passer des traités, qui, à cette époque et longtemps encore après elle, se résume en le droit de faire la guerre et la paix, le pouvoir du roi a été absolu. Nulle opposition n'y a été faite par le pays ; nulle diminution n'en a été consentie par les souverains jusqu'au jour de la chute finale.

J'ai cependant montré le rôle qu'ils ont pu, à certaines époques, faire jouer aux diverses institutions monarchiques, notamment aux États et aux Parlements, pour abriter, derrière leur autorité prétendue, leur mauvaise foi ou leur volonté.

Et j'ai fait voir celui que les nations contractantes ont prétendu plus tard, lassées des procédés de nos rois, faire jouer à ces mêmes institutions.

NOUVEAU RÉGIME. — CONCLUSION

§ 3. — Enfin, arrivant à la période moderne et contemporaine, de la Révolution de 1789 à nos jours, j'ai successivement étudié les différentes Constitutions qui ont régi la France. Il n'y en a pas moins de quinze.

Toutes peuvent se ramener, en ce qui touche à la matière que j'étudie, à quelques types.

1° Le Pouvoir exécutif négocie et signe les traités ; le Pouvoir législatif les ratifie ; à ce type appartiennent les Constitutions de 1791 (1), 1793, 1795, 1848, 1871 (2).

---

(1) J'ai indiqué plus haut que la Constitution de 1791 semble n'avoir adopté ce système que par accident.

(2) La Constitution de 1871 donne même au Pouvoir législatif des attributions plus larges si c'est possible. Je l'ai fait remarquer plus haut.

Quant à la ratification, elle est accordée, comme en 1848, au

2° Le Pouvoir exécutif négocie, signe et ratifie tous les traités. A ce type appartiennent les Constitutions de l'an X, de l'an XII, de 1814, 1830 (1), 1852.

3° Le Pouvoir exécutif négocie, signe et ratifie les traités; pour quelques-uns de ces traités, l'approbation préalable des Pouvoirs législatifs est indispensable. A ce type appartiennent les Constitutions de 1799 et de 1875.

Et cette révision sommaire des différentes Constitutions, l'étude successive de ceux de leurs articles qui concernent la conclusion des traités, l'inspection de la pratique suivie par les gouvernements m'a confirmé dans cette idée première, résultat d'études théoriques : Le Droit international ne règle la conclusion des traités que pour la condition de forme.

Le droit constitutionnel pose seul les règles de validité.

___

Président de la République, mais elle n'a aucune valeur efficace ; elle lui a été confiée *honoris causa*.

(1) La pratique gouvernementale parlementaire atténue un peu l'absolu de ces résultats.

OUVRAGES CITÉS

Annuaire des Deux-Mondes.

BASTARD D'ESTANG. Les Parlements de France. 2 vol., 1857.

BENTHAM. An Introduction to the Principles of Morals and Legislation. Œuvres complètes, 4 vol. in-8°, Edimbourg, 1837.

BERRIAT-SAINT-PRIX. Théorie du Droit constitutionnel français.

Idem. Commentaire de la Charte.

BLACKSTONE. Commentaries of the Laws of England.

BLUNTSCHLI. Le Droit international codifié, traduit par C. Lardy.
Paris, 1870.

BOULAINVILLIERS (le comte de). Histoire de l'ancien Gouvernement
de France, avec 14 lettres historiques sur les Parlements ou
États Généraux. Paris, 1727, 3 vol. in-8°.

CALVO. Le Droit international. 2 vol. in-8°, 1870.

Chronologie des États Généraux où le Tiers est compris. 1615,
in-8°, par Savaron.

CLUNET. De la validité de quelques Traités diplomatiques. Bro-
chure in-8°, 1880.

CONSTANT (Benjamin). Cours de Politique constitutionnelle.

GUY COQUILLE. Discours des Estats de France, dans les œuvres
en 2 vol. in-4°, 1665.

GUY COQUILLE. Institution au Droit des Français, *ibid.*

DUFRAINE (Marc). Droit de paix et de guerre. Paris, 1867.

DARWIN. Origine des Espèces. (Cl. Royer), 3e édit., Masson.

DESJARDINS (Arthur). De l'aliénation et de la prescription des
Biens de l'État. 1866.

Discours sur la Polysynodie, par l'abbé de Saint-Pierre.

DUFOUR. Traité général de Droit administratif appliqué.

Egger. Études historiques sur les Traités publics. 1866, Durand.

Fiore (Pasquale). Nouveau droit international public, édition Pradier Fodéré, 2 vol.

De Flassan. Histoire générale de la diplomatie française.

De Fooz. Le droit public administratif belge, 4 vol., 1861.

Gaudry. Du domaine, 1862.

Gneist. Reichstaatsrecht : Verfassung, Justiz. etc.

Id. Gutachten über die Auslegung des Artikels 48 der Verfassungs-Urkunde, cité en appendice par Meier.

Grotius. Droit de paix et de guerre, édition Pradier Foderé, 3 vol. in-8.

Gorius. Das Vertragsrecht des deutschen Reichs, in Hirth's Annal.

Guizot. Histoire de France.

Hansard's. Parliamentary debates.

Heffter. Droit international public de l'Europe, traduction de Bergson, 1857, Paris.

Holtzendorf. Encyolopædie der Rechtswissenschaft, Europæisches Vœlkerrecht.

Jouffroy. Cours de droit naturel, 2 vol. in-8°.

Kluber. Droit des gens moderne de l'Europe.

Laurent. Études sur l'humanité.

Lavallée. Histoire des Français.

Lesur. Annuaire historique.

Lettre en réponse d'un ami de la Haye à son ami de Londres sur la nécessité de convoquer les États Généraux.

Lettres de Henri IV, Imprimerie Royale.

Littré. Dictionnaire de la langue française.

Locke. Two treaties of Government, London, t. V, 1812.

Martens. Précis du droit des gens moderne de l'Europe.

Meier. Ueber den Abschluss von Staats-Vertrægen, Leipzig, 1874.

Mémoires de Torci.

Mézeray. Histoires. 2 vol. in-f°.

Mohl. Encyclopædie der Staatswissenschaften, 2° édit.

Moniteur Universel.

Montesquieu. Esprit des Lois.

Motifs et résultats des Assemblées nationales jusqu'à Louis XIII, Paris, 1787.

NAUDET. Conjuration d'Étienne Marcel, 1815, in-8°.

PAPON. Recueil d'arrêts notables des Cours souveraines de France.

PICAULT. Traité des Parlements ou États Généraux, Cologne, 1679.

PICOT. Histoire des États Généraux de 1355 à 1614.

RATHERY. Histoire des États Généraux de France, 1845, in-8°.

RŒNNE. Staatsrecht der preussischen Monarchie.

Id. Das Verfassungsrecht des deutschen Reichs.

SACHS VILLATE. Encyclopædisches Wœrterbuch.

SCHMALZ. Droit des gens européen, traduction de L. de Bohm, Paris, 1823.

SOREL. Histoire diplomatique de la guerre franco-allemande, Paris, 1875.

SPENCER (Herbert). La Science sociale, édit. de Baillière.

TODD (Alpheus). Parliamentary Government, London, 1867, 2 vol. in-8°.

THIERRY (Augustin). Lettres sur l'histoire de France.

THIERS. Consulat et l'Empire, Paulin Lheureux, 1860.

THUCYDIDE. Guerre du Péloponèse, traduction Bétant, Hachette.

TWISS. Law of Nations, rights and duties in peace.

DE VIDAILLAN. Histoire du Conseil privé, 2 vol. in-8°.

VATTEL. Le droit des gens, ou le principe de la loi naturelle, édition nouvelle par Pradier Fodéré, 3 vol. in-8°, 1863.

VOLTAIRE. Histoire du Parlement de Paris.

ZACHARIÆ. Deutsches Staats- und Bundesrecht, 1867.

WHEATON. Éléments de droit international, édit. de Leipzig.

TABLE

—

CHAPITRE II

CHAPITRE III

DEUXIÈME PARTIE. — PRATIQUE

PRÉLIMINAIRES

FRANCE

I

ANCIEN RÉGIME

GÉNÉRALITÉS

CHAPITRE Iᵉʳ

ÉTATS GÉNÉRAUX

Section Iʳᵉ. — Les États.

II

NOUVEAU RÉGIME

GÉNÉRALITÉS

CHAPITRE III

CHAPITRE IV

CHAPITRE V

SECOND EMPIRE

Section I

Section II

CHAPITRE VI

Section 1

Section II

RÉSUMÉ GÉNÉRAL

POSITIONS

DROIT ROMAIN

I. Les enfants qu'un citoyen romain a sous sa puissance au moment où il se donne en adrogation subissent, comme lui, la minima capitis deminutio.

II. Les servitudes sont qualifiées d'après le fonds dominant.

III. Le créancier évincé de la chose qu'il a consenti à recevoir en paiement a une action utile *ex empto*.

IV. Le serment prêté sur la délation du possesseur d'un fonds, enlève à celui-ci la faculté d'opposer la prescriptio longi temporis.

V. L'argentarius qui ne fait pas lui-même la compensation ne perd pas son droit, et le débiteur sera condamné à payer la différence des deux créances.

VI. L'adultère n'était point puni de mort par la loi Julia de adulteriis coercendis.

VII. Le mari et le père qui accusaient injustement d'adultère tombaient sous le coup des peines de la calumnia.

DROIT CIVIL.

I. Les étrangers jouissent en France de tous les droits qui découlent du droit des gens.

II. Le droit de former opposition au mariage est dévolu successivement à ceux qui ont droit d'y donner leur consentement.

III. La possession d'État ne peut faire preuve de la filiation naturelle.

IV. L'affinité naturelle qui résulte d'un mariage annulé produit toujours les effets prohibitifs de l'alliance civile.

V. L'obligation alimentaire est divisible.

VI. L'article 901 déroge à l'article 502.

VII. Le délai fixé par l'article 1304 est une prescription et non un délai préfix.

VIII. Le jugement d'adjudication des immeubles du failli ne purge pas les hypothèques inscrites.

IX. Il faut distinguer la cession de priorité et la subrogation à l'hypothèque.

DROIT CRIMINEL

I. Quand le prévenu accusé de bigamie, oppose la nullité du premier mariage, la Cour d'assises est compétente pour connaître de cette exception.

II. La Cour d'assises saisie incidemment de la demande en dommages et intérêts contre le dénonciateur, pour fait de calomnie, dans les conditions prévues par l'article

726 C. N., pourra prononcer une peine contre ce dénonciateur.

HISTOIRE DU DROIT

I. Les États Généraux n'ont pas eu un véritable contrôle sur les finances de l'État.

II. Les Parlements n'ont eu que par surprise des attributions politiques.

III. Les lois dites fondamentales ne sont pas toutes des lois écrites et n'ont pas toutes une origine législative.

DROIT CONSTITUTIONNEL

I. La Constitution de 1852 donnait à l'Empereur le droit de modifier seul les tarifs douaniers.

II. L'article 8 de la Constitution de 1875 n'exige pas l'approbation du Pouvoir législatif pour les traités d'extradition.

Le Président,

L. RENAULT.

Vu par le Doyen,

CH. BEUDANT.

Vu et permis d'imprimer :

Le Vice-Recteur de l'Académie de Paris,

GRÉAR.